面向21世纪课程教材

Textbook Series for 21st Century

U0736294

思想政治教育方法论

第三版

主编　郑永廷

执行主编　骆郁廷

副主编　王仕民　胡树祥

中国教育出版传媒集团

高等教育出版社·北京

内容简介

本教材高举中国特色社会主义伟大旗帜，以马克思列宁主义、毛泽东思想、邓小平理论、"三个代表"重要思想、科学发展观、习近平新时代中国特色社会主义思想为指导，根据新时代发展与人的全面发展的实际与需要，按照世界观与方法论相统一的原则，介绍了思想政治教育方法论的基本概念、研究对象、理论基础、体系结构、功能特点、历史发展及继承改革；采用系统方法，建构了思想政治教育认识方法，思想政治教育信息分析方法，思想政治教育决策方法，思想政治教育实施方法，思想政治教育研究方法和教育者的修养提高方法等。本教材是思想政治教育专业的主干教材，亦可用于相关专业的教学，并适用于党群工作者、思想政治工作者、教育工作者学习、参考。

图书在版编目（CIP）数据

思想政治教育方法论 / 郑永廷主编；骆郁廷执行主编 . ‒‒3 版 . ‒‒ 北京：高等教育出版社，2022.2（2024.12重印）

ISBN 978-7-04-057627-6

Ⅰ . ①思… Ⅱ . ①郑… ②骆… Ⅲ . ①思想政治教育 ‒ 方法论 ‒ 中国 ‒ 高等学校 ‒ 教材 Ⅳ . ① D64

中国版本图书馆 CIP 数据核字（2022）第 009690 号

思想政治教育方法论（第三版）
SIXIANG ZHENGZHI JIAOYU FANGFALUN

| 策划编辑 | 王溪桥 | 责任编辑 | 张 林 | 封面设计 | 张 志 | 版式设计 | 童 丹 |
| 责任校对 | 刘 莉 | 责任印制 | 耿 轩 | | | | |

出版发行	高等教育出版社	网　　址	http://www.hep.edu.cn
社　　址	北京市西城区德外大街 4 号		http://www.hep.com.cn
邮政编码	100120	网上订购	http://www.hepmall.com.cn
印　　刷	山东韵杰文化科技有限公司		http://www.hepmall.com
开　　本	787mm×960mm　1/16		http://www.hepmall.cn
印　　张	26.5	版　　次	1999 年 6 月第 1 版
字　　数	430 千字		2022 年 2 月第 3 版
购书热线	010-58581118	印　　次	2024 年 12 月第 9 次印刷
咨询电话	400-810-0598	定　　价	52.00 元

目　录

第一章 思想政治教育方法论及其体系建构

思想政治教育方法是思想政治教育的基本问题。通过梳理思想政治教育方法的基本概念、研究对象、理论基础及其与有关学科的关系，论述思想政治教育方法论及其功能、特点与体系建构方式，可以对思想政治教育方法论的概念、性质、作用、特点等基本问题有一个大致的了解，对于掌握思想政治教育方法论体系具有重要意义。

第一节 思想政治教育方法论的研究对象

一、思想政治教育方法论的含义

要掌握思想政治教育方法论的概念，首先要明确什么是方法与方法论。

（一）方法与方法论

"方法"这一概念，我国古代早已运用。《墨子·天志中》说："'中吾矩者谓之方，不中吾矩者谓之不方。'是以方与不方皆可得而知之。此其故何？则方法明也。"这里，方法即指测定规矩之法。唐代张籍的《书怀》一诗说："别从仙客求方法，时到僧家问苦空"，方法亦是方术或法术。在《朱子语类》卷一一七中也有记载："伯丰有才气，为学精苦，守官治事，皆有方法。"方法在这里又可称为办法、途径。在希腊文中，方法是指"方向"或"道路"，就是沿着某一方向或道路行进的意思。英语中的方法一词，则是指手段、工具、方式。

所谓方法，就是人们在认识世界和改造世界的过程中，为达到预期目的所采用的手段或方式。人们要认识世界和改造世界，必须从事一系列思维和实践活动，这些活动所采用的各种方式，包括步骤、程序、格式等，通称为方法。列宁在《哲学笔记》中摘录过黑格尔《逻辑学》里一段话："在探索的认识中，方法也就是工具，是在主体方面的某个手段，主体方面通过这个手段和客体相联系。"① 所以，方法是知识工具，是联系主体、客体和各种实体的关系因素、中介因素，是在活动中才存在的动态因素，活动停止，方法也就消失。

方法虽然不是实体工具或实体因素，但任何方法都不是人们任意制定的，更不是所谓心灵的"自由创造"，它只能来自对象的内容，来自对象自身的运动规律，具有客观性。方法的客观性既与主体的目的有关，也与认识和改造对象的客体有关。因为主体的需要和目的并不是凭空产生的，而是由主体所处的客观条件、主体在社会关系中的地位以及一定历史时期的特点决定的。所以列宁写道："事实上，人的目的是客观世界所产生的，是以它为前提的。"② 既然主体的目的是受客观因素制约的，因此为了实现主体的目的而制定的方法也就不能不受客观因素制约。同时，任何方法，都是认识和改造一定对象的方式，必须与一定的对象相适应。世界上的事物千差万别，各有其矛盾的特殊性。不仅宏观世界不同于微观世界，自然界不同于人类社会，而且在同一领域里的各个对象，在质与量上也互相区别。面对千姿百态、各有特点的对象，不能采取千篇一律的方法，而必须针对不同的对象采取不同的方法。方法的多样性是由对象的多样性决定的，对象不同，方法也应该不同。

总之，方法形式上是主观的，内容则是客观的。人们在认识和改造客观对象的过程中，既需要采用一定方法，也可能发展、创造一定方法。因而，就其实质而言，方法是人们在实践过程中对客观规律的自觉运用。

方法不仅具有客观性，而且具有辩证性，这是由客体的特性决定的。一方面，方法不是凝固不变的，而是不断变化发展的。随着实践的发展和科技的进步，人们对客观事物的认识在不断拓展和深化，对客观事物的改造力度也会加大。这样，人们认识、改造对象的方法也会发展变化，并由此推动方法由简单到复杂、由单一到多样、由不完善到完善的发展。另一方面，各种各样的方法不是彼此孤立的，而是相互联系的。方法的联系性是由客观事物的普遍联系所决定的。各种不同的客观事物，不仅具有自己的个性而相互区别，而且具有某种共性而相互联系。在认识和改造客观对象时，既要采用与对象相适应的特殊方法或具体方法，也要采用与具体方法相联系的一般方法。这样，客观事物的

---

① 《列宁全集》第 55 卷，人民出版社 2017 年版，第 189 页。

② 《列宁全集》第 55 卷，人民出版社 2017 年版，第 159 页。

相互联系与交错，就决定了各种方法的相互渗透和交叉。

所谓方法论，就是关于认识世界和改造世界的方法的理论，简言之，就是关于方法的学说或理论。方法论有层次之分，认识世界、改造世界、探索实现主观世界与客观世界相一致的最一般的方法理论是哲学方法论；研究各门具体学科，带有一定普遍意义，适用于许多有关领域的方法理论是一般科学方法论；研究某一具体学科，涉及某一具体领域的方法理论是具体科学方法论。三者之间的关系是互相依存互相补充的对立统一关系；哲学方法论对一般科学方法论、具体科学方法论有着指导意义。

方法论以方法作为研究对象，探讨方法的形成、变化和发展的规律，方法的性质和作用、特点和功能以及各种方法之间的联系等问题。因而，方法论实际上是研究如何运用客观规律自觉地认识世界和改造世界的理论。方法论和世界观是统一的，人们关于世界是什么、什么样的根本观点是世界观，用这种观点作指导去认识世界和改造世界，就成了方法论。概括地说，世界观主要解决世界"是什么"的问题，方法论主要解决"怎么办"的问题。因而，方法论是世界观的运用，世界观是方法论的基础。有什么样的世界观，就会有什么样的方法论。既没有脱离世界观的方法论，也没有不表现为一定方法论的纯粹世界观。当然，世界观和方法论也不能简单地等同，因为把世界观转化为方法论，即一定的思想方法和工作方法，需要经历一个具体应用的过程。这个过程实际上就是运用普遍原理来指导人们的具体活动的过程，是普遍原理和具体实践相结合的过程。

（二）思想政治教育方法与方法论

所谓思想政治教育方法，就是教育者和受教育者在思想政治教育过程中所采用的思想方法和工作方法，或者说，是教育者和受教育者为了达到一定的教育目的所采用的手段和方式。思想政治教育方法是多种多样的，但它同样具有一般方法的性质与特征。

所谓思想政治教育方法论，就是在唯物辩证法指导下，为了认识和解决人们的思想、行为与实际问题，采用的由诸种方法所构成的体系，简单地说就是关于思想政治教育方法的理论体系。思想政治教育方法论与思想政治教育原理是相互联系的，思想政治教育方法论是思想政治教育原理的具体运用，思想政治教育原理指导思想政治教育活动就是思想政治教育方法论。研究思想政治教育方法论，不能就方法研究方法，也不能孤立地研究方法，实质上是研究如何运用思想形成、发展的规律和思想政治教育的规律，自觉地认识和实施思想政治教育，就是对思想形成、发展规律和教育规律的自觉运用。

二、思想政治教育方法论的研究对象

思想政治教育方法论有自己特定的研究对象。它主要研究思想政治教育理论与实践的关系以及人们掌握和运用思想政治教育方法，争取最佳教育效果的规律，包括思想政治教育的结构、程序，思想政治教育方法的形成、变化与发展，思想政治教育方法的依据、功能和特点，以及各种方法之间的联系等问题。

首先，思想政治教育方法不是随意制定的，不是人们主观想象的产物，它必须与一定的教育目标、教育内容、教育对象和教育环境相适应。思想政治教育方法，从形式上看是主观的，因为它是教育者与受教育者为了实现一定教育目的而制定或采用的。但是，教育方法从内容上看又是客观的。因为教育者和受教育者的教育目的不是凭空产生的，而是由教育者和受教育者所处的客观条件与时代特点决定的，即教育方法要受客观因素、时代内容制约。同时，教育方法一定要与教育对象相适应，与一定的教育内容相一致。不同的教育对象，不仅各有不同的思想状况与行为表现，而且各有其个性特点。不同的思想状况与行为表现，需要选择不同的教育内容，而不同的教育内容则决定不同的教育方法，不能采取千篇一律的方法。因而，研究教育内容、教育对象以及教育环境等客观因素与教育方法的关系，即研究思想政治教育方法的选择、运用，以及形成、发展、创新，是思想政治教育方法论研究的主要内容。

其次，思想政治教育方法是相互联系和发展变化的。前面讲过，虽然不同的教育内容、教育对象、教育环境，要有不同的教育方法，但根据唯物辩证法关于事物普遍联系的原理，教育内容、教育对象、教育环境既具有不同的特点和各自的个性而相互区别，又是不可分割而相互联系的，因而不同的思想政治教育方法也具有内在的联系性，不应该彼此割裂。割裂不同思想政治教育方法之间的联系，同不按照一定的教育内容、教育对象、教育环境的要求采取一定的方法一样，都是不符合唯物辩证法的。同时，思想政治教育的过程是一个复杂的动态过程，既包括认识环节，也包括工作环节，还包括反馈、评估等环节。这些环节前后相连，紧密相扣，构成了思想政治教育的系统过程。不同的环节，有不同的特殊矛盾，要运用不同的方法。这些不同的方法，包括借鉴、引进其他学科的方法，都是为完成一定的教育任务，实现一定教育目的服务的，都是教育过程不可缺少的组成部分。

思想政治教育方法不仅在横向空间上表现出联系性，而且在纵向时间上表现出发展性，即随着社会的进步，理论内容、时代内容、环境内容发展了，教育者与教育对象变化了，教育方法也要随之变化发展，以适应新的教育内容、教育对象、教育环境，从而形成思想政治教育方法纵向发展趋向。

总之，思想政治教育方法，既具有横向联系性，又具有纵向发展性。研究思想政治教育方法的横向联系性和纵向发展性，即思想政治教育方法的辩证性，也是思想政治教育方法论研究的重要内容。

综上所述，思想政治教育方法论所研究的主要问题是：

第一，研究思想政治教育方法形成、变化和发展的规律。思想政治教育方法的形成、变化和发展不是无缘无故的，而是要遵循一定规律的。任何一个教育方法的产生、发展，总是为了适应一定社会和人的发展需要，总是要有一定的客观条件。不符合社会发展和人的发展需要，不具备一定的客观条件，也就是说不符合和不反映社会和人的发展的客观规律，教育方法是不可能产生和发展的。同时，一定的教育方法适应和推动社会和人的发展，主要是通过促进人们思想观念、行为方式的形成和发展来实现的。而人的思想与行为的形成和发展也是有规律可循的，教育方法只有符合和反映思想、行为形成和发展的规律，才能在实际需要和实际运用中形成和发展。因此，研究思想政治教育方法的形成、变化和发展必须符合社会发展规律和人的思想形成、发展的规律。当然，规律的发现和运用并不是凭空进行的，而是通过方法来实现的，没有一定的方法，规律也是掌握不了的。研究思想政治教育方法的形成和发展，目的是为了更好地掌握和运用思想形成和发展的规律、思想政治教育的规律，科学地开展思想政治教育。

第二，研究思想政治教育方法的联系规律。从前面的分析可以看出，各种思想政治教育的方法，不是杂乱无章、毫无联系、孤立存在的，而是具有横向和纵向内在联系的体系。思想政治教育方法论的一个重要任务，就是要研究、发现和运用方法之间的内在联系。只有自觉掌握和运用各种方法的内在联系，才能全面把握思想政治教育的发展，形成思想政治教育系统；才能开展综合教育，形成思想政治教育合力；才能有效理顺各种教育方法的关系，建构思想政治教育方法论体系。

第三，研究思想政治教育方法的具体规律。每个思想政治教育方法的产生、发展和运用，都是有具体条件的，离开一定的具体条件来谈方法的产生、发展和运用，就会违背方法的具体规律而导致思想政治教育失败。思想政治教育方法论首先要研究教育方法产生和运用的基础，即一是要研究教育方法所依据的理论基础，认识教育方法运用规律的角度和程度；二是要研究教育方法运用的现实基础，认识教育方法与所要解决的实际问题结合的方式和程度。其次，思想政治教育方法论还要研究方法适用的范围和条件，因为任何方法都不是万能的，都有自己的适用范围和应用条件，超出了适用范围，不具备应用条件，方法就会表现出局限性而不起作用。

第四，研究思想政治教育方法的发展趋势。思想政治教育方法是随着社会的发展而不断发展的，社会发展变化越快，思想政治教育方法也发展变化越快。在现代社会条件下，经济的快速增长和社会的全面进步，现代科学技术的迅猛发展，既向思想政治教育方法的发展提出了要求，又为思想政治教育方法的发展提供了条件。习近平指出："做好高校思想政治工作，要因事而化、因时而进、因势而新。"① 思想政治教育方法论要研究思想政治教育方法的发展趋势，推进方法的发展和创新。

思想政治教育方法发展变化的趋势主要有以下几个方面：社会环境越来越复杂多变，人们的生活内容不断丰富多彩，思想政治教育方法将愈趋多样化；改革不断深入和科学技术向纵深领域发展，促进思想政治教育向各个领域的渗透和深化，思想政治教育方法将更特色化；随着开放的不断扩大和信息社会的发展，影响人们思想行为的因素空前增多，认识和解决人们思想问题的方法将更加综合化；随着其他学科的迅速发展和现代技术手段的不断涌现，思想政治教育方法将更加现代化。

---

① 《习近平谈治国理政》第2卷，外文出版社2017年版，第378页。

第二节　思想政治教育方法论的理论基础与知识借鉴

一、思想政治教育方法论的哲学基础

辩证唯物主义和历史唯物主义，是思想政治教育方法论的哲学基础。任何一门具体科学的研究都离不开理论思维，即离不开一定哲学的指导，不是用唯物主义和辩证法作指导，就是用唯心主义和形而上学作指导。马克思主义哲学是无产阶级世界观和方法论的理论体系，是马克思主义全部学说的基础，是所有各门具体科学的指导思想。研究思想政治教育方法论，必须以马克思主义哲学为指导。

马克思主义哲学既是世界观，又是方法论。人们对于整个世界的总的根本的看法叫世界观，以世界观为指导去认识世界和改造世界就成了方法论。世界观决定方法论，但方法论又影响世界观，并要能上升到世界观。世界观如果不转化为认识方法和工作方法，也就发挥不了指导认识世界和改造世界的作用，这样，世界观就会陷于抽象而难以具体指导实践。同样，方法论如果不能上升到世界观，并体现世界观的作用，这样的方法论就没有意义。所以恩格斯早就指出："马克思的整个世界观不是教义，而是方法。"① 思想政治教育方法论，作为具体学科的方法论，既要接受马克思主义哲学方法的指导，又要把方法问题上升到无产阶级世界观的高度，坚持以世界观和方法论的统一来研究思想政治教育方法论。只有这样，思想政治教育方法论才能有效地帮助人们掌握马克思主义的世界观。

坚持以马克思主义哲学为指导，归根结底是因为马克思主义哲学是科学的世界观和方法论，它不仅揭示了自然界和人类社会的发展规律，而且揭示了思维领域发展变化的规律。习近平指出："马克思主义始终是我们党和国家的指导思想，是我们认识世界、把握规律、追求真理、改造世界的强大思想武

---

① 《马克思恩格斯全集》第 39 卷，人民出版社 1974 年版，第 406 页。

器。"① 马克思主义关于社会存在与社会意识关系的原理,一方面科学地论证了人们的思想形成、变化和发展的根源;另一方面,还科学地论述了思想意识的相对独立性和对社会存在的反作用。因而,这一原理揭示了人们的思想是在客观外界条件和主观因素相互作用过程中形成、变化和发展的规律,这是思想政治教育应当遵循的最基本的规律。按照这一规律,我们一方面必须以人们所处的客观环境和物质生活条件,特别是以物质资料的生产方式为基础,来把握人们的思想信息,分析人们的思想活动,解决人们的思想问题。另一方面,我们可以根据思想意识的特点,来正确认识思想观念的作用与影响,判断人们的思想动机,充分发挥人们的主观能动性。所以,社会存在与社会意识关系的原理,不仅为思想政治教育指明了方向,而且为思想政治教育提供了根本的途径和方法。

马克思主义的认识论,科学地论述了实践与认识的关系,揭示了认识的辩证运动,为掌握和运用思想形成、变化和发展的规律,为开展思想政治教育提供了更为直接的指导和更加现实的基础。这是因为,人们的思想虽然是客观外界事物或现象在人们头脑中的反映,但是,客观外界的事物或现象不会自动地反映到人们的头脑中来。只有社会实践,才是沟通人们的主观世界和客观世界的桥梁。人们只有在改造客观世界的实践过程中,才能感觉、反映外界的事物和现象,形成各种不同的思想。人类社会生活在本质上是实践,人们的思想来自社会实践,一定时代条件下人们的思想观点及其发展取决于社会实践。同时,人们的思想认识不仅能够能动地反映客观世界,还能够能动地反作用于客观世界,即对世界进行改造。这种思想认识的能动作用,也只有通过实践活动才能实现。所以,马克思主义关于实践是认识的基础的观点,实践是认识发展动力的观点,实践是检验认识标准的观点,以及认识辩证运动的观点,科学揭示了认识的本质及其发展规律,从根本上回答和解决了人们如何产生认知,如何提高认知,以及如何将认知转化为实践等问题,从而为思想政治教育方法论提供了理论基础。

马克思主义哲学为思想政治教育方法论所提供的理论指导是全面的、系统的。唯物辩证法所要求的一切从实际出发,实事求是的方法;一切以时间、地

---

① 习近平:《在纪念马克思诞辰 200 周年大会上的讲话》,《人民日报》2018 年 5 月 5 日。

点、条件为转移，具体问题具体分析的方法；一切为了群众，一切依靠群众的群众路线方法，是思想政治教育最基本的思想方法、工作方法和科学研究方法。只有坚持辩证唯物主义世界观和方法论，才能在思想政治教育过程中坚持唯物主义认识路线，反对唯心主义倾向；才能真正认识和把握思想形成发展的规律，防止主观主义错误。唯物辩证法关于全面的观点和方法、联系的观点和方法、发展的观点和方法，是思想政治教育方法的前提和基础。习近平指出："坚持唯物辩证法，就要从客观事物的内在联系去把握事物，去认识问题、处理问题。"①马克思主义哲学的其他一系列原理和方法，如对立统一方法，定量与定性相结合的方法，原因与结果、现象与本质、形式与内容、偶然性与必然性相统一的方法等，都为思想的形成与发展，为分析和解决人们的思想问题提供了方法论指导。

　　当然，我们不能认为，懂得了马克思主义哲学原理，就自然会得到正确的思想方法和工作方法。在实际工作中，有时会出现思想认识是正确的，但处理方法却错了的情况。这种情况的出现并不奇怪，因为把正确的世界观和科学的方法相结合，还要经过从理论到实际、从一般到个别的复杂过程。在这个过程中，必须把理论与实际结合起来，把一般和个别结合起来。如果把一般的东西拿来到处乱套，而不考虑不同对象的特殊性，就会出现世界观与具体方法不一致的情况。因而，在研究思想政治教育方法论，探讨思想政治教育的各种方法时，既要坚持以马克思主义哲学作指导，又要注意把理论和实际、一般和个别结合起来。

二、思想政治教育方法论的学科理论基础

　　思想政治教育学原理是思想政治教育方法论的学科理论基础。思想政治教育学原理与思想政治教育方法论是思想政治教育学科的两大理论支柱，二者既紧密联系，又相互区别。思想政治教育学原理是思想政治教育方法论的理论基础；思想政治教育方法论是思想政治教育学原理的具体运用。思想政治教育学原理赋予思想政治教育学科很强的理论性，思想政治教育方法论使思想政治教育学科具有很强的应用性。

---

①《习近平谈治国理政》第 2 卷，外文出版社 2017 年版，第 204 页。

第一，思想政治教育学的基本理论是思想政治教育方法论的理论基础。这些基本理论除了上面所讲的内容之外，还包括经济基础与上层建筑关系的理论、马克思主义关于人的本质的理论和人的全面发展的理论、马克思主义灌输原理、关于正确处理人民内部矛盾的理论、关于社会主义初级阶段的理论和社会主义精神文明建设的理论等。这些基本理论，揭示了社会变化发展的规律、人的成长发展的规律和人的思想形成发展的规律。只有正确运用这些理论，才能保证思想政治教育为推动社会向前发展和促进人的全面发展服务，才能提高人们的思想素质。而正确运用这些基本理论的过程、途径和方式，就是各种思想政治教育方法。离开基本理论来讲方法、用方法，只会使思想政治教育违背规律而导致失败。不会运用基本理论来认识和解决人们的思想问题，同样也会失败。

第二，思想政治教育学的原则是思想政治教育的原则方法。思想政治教育的原则是思想政治教育规律与目标相结合的产物。"规律就是关系……本质的关系或本质之间的关系。"[1] 思想政治教育的原则就是由思想政治教育过程中各种内在的、本质的联系或关系决定的。习近平指出："要遵循思想政治工作规律，遵循教书育人规律，遵循学生成长规律，不断提高工作能力和水平。"[2] 这些关系主要表现在以下方面。

首先，思想政治教育与社会的经济基础、上层建筑的关系是服务和决定的关系。经济基础和上层建筑决定思想政治教育的性质和方向，思想政治教育要为经济基础和上层建筑服务。以这一本质关系为依据所确定的原则，是思想政治教育的方向性原则、服务性原则。方向性原则和服务性原则是思想政治教育的第一位原则。思想政治教育首先要把坚定正确的政治方向放在第一位，始终服从和服务于党的中心工作。方向性原则和服务性原则是不可分割地联系在一起的，坚持和保证党的中心工作顺利进行就是服务，服从和服务于党的中心工作就是坚持正确方向。习近平指出："要坚持马克思主义指导地位，贯彻新时代中国特色社会主义思想，坚持社会主义办学方向，落实立德树人的根本任务，坚持教育为人民服务、为中国共产党治国理政服务、为巩固和发展中国特

---

① 《列宁全集》第 55 卷，人民出版社 2017 年版，第 128 页。
② 《习近平谈治国理政》第 2 卷，外文出版社 2017 年版，第 378 页。

色社会主义制度服务、为改革开放和社会主义现代化建设服务。"①方向性原则和服务性原则向思想政治教育提出了思想领先、导向正确和围绕党的中心工作开展思想政治教育的要求，思想政治教育要通过多种途径和方式，才能达到这一要求。

其次，思想政治教育与社会其他系统的关系。思想政治教育与经济、业务、管理等工作系统的关系是相互结合、相互促进，共同服务于社会与人的全面发展的关系。思想政治教育要以经济工作、业务工作和管理工作为基础，结合这些工作的实际来做，保证这些工作顺利进行；经济工作、业务工作和管理工作要通过思想政治教育保证方向和提供精神动力，并为思想政治教育提供实践场所、物质条件和智力支持。这两方面的关系具有内在统一性。为了使思想政治教育与经济、业务、管理等工作紧密结合，必须确立理论联系实际的原则，思想政治教育与经济工作、业务工作相结合的原则，加强教育与严格管理相结合的原则，精神鼓励与物质奖励相结合的原则，解决思想问题与解决实际问题相结合的原则等。这些原则，不仅在新的历史条件下被赋予了新的时代内容，而且随着改革开放的深入和社会主义市场经济体制的建立，这些原则显得更加突出和重要。这些原则，不仅本身是一种方法，而且对思想政治教育的具体途径、方式、措施具有指导作用。另外，思想政治教育系统是各种要素相互作用与影响的复杂系统，包括教育者与受教育者，教育目标、内容、方法和教育环境等要素。这些要素的内在联系，确立了思想政治教育运行层次的原则，主要有尊重、关心与严格要求相结合的原则，疏与导相结合的原则，表扬与批评相结合的原则，身教与言教相结合的原则等。这些原则，规定了教育运行的基本途径与方式，是教育取得成效所必须遵循的准则。

第三，思想政治教育学原理所提出的教育目标和教育内容，决定思想政治教育方法。教育方法是实现教育目标，完成教育任务的手段，有什么样的教育目标和教育任务，就要有相应的教育方法为之服务。"我国是中国共产党领导的社会主义国家，这就决定了我们的教育必须把培养社会主义建设者和接班人作为根本任务，培养一代又一代拥护中国共产党领导和我国社会主义制度、立

---

① 《用新时代中国特色社会主义思想铸魂育人　贯彻党的教育方针落实立德树人根本任务》，《人民日报》2019 年 3 月 19 日。

志为中国特色社会主义奋斗终身的有用人才。"[①] 培养什么人,是教育的首要问题。立德树人是教育的根本任务和中心环节;重中之重是要以坚定的理想信念筑牢精神之基,坚定对马克思主义的信仰,对社会主义和共产主义的信念,对中国特色社会主义道路、理论、制度、文化的自信。"要把立德树人融入思想道德教育、文化知识教育、社会实践教育各环节,贯穿基础教育、职业教育、高等教育各领域,学科体系、教学体系、教材体系、管理体系要围绕这个目标来设计,教师要围绕这个目标来教,学生要围绕这个目标来学。凡是不利于实现这个目标的做法都要坚决改过来。"[②] 这一重要论述概括精辟,内涵深邃,具有很强的民族性、时代性和实践性,体现了政治性和学理性、价值性和知识性、理论性和实践性、统一性和多样性、主导性和主体性、灌输性和启发性、显性教育和隐性教育相统一,对推动思想政治教育改革创新,增强思想政治教育的思想性、理论性、亲和力、针对性,培养有理想、有本领、有担当的时代新人具有重要意义。为此,必须形成新的方法体系,才能实现精神文明建设的目标,才能落实培养时代新人的战略举措。因此,教育的目标与内容决定教育方法,教育方法要为教育目标与内容服务,要根据教育目标、内容的性质来选择和发展教育方法。

三、思想政治教育方法论的知识借鉴

思想政治教育方法论,既有马克思主义哲学指导,又有思想政治教育学原理作为理论基础,因而可以建构独立的方法论体系。同时应当看到,任何学科,任何知识体系都不是孤立存在的,它总是这样或那样地同其他学科有某些方面的联系或交叉,总是要借鉴、吸收其他学科的研究成果。在现代社会条件下,随着科学技术的迅速发展和人的社会化程度的不断提高,自然科学、社会科学、思维科学相互交叉与综合的趋势更加明显,各个领域的相互渗透与融合更加深入。思想政治教育学科本来就是与多个相关学科联系密切的综合新型学科。因此,借鉴、移植其他学科的理论和方法,引进、吸收其他学科的研究成

---

① 中共中央党史和文献研究院编:《十九大以来重要文献选编》(上),中央文献出版社 2019 年版,第 647 页。

② 中共中央党史和文献研究院编:《十九大以来重要文献选编》(上),中央文献出版社 2019 年版,第 653—654 页。

果，补充、丰富和完善思想政治教育方法论体系，是十分必要的。

思想政治教育方法按其特征来讲，是教育者与受教育者关系的中介，是联系教育者、受教育者、教育环境的桥梁，是一种知识工具。这种知识工具从总体上讲，虽然要受一定世界观的指导和支配，要受一定教育内容的决定与制约，但它也有一定的相对独立性，即在一定条件下，可以作用于不同的教育内容，服务于不同的教育任务。因此，思想政治教育可以借鉴、吸取有关学科的理论、知识、方法，进行移植、改造，使其成为思想政治教育方法的组成部分。

思想政治教育方法论可以借鉴的知识是很广泛的，这里不可能一一列举，只能按不同类型，就主要的、常用的相关学科的知识叙述如下。

第一种类型，是既有部分教育内容交叉，又可直接引入某些教育方法的学科。

这类学科同思想政治教育学科虽然都是独立的学科，有很大的区别，但它们同思想政治教育学科的联系十分密切，除了可以为思想政治教育学科直接提供某些教育方法之外，还在教育内容上有部分交叉。这类学科主要有伦理学、心理学、社会学、美学等。

伦理学是研究社会道德现象的本质及其发展规律的科学。它不仅研究道德的起源和发展的一般规律，而且研究道德修养和道德教育的内容、原则和方法，而道德教育则是思想政治教育的重要内容。马克思主义伦理学和思想政治教育学在道德教育的内容上基本是一致的，如都要研究集体主义教育和爱祖国、爱人民、爱劳动、爱科学、爱社会主义的教育，研究勤劳俭朴、艰苦奋斗等道德品质教育等。与这些道德教育内容相适应的原则和方法，思想政治教育方法论可以直接引入和运用。伦理学强调的"言必信，行必果"的言行一致、表里如一的原则，提出的改过迁善的教育要求，采用的防微杜渐、重视身教和环境习染的方法，在思想政治教育方法论中，同样是要应用的重要原则和方法。伦理学总结的我国古代道德修养的方法，包括立志、克己内省、见贤思齐、慎独等，思想政治教育进行借鉴并与现代道德修养内容相结合，同样会有好的效果。

心理学是研究心理现象及其规律的科学。它除了在一般意义上研究人的心理活动的本质和规律之外，还研究如何培养健康心理和完善个性以及治疗心理疾病等问题。保持心理健康，提高心理素质，消除心理疾病，培养良好个性特点，也是思想政治教育的任务。特别是现代社会条件下，随着社会复杂性增大、变化节奏加快和社会竞争增强，思想政治教育所面临的心理问题越来越突出。为此，思想政治教育方法论必须借鉴和吸取心理学的某些理论和方法，如注重认知、情感、行为相结合的教育方法，心理咨询与心理治疗方法，心理保健方法等，这对于拓宽思想政治教育领域，丰富和发展思想政治教育方法，具有重要作用。

社会学是研究社会问题的一门科学。社会学研究的范围很广泛，它所研究的社会文化和社会思潮，社会交往与人际关系，社会组织与社会群体以及青年问题、家庭问题、犯罪问题等，都与思想政治教育的内容和方法相关。社会学所研究的人的社会化问题，其中包括政治社会化、道德社会化，正是思想政治教育的任务。因为社会学与思想政治教育学所涉及的问题和所研究的内容有一些交叉之处和相同点，所以社会学的某些方法，如社会调查方法、统计分析方法、社会观察方法、社会实验方法等，是思想政治教育经常运用的重要方法。思想政治教育方法论必须借鉴、吸取社会学在调查研究社会问题过程中所运用的原则和方法。

美学是研究人对现实审美关系一般规律的科学。美学的一个重要研究内容，是如何培养人的审美意识和审美情趣。而这一研究内容，正好同思想政治教育所要进行的美育的内容是一致的。美学和思想政治教育学都要通过自然美、社会生活美和艺术美，塑造人们的心灵美，培养人们感知美、鉴赏美、创造美的能力。正因为如此，美育的途径和方法，如寓教于乐，艺术欣赏，文化熏陶，形象感染等，也是思想政治教育要运用的方法。思想政治教育方法论要借鉴和吸取美学的理论和知识，使教育更加富有感染力。

第二种类型，是借鉴学科的某些理论和方法，移植而成为思想政治教育方法。

这类学科同思想政治教育学有一定联系，但不如前述四种学科密切。这类学科的某些理论、方法适用性比较广，即不仅适用于思想政治教育学，还可运用于其他许多学科。所以，这类学科的某些理论和方法要经过移植和一定的改造，才能成为思想政治教育的方法。这类学科主要有教育学、系统科学、数学等。

教育学是研究教育现象、揭示教育规律的科学，它主要探讨学校教育的一般原理。教育学的理论和方法，主要是教学理论、教学原则和教学方法。这些理论、原则和方法，主要适用于业务知识教学。业务知识教学同思想政治教育有相近的地方，但也有很大的差别。所以教学的某些原则，如科学性与思想性统一的原则，教师主导作用与学生主动性相结合的原则，系统性与循序渐进性相结合的原则，统一要求与因材施教相结合的原则等，还有某些教学方法，如讲授法、讲解法、实习法等，在思想政治理论教育过程中，可以作为原则方法和具体方法进行借鉴，经过一定的加工改造，才能运用。当然，教育学也研究德育，德育是学校面向学生进行的思想品德教育，思想政治教育方法论可以吸取德育方法来丰富方法论体系。

系统科学是研究自然、社会和人类思维领域以及其他各种系统、系统原理、系统联系和系统发展的一般规律的科学。它以系统为研究对象，从整体出发研究系统整体和组成系统整体各要素的相互关系，从本质上说明其结构、功能、行为和动态，以把握系统整体，达到最优化的目标。思想政治教育是一个复杂、动态的系统，运用系统科学的方法有利于从整体上、从动态中把握思想政治教育的过程与发展。系统论的三个基本方法对思想政治教育都很有用。运用系统分析方法可以突破以往传统方法的局限，多层面、多维度地思考问题。有利于从思想政治教育的整体出发，从主观与客观、思想政治教育系统与外部环境、思想政治教育系统内部各要素相互关系中，揭示、研究系统的性质和运行状况，从而实现教育最佳效果。运用信息论方法可以把思想政治教育看作借助于信息的获取、分析、加工、处理、传递、变换而实现其有目的运动的过程。用信息论方法分析和处理问题时，可以通过思想信息的输入与输出，把引起思想政治教育系统的所有原因和结果综合起来研究，从而揭示思想政治教育系统各要素之间的信息联系，有利于对研究对象的整体性把握。反馈方法是一种用目标与所发生的行动效果相对照，找出差距来调整系统活动以达到预定目标的方法。这种方法对像思想政治教育这样的复杂、动态系统尤其需要。因为思想政治教育的决策、实施，所涉及的因素既是复杂多样的，又是不断变化的。在教育过程中，既要在实践中检验决策目标是否正确，又要用思想政治教育的实际效果同决策的既定目标进行比较，使实际效果同既定目标趋于一致。因而，思想政治教育需要经常通过反馈进行调节。采用反馈方法来研究和调节思想政治教育活动，对思想政治教育系统决策有重要作用。

数学是研究现实世界中的数量关系与空间形式的科学。随着科学技术的发展和社会的进步，数学渗透的领域越来越广泛，成为通向一切科学大门的钥匙。思想政治教育学在研究和处理人的思想、道德问题时，总是要涉及质与量，即定性与定量两方面的问题，总是会遇到范围、程度等数量方面的关系，因而同其他所有学科一样，也需要数学。但思想政治教育过去是远离数学的，现在，随着思想政治教育研究的深入和实际工作的需要，越来越多的人开始使用数学方法，如运用电子计算机进行思想信息调查的数据处理，对教育对象的思想道德表现进行定量评估，对群体中的个体进行思想道德相互比较判断以及进行心理测试等，可运用概率统计、模糊数学、数学模型等方法。在思想政治教育中运用数学方法，有利于客观、准确地对思想信息进行分析和处理，有利于对集体和个人的思想道德状况进行正确、合理地评价，从而增强思想政治教育的说服力和有效性。但数学方法只是思想政治教育的一种辅助性方法，在运用时一定要遵循思想道德发展变化的规律，要在同等性质的思想道德情况下才可能进行量的比较和判断，而不能将数学方法不讲条件地乱用。

第三节　思想政治教育方法论的功能与特点

一、思想政治教育方法论的功能

研究思想政治教育方法及其方法论之所以重要，是由方法与方法论在思想政治教育活动和思想政治教育学科中的作用决定的。

第一，为思想政治教育活动与研究指明方向。思想政治教育方法是完成思想政治教育任务，实现思想政治教育目标所必不可少的手段。但是，思想政治教育方法有适用和不适用、正确和不正确、科学和不科学的区别。只有采用正确的、科学的方法才能完成思想政治教育的任务，实现思想政治教育的目标。相反，采用错误的方法必定同思想政治教育的预定目标或正确方向不相一致，造成思想政治教育的损失。思想政治教育方法是有一定指向性的，是为实现一定的教育目的服务的。因而，思想政治教育方法能为思想政治教育活动和研究指明方向，正像哲学家弗朗西斯·培根所做的一个形象比喻那样，方法好似黑夜里为行人照明的灯笼。

习近平指出："理念引领行动，方向决定出路。"① 本书所列举、论述的各种各样的方法是从思想政治教育的实践活动中总结出来的，并通过实践检验过的正确的、科学的方法。正是这些方法为完成思想政治教育任务提供了手段，为实现思想政治教育的目标指明了方向，思想政治教育的活动和研究是通过采用这些方法而发展和前进的。如果没有这些方法，思想政治教育只能在盲目中探索。

思想政治教育方法之所以能为思想政治教育活动和研究指明方向，在于思想政治教育方法就是认识规律的体现。人们在思想政治教育活动和研究过程中的认识活动，是由浅入深、由现象到本质的逐步深化过程。教育主体的目的就在于获得对教育本质和规律的认识，以此作为自己行动的指南。而为了达到认识目的，就必须采用与认识对象相适应的认识方法或思想方法，否则，就不可能正确认识和把握教育活动。同样，人们为了有效改变或塑造教育对象的思想，改造和建设良好的教育环境，实现一定的教育目的，也要采用相应的工作方法或行动方法。没有一定的教育方法，目的再正确，也只能是主观愿望，并不能使教育对象和教育环境发生变化。因此，可以说，思想政治教育方法体现了思想发展和思想教育的规律，思想发展和思想教育的规律也体现在思想政治教育方法之中。例如，毛泽东在《关于正确处理人民内部矛盾的问题》一文中就说过："凡属于思想性质的问题，凡属于人民内部的争论问题，只能用民主的方法去解决，只能用讨论的方法、批评的方法、说服教育的方法去解决，而不能用强制的、压服的方法去解决。"② 因为思想发展变化的规律不同于其他事物的变化规律，只有民主的方法、讨论的方法、批评的方法和说服教育的方法才体现、符合思想发展变化的规律。正由于思想政治教育方法体现了思想发展和思想教育的规律，所以它才能正确地说明思想政治教育活动和研究中的新现象，解决出现的新问题，推动思想政治教育活动和研究向前发展。

第二，是完成思想政治教育和研究任务的工具。思想政治教育工作者在进

---

① 《习近平谈治国理政》第2卷，外文出版社2017年版，第539页。
② 《毛泽东文集》第7卷，人民出版社1999年版，第209页。

行教育或研究的过程中，要正确地认识和把握受教育者和教育环境，使主观与客观统一起来，必须通过某种手段来和客观发生关系。方法就是主体方面的某种手段，是教育者与受教育者、教育理论与教育实践的中介。毛泽东曾经形象地把它比喻为桥或船，他说："我们不但要提出任务，而且要解决完成任务的方法问题。我们的任务是过河，但是没有桥或没有船就不能过。不解决桥或船的问题，过河就是一句空话。不解决方法问题，任务也只是瞎说一顿。"① 这段话从一般方法论意义上说明了方法的重要作用。

在思想政治教育活动和研究的过程中，我们要运用许多理论和原则。这些理论和原则被用来指导思想政治教育和研究实践活动时，就转化为方法，就成为抽象理论与实际行动相联系的桥梁或纽带。任何教育理论和原则，在用于指导思想政治教育活动和研究的过程中，都要转化为一定的手段、工具或技术。从这个意义上讲，理论和原则也是方法，即原则方法或一般方法。只有这样，教育理论和原则，才能真正同教育实践发生联系，起到对教育实践的指导作用。否则，教育理论和原则就会成为脱离教育实践的抽象、空洞的教条，成为不起作用的空话。但理论和原则往往不能直接成为可操作的方法，它要经过原则方法向具体方法、可操作方式或技术的转化，才能用于实践并发挥作用。例如，实事求是原则，是指导思想政治教育活动和研究的根本原则，也是思想政治教育活动和研究必须始终运用的原则方法。调查思想情况，分析思想问题，决策教育方案，实施教育过程，评估教育效果等各个环节，都要坚持实事求是的原则，都要把实事求是的原则方法贯彻到调查方法、分析方法、决策方法、教育方法、评估方法等各种具体方法、方式中去。原则方法离不开具体方法，否则，原则方法不能发挥作用；具体方法离不开原则方法，否则，具体方法将失去指导和方向。不管是运用原则方法还是具体方法，都是为了认识人们思想发展变化的实质，有效解决人们的思想问题，提高人们认识世界和改造世界的能力，完成思想政治教育的任务。因此，思想政治教育方法，既是认识规律的体现，又是现实思想本质的体现，既起着把思想政治教育理论和原则转化为方法的作用，又起着指导实践工具的作用。换句话说，思想政治教育方法实质上就是运用思想发展变化的规律和思想教育的规律来研究和解决人们现实的思想

_____

① 《毛泽东选集》第 1 卷，人民出版社 1991 年版，第 139 页。

问题。所以，思想政治教育方法是思想政治教育活动和研究赖以存在和发展的条件，没有一定的方法，思想政治教育是无法进行的。

第三，是建立思想政治教育学科理论的方式。思想政治教育学作为一门新的学科建立起来，是以系统的思想政治教育理论体系的形成为标志的。在这个理论体系中，思想政治教育方法论是重要的组成部分。思想政治教育方法论不仅把理论性很强的思想政治教育原理、原则进行了向可操作性方法的转化，使之更具体，更具有应用性，而且把各种各样分散的思想政治教育方法进行了总结、分类、提炼与升华，揭示了各种方法的实质以及相互之间的内在联系，并吸收和借鉴了现代科学的成果以及有关学科的知识，形成了比较完整的思想政治教育方法论体系。这一体系解决了思想政治教育过程的程序问题，概括了整个教育过程、研究过程的每一个环节的方法，研究了一般情况和各种特殊情况所要运用的通用方法与特殊方法。在理论上，它是思想政治教育学科理论的重要内容；在实践上，它为思想政治教育工作者提供方法论指导，有利于科学、有效地开展思想政治教育，避免单纯凭经验办事，就事论事地分析和解决问题的倾向。习近平指出："我们党一贯重视理论工作，强调理论必须同实践相统一。理论一旦脱离了实践，就会成为僵化的教条，失去活力和生命力。"① 思想政治教育重在说服教育，要以理服人，因而要强调教育理论的系统性、逻辑性。同时，思想政治教育不仅要调查、分析思想情况，而且更重要的是要解决思想问题，要把正确的理论、原则转变为人们的思想观念，因而要强调教育方法的针对性、有效性，使教育遵循客观规律。所以，思想政治教育学科是理论性和应用性高度统一的学科。理论性越强，理论转化为方法的要求越高，难度越大；应用性越强，方法的作用越突出，地位越重要。这两方面都说明思想政治教育方法论充分体现了学科的性质和特点，在学科理论中具有突出的地位和作用。

随着社会的全面进步和科学技术的迅速发展，思想政治教育将会不断遇到新情况和新问题。在研究新情况，解决新问题，创造新经验，发展新理论的过程中，既要创造性运用原有的思想政治教育方法，也要探索新的方法。社会越开放，思想越复杂，运用的方法越要多样；社会发展变化越快，科学技术发展

---

① 习近平：《辩证唯物主义是中国共产党人的世界观和方法论》，《求是》2019 年第 1 期。

越迅速，方法的变换更替也会加快。因此，在现代社会条件下，方法的作用愈来愈突出，方法论的研究也愈来愈重要。正如天文学家拉普拉斯所说的，认识一位天才的研究方法，对于科学的进步……并不比发现本身更少用处。思想政治教育学科理论的建立、发展、完善，要借助一定的方法来完成，新的突破要借助一定的方法来实现。反过来，学科理论的新发展又将为教育和研究的新方法提供理论指导。

二、思想政治教育方法论的特点

思想政治教育方法论既具有一般方法论的特点，也具有思想政治教育的特点，概括起来，主要有以下几点。

第一，科学性和价值性的统一。思想政治教育方法论之所以具有科学性和价值性统一的特点，主要在于它是以马克思主义哲学为理论基础，以人们思想形成发展规律和思想政治教育规律为依据的，是为完成党的思想政治教育任务服务的。习近平在学校思想政治理论课教师座谈会上指出："要坚持政治性和学理性相统一，以透彻的学理分析回应学生，以彻底的思想理论说服学生，用真理的强大力量引导学生。要坚持价值性和知识性相统一，寓价值观引导于知识传授之中。"[①]马克思主义哲学——辩证唯物主义和历史唯物主义，是科学的世界观和方法论，它同其他一切哲学的不同之处，在于它公然申明是为无产阶级和人民群众的利益服务的，它为无产阶级和人民群众提供观察和处理一切问题的正确立场、观点和方法。因而，马克思主义哲学是科学性和价值性高度统一的理论体系。思想政治教育的一系列方法，都是以马克思主义哲学原理为指导的，是马克思主义哲学方法在思想政治教育领域的具体运用。实践证明，这些方法能够科学、有效地分析和解决人们的思想问题。同时，思想政治教育方法论科学性与价值性统一的特点，还决定于它所承担的任务。思想政治教育是无产阶级政党全部工作的重要组成部分，它的任务，就是宣传、动员、组织广大人民群众坚持社会主义方向，提高思想觉悟，团结一致地为实现党在各个历史时期的总任务而奋斗。而党在各个历史时期的总任务，既符合社会历史发展

---

①《用新时代中国特色社会主义思想铸魂育人 贯彻党的教育方针落实立德树人根本任务》，《人民日报》2019年3月19日。

的客观规律，又代表无产阶级和人民群众的根本利益，是向着共产主义的远大目标努力的。思想政治教育方法论的全部职能就是为完成党的总任务服务，因而必须既具有科学性，又具有价值性。

此外，思想政治教育方法论的科学性特点，还决定了它对科学研究成果的吸纳和对错误方法的排斥。在马克思主义哲学方法指导下，思想政治教育方法论吸收、借鉴了自然科学、社会科学和思维科学中的许多知识和方法，如系统论、信息论、控制论的方法，数学方法，心理学、伦理学、教育学、社会学等学科的知识与方法。这些学科知识和方法的借鉴和吸收，丰富了思想政治教育方法的内容，拓宽了思想政治教育方法论的应用范围，进一步增强了思想政治教育方法论的科学性。

第二，实用性与规范性的统一。实用性和规范性是一般方法论的共同特点，也是思想政治教育方法论的突出特点。思想政治教育学科是以思想政治教育为实践基础的，是一门应用性很强的学科，它的一系列方法，不是来自纯粹的逻辑构思和理论推导，而是来自思想政治教育的实践，是广大思想政治教育工作者和人民群众在实践中总结、提炼出来的，是经过实践检验证明是正确的，因而具有实用性和规范性。同时，我们还可以从思想政治教育方法论的学习、运用来看它的实用性和规范性。从书本上学，从理论上理解和把握思想政治教育方法论是必要的，这样可以减少盲目性，增强自觉性，超越经验性，增强科学性。但是，光从书本上学习，光从理论上理解是不够的，一定要在实践中反复运用。学习了不一定学会了，就像学驾车、学游泳、学打仗的道理一样，不仅要学习方法的知识、概念，还要学操作，亲自进行实践，才能真正掌握，真正学到手。每一个方法在运用时都是有条件的，都有一定的规范性，不能不讲条件，不认对象，到处乱用。受教育者的思想状况及所处的环境不仅复杂多变，而且不像自然科学研究的对象和环境可以进行一定的条件控制，思想政治教育工作者要随时根据情况的变化选择针对性强、实用性强的思想政治教育方法，经常调整方法的运用方式与技巧，灵活多样地开展教育。也就是说，思想政治教育没有刻板的公式可套，不能千篇一律地运用某一种方法，一定要具体问题具体分析，审时度势，合理地运用各种方法。因此，思想政治教育方法论的实用性和规范性特点，要求在学中用、用中学，不能光学不用。只有实际运用了，才能全面掌握方法的使用条件和运用技巧，才能准确认识方法的规范性要求。否则，再好的方法，也只能是纸上谈兵，毫无实际意义。

第三，渗透性和交叉性的统一。思想政治教育方法论的渗透性和交叉性特点，是与人们思想、观念、意识的特点紧密相连的。人们各种各样的思想观念，是受客观条件影响形成的，并且不是以纯粹的观念形态孤立地表现出来的，而是通过实际行为，通过一定的事件、职业、生活方式、环境条件等客观因素表现出来的。也就是说，主观的思想要通过客观的形式来表现，主观因素与客观因素总是相互联系、相互交错在一起的，使得思想呈现出渗透性。要分析和解决人们的主观认识问题，不能就思想论思想，只讲主观不讲客观，一定要联系客观条件，结合人们的学习、工作、生活实际，运用一定的载体来做，思想政治教育方法就要同其他方法，如管理方法、业务学习与业务工作方法、生活方式等结合起来运用。只有这样，思想政治教育才能体现思想的渗透性，有效地把主观与客观、思想与行为、政治与业务、职业与道德有机结合起来，既提高思想认识，又促进学习和工作。否则，就会造成主观与客观相脱离，思想与行为不一致，政治与业务"两张皮"的现象。

同时，人们思想的形成、变化、发展不是直线式的，而是曲折起伏的，影响思想形成、变化、发展的因素不是单一的，而是多样的。加上人们个性特点的多样性，决定了我们在进行思想政治教育的过程中，要根据不同的思想问题，针对不同的对象，因时因地，因人而异地综合采取各种不同的教育方式，交替使用多种不同的教育方法。只有这样，才能适应思想发展变化的曲折性和复杂性特点，全面、系统地把握思想发展变化的状况，综合地开展思想政治教育，多角度、多层次、多渠道分析和解决问题。习近平指出："当今时代，社会思想观念和价值取向日趋活跃，主流的和非主流的同时并存，先进的和落后的相互交织，社会思潮纷纭激荡。"[1] 千篇一律地一刀切、"一锅煮"，简单使用一种方法，不仅不会有良好的教育效果，甚至可能造成不良后果。

思想政治教育方法论科学性与价值性统一、实用性与规范性统一、渗透性与交叉性统一的特点，是不可分割地结合在一起的。正因为有科学性，它才有可能在无产阶级认识世界和改造世界的活动中发挥非常重要的作用，完成思想政治教育的任务。也正因为它具有鲜明的价值性，是为无产阶级和广大人民的

---

[1]《习近平谈治国理政》第2卷，外文出版社2017年版，第328页。

根本利益服务的，要求按照世界本来的面貌来认识世界，因而才具有高度的科学性，在实践中取得良好的效果。实用性和规范性也就是实践性，实践是认识的基础和检验真理的标准。正因为它具有实用性和规范性，密切联系实际，因而才能在服务于实践的过程中使自己得到不断的完善、丰富和发展，并进一步证明了自己的正确性。实用性和规范性是科学性、价值性的基础。渗透性和交叉性，既符合思想形成发展的规律和特点，又是思想政治教育实践所提出的要求，因而是科学性的表现，也是实用性的表现。总之，思想政治教育方法论三方面特点的内在统一，是思想政治教育方法论的特点，也是它的优点。

第四节　思想政治教育方法论的体系结构

一、思想政治教育方法论的层次结构

各种方法按层次来划分，一般有三个层次。第一层次是哲学方法，它是适用于自然科学、社会科学和思维科学最普遍最一般的方法。这一层次的方法包括历史与逻辑方法，归纳与演绎方法，分析与综合方法等。第二层次是一般科学方法，它是各门具体科学的共同方法，或叫通用方法。这一层次的方法不为某门学科所独有，而是在一定范围内普遍适用，如系统论方法、控制论方法、信息论方法、数学方法等就属于这一层次。第三层次是具体的科学方法，它是各门学科的专有方法，或称专门的科学方法。这三个层次的方法各有自己的特点和功能，不能互相取代。但是，它们之间又是相互联系、相互渗透的。它们之间的关系是个别和一般的关系，一般不能离开个别而存在，而个别必须以一般为指导。

思想政治教育方法论，虽然主要不研究哲学方法和一般科学方法，但要以哲学方法为指导，要运用一般科学方法。思想政治教育方法论主要研究思想政治教育学科的科学方法。这些科学方法，也是有层次结构的，按照方法适用的范围，大致可划分为以下几个层次。

第一，思想政治教育的原则方法。这一层次的方法是在思想政治教育全过程中都起指导作用的方法，它规定了其他方法运用的方向、准则和要求，在思想政治教育方法论体系中，具有特殊重要地位，起着导向、规范的作用。这一层次的方法包括实事求是的根本方法，群众路线的方法，理论与实践相结合的方法，精神鼓励与物质鼓励相结合的方法，思想政治教育与业务工作相结合的方法等。这些原则方法，在本书各章、在思想政治教育各个环节的方法中都有程度不同的体现。

第二，思想政治教育的具体方法。这一层次的方法，是适用于思想政治教育各主要环节的方法，受原则方法的指导，在思想政治教育的各个环节上起主干作用，在思想政治教育方法论体系中具有主导地位。这一层次的方法包括：思想信息收集方法，思想分析方法，思想政治教育决策方法，思想政治教育的基本方法、一般方法、综合方法、特殊方法，思想政治教育反馈调节方法、总结评估方法等。这些具体方法，都相应构成了思想政治教育方法论各章的主要内容。

第三，思想政治教育的操作方式。这一层次的方法是具体方法的实际运用，是具体方法在不同范围、不同条件下的特殊方式，它使具体方法更加程序化、规范化，更具有应用性。因而这一层次的方法丰富了思想政治教育方法论的内容。在本书中，每一个具体方法都列举了适用于不同条件的多种操作方式，如思想分析方法中，就有矛盾分析法、系统分析法、因果分析法、比较分析法、典型分析法、定性定量分析法等。这些具体的操作方式，运用条件明确，操作方式具体，便于思想政治教育工作者直接掌握和运用。

第四，思想政治教育方法的运用艺术和技巧。这一层次可说是运用方法的方式，是运用方法的经验概括，具有灵活性，它使具体方法和操作的具体方式更生动、更具体，也更有利于提高思想政治教育工作者科学运用方法的创造性，有利于增强思想政治教育的艺术性和感染力。

这几个层次的方法，只是大致的划分。它们各有自己的特点、运用范围和各自的作用，相互之间不能代替。但各个层次之间又是密切联系不可分割的。原则方法不能离开具体方法和操作方式，否则，原则方法就会变得抽象空洞而不起作用；具体方法和操作方式以及运用技巧也要以原则方法为指导，否则，就会不明方向，就事论事。因此，这几个层次的方法，是按一般、特殊、个别的关系组合而成的方法论整体。

二、思想政治教育方法论的体系建构

思想政治教育方法论，除了有一般、特殊和个别的层次结构之外，还有各种方法之间纵向和横向的内在联系，即方法论的体系结构。

第一，思想政治教育方法论的纵向发展结构。我们现在所使用的思想政治教育方法，不是从来就有的。任何社会，任何时代，都有思想政治教育，只不过理论内容、时代内容、环境内容不同而已。不同的内容，要求有不同的方法。因而，各个社会，如奴隶社会、封建社会、资本主义社会、社会主义社会，都有一套相对完整的思想政治教育方法服务于各自的社会。各个社会、各个时代的思想政治教育内容有本质区别，但也有继承和联系，不是毫不相干、彼此脱节的。因而思想政治教育方法也会有继承和联系。同时，一定的方法产生以后，具有相对独立性，可以作用于别的内容。随着时代的发展、社会的进步、思想政治教育内容的变化，思想政治教育方法也会发生变化。在这种变化中，有的方法被淘汰了，有的方法被留传下来并得到发展和完善，还有新的方法被发现和创造。"要顺应时代要求、适应社会变化，善于创造科学有效的工作方法。"[①] 总之，从古到今思想政治教育方法有一个历史发展的线索，有一个不断发展、丰富的过程。

在本书中，有专门的章节研究思想政治教育方法的历史发展，揭示不同社会、不同时代思想政治教育方法的区别和联系，揭示思想政治教育方法的发展动因及其发展趋势，建构思想政治教育方法的纵向发展结构。这一发展结构，有利于我们对我国古代思想政治教育进行比较研究，更好地吸收我国古代思想政治教育的有用方法；有利于我们把握思想政治教育方法发展的历史性和系统性，更加自觉地使用党的思想政治教育的一系列方法；有利于我们认识思想政治教育方法发展趋势，更好地发现和探索新的方法。

第二，思想政治教育方法论的横向体系结构。各种各样的教育方法，是怎样联系为一个统一整体的，这是横向体系结构所要回答的问题。应当承认，建构思想政治教育方法论的体系结构有多种方式，如运用系统论原理，按照思想政治教育要素与结构的要求，是一种建构方式。这一方式是分别按教育结构的

[①]《习近平谈治国理政》第 1 卷，外文出版社 2018 年版，第 47 页。

每一要素组建方法，如教育者与受教育者有一系列学习、提高、修养方法，一系列调查、分析方法等；教育目标、内容有一系列思想信息的传播、反馈、储存方法等；教育环境有一系列优化、选择、建设的方法。这一方式，虽然对从整体上把握教育结构的运行有好处，但它很难囊括所有思想政治教育的方法。又如，运用内容决定方法的原则，按照教育内容的要求，也是一种建构方式。这一方式，是按照不同的教育内容，列出适用于该内容的方法，如政治观教育有阶级分析法，阶级教育法，政治理论灌输法等；人生观教育有榜样示范法，人生实践教育法，人生价值判断法等；道德观教育有道德感化法，道德修养法等；职业观教育有职业选择法等。这一方式，虽然有利于研究适用于一定内容的特色方法，但许多方法是多种内容可以通用的，在建构体系时，不是重复，就是遗漏。

本书的思想政治教育方法论体系是以马克思主义认识论为指导，按照思想政治教育的运行过程来建构的。思想政治教育的运行过程同人们的认识过程是一致的，人们总是先认识世界，再改造世界。也就是从认识开始，从掌握情况，认识对象着手，再从事改造对象的实际活动，经过总结、提高之后，再进行新的认识、新的实践活动，如此反复进行下去。按照这样的认识规律和实际过程，思想政治教育方法论体系可以建构相互联系的三大部分方法，即思想政治教育认识方法，思想政治教育工作方法，思想政治教育调节评估方法。思想政治教育认识方法，是教育主体认识和把握教育对象与教育环境的方法，主要包括三个方面的方法：一是通过观察、调查、预测的方式掌握教育对象的思想信息；二是对思想信息进行分析研究，把握其实质；三是根据思想实际决策教育方案。思想政治教育工作方法，是教育者改造教育环境，改变教育对象思想状况的方法，主要有：任何时候和条件下都要运用的基本方法，一般情况下运用的通用方法，特殊情况下运用的特殊方法，复杂情况下运用的综合方法。思想政治教育调节评估方法，是教育者调节、检查、评价思想政治教育认识活动和实践活动的方法，主要包括反馈调节、总结评估方法。

这三大部分方法，既包括了思想政治教育各个环节的方法，符合思想政治教育的运行程序，也概括了各种情况下适用的方法，符合思想政治教育的实际需要。三大部分方法首尾相接，内在联系，构成了思想政治教育方法论的完整体系。

▶ **思考题**

1. 如何理解思想政治教育方法论的概念?
2. 思想政治教育方法论的研究对象是什么?
3. 思想政治教育方法论的功能有哪些?
4. 思想政治教育方法论的特点是什么?

▶ 思考题
答案要点

第二章　思想政治教育方法的历史发展

马克思指出："统治阶级的思想在每一时代都是占统治地位的思想。这就是说，一个阶级是社会上占统治地位的物质力量，同时也是社会上占统治地位的精神力量。"[①] 古今中外各个国家的统治阶级，为了使本阶级的思想成为国家占统治地位的思想，无不采取各种方式开展思想、政治与道德教育，实现思想政治上的统治。

我国是社会主义国家，同古代和西方剥削阶级统治的国家性质不同。在社会主义社会，阶级矛盾已经不是社会的主要矛盾，正确处理人民内部矛盾是我国社会的主要任务。应当看到，既然思想政治教育是一种普遍存在的历史现象，那么，与这种历史现象相联系的内容和方法必定存在历史联系，也会不断发展。社会主义社会的思想政治教育方法同古代和西方其他阶级社会的思想政治教育方法存在某种联系，要在继承和借鉴的基础上创新发展。一方面，"中华传统美德是中华文化精髓，蕴含着丰富的思想道德资源。不忘本来才能开辟未来，善于继承才能更好创新"[②]。另一方面，"我们既要立足本国实际，又要开门搞研究。对人类创造的有益的理论观点和学术成果，我们应该吸收借鉴"[③]。本章所论述的中国古代和西方国家的思想政治教育方法，就是从方法层面上来探讨其纵向发展状况的，以便通过不同社会思想政治教育方法的比较，来认识不同社会思想政治教育方法之异同，继承、借鉴对我们有用的东西，结合当代社会实际，探索、创新思想政治教育方法，提高思想政治教育效果。

---

①《马克思恩格斯选集》第 1 卷，人民出版社 2012 年版，第 178 页。

②《习近平谈治国理政》第 1 卷，外文出版社 2018 年版，第 164 页。

③《习近平谈治国理政》第 2 卷，外文出版社 2017 年版，第 340 页。

第一节　中国古代思想政治教育方法

中国古代社会，经历了原始社会、奴隶社会、封建社会的发展。原始社会的思想道德教育主要是通过日常交往、集体生产劳动和原始宗教活动来进行的。由于教育还没有从生产实践中分化出来成为专门的活动，加上没有文字和书本，所以教育的方式主要是通过语言口耳相传和实际行动的模仿。大约公元前21世纪，中国进入奴隶社会，阶级出现，脑力劳动和体力劳动分离，文字产生，文化发展，奴隶主学校也建立起来。奴隶主为了维护其统治地位，除了使用严刑峻法之外，还利用宗教迷信，欺骗、麻痹奴隶和平民，用讲"德政"、建"礼治"的手段来缓和阶级矛盾，维系统治阶级内部的等级名分。在奴隶主学校里，教师讲授音乐、射箭、道德和礼仪等，用"诗教""乐教""礼教"作为修养和应世的内容，并同时传授道德观念和道德规范。中国进入春秋时期以后，奴隶主贵族阶级的统治日益崩溃，封建制度逐步建立。随着政治、经济、文化的发展，教育也发展很快，春秋战国时期的诸子百家，提出了各种各样的伦理道德教育的理论和方法，其中尤以孔孟为代表的儒家所创立的理论和方法最为系统。封建统治阶级一直承袭、沿用儒家道德教育的理论和方法为其统治服务。"孔子创立的儒家学说以及在此基础上发展起来的儒家思想，对中华文明产生了深刻影响，是中国传统文化的重要组成部分。"[①] 所以，我们讲中国古代思想政治教育方法，主要是讲儒家伦理道德教育方法。

一、中国古代思想政治教育方法的特点

中国古代社会，是一个以农立国，以家为本的社会，是一个以血缘关系为纽带的宗法社会，又是一个贵贱有等、长幼有序的等级社会。中国古代的思想政治教育及其方法，由中国古代社会的政治、经济制度所决定，并深受中国古代文化影响，同西方国家思想政治教育方法相比较，具有明显的特点。

---

① 习近平：《在纪念孔子诞辰2565周年国际学术研讨会暨国际儒学联合会第五届会员大会开幕会上的讲话》，人民出版社2014年版，第4页。

（一）伦理方法的传承性

在中国古代，伦理同政治是紧密结合的，叫政治伦理或伦理政治。而在古代西方，伦理同宗教紧密结合，叫宗教伦理。实行政治同伦理的同一，早在中国奴隶社会就已开始。周朝在总结商朝灭亡的教训时认为，商纣之所以灭亡，是因为他们暴虐无道，对百姓无德，于是周公提出"以德配天""明德慎罚""敬德保民"的思想，表示周朝要实行"德政"。到了春秋时期，孔子继承了周公的思想，进而提出"仁"的思想和"礼"的思想，把"仁"视作最高的道德，其要义就是所谓"爱人"；把"仁"和"礼"紧密联系起来，"克己复礼为仁"，把恢复周礼作为仁的目的。孔子把这一伦理思想推及政治，主张在政治上实行"德政"，"为政以德，譬如北辰，居其所，而众星共之"（《论语·为政》）。到战国时期，孟子不仅发展了孔子的仁政与"重民"思想，提出了"民贵君轻"的观点，而且他预设人性为善，人有"不学而能"的"良能"和"不虑而知"的"良知"。人有道德，这是人有别于禽兽的特点。根据这些思想，他在政治上主张"王道"，反对"霸道"，"霸道"只能"以力服人"，不能使人心归顺，而"王道"则"以德服人"，能"得民心"。

以孔孟为代表的儒家思想，最突出的特点就是强调伦理道德，强调政治与伦理的结合。这一特点在中国封建社会的明显表现是，各种政治制度、礼仪规范、社会习俗无不渗透着强烈的伦理道德要求，而伦理道德原则、规范又直接为维护封建政治制度服务。所以，儒家思想既是一种为政治服务的伦理思想，又是一种以伦理为基础的政治思想。伦理政治化，政治伦理化，既是儒家思想的特点，也是它长期作为封建统治阶级意识形态的一个根本原因。

儒家不仅确立了伦理思想，而且提出了贯彻伦理思想的一整套方法。这些伦理方法主要包括：在政治上，实施"德政"，坚持以德治国的"德治"方略；对民众，以道德教化为根本，采用"道之以德"的教民方法；对家族，教以人伦，讲究孝亲，道德以家族为本位；对师长朋友和他人，讲敬重亲和，注重讲信修睦；对自己，以修身为本，强调克己与内省。儒家把政治教化与道德教化方式结合起来，提出君臣父子的等级制度和忠君孝亲的政治、道德要求；把个人修养、家庭管理和国家治理结合起来，提出了家国一体和"修身、齐家、治国、平天下"的政治伦理主张；把宽以待人，严于律己结合起来，提出处理人际关系的"和合""中庸"原则。总之，儒家所提出的伦理方法，既有治国的，也有修身的；既有单个的，也有综合的，形成了一套伦理方法体系。这套伦理方法体系自春秋战国形成以来，一直被历代统治者传承、使用。孔孟之后的儒学门生，提出"三纲""五常""四维""五伦""三从""四德"等道德规范和伦理方法，都不过是对孔孟伦理思想和方法的阐释和充实。儒家伦理和伦理方法，是中国传统文化的重要组成部分，是决定我国传统文化特点的主要内容。

　　"传统文化在其形成和发展过程中，不可避免会受到当时人们的认识水平、时代条件、社会制度的局限性的制约和影响，因而也不可避免会存在陈旧过时或已成为糟粕性的东西。"① 儒家伦理和伦理方法，是为封建统治阶级服务的工具，它具有专制性、等级性、保守性和封闭性，这是应当加以批判的。但是，儒家重伦理、讲道德的传统，以及儒家所提出的许多伦理方法，在思想政治教育中应继承和发扬。继承我国优秀文化传统，在很大程度上，就是继承讲传统美德和伦理方法。

（二）教育方式的内在性

　　中国古代的道德教育，虽也注意外在因素的作用，如环境的感化、刑法的强制等，但儒家把这些都放在为辅的位置，而为主的方式，还是强调内化、"内圣"。

　　儒家伦理的核心，是强调人要讲人格，有人格意识。孔子认为天地之性人为贵，而人最可贵的是要有一个不可辱的人格。孟子讲得更明确："人人有贵于己者。"每个人都有自己的价值，这个价值叫"良贵"，这个良贵是任何人不能加以剥夺的，它是人的内在价值。每个人既要肯定自己的内在价值，也要肯定别人的内在价值，即人格价值。认识到自己是一个人，就应该保持自己的内在价值，保持自己的人格尊严，并且要把它看得比生命还宝贵。儒家正是从这一核心思想出发，来铸塑人的道德观念的。

　　首先，在治国教民方面，儒家强调以德教民，让民众归服，而不应强行施加刑法使民众消极逃遁。用孔子的话说就是："夫民，教之以德，齐之以礼，则民有格心；教之以政，齐之以刑，则民有遁心。"（《礼记·缁衣》）孟

---

① 习近平：《在纪念孔子诞辰 2565 周年国际学术研讨会暨国际儒学联合会第五届会员大会开幕会上的讲话》，人民出版社 2014 年版，第 11 页。

子则更是反对用武力征服民众，认为只能用道德来说服民众，只有道德说服，才能心服。"以力服人者，非心服也，力不赡也；以德服人者，中心悦而诚服也。"（《孟子·公孙丑上》）所以，孔孟的治国教民方法，是一种追求内在价值的教化方法，是征服人心的内化方法。孔孟把这种方法由国家推到家庭，由政治推到道德，一以贯之。并且还指出，如果不采用道德教化方法，家庭出不了孝子，国家不会有顺民，动乱就会发生。"鞭朴之子，不从父之教；刑戮之民，不从君之政。言疾之难行。故君子不急断，不意使，以为乱源。"（《说苑·杂言》）

其次，在个人修养方面，儒家提出了"内圣外王"的重要方法，内修圣人之道，外施王者之政。也就是内以圣人的道德为体，外以王者的仁政为用。"内圣"是指个人心性修养，追溯道德价值的源头，以求达致仁、圣的境界；"外王"是指道德价值的贯彻，以实现王道、仁政的目标。简言之，就是"内圣"讲修养，"外王"做事业。为了达到"内圣"的目的，儒家提出了一系列方法，有学思结合、知行统一的方法；有内省、自省、反省的方法；有修己、责己、克己的方法；有自观、自度、自重的方法；有谦恭谨慎、正心诚意、见贤思齐、慎独等方法。这些方法最突出的特点就是强调个人的自我认知、自我反省、自我克制、自我教化，强调个人自觉地实行内在控制。

不管是对民众的内在控制，还是个人的内在控制，都是为封建统治阶级的治国、平天下服务的，为维护封建社会的正常秩序服务的。儒家对民众的教化方法和对个人的修养方法，由于过分强调个人的内心活动而脱离实际。然而，儒家所提倡的"修身齐家治国平天下"的教化和修养方法，"从某种角度看，格物致知、诚意正心、修身是个人层面的要求，齐家是社会层面的要求，治国平天下是国家层面的要求。我们提出的社会主义核心价值观，把涉及国家、社会、公民的价值要求融为一体，既体现了社会主义本质要求，继承了中华优秀传统文化，也吸收了世界文明有益成果，体现了时代精神"[1]。这些方法在道德教育与修养方面，是有借鉴价值的。

（三）方法使用的强制性

一定的方法，总是为一定目标与内容服务的。儒家伦理和伦理方法，是同

①《习近平谈治国理政》第1卷，外文出版社2018年版，第169页。

中国古代政治上的专制主义结合在一起的，是中国古代历代统治者的统治工具，统治者对其"独尊"并视为治国教民的良方，强制推行，实行儒家伦理和伦理方法的大一统。

中国封建社会政治上的独裁专制同伦理道德上的专制统治是密不可分的。政治上的独裁专制统治是伦理道德专制统治的保证，伦理道德专制统治是政治独裁专制统治的思想基础，政治上和伦理上的等级制一致，政治控制和伦理教化相通。统治阶级为了推行儒家伦理及其方法，制定了一系列制度、规则和措施，如国君对群臣的绝对统领，群臣对国君的无条件忠心；父亲对儿子的严厉管教，儿子对父亲的无条件孝顺；丈夫对妻子严格控制，妻子对丈夫的无条件依附，这些都有纲常规范，不可逾越。否则，就是不忠不孝，犯上作乱，轻则惩罚，重则诛灭九族。统治阶级在基层采取组织措施，推行户籍制度，实行政治与伦理的双重管制；设立学校，兴办教育，一律只能以儒家伦理教化为大务；控制家族，制定家规，只能以儒家伦理为准绳；实施乡规民约，承继礼俗、民俗必须以儒家伦理方法为遵照。所以，在中国古代社会，政治、道德教育的内容和方法是有明确、系统规定的，政治上的专制和伦理文化的强大传统的推行，只能使用儒家伦理方法。正是由于长期强制使用儒家伦理及其伦理方法，缺乏变革，致使中国古代社会，特别是 17 世纪以后，封闭保守，发展缓慢。"这就要求人们在学习、研究、应用传统文化时坚持古为今用、推陈出新，结合新的实践和时代要求进行正确取舍，而不能一股脑儿都拿到今天来照套照用。"[①]

二、中国古代思想政治教育的主要方法

中国古代思想政治教育方法，特别是儒家的伦理方法，由于经历了几千年的历史发展，在中国封建社会一直居于主导地位，所以中国古代思想政治教育方法相应比较系统和完善。这里本书不可能把所有方法都列举出来，只就社会教化和自我修养两方面的主要方法概述如下。

---

① 习近平：《在纪念孔子诞辰 2565 周年国际学术研讨会暨国际儒学联合会第五届会员大会开幕会上的讲话》，人民出版社 2014 年版，第 11 页。

（一）教化方法

中国古代社会教化方法源远流长。在原始社会，为了向青少年传授生产技能和道德规范，由生产经验和生活经验丰富的老人施以教化，其方法主要是口耳相传，观察模仿。到了奴隶社会，甲骨文中对教化已有记载，周公倡导"化民成俗"，"以礼正俗"。据《周礼》记载，周代已设大司徒官职专事教化，并规定了大司徒的十二项教化内容。从十二项教化内容上看，周代教化的目的是对百姓进行道德品质教育，是培养一代顺民。孔子是古代教化思想的承前启后者，他提出"性相近，习相远"的观点，主张要重视人的后天教化，通过教育感化，使人们养成良好的习惯，直至成为贤人君子。中国古代的教化，是一种有组织、有目的的教育，是一种"上施下效"的教育活动。从民众方面说，教化是一种学习模仿，是观念行为、风俗习惯的养成过程。古代具体的教化方法是沿着两种途径进行的，教化就是"化民成俗"，而俗者习也，"上所化曰风，下所习曰俗"，明确指出了"上化""下习"的两种主要教化途径。就教化的方法而言，主要有以下几个方面。

第一，教育灌输。封建统治者为了传播、灌输儒家思想，尽力推崇儒学的《诗》《书》《易》《春秋》《论语》《孟子》等书，并把这些著作尊奉为"经"。历代统治者认为这些经书所言，字字珠玑，绝对正确，后人不得改动一字，只能奉读铭记，无条件接受。为了使这些经书的内容普及，使儒学思想家喻户晓，妇孺皆知，历代统治者采取了编写和普及蒙书的手段，来灌输儒家伦理道德思想。如《三字经》《女儿经》《千字文》《神童诗》《增广贤文》《二十四孝图》等，这些读物以通俗易懂的形式、喜闻乐见的故事来传播儒家道德思想，容易背诵，使人印象深刻，在民间大量推广、流传，从而达到了普及儒家伦理道德的教育目的。

第二，化民成俗。中国古代统治阶级化民成俗的方法是多种多样的。秦汉时期，地方设"三老"专职教化，当时十里设亭，亭有亭长；十亭一乡，乡有"三老"。三老的任务是发现本地区的孝子贤孙、贞女义妇、让财救患、为民法式的人和事。一经发现，就需奏报朝廷，以门庭悬挂荣誉匾额以示表彰、树立典范。此外，加官晋爵、树立牌坊、修建祠堂、建立家谱家规等也是通用方法。

制定乡约民规，推进化民成俗。这种方法在清朝最为突出，清顺治皇帝特别重视教化，认为"教化为朝廷首务"，颁发上谕，宣示"孝顺父母，尊敬长

上，和睦乡里，教训子孙，各安生理，毋作非为"成为臣子百姓必须遵守的行
为规范。顺治十六年在全国乡村广设乡约，并统一规定每月初一、十五集中宣
讲《上谕》，进行评比鉴定。康熙九年清圣祖效法古代帝王"尚德缓刑，化民
成俗"，颁发《上谕十六条》作为教化内容，相应还制定了严格的讲约制度和
奖罚制度。

实现化民成俗，一方面是统治阶级的强制教化，另一方面是人民群众在生
活实践中自发养成。随着生产和生活经验的积累，形成了许多同生产活动、生
活方式相关的礼俗，生产、交易、服饰、饮食、起居、亲族、乡里、仪礼、婚
姻、游艺、竞技等都有特定的礼俗要求。这些礼俗在民众中普及形成民俗。民
俗深受儒家伦理道德影响，打上了封建主义意识形态的印记。例如，我国封建
社会的亲族、家族民俗中，世代相袭相传的家教、家风，都体现着封建礼教、
封建道德的内容。

第三，身教示范。儒家特别重视教育者要以身作则，率先垂范。孔子认
为，一个人能正己然后才能正人。作为统治者来说，"其身正，不令而行；其
身不正，虽令不从"（《论语·子路》）。所以，儒家要求统治者要树立"圣人"
理想人格，具有全德、全智、全功的特征，"出乎其类，拔乎其萃"，是突出的
优秀人才，是伦常的完满体现者，是道德之表率。只有这样，统治者才能教化
万民，开启民智。儒家对教师要求更高，认为教师要为人师表，做学生的道德
楷模，对自己要"学而不厌"，对学生要"诲人不倦"，要以自己的负责精神、
谦恭态度和博学多识来教育学生、感化学生。

第四，礼乐结合。传统礼教的目的，在于维护人际关系和社会结构的和谐
与稳定，在于对受教育者进行道德教化和在潜移默化中陶冶情操。孔子认为道
德修养"兴于诗，立于礼，成于乐"（《论语·泰伯》）。礼乐结合，就是要把社
会对人的道德规范内化于人的情感、意志之中，从而成为人们的自觉行动。在
礼乐结合的具体形式上，中国传统社会教化有许多独到之处。比如，借助评
话、弹词、鼓词等主要以说、唱为形式的通俗文艺形式，向那些读书甚少、甚
至目不识丁的农夫、家庭妇女以及小市民进行伦理教化，把社会伦理观念传播
到广大的无法接受正统教育的草根阶层之中。[1]

---

[1] 黄书光主编：《中国社会教化的传统与变革》，山东教育出版社 2005 年版，第 226—227 页。

第五，环境陶冶。中国古代道德教育重视环境对人的品格形成的作用，要求教育者创造良好的教育环境或运用环境中的有益因素，对受教育者发挥潜移默化的作用。荀子是最早重视社会大环境对人的影响的思想家。荀子说"蓬生麻中，不扶而直；白沙在涅，与之俱黑"（《荀子·劝学》）。他认为外部环境对人的影响是巨大的，这种影响是在不知不觉中潜移默化地形成的。荀子认为必须自觉地把这种环境的影响纳入教化的重要内容中去。[①]

第六，践履笃行。统治阶级进行儒家伦理教化，其目的还是要付诸实施，要力行。知行合一、言行一致是古代思想政治教育的重要原则。孔子最看重行，他认为，看一个人的品德，不能只听其言，不观其行。"始吾于人也，听其言而信其行；今吾于人也，听其言而观其行。"（《论语·公冶长》）孔子通过个人的经验告之于人，不能听其言就信其行，而应听其言而观其行，只有言行一致，才能判断一个人行为的正误。学以致用，学习的目的全在于应用。中国古代所主张的应用和践履笃行，同今天主张的参加社会实践是不同的，古代所讲的践，归根到底还是修身的方法，是道德的训练演习。

（二）自我修身方法

修身是儒家强调的自我修养、自律自教的方法。儒家十分强调修身，总是把修身同治国紧密联系在一起。孔子说："苟正其身矣，于从政乎何有？不能正其身，如正人何？"（《论语·子路》）孟子进一步发挥了孔子的思想，认为天下之本在国，国之本在家，家之本在身，君子只有修其身，才能平天下。在《礼记·大学》中，还提出了一个修身、治国、平天下的逻辑公式："古之欲明明德于天下者，先治其国；欲治其国者，先齐其家；欲齐其家者，先修其身；欲修其身者，先正其心；欲正其心者，先诚其意；欲诚其意者，先致其知；致知在格物。"从这个公式可以看出，修身处于核心位置，修身的目的是为了齐家、治国、平天下，修身的方法是格物、致知、诚意、正心。所以，儒家以修身为本，"修己以安人"，"修己以安百姓"。

儒家提出了修身的一系列方法，这里介绍几种主要方法。

第一，学思结合方法。个人进行修身，首先既要重视学，又要重视思，"学而不思则罔，思而不学则殆"（《论语·为政》）。这就是说，学习时如果不

积极思考，就会毫无所得；思考如果不以学习为基础，就会流于空想。儒家特别重视读圣人之书，学王者之道，也十分重视思考方法。孔子在所谓君子的"九思"中，提出了言思忠、疑思问、见得思义的具体要求，还提出用"近思""切问"的方法，联系自身的思想、行为进行思考、修养，从而使"仁"的思想、"礼"的思想真正变为自身的思想。孟子则过分强调"思"，他甚至忽视"闻见"之知，只有"思则得之"。

第二，自省方法。自省也可以称为内省或反省，儒家特别提倡这一方法。孔子说过："见贤思齐焉，见不贤而内自省也。"（《论语·里仁》）孔子的弟子曾参提出了"吾日三省吾身"的主张。此外，儒家还提出了与自省、内省、反省相联系或相类似的自我修养方法，如：见贤思齐、反求诸己等。所谓见贤思齐，就是遇到德才高的人要主动向人家学习，争取赶上他；遇到不贤良的人和过失的行为，要自觉对照检查自己，看是否存在类似的缺点，有则改之，无则加勉。反求诸己是孟子提出的一种自我修养方法，是孔子自省方法的推演，其意思是，当一个人遇到别人以不合理的态度来对待自己的时候，要进行"自反"，也就是反省自己和进一步要求自己，不应埋怨别人超过自己，不要只知有己，不知有人，而应当检查自己的不足，处理好人际关系。

第三，克己方法。"克己"就是以统治阶级的道德标准来约束和克制自己，它是儒家修身所采取的重要手段。孔子说："克己复礼为仁"，就是说一个人能克制自己的言行都合于"礼"就是"仁"。除了"克己复礼"之外，还有"约之以礼"，也是要用"礼"来约束自己。孔子还把克己的办法具体化为四个条目，即"四勿"之教："非礼勿视，非礼勿听，非礼勿言，非礼勿动"（《论语·颜渊》）。儒家克己也包括克欲、禁欲、寡欲的意思，就是人们要克制自己的欲望，不要有非分之想，不要有什么奢望，要清心寡欲，禁欲养心。这种以"礼""仁"来克制欲望、约束行为的方式，显然是为封建统治阶级服务的，它扼杀个性，抑制创造，狭隘和片面性显而易见。

儒家的克己还包括严以律己、宽以待人的道德要求，就是责己重以周，责人轻以约；自卑尊人，先人后己；以己度人，将心比心；礼尚往来，以德报怨。这些律己的道德方式是中国传统美德的重要内容。

第四，慎独。所谓慎独，是指人们在独处无人注意的情况下，能自觉按一定的道德准则思考和行动，而不做任何坏事。慎独是一种境界更高、自觉性更强的自我修养方法。这种方法，早在《礼记·中庸》中就提出来了，认为道德修养应"莫见乎隐，莫显乎微，故君子慎其独也"。意思是不要在暗地里做不道德的事，也不要在细小事情上违背道德。因此，品德高尚的人，在个人独处的情况下要自觉按道德规范约束自己。

第五，积善成德。奉行积善成德，即通过学习和实践优良品德，实现扬善除恶，进入高尚的道德境地。荀子说："积土成山，风雨兴焉；积水成渊，蛟龙生焉；积善成德，而神明自得，圣心备焉。"（《荀子·劝学》）在荀子看来，人性本是恶的，但通过后天的教育、学习，可以转恶为善。这个转化过程是逐步完成的，是自觉学习优良品德并不断积善的结果。[①]

以上这些方法，都是以主体的内心活动为特征的，都是通过人们自我省察来进行的。在封建社会里，剥削阶级推行这种方法，其目的是为了使人们自觉用剥削阶级的政治原则和道德要求检查自己，约束自己，以便维护剥削阶级的政治思想统治。因而，这些方法在剥削阶级社会里具有欺骗性和虚伪性。如果舍弃落后的、腐朽的政治思想内容，用无产阶级的政治内容和道德原则与之结合，赋予这些方法新的功能，引导人们用先进的思想经常自我检查、反省，不断改过自新，提高自己的政治水平和道德水平，那么，这些方法便具有新的含义和作用，成为思想政治教育可以继承的有用方法。

第二节　西方国家思想政治教育方法

西方国家思想政治教育方法经历了长时期的发展，具有明显西方文化的传统和特点。当代西方国家的思想政治教育方法，既是西方资本主义政治、经济、文化制度孕育的产物，又是为西方国家的政治、经济、文化制度服务的。然而，对人类社会创造的各种文明，我们都应该采取学习借鉴的态度，都应该积极吸纳其中的有益成分，使人类创造的一切文明中的优秀文化基因与当代文化相适应、与现代社会相协调，以人们喜闻乐见、具有广泛参与性的方式推广开来，把跨越时空、超越国度、富有永恒魅力、具有当代价值的文化精神弘扬

---

① 黄钊：《儒家德育学说论纲》，武汉大学出版社 2006 年版，第 332 页。

起来。研究西方国家思想政治教育方法，对于我们认识西方国家的思想教育、政治教育、道德教育的实质与特点，借鉴有益的东西是很有意义的。

一、西方国家思想政治教育方法的历史发展

西方国家思想政治教育方法的发展，大致经历了三个相对明显的阶段。

第一阶段，宗教方法主导阶段。从古代到 19 世纪，西方国家的政治教育和道德教育同宗教紧密结合，教育方法主要是宗教方法。在古希腊、古罗马时代，虽然政治教育、伦理教育受城邦政治制度、希腊哲学、罗马法典的制约、影响很大，但基督教和经院哲学兴起之后，政治教育和道德教育便隶属于宗教。特别是中世纪，全社会奉行宗教，神学占据主导地位，宗教在政治领域、道德领域具有支配地位，教会操纵教育权力千余年，政治教育、道德教育完全宗教化。宗教教义是全社会所有人奉行的宗旨与行为准则，宗教灌输、宗教仪式、宗教训练、宗教管制以及忏悔盲从等，是宗教教育的一整套方法。即使到了近代，西方一些主要国家完成了资产阶级革命之后，宗教教育在一段时间内，仍然是这些国家占统治地位的教育形式。如英国，历史上一直是一个以宗教教育为特色的国家，社会和学校的道德教育、政治教育主要是由宗教机关来承担的。欧洲的宗教教育传入美国之后，从建国初期到 19 世纪，宗教教育始终是美国社会和学校教育的主导形式。教育的主要任务是训练人们服从和虔敬，道德教育实质上成为灌输宗教教条的工具。

第二阶段，权威方法主导阶段。从 19 世纪到第二次世界大战期间，西方国家强调权威管理和教育，权威教育方法起主要作用。19 世纪中叶以后，西方主要国家工业化运动逐步形成高潮，产业革命大发展，经济结构和社会结构发生了根本变化。根据产业发展的要求，资产阶级需要培养大量适应大工业生产程序的、具有顺从人格的人。在企业，资本家对工人实行严厉的监视、管制，把工人当作会说话的机器。在学校，宗教教育的统治地位开始动摇，世俗道德教育逐步发展。洛克、裴斯泰洛齐、第斯多惠的民主教育理论，斯宾塞的实用主义教育理论，对宗教教育冲击巨大。赫尔巴特则提出了既保留浓厚宗教色彩，又顺应大工业发展需要的权威管理和权威灌输的教育主张。这一主张，继承了宗教中一个类似于原始罪的教育观，认为人具有粗野狂暴的一面，必须严加管束，才能使之服从。要培养人们具有绝对遵从国家、具有铁的纪律、能

够机械服从的品格，必须使之处于顺从不违的被动地位，必须由享有权威的教育者灌输不可怀疑的训育教条并使其无条件接受，必须通过各种强制方式来保证道德教育的实现。因此，赫尔巴特把"管理、教学和训练"作为道德教育的基本途径，强调管理在先，并提出了惩罚与威胁、检查与监督、命令与禁止、批评与警告以及剥夺自由、禁吃东西、关禁闭、打手心、记过等一系列的管制、教育手段。赫尔巴特的教育理论和方法，当时在欧洲、美国影响很大。究其原因，一是西方宗教传统必然会有遗传，二是适应了资本主义大工业生产对顺从人格的需要。

第三阶段，学科方法主导阶段。从第二次世界大战后到现在，西方国家从多个学科角度研究道德教育和政治教育，将各种学科理论应用于思想教育、政治教育、道德教育实践，形成了丰富多彩的教育方法，这些方法超越经验，表现出明显的学科性特征。随着生产力和科学技术的迅速发展，西方国家在19、20世纪之交，出现了科学与宗教、民主与专制的激烈冲突，发生了工人群众与资本家的激烈斗争，西方青年的反抗运动也开始爆发，企业的专制管理受到冲击，赫尔巴特的教育理论和方法受到批判。西方主要国家开始进行管理方面的革新和道德教育方面的转变。不管是企业管理的革新还是道德教育的转变，都主要是从研究人的认知、心理、行为、道德入手的，并多是从实证研究着手的。在企业，美国的弗雷德里克·泰罗首先提出了科学管理理论，强调增强责任观念；法国的亨利·法约尔等人，提出了组织管理理论，制定了规范企业人员行为的一系列措施。随后，行为科学学派产生，人群关系理论，需求层次理论，双因素理论和X、Y、Z理论被相继提出。20世纪80年代以来又重视对企业文化的研究。这些都说明，西方国家对企业人员的思想、行为研究，对企业人员的思想道德教育、行为训练，已经纳入心理学、管理学、社会学等各种不同学科，形成了五花八门的各种流派。

与此同时，西方国家也广泛开展了对道德教育特别是学校道德教育的研究。杜威的实用主义德育理论，皮亚杰的道德发展理论，哈特肖恩和梅的品格教育研究，霍尔的儿童心理研究以及行为主义儿童心理学等，都对西方传统道德教育进行批判，并从不同学科的角度，提出了道德教育的理论和方法。尽管这些理论和方法在20世纪五六十年代受到冷落，道德教育不受重视，但由于社会道德的混乱和社会问题的加剧，西方国家自20世纪60年代末以来又开始重视道德教育。20世纪之初道德教育改革的成果得到认可，道德教育理论和方法的研究发展很快，英国道德哲学家约翰·威尔逊和美国教育家柯尔伯格的道德教育理论和方法在西方颇有影响，价值澄清学派和认知发展理论在西方颇负盛名。研究、探讨和实施道德教育在西方已经成为各领域、各学科、各类型、各层次教育工作者共同感兴趣的问题，道德教育的著作、论文、研究报告、杂志、学术讨论会议等不断增多。

二、当代西方国家思想政治教育方法的特点

当代西方国家的思想政治教育方法，同东方国家相比，具有明显的特点。这些特点，既与西方国家的文化传统有关，也与西方社会的政治、经济制度有关。

第一，宗教方法的传承性。信奉宗教，一直是西方国家的文化传统，伦理与宗教结合也一向是西方国家道德教育的特点。进入20世纪之后，西方国家虽然改变了宗教教育的主导地位，大力进行世俗道德教育，从某种意义上可以说，当代西方道德教育就是以反对宗教教育，促进道德教育世俗化为特征的。然而，在西方，宗教与道德毕竟有内在联系，正是基督教最初孕育了道德的基本范畴，规定了道德的基本准则，确立了道德教育的基本方法，道德教育被融于宗教教育之中。随着资产阶级民主的不断扩大和科学技术的不断发展，宗教与民主、科学发生了剧烈冲突。一方面，宗教受到了批判和限制，世俗道德教育大发展。但另一方面，宗教对人们的影响并没有因此而结束，西方国家允许人们信奉宗教，并利用教会为政府服务；西方国家的很多人加入宗教团体，从宗教那里确立个人信仰，寻求精神寄托；西方许多国家在学校开设宗教课程，系统传授宗教教义和宗教信仰。这种世俗道德教育与宗教教育并存发展的状况，反映了西方社会现实与传统、精神生活与物质生活的矛盾。只要西方社会精神危机、道德混乱依旧存在，只要人们无从把握自己的命运，精神无所依傍，宗教教育就会继续下去。

在西方国家，与宗教教育相适应的一套传统教育方法，如教条灌输、宗教仪式、服从敬畏、忏悔反省、管制体罚等，一直被传承下来并得到广泛运用。宗教还深刻影响了教育学、管理学、社会学的某些理论与方法。如前面所讲的赫尔巴特的教育学理论和管理学生的方法，就具有明显的宗教性。美国麻省理

工学院教授道格拉斯·麦格雷戈所提出的管理理论——X理论，也继承了类似原罪说的观点，认为人的本性是坏的，一般都好逸恶劳、逃避工作。因此，对工人要采取类似于宗教的强制、监督、威胁、惩罚的办法，才能控制工人的行为。虽然麦格雷戈也提出了与X理论相对的Y理论，但他认为两种理论和方法都是有用的。因此，在当代西方国家中，宗教教育方法，仍然是道德教育普遍采用的一种方法，或者说，西方国家道德教育方法，具有明显的宗教性特点。

第二，方法理论基础的多样性。进入20世纪以来，西方国家从学科角度研究、探索思想、政治、道德教育理论与方法，使思想政治教育方法获得越来越多样化的学科基础。具体表现在以下几个方面。

一是多学科开展对思想、道德、政治教育以及公民教育的研究，理论与方法种类繁多。美国学者约翰·埃利亚斯对道德教育的多样化研究曾有论述，他认为，道德教育是一个需要多学科共同研究的领域，仅仅通过一门学科来探讨这一领域既是有限的，也是危险的。当代西方道德教育理论与方法研究所涉及的学科领域主要有哲学、心理学、文化学、社会学、宗教学和历史学等，尤其试图从哲学和心理学结合的角度研究道德教育的理论与方法，特点突出，成果最多。如德国教育家赫尔巴特、美国哲学家和教育学家杜威、美国教育家柯尔伯格等，都是从哲学和心理学结合角度建构道德教育理论和方法体系的。道德哲学为道德教育提供概念、理论和目的，道德心理学为道德教育提供方法。以道德哲学和道德心理学相结合来指导道德教育实践，进行理论探索，已成为当代西方道德领域的一个较普遍现象。除了从哲学和心理学结合角度研究道德教育之外，也有分别从哲学和心理学角度进行研究的，如分析哲学家威尔逊，存在主义哲学家马丁·布贝尔，心理学家班杜拉、罗杰斯、斯金纳等，都分别从哲学和心理学方面，提出了各自的道德教育理论和方法。同时，还有从社会学、社会心理学视角开展对道德教育研究的，最突出的是实证主义社会学家涂尔干，他建立了道德教育的社会学理论和方法。各种关于社会、家庭、社区文化、大众传播媒介、学校等对群体、个体道德社会化影响的实证研究，更是五花八门。另外，在企业方面，对人们思想、道德、动机、行为进行研究的也有行为科学、管理科学、心理学等许多学科。

二是道德教育和思想行为控制的理论与方法纷呈各异。道德教育和思想行为的研究，不仅涉及众多学科，而且同一学科领域里，还有多种理论流派。如在心理学领域对道德问题进行专门研究或间接产生影响的主要流派就有社会学习理论、人本主义理论、行为主义理论、精神分析学派、认知发展学派等。这些流派，既有各自的观点，还提出了各自的一套方法。在行为科学领域，对人们思想和行为进行专门研究的理论流派就有人群关系论，需求层次理论，双因素理论，X、Y、Z理论，这些理论流派，各自都提出了一系列控制人们思想和行为的方法。

三是选择、使用教育方法多样化。西方各国在道德教育与企业管理中，允许使用各种不同的理论与方法。一个学校、一个企业可以同时使用不同的理论和方法，一个教师、一个管理人员可以根据不同的教育内容、不同的管理对象，使用不同的理论和方法。教育、管理方法的选择、使用不拘一格，多种多样。

西方国家在教育、管理方法理论依据的多样性决定了具体方法的丰富性特点，反映了西方个人本位、自由竞争的社会特性。许多方法，虽确有所长，但往往由于各自理论基础不同而各执一端、相互矛盾，表现出局限性。同时，理论与方法的繁多，也造成选择和使用上的混乱，容易导致道德教育上的相对主义。

第三，教育方式的渗透性。实行教育、管理活动的交叉渗透，这既是西方国家的传统，也是当代西方国家的明显特点。早在古希腊时期，苏格拉底就提出，对儿童的道德教育主要应通过开展讨论、组织活动进行。亚里士多德也强调要在人们的行动中、在实际练习过程中培养德行。当代西方的教育学家、心理学家继承了这一传统，反对专门向学生灌输道德理论和道德原则，而主张学生通过自主的活动和实践获得道德上的发展与提高。杜威根据美国的价值观，确立了他的教育理论，他提出取消道德教育课，通过让儿童参与社会生活、结合教学活动和解决各种实际问题的方式，来进行道德教育。杜威的这种取消道德教育课程、结合生活与社会实际进行教育的方式，实际上否定了道德教育的共同目标，强调道德的个人选择与相对性，这与美国的个人主义价值观是一致的。后来，杜威的道德教育方法得到了进一步发展，像柯尔伯格的"道德讨论法""公正团体法"、价值澄清学派的"自由选择"、贝克的"反省方法""问题中心法"等，都倾向以个体参与和自主选择方式来进行道德教育，都强调道德教育的渗透性。

在企业方面，企业主对工人的道德要求和思想行为控制，更是通过企业的技术、经营、财务、安全、计划、人事等一系列管理来进行的。管理制度、管理程序和手段，规范着工人的思想、道德和行为；而思想、道德的表现则全面具体地渗透在管理之中。

西方国家除直接进行思想政治教育之外，更多的是继承了把宗教渗透到人们日常生活中的传统，采用隐性的方式，进行道德和思想的渗透与熏陶，渗透的途径和手段是多种多样的：或凭借强大的经济实力，不惜巨额投资，在各地建设纪念馆、艺术馆、博物馆、国家公园等多种场所，运用现代化手段布设环境，形象生动地宣传资本主义传统与文明；或利用广播、电视、报纸、网络等大众传媒，把以个人主义价值观为特征的生活方式形象地展示在铺天盖地的广告和文艺节目之中；或通过遍布全国的宗教团体和广泛的宗教活动，把民众的宗教信仰巧妙地转化为对政府的顺从；或按照资产阶级教育家提出的"教学的教育性原则"，发挥隐性课程作用，寓德育于智育和校园生活之中；等等。西方国家教育渗透的这些特点，是经过长期探索形成的，它显示了西方国家思想、政治、道德教育的隐蔽性、巧妙性。但是，西方一些国家，特别是美国，反对道德灌输，取消道德教育课程的做法导致许多严重社会问题，20世纪70年代末80年代初出现的对重视道德理论内容的呼吁，在实践中各国道德课程的纷纷设置，在一定程度上是对单纯反对灌输的否定，也是对单纯强调渗透教育的补充。

第四，方法选择的自由性。西方国家在道德教育方面方法多样并存，强调受教育者使用方法的自主性，必然导致另一突出特点——方法选择的自由性。方法选择的自由性，与个人主义、相对主义价值影响直接相关。20世纪以来，西方在坚持个人主义价值取向的同时，兴起了相对主义思潮，道德教育也具有鲜明的相对主义色彩。这种相对主义认为，在特定社会中，每个人的价值都是相对的，不存在评判个人行为正当与否的客观标准。因此，对个人的行为无法进行道德上的评价，企图把社会或其他的价值标准强加给个人的任何做法都是错误的。这种道德个人相对主义，强调个人价值的独特性和权威性，反对道德原则、规范和方法的传授，主张人们通过自由自主的选择来获取价值。例如，价值澄清学派的倡导者认为，道德价值是相对的，个人的道德价值不是教育的结果，而是选择的产物；存在主义者认为，道德只能来自我们内心，人人都有绝对的自由把自己的价值赋予这个世界、赋予人的行为，教育所能做的至多只能是为学生提供各种选择的机会，让他们去自由选择。所以，道德相对主义实际上取消了道德教育，奉行的是放任主义的教育方式。事实上，在道德领域，个人不论是确定道德认知方式，做出道德判断，还是选择道德原则，寻求行为依据，都不可能是绝对自由的，都要受一定社会文化、教育的影响，受社会政治、经济制度的制约。尽管相对主义在方法论上在反对西方传统教育的保守性、永恒性上有一定意义，但它的错误，受到了西方一些道德教育家的批评。

三、当代西方国家思想政治教育的主要方法

前面我们已经说明，在当代西方国家的思想、道德、政治教育中，既有传统的宗教方法，也有学科方法，还有各种渗透方法，下面就对其中影响较大、运用较广的几种主要方法略作介绍。

第一，道德认知发展方法。道德认知发展方法论是以道德认知发展理论为基础建构的方法体系。道德认知发展理论是美国教育家柯尔伯格吸收杜威、皮亚杰的研究成果，于20世纪50年代创立的。该理论的主要观点是，道德发展与认知发展有密切关系，认知发展是道德发展的基础，道德发展不能超越认知发展水平，道德思维是道德发展的核心；学生道德思维与判断水平发展是有阶段的，道德发展总是遵循一定的阶段进行；道德发展的动机在于寻求社会接受和自我实现，有赖于个体对社会文化活动的参与程度。柯尔伯格在具体运用道德认知发展理论过程中，提出了两种主要教育方法：

一是道德讨论法。这是柯尔伯格早期提出的一种道德教育方法。这一方法概括起来讲，就是通过引导学生对道德两难问题开展讨论，引发认知冲突，达到促进积极的道德思维、促进道德判断发展的方法。在运用这一方法时，教育者首先要选择、设计一定的道德两难问题或问题情境，能引出学生中各种道德观点的矛盾，引起学生认知冲突，启发学生进行积极思维。用于讨论的道德两难问题或问题情境，内容可以是虚构的故事，也可以是特殊主题事例和其他事例，其所需推理水平，应以高于学生现有发展水平一个阶段为宜。教育者组织道德讨论一般遵循这样的程序：其一是根据柯尔伯格制定的道德判断测验量表测试学生的道德发展阶段；其二是按测试结果分组，每组10人左右；其三是

提出道德两难问题或进入两难情景；其四是引导学生正确对待讨论；其五是对道德两难问题开展讨论、争论。在讨论过程中，教师要帮助学生正确理解所讨论的道德问题，把握好讨论的方向。在讨论的深入阶段，要支持和澄清重要观点，引导道德水平阶段相近的学生进行观点比较，促进较低阶段的学生趋向高阶段的推理，从而达到提高道德判断水平的目的。

二是公正团体法。这是柯尔伯格经过实地考察和实证研究之后，于后期提出的一种道德教育方法。这一方法十分强调团体的教育力量和民主管理的教育作用，其方法要点是：其一，在创设公正团体中培养团体成员的公正观，努力提高团体的公正水平；其二，发展团体的民主管理，建立平等公正的人际关系，给每个人提供参与管理和承担责任的机会；其三，创造团体的民主风气，形成相互之间的良好感染；其四，发展团体中的自我教育，保证团体教育法的落实并取得成效。从这一方法同道德讨论法的比较中可以看出，柯尔伯格从局限于学生的道德教育扩展到社会团体的道德教育；从只重视道德认知判断，发展到重视道德认知与道德行为二者结合；从根据形式特征界定道德教育，到重视道德内容的传授，说明柯尔伯格道德教育方法有所发展。

柯尔伯格的道德认知发展方法论还包括价值分析法、问题探讨法等。这些方法在西方国家中影响比较大。特别是公正团体法在学校道德教育中广泛运用后，提出了隐性课程设置与开发问题，这对于发挥学校和教师在道德教育中的作用颇有意义。当然，道德认知方法论在西方国家也不断受到批评，如过分强调道德认知、道德判断的作用，容易导致脱离实际；过分追求道德判断的形式，忽视了道德教育的内容；用道德发展阶段来对学生进行划分归类，不仅教师难于掌握，而且对教育学生不利。

第二，价值澄清方法。价值澄清方法论是价值澄清学派所提出的一种道德教育方法体系。价值澄清学派是在西方由传统社会向现代社会转变过程中，为适应社会价值观念复杂多变的选择需要，于 20 世纪 60 年代产生的。价值澄清学派提出了价值澄清的理论假设：人们处于充满相互冲突的价值观的社会中，这些价值观深刻影响着人们的身心发展，而现实社会中根本就没有一套公认的道德原则或价值观。根据这一假设，价值澄清学派认为，教师不能把价值观直接教给学生，而只能通过分析评价等方法，帮助学生形成适合本人的价值观体系。所以，价值澄清理论更多地表现为方法。这一方法的主要任务不是认同和传授"正确"的价值观，而是致力于帮助人们澄清其自身的价值观，并把分析澄清价值观的过程，作为价值观评价认同的过程。正如价值澄清学派的基尔申·鲍姆所说的，价值澄清可被定义为一种方法，即利用问题和活动来评价过程，而且，帮助人们熟练地把评价过程应用到他们生活领域。

在运作过程中，价值澄清方法论强调四个关键因素，一是要以生活为中心，主要解决生活中的问题；二是要接受现实，即原原本本地接受他人，不必对他人的言行进行评价；三是要求进一步思考、反省，并作出多种选择；四是培养个人深思熟虑地进行自我指导的能力。在教育实践过程中，价值澄清方法形成了包括选择、珍视、行动三个阶段和七个步骤（即自由选择、从多种可能中选择、对结果深思熟虑地选择、珍惜爱护自己的选择、确认自己的选择、依据选择行动、反复地行动）的操作模式。价值澄清的具体方式与策略，常用的有交谈、书写、讨论、预知后果的扩展等四大策略和价值表书写等十九种其他策略，通过这些操作性极强的澄清策略来帮助受教育者选择、确立适合自己的价值观念。

价值澄清方法论，重视现实生活，针对西方无所适从的道德教育实际提出，具有可操作性和实效性，因而受到人们的欢迎，在西方各国传播很快，对西方现代道德教育影响较大。但是，这一方法论的局限是明显的，一是把相对主义价值观作为立论基础，把个体经验作为确定价值观的标准来衡量和评判自身的社会行为，否定社会的主导价值标准，其结果必然导致社会成员独行其是。二是忽视道德教育的具体内容、要求和道德行为的培养、训练，也容易导致形式主义。

第三，社会学习方法。社会学习方法论是以社会学习理论为基础的一种道德教育方法体系。社会学习理论是美国心理学家班杜拉、米切尔等人，吸收认知发展理论的某些观点，从行为主义心理学中演变发展出来的。社会学习理论也叫观察学习理论和认知－行为主义理论。社会学习理论强调观察学习是行为获得的基本学习方法，认为学习既是反映过程，也是认知过程，还是自我调节过程，人的复杂行为就是通过观察、模仿，再经认知过程而不断形成的。社会学习理论注重强化的学习意义，认为人可利用外部直接强化从环境中学习，可利用替代性问题强化观察他人行为进行学习，还可利用自我内在强化从体验自身行为的可能结果的预期中学习。

社会学习论者根据上面这些理论，提出了与之相适应的一系列方法，其中两个方法比较突出。一是榜样示范方法。班杜拉认为，榜样对发展道德倾向具有重大影响，榜样示范是道德教育的主要手段。在现实社会中示范榜样是广泛存在的，不仅包括人，如家长、教师、同辈人等，还包括文字符号、图像信息、语言描述、艺术形象和环境，如大众传媒、学校气氛环境等。社会中的任何事物都可能不自觉地成为影响行为的示范榜样，人可能受到别人影响，也可能影响别人。示范榜样的作用是多向的，有的会产生正面的作用，有的会产生反面的作用；一些榜样的示范作用当时可表现出来，而另一些可能要在以后的某种条件下才发挥出来。教育者的任务就是要善于利用示范榜样，引导帮助受教育者观察、学习、模仿、认同好的榜样。

二是强化方法。社会学习论者继承和发展了行为主义者关于强化的研究，把强化作为道德行为形成的重要手段。班杜拉认为，行为结果，如成功、失败、奖励、惩罚等对道德行为的发展有重要影响，因为这些结果使人产生相应的期望，它使特定行为再现的可能性随预期的奖励而提高，随预期的惩罚而降低，前者为正强化，后者为负强化。教育者巧妙有力地使用强化手段，教育就可成功。道德教育的强化手段有三种，直接强化，即亲身经历的社会环境对自身行为的强化；间接强化，指教育者利用间接媒体来强化发展受教育者的道德行为，排除非道德行为影响；自我强化，即对自己的道德行为进行自我评价。

社会学习方法论把文化环境与人的道德发展联系起来，揭示示范榜样对道德发展的内在作用机制以及影响道德行为的各种形式与途径，注意理论与实际的结合，重视个体自我评价能力的培养，这些都是有积极意义的。所以，这些方法在西方一些国家中也有采用。这一方法论确立的理论基础虽然已不是传统行为主义理论，但立论的基础拼凑痕迹比较明显；对社会因素、社会环境的界定，只是指人际关系和社会风俗习惯，没有涉及社会物质生产这一主要因素；而且具体方法缺乏操作的程序，实施有一定难度。

第四，政治社会化技术。政治社会化实际上是美国政治教育的别称，提出之后受到西方一些国家的关注。一般认为，政治社会化不仅有可能使国家自身的合法性权威得到普遍的承认和接受，而且还有可能降低社会统治成本，有利于社会稳定。政治社会化具有三种基本功能：一是"训练个人"，形成社会成员的"政治自我"，即塑造合格的政治角色。二是"支持政治系统"，维护社会政治稳定。三是更新政治文化、变革现存政治体系、推动社会政治发展。

西方国家政治社会化的推动模式主要有三种：其一，政府主导模式，即由政府全面领导政治社会化，并用一整套强有力的行政干预措施和政策来推进。其二，政党主导模式。政党是政治社会化的重要机构和载体，政党以自身的组织规则、活动方式、追求目标、价值观念对国家的政治社会化产生影响。在一些一党长期执政的国家，政府对国民的教育基本上都是政党主导的政治社会化模式。其三，社会主导模式，即国家对公民的政治教育大多由某些社会机构和非政府组织来承担，政府对此予以间接调控而非直接管理。

西方国家的政治教育或政治社会化是通过不同的途径进行的。家庭是政治社会化的首要场所，家庭生活对完成政治社会化的作用十分明显，具有其他任何机构所不能替代的作用。学校是青少年政治社会化的最重要机构，西方国家在学校通过开设有关课程及学科渗透、教师影响和政治实践活动来实施政治社会化。在现代社会，大众传媒渗透到人们生活的方方面面，从而对政治产生了巨大影响，网络、电视、电影、书籍、报刊等媒介已经成为政治社会化的有力工具和重要途径。此外，各种社会组织中包括工作场所、人际交往以及社会团体、宗教组织、政治党派甚至科学研究机构等社会组织的活动也都是政治社会化的途径与载体。

西方国家的政治社会化主要采用暗示、明示、强制等方法，通过直接和间接的方式进行。家庭教育、社会文化环境、宗教组织、社会交往等蕴含着丰富的政治教育内容，对公民尤其是青少年政治社会化具有暗示作用。而学校教育、大众传媒宣传、政党组织活动以及组织公民参加社会实践、参与政治活动等，则是政治社会化的直接方式与公开明示。在西方国家政治社会化的实施过程中，采用强制方法虽不多，但在必要时，政府或社会机构也不会放弃借助于某种强制性力量，迫使政治社会化的对象接受全社会的主导政治文化或意识形态。强制性方法借助的力量既有物质的力量，也有各种各样的社会力量。[①]

第五，隐性教育方法。隐性教育相对于学校正式课程教育而言，主要是由学校教育、家庭教育和社会教育中的隐蔽因素构成的一种开放的、立体的网状结构教育形式。学校校园建筑、文化设施、校园绿化和美化等物质形态，学校

---

① 马振清：《中国公民政治社会化问题研究》，黑龙江人民出版社 2001 年版，第 15 页。

的规章制度、办学理念、价值观念、生活观念、行为方式，学校的传统、风格和精神面貌，教师的形象和示范作用，学校的舆论导向等构成的学校的校风、学风等，对学生的政治观、道德观和价值观形成的教育作用有时比正式课堂教育更有感染力，对学生的思想影响更持久深远。在社会环境和社会生活中，西方国家运用隐性教育方法也十分广泛。隐性教育方式是一种无意识教育，即不被受教育者察觉的教育方式。这种教育方式是教育者按照预定的教育内容和目标，在受教育者周围设置一定的生活环境和文化氛围，引导受教育者去感受和体味，使受教育者在满足兴趣、爱好的同时，得到思想的净化和启迪，潜移默化地受到教育。隐性教育方式不是把道理、观点、要求等明白地告诉受教育者，而是把教育的意向、目的渗透潜藏到相关的文化教育环境之中。隐性教育方式是无讲台的教育，看不到居高临下的有形的权威式的训导，不容易产生逆反戒备心理和对抗情绪，因此效果比较明显。心理学研究表明，人们都有一种倾向，即自觉不自觉地维护自主地位，不愿意受到别人的干涉或控制。无意识教育的平等性、愉悦性、无对抗性、渗透性等特点，调动了人们的参与意识，教育的效果显著。

当代国外思想政治教育，十分注意运用隐性教育方式提高思想政治教育的效果，在思想政治教育实践中，倾向于更多运用隐性教育方式。其一，利用史料、传说、故事、传记等来进行爱国主义教育，这种教育方式在美国等西方国家是十分普遍的做法。政府不仅要求教师和家长把文学作品与故事传说作为青少年教育的重要内容，还以法律形式明文规定各级各类学校都必须开设历史课程，通过历史教育培养学生深厚的爱国信念，树立民族自尊心与自信心。其二，重视各种社会参与和实践活动是西方国家思想政治教育的又一重要方法。通过社会实践活动，提高人们自我管理、自我教育以及社会生存的基本能力，促进理论联系实际，培养其意志力、探索性及自主、自重、公平竞争和爱国精神，树立尊重他人、与他人合作、平衡人际的协作态度，强化社会责任感和公民意识，弥补家庭和学校教育的不足。在许多西方国家，青少年必须参加一定的社会实践活动，否则会影响他们的升学等。美国的高校不仅允许学生依照学校的有关规定组织学术、文化、宗教、文体等社团，锻炼能力，而且支持学生有组织地走向社会，承担一定的社会服务项目。其三，注重发挥大众传媒和社会公共环境的思想政治教育作用。西方国家政府每年都会安排巨额预算资金用于支持传媒机构、发展出版事业以及进行博物馆、纪念馆、历史遗迹、名人故居等文化设施建设。这些传媒机构、出版物、纪念场馆集中展现了本国物质文明和精神文明的成果，宣扬着本民族的民族精神和价值观念，是政府向其国民进行思想政治教育的重要基地和生动教材。

◢ 思考题

1. 中国古代思想政治教育方法的特点是什么？
2. 中国古代思想政治教育的主要方法有哪些？
3. 当代西方国家思想政治教育方法的特点是什么？
4. 当代西方国家思想政治教育的主要方法有哪些？

▶ 思考题
答案要点

第三章　思想政治教育方法的继承与改革

思想政治教育方法的发展，是继承与改革的统一，既是批判地继承历史上思想政治教育方法的成果，继承党的思想政治教育的正确原则和方法的过程，又是在新的历史条件下不断改革和创新思想政治教育方法的过程。

第一节　坚持继承与改革的统一

思想政治教育方法是在继承与创新的辩证统一中发展的。习近平指出："不忘历史才能开辟未来，善于继承才能善于创新。"[①] 只有继承党的思想政治教育的优良传统，批判地吸收一切有益的东西，又能适应新的时代要求，及时改革和创新，思想政治教育方法才能促进思想政治教育发展并发挥重要作用。

一、坚持在继承的基础上进行改革和发展

社会发展和人的发展不断地改变着思想政治教育的环境条件，对思想政治教育及其方法提出创新发展的要求。但是，没有继承，就谈不上创新。如果只是一味求新、求变，丢掉历史和传统，改革和发展就会缺乏必要的基础和前提。因此，思想政治教育方法的改革与发展只能在继承的基础上进行。

第一，思想政治教育方法是人类思想政治教育经验的积累与总结。思想政治教育方法是历史知识，它可以超越生成的具体条件相对独立存在，在后来的思想政治教育中发挥作用。适应一定社会历史条件和具体教育目标、教育内容的教育方法产生之后，并不是消极被动的，而是对教育内容产生影响和作用。当教育方法适应教育内容的要求时，教育方法就能增强教育内容的感染力和说服力，成为促进思想政治教育活动的有效手段。当教育方法不适应教育内容要求时，教育方法就会削弱、损害教育内容的感染力和说服力，成为阻碍甚至破

---

①《习近平谈治国理政》第2卷，外文出版社2017年版，第313页。

坏思想政治教育的方式。因此，尽管教育目标、教育任务和教育内容发展了，有些教育方法也会过时，但一定会有一些教育方法，在新的历史条件下，经过改进、充实和完善，能同新的教育内容相结合，为新的教育任务服务。我们继承思想政治教育的传统方法，就是由教育方法的这一性质所决定的。新的思想政治教育方法必然建立在对旧的方法的继承之上，是对旧方法的创新，不可能脱离旧方法而存在。因此，一概否定、排斥传统方法，就会割断思想政治教育方法发展的历史，丧失思想政治教育改革创新的基础和前提。

第二，党的思想政治教育方法，实践证明是正确方法。党的思想政治教育方法，主要是原则方法和一般方法，是以马克思主义为指导，在实践中总结概括出来，并经过了长期教育实践的检验。这些科学方法不仅在实践中为保证思想政治教育任务的完成和教育目标的实现发挥了巨大作用，而且从不同角度反映了思想形成、发展、变化的规律和思想政治教育的规律。因而，在新的历史条件下继承党的思想政治教育方法，有利于我们掌握新形势下思想政治教育的规律，有利于提高思想政治教育的水平。

第三，思想政治教育方法的继承要防止和克服两种倾向。思想政治教育方法继承要防止和克服的倾向包括以下两种：一种倾向是借口历史条件的变化，借口思想政治教育任务和内容的变化，贬低、否定传统思想政治教育方法在新的历史条件下的意义和作用。列宁曾经以马克思为表率严厉批评过俄国革命队伍中否定革命传统的错误倾向，指出"马克思高度重视革命的传统，严厉抨击对革命传统的叛卖和庸俗的态度，而同时要求革命家要善于思考，善于分析采用旧的斗争手段的条件，而不是简单地重复某些口号"[1]。另一种倾向是无视历史条件的变化，拒绝研究新情况、创造新方法。在新的历史条件下运用革命传统要选择必要的条件，不加分析地无条件地搬用不同时期的传统，必然会给思想政治教育造成损害。邓小平曾明确指出："我们政治工作的根本的任务、根本的内容没有变，我们的优良传统也还是那一些。但是，时间不同了，条件不同了，对象不同了，因此解决问题的方法也不同。"[2] 这就是说，思想政治教育方法必须随着历史条件的变化而变化，"要坚持古为今用、推陈出新，有鉴别

---

①《列宁选集》第 1 卷，人民出版社 2012 年版，第 750 页。

②《邓小平文选》第 2 卷，人民出版社 1994 年版，第 119 页。

地加以对待，有扬弃地予以继承"①。既要继承和发扬过去党的思想政治教育的好传统，又要面对新形势，总结新经验，探索新方法，防止因思想僵化导致思想政治教育方法的简单化和形式主义。总之，继承传统，要坚持守正和创新相统一，克服两种错误倾向，使优良传统成为思想政治教育方法在新的历史条件下发展的宝贵资源，成为改革和创新的基础。

二、坚持在改革的过程中赋予传统方法新功能

思想政治教育方法在实践中的发展过程，是在继承传统和改革创新的辩证统一中实现的。从发展的角度来看，继承传统是改革创新的基础，是发展的前提条件。同时，也要"坚持改革创新、与时俱进，善于自我完善、自我发展，使社会始终充满生机活力的显著优势"②。这说明改革创新是发展的关键和动力，是具有建设性意义的东西，是思想政治教育方法能否继续向前发展的决定性环节。

第一，改革是思想政治教育方法发展的重要途径。思想政治教育方法的发展，是同特定的历史条件分不开的。随着历史条件的变化，原来服务于特定历史任务的思想政治教育方法，有的尚有继续存在的价值，有些将会丧失存在的理由而被新的方法所代替。因此，改革和创新既包含着对思想政治教育方法的肯定，也包含着对陈旧思想政治教育方法的否定。

第二，改革是对传统思想政治教育方法的扬弃。思想政治教育方法的改革创新，是我国改革开放和发展社会主义市场经济的客观要求。习近平指出："惟创新者进，惟创新者强，惟创新者胜。"③改革实质上是一场深刻的社会变革，正在引起经济基础和上层建筑的深刻变化，一切不适应社会主义生产力发展的生产方式、管理方式、生活方式、思维方式都在逐步发生改变，人们的思想观念、行为方式也在发生变化。同时，开放的扩大和社会主义市场经济体制的建立，在极大地推动我国经济和社会发展的同时，也带来了一些新的问题。如何在以经济建设为中心的前提下，使物质文明和精神文明建设互相促进，协

①《习近平谈治国理政》第1卷，外文出版社2018年版，第164页。
②《中共中央关于坚持和完善中国特色社会主义制度　推进国家治理体系和治理能力现代化若干重大问题的决定》，人民出版社2019年版，第4页。
③《习近平谈治国理政》第1卷，外文出版社2018年版，第59页。

调发展，防止和克服"一手硬，一手软"；如何在深化改革和建立社会主义市场经济条件下，形成有利于社会主义现代化建设的共同理想、价值观念和道德规范，防止和遏制腐败思想和丑恶现象的滋长和蔓延；如何在扩大对外开放，迎接世界新科技革命的情况下，吸收外国优秀文明成果，弘扬祖国传统文化精华，防止和消除文化垃圾的传播，抵御敌对势力对我"西化""分化"图谋。这些历史性课题要从理论与实践的结合上加以妥善解决，是全党和全国人民的重要任务。特别是思想政治教育者，更要加强研究，"处理好继承和创造性发展的关系，重点做好创造性转化和创新性发展"[1]，创造出切实可行的教育方法才能解决这些课题。"为了人民而改革，改革才有意义；依靠人民而改革，改革才有动力。"[2] 思想政治教育方法的改革发展，是对过去行之有效的方法的合理扬弃，通过对这些方法加以形式和程序等方面的改造，使之具有对新环境的适应性和对新对象的针对性。也就是赋予传统方法以新的内容使之用于解决当下面临的现实问题，使传统思想政治教育方法在改革中焕发新的活力，发挥新的作用。

第二节 继承党的思想政治教育方法

思想政治教育是党的优良传统，作为思想政治教育重要组成部分的教育方法，同样是党的宝贵财富。为了继承和发扬党的思想政治教育的优良传统，需要对其历史发展进行必要的概括。

一、党的思想政治教育方法的历史发展

党的思想政治教育方法，大体上经历了三个阶段的发展过程。

第一阶段，党的思想政治教育方法的初步形成。中国共产党诞生以后，面临的首要问题是解决马克思主义普遍真理同中国革命实践相结合的问题。毛泽东指出："中国人找到了马克思列宁主义这个放之四海而皆准的普遍真理，中

---

① 《习近平谈治国理政》第 1 卷，外文出版社 2018 年版，第 164 页。

② 习近平：《坚持历史唯物主义不断开辟当代中国马克思主义发展新境界》，《求是》2020 年第 2 期。

国的面目就起了变化了。"①马克思主义作为人们观察和处理中国革命问题的武器，作为中国共产党人的基本立场、观点和方法，促进了人们的思想解放，使人们看到了民族解放和革命胜利的希望，而且逐渐学会运用唯物辩证法认识自身命运，处理思想政治领域的复杂问题，这为党的思想政治教育方法的形成提供了坚实的理论基础。

党的思想政治教育方法初步形成于20世纪二三十年代。中国共产党诞生以后，在运用马克思主义基本原理认识和解决中国革命具体问题时，进行了创造性的探索。一方面，通过办报刊、学会、学校，广泛开展了马克思主义宣传教育活动。另一方面，共产党人深入工农，自觉地将马克思主义普遍原理同工人运动和农民运动结合起来。特别是毛泽东、周恩来、刘少奇、朱德等老一辈无产阶级革命家，自觉地在革命实践中运用马克思主义宣传群众、武装群众，创造了许多行之有效的思想政治教育方法。毛泽东深入农村、工厂的调查研究活动，周恩来等在黄埔军校成功开展思想政治工作，是建党初期思想政治教育方法的突出成果。在这个时期，马克思主义普遍原理同中国革命具体实际相结合的方法论原则，理论联系实际的原则，马克思主义的灌输论和调查研究的基本方法在实践中均已初步形成。

思想政治教育方法初步形成的标志是毛泽东的重要著作《古田会议决议》和《反对本本主义》的发表。《古田会议决议》系统总结了党成立以来军队思想政治教育的经验，除了系统分析党内存在的各种错误思想倾向外，对克服和纠正党内错误思想的方法也进行了全面的总结，对马克思主义理论教育、正确路线教育、创办报刊、编写书籍、开展批评与自我批评和马克思主义理论教育的讲授方法都提出了明确的要求。《反对本本主义》是毛泽东系统概括思想政治教育方法的著作，该文把调查研究同应用马克思主义理论联系起来，同执行党的路线和策略相结合，反对主观主义，坚持党的正确思想路线，阐明了调查研究的重要性，提出了"没有调查，没有发言权"②的著名论断，从而使调查研究方法更加理论化和系统化。

第二阶段，党的思想政治教育方法体系的成熟。1935年遵义会议以后，

---

①《毛泽东选集》第4卷，人民出版社1991年版，第1470页。

②《毛泽东选集》第1卷，人民出版社1991年版，第109页。

党更加成熟起来。在此基础上，毛泽东撰写了《实践论》和《矛盾论》，为党的思想政治教育提供了哲学方法论指导，为党的思想政治教育理论和方法的成熟准备了理论条件。抗日战争时期，是比大革命时期更加激烈更加残酷的斗争时期，为了把抗战进行到底，必须加强思想政治教育，调动一切积极因素，团结一切可以团结的力量为抗日战争服务。在这个时期，党的思想政治教育方法得到了很大发展。1939年刘少奇发表了《论共产党员的修养》，运用马克思主义基本原理，系统、全面、深入地阐述了共产党员自我修养、自我教育的重要性，提出了进行学习、修养的系列方法。在延安整风运动期间，毛泽东发表了《改造我们的学习》《整顿党的作风》等重要著作，标志着党的思想政治教育方法的成熟。在这些著作中，毛泽东系统地论述了党的思想政治教育的民主方法、理论联系实际、批评与自我批评等一系列方法，正如毛泽东后来所总结的："在一九四二年，我们曾经把解决人民内部矛盾的这种民主的方法，具体化为一个公式，叫做'团结——批评——团结'。讲详细一点，就是从团结的愿望出发，经过批评或者斗争使矛盾得到解决，从而在新的基础上达到新的团结。"[①] 这里提到的思想政治教育的民主的方法，就是说服教育的方法，就是"团结——批评——团结"的方法。换而言之，人民内部的思想问题、认识问题、是非问题是不能用行政命令的方法，不能用强制压服的方法，更不能用"残酷斗争、无情打击"的方法加以解决的。同时，延安整风运动强调了系统的马克思主义教育的重要性，强调了必须树立优良学风，反对把马克思主义理论当成僵死不变的教条，要求学习马克思主义的立场、观点和方法，用马克思主义的立场、观点和方法解决实际问题，把理论与实际结合起来。延安整风运动所提出的一系列教育方法，不仅保证了延安整风运动取得成功，而且形成了思想政治教育的方法论体系，推进了革命的顺利进行。

第三阶段，党的思想政治教育方法体系的丰富和发展。新中国成立以后，我国革命事业进入到一个新的历史时期，党在新形势下继承和发扬了思想政治教育的优良传统，把思想政治教育也推进到了一个新的发展阶段。从1956年到1966年全面建设社会主义的十年和"文化大革命"的十年中，由于社会主义建设的经验不足，对经济发展规律和中国经济的基本情况认识不足，党犯了

---

① 《毛泽东文集》第7卷，人民出版社1999年版，第210页。

急于求成和夸大主观作用的错误，特别是十年"文化大革命"的全局性错误，使党的思想政治教育受到极左错误的影响而遭受重大挫折。尽管存在"左"倾错误的严重干扰，但党的思想政治教育的优良传统仍有所发扬，思想政治教育方法在这个时期仍有一定的发展。毛泽东发表的《关于正确处理人民内部矛盾的问题》，提出用不同的方法处理两类不同性质的矛盾，创立了正确处理人民内部矛盾的理论。文章提出的许多重要命题，如用民主的方法处理人民内部矛盾的理论、"世界观的转变是一个根本的转变"[1]，正确处理个人利益、集体利益和国家利益三者之间的关系，思想政治教育全社会都要管等，都是思想政治教育方法的新发展。在这一时期，毛泽东还发表了《工作方法六十条（草案）》，也为思想政治教育方法增添了许多新的内容，诸如放手发动群众，一切经过试验的方法；"解剖一个或几个麻雀"[2]，取得经验，突破一点推动全面的方法；既要注意调查又要注意研究的方法；在对立中把握统一，在统一中把握对立的方法；做工作要抓住中心抓住重点的方法；认识事物要用比较法；用抓两头带中间促进全面工作的方法等，都大大丰富和发展了思想政治教育方法体系。

党的十一届三中全会以来的四十多年，是我国不断改革开放，社会主义现代化建设飞速发展的年代，也是中国社会发生深刻转型的新的历史时期，思想政治教育经受了历史的考验与挑战。在党中央的正确领导和统一部署下，宣传思想工作战线积极研究新情况，探索新问题，解决新课题，思想政治教育及其方法在理论和实践两个层面得到了全面发展，使党的思想政治教育理论与方法体系得到了极大的丰富和发展。

二、继承党的思想政治教育的正确方针、原则和方法

继承党的思想政治教育优良传统，既包括继承思想政治教育的科学理论，也包括继承思想政治教育的正确方针、原则和方法。思想政治教育的方针和原则，是思想政治教育科学理论的具体化，它对思想政治教育的具体方法有直接指导作用。在新形势下，继承思想政治教育的方针和原则，对掌握和运用科学

---

①《毛泽东文集》第7卷，人民出版社1999年版，第225页。

②《毛泽东新闻工作文选》，新华出版社1983年版，第206页。

教育方法具有重要意义。

第一，继承党的思想政治教育的正确方针。为了保证革命和建设的顺利进行，实现革命和建设的伟大目标，我们党长期坚持思想政治教育，并在实践中提出了思想政治教育要围绕党的中心工作，为实现党的基本路线服务的正确方针。毛泽东早在民主革命时期，就强调党的政治工作和宣传教育工作，都要为无产阶级领导的、人民大众的、反帝反封建的新民主主义的基本路线服务。正是因为思想政治教育卓有成效地服务于这条基本路线，才保证了新民主主义革命的胜利，才确立了它在党的事业中的重要地位和崇高威信。在新中国成立后的过渡时期，党又提出思想政治工作要为实现党的过渡时期总路线服务的指导方针，全国上下都围绕巩固政权，进行社会主义改造这个中心开展教育活动，保证了社会主义改造基本完成。当党的八大确立了党的工作重心是进行经济建设以后，毛泽东指出："思想工作和政治工作是完成经济工作和技术工作的保证，它们是为经济基础服务的。"[①]毛泽东这里强调的为经济基础服务，实际上就是为经济建设和发展生产力服务。在新的历史时期，我们党根据我国社会主要矛盾的变化，制定了"一个中心，两个基本点"的基本路线，思想政治工作在改革开放过程中，始终服从和服务于党的基本路线。党的思想政治工作的指导方针，反映了我们党对社会发展规律的深刻认识，指明了思想政治教育的根本方向和根本途径。因而，我们一定要正确贯彻这一指导方针，按照这一指导方针来选择和确定思想政治教育方法。

第二，继承理论与实际相结合的原则。理论与实际相结合，是我们党在长期思想政治工作中总结出来，并一直指导我们党思想政治工作的正确原则。所谓理论和实际相结合，就是既要学习和掌握革命理论，又要从实际出发、实事求是。在各个不同的历史时期，我们党始终强调马克思主义的指导作用，一向注重用马克思主义理论宣传群众、武装群众、教育群众。毛泽东还提出了"自觉能动性"理论，强调思想、理论的指导作用，强调人要有一点精神。我国人民，正是通过不断学习马克思主义理论，发扬革命精神，才不断克服艰难困苦，夺取革命和建设的一个又一个胜利。同时，我们党也特别重视实践，强调要在实践中学习，要向实践学习。认为革命实践就是一个锻炼人、培养人的大

①《毛泽东文集》第7卷，人民出版社1999年版，第351页。

学校。毛泽东还专门撰写了《实践论》，阐述实践的决定作用。

在发挥理论指导作用和重视实践决定作用的时候，我们党总是强调要把二者结合起来，提出了把马克思列宁主义的普遍真理同中国革命的具体实践相结合的原则。根据这一原则，思想政治教育一定要从实际出发，运用马克思主义的立场、观点和方法，分析和解决实际问题。针对党内所出现的理论脱离实际的倾向，我们党总是及时地加以克服和纠正。在红军时期，毛泽东曾尖锐地批评主观主义的思想作风，强调要用马克思主义的方法去做政治形势的分析和阶级势力的估量，要注意实际情况的调查和研究。针对当时红军和党内出现的教条主义倾向，毛泽东写了《反对本本主义》的文章，指出，我们的斗争需要马克思主义，但必须同我国的实际情况相结合，一定要纠正脱离实际情况的本本主义。在抗日战争时期，我们党通过延安整风，一方面进行了一次广泛的马克思主义的学习、教育运动，另一方面，通过整风，端正了对马克思主义的态度，肃清了主观主义、教条主义的影响，树立了从实际出发、实事求是、理论与实际相结合的马克思主义学风。

理论与实际相结合，既是思想政治教育应当遵循的原则，也是我们学习马克思主义理论应当树立的学风。这一原则之所以要加以继承并一以贯之地贯彻，是因为这一原则反映了理论与实际、认知与行为和改造主观世界与改造客观世界的辩证关系，揭示了理论教育与实际教育互为条件、不可分割的内在联系，指出了思想政治教育取得成效的根本途径。历史的经验反复证明，遵循这一原则，思想政治教育就能发挥积极作用，否则，不是犯教条主义、形式主义错误，就是犯经验主义、盲目主义错误。

第三，继承言教与身教相结合的原则。我们党自诞生以来，就十分重视通过办报刊、办学校和各种形式的宣传来进行思想政治教育，并在革命和建设的实践中，培养了一批又一批积极宣传马克思主义真理、善于做说服教育工作的思想政治工作者队伍。这支队伍不仅会讲道理，会演讲，会作报告，会写文章，即善于言教，而且能够以自己的模范行动去影响和带动群众，进行身教。言教与身教相结合，身教重于言教。为此，我们党始终强调党员和干部，要以身作则，为人表率，言行一致，身体力行。凡是要求群众做到的，自己首先做到；凡是要求群众不做的，自己带头不做，正如毛泽东所说的那样：共产党员"应该成为英勇作战的模范，执行命令的模范，遵守纪律的模范，政治工作的模范和内部团结统一的模范"①。

在长期的思想政治教育过程中，我们党一向把言教与身教紧密结合在一起。通过言教，运用马克思主义真理的力量说服群众，团结群众；通过身教，以自身的模范行为和人格力量来感化群众，带动群众。正是这种紧密的结合，才使得思想政治教育具有强大的战斗力和生命力，才保证取得了各个历史时期的一个又一个胜利。

第四，继承解决思想问题与解决实际问题相结合的原则。既重视做好群众的教育工作，又注意解决群众的物质利益问题；既重视精神鼓励，又重视物质鼓励，这是党的思想政治教育的优良传统，也是做好思想政治教育的正确原则。早在第一次国内革命战争时期，党在领导工人运动和农民运动时，就注意把对工农的思想政治教育同改善工农的经济生活和打土豪分田地结合起来。在第二次国内革命战争时期，毛泽东把关心群众生活作为思想政治教育的重要任务，要求"真心实意地为群众谋利益，解决群众的生产和生活的问题，盐的问题，米的问题，房子的问题，衣的问题，生小孩子的问题，解决群众的一切问题"②。在抗日战争和解放战争过程中，毛泽东强调在做政治动员工作时，"一切空话都是无用的，必须给人民以看得见的物质福利"③。要求党的领导和党的工作，一定要给群众以物质利益。我们党之所以有解决思想问题与解决实际问题相结合的传统，根本原因是党的思想政治教育既是以历史唯物主义为指导的，又是以群众为基础的。马克思主义的基本原则，就是要使群众认识自己的利益，并且团结起来，为自己的利益而奋斗。党的思想政治教育的作用，就在于能够用马克思主义理论武装群众，提高政治觉悟和思想水平，引导群众为谋求自己的利益而努力。所以，坚持解决思想问题与解决实际问题相结合，坚持精神鼓励与物质鼓励相统一，也是新形势下思想政治教育必须坚持的正确原则。

第五，坚持依靠群众，齐抓共管。群众路线的方法，是我们党一切工作的根本方法。在思想政治教育方面，我们党也广泛运用了这一方法，形成了相信

①《毛泽东选集》第2卷，人民出版社1991年版，第522页。

②《毛泽东选集》第1卷，人民出版社1991年版，第138—139页。

③《毛泽东文集》第2卷，人民出版社1993年版，第467页。

群众，依靠群众，放手发动群众做思想政治教育的良好传统。首先，我们党一贯相信群众的觉悟，尊重群众的首创精神，坚信群众能够自己解放自己。在革命战争年代，我们党"历来主张革命要依靠人民群众，大家动手，反对只依靠少数人发号施令"①。党的一切事业，党的所有工作，都要相信和依靠群众来做。思想政治教育脱离群众，就是脱离实际。因此，"只要我们能够掌握马克思列宁主义的科学，信任群众，紧紧地和群众一道，并领导他们前进，我们是完全能够超越任何障碍和战胜任何困难的，我们的力量是无敌的。"② 其次，我们党一向认为，思想政治教育不是少数人的权利，而是群众性的工作，要求各行各业的党员、干部都要开展思想政治教育。正是这一群众性特点，决定了教育必须坚持群众自我教育与相互教育相结合的方法。所谓群众自我教育，就是群众自觉学习马克思主义理论，自觉改造思想，自己做自己的思想工作的过程。所谓群众的相互教育，就是群众在思想上、政治上、工作上互相影响、互相批评、互相启发、互相帮助。正是群众的自我教育与群众的相互教育的结合，才使思想政治教育广泛而又生动活泼。

在思想政治教育活动中，我们党在强调依靠群众的同时，也十分强调加强领导，发挥领导骨干的积极性。正如毛泽东所说的："如果只有广大群众的积极性，而无有力的领导骨干去恰当地组织群众的积极性，则群众积极性既不可能持久，也不可能走向正确的方向和提到高级的程度。"③ 因而，党始终强调，思想政治教育要在各级党委统一领导下，发动行政部门、工会和共青团组织、宣传、文化等领导机关，发挥各自的特点，结合各自的实际，共同做好思想政治教育，形成思想政治教育齐抓共管的局面。

除了上面所讲的思想政治教育的方针、原则需要继承之外，还有许多具体的原则和方法，如思想政治工作和经济工作、业务工作相结合的原则，表扬与批评相结合的原则，以情感人与以理服人、一般号召与个别指导、抓"两头"带中间等方法，都是我们在新形势下需要继承并继续使用的原则和方法。

---

① 《毛泽东选集》第 4 卷，人民出版社 1991 年版，第 1318 页。

② 《毛泽东选集》第 4 卷，人民出版社 1991 年版，第 1260 页。

③ 《毛泽东选集》第 3 卷，人民出版社 1991 年版，第 898 页。

第三节 新时期思想政治教育方法的改革创新

党的十一届三中全会以后，随着改革开放的深入和社会主义市场经济体制的建立，思想政治教育不断改进和加强，思想政治教育方法也不断改革创新，取得了丰硕的成果，基本形成了具有时代特点、中国特色的思想政治教育方法体系。

一、思想政治教育方法改革创新的进程

随着改革开放的不断深入，思想政治教育面临层出不穷的新情况、新问题。为了有效解决这些问题，增强思想政治教育的实效性，20 世纪 80 年代初，教育部在部分高校设立思想政治教育专业，开始了思想政治教育科学化、学科化的探索。与此同时，思想政治教育方法也开始了从经验性向科学性，零散性向系统性，传统性向现代性转变的改革创新新进程。

党的十一届三中全会以后，我国各项事业进入拨乱反正的新阶段，思想政治教育在为改革开放和社会主义现代化建设服务的过程中得到全面恢复和发展。改革开放初期，社会思潮纷繁复杂，人们的思想观念变化迅速，社会发展对思想政治教育提出了更新更高的要求，思想政治教育创新发展的任务十分艰巨。为了适应社会要求和人们思想行为的新变化，广大思想政治教育者在解放思想、更新观念的同时，十分重视方法创新，针对思想政治教育出现的新问题，一方面积极主动地进行探索，寻找新办法、创造新经验，另一方面则自觉地总结党的思想政治教育历史经验，对过去行之有效的方法进行搜集和整理，结合新的实际加以推广应用。

在经过观念变革、思想政治教育转变的艰苦探索之后，思想政治教育的学科意识逐渐形成，思想政治教育的科学化探索成为广大思想政治教育者的普遍诉求，推进思想政治教育开始从经验性向科学性发展。经过十多年的改革创新，思想政治教育初步形成了全方位渗透、多形式覆盖的体系。思想政治教育与社会经济建设、政治发展、文化活动、社会管理结合得更加紧密。针对不同对象思想行为的不同特点，创造了富有时代性的思想政治教育方法，诸如民主

疏导方法，即通过讨论、座谈和民主对话等形式与群众进行思想交流、加强心理沟通，从而达到相互了解、相互关心和相互尊重，改变了过去权威式的教育方式；开放式教育方法，即随着我国社会结构和社会面貌不断发生变革，让人们走出原有的生活空间和组织系统，更加广泛接触社会，开展社会调查，拓展社会活动范围，增进对社会的了解，形成对基本国情的正确认识，促进了人们理论水平和思想素质的提高；自我教育方法，随着社会主义市场经济体制的建立和人们主体性的增强，我国各个领域与各个单位，依靠群众开展自我教育方式，通过"学雷锋"活动、"五讲四美三热爱"活动、精神文明创建活动、志愿者活动、义工活动等形式，使思想政治教育丰富多彩、成效明显。

经过 20 世纪 80 年代的不断创新，思想政治教育方法逐渐系统化。进入90 年代，为了适应建立社会主义市场经济体制后人们思想行为变化的新特点，适应科学技术（特别是计算机与网络技术）飞速发展的新要求，思想政治教育方法创新发展进入一个新阶段，即综合化发展阶段。首先，对我国古代思想道德教育方法的继承和对国外政治教育、道德教育、公民教育等理论与方法的借鉴更加自觉，方法创新的内容更加丰富。其次，更加主动地借鉴相关学科的理论，运用于思想政治教育实践，创造出许多思想政治教育新方法，如借鉴行为科学理论分析人们的思想和行为，创新和发展了行为激励、行为引导、行为管理方法；借鉴发展心理学、精神病学等知识，建立了具有思想政治教育特色的心理健康教育与心理咨询方法体系；等等。最后，积极应对科学技术新成果的挑战，大胆采用现代科技手段创新思想政治教育方法，现代多媒体技术与思想理论教育整合取得显著成效，网络思想政治教育理论与方法已基本形成，现代思想政治教育技术快速发展，思想政治教育方法的现代化愈发凸显。

二、思想政治教育方法改革创新的成果

改革开放以后，随着时代主题、社会环境的变化和党的工作重心的转移，新情况、新问题不断涌现，人们的思想观念和行为方式发生了广泛而深刻的变化。人民群众和广大思想政治教育者在中国特色社会主义理论体系指导下，适应社会主义现代化建设的需要，坚持以科学的理论武装人，以正确的舆论引导人，以高尚的精神塑造人，以优秀的作品鼓舞人，对新时期思想政治教育方法进行了创造性的探索，积累了丰富的经验，取得了一系列新成果。

第一，群众性自我教育方法得到新发展。改革开放以后，为了加强群众性的思想政治教育，提高全民族思想道德素质，全国广泛开展了"五讲四美三热爱"活动，把思想政治教育同人民群众的实践活动结合起来，收到了十分明显的效果。后来，深入持久的精神文明创建活动又为新时期思想政治教育提供了新的形式、新的内容和新的方法。文明家庭、文明单位、文明社区和军民共建、警民共建活动，开展群众性文化、卫生、体育和科普活动，建设社区文化、村镇文化、企业文化、校园文化活动，在窗口单位开展承诺活动，在学校、机关开展志愿者活动等，既是对群众自我教育方法的继承，更是适应现代社会发展和人的发展的思想政治教育方法的创造。

第二，思想政治教育方法人本特色明显。思想政治教育坚持以人为本，开展人文关怀，发展人文教育，针对群众关心的热点、难点和一些深层次思想问题，把解决思想问题同协调心理矛盾结合起来，多角度、多层次开展正面引导、解疑释惑、心理咨询、平衡心理、理顺情绪，创造出了多种多样的思想沟通、协商对话、谈心服务、化解矛盾、解决问题的方式。提倡思想政治教育虚功实做，办实事、鼓实劲、求实效，反对思想政治教育的表面化和形式主义，把解决思想问题同解决人民群众生活与发展中的实际问题结合起来。

第三，思想政治教育载体日益丰富。寓教于乐、寓教于文，自觉运用大众传播媒介和现代信息技术，探索开发丰富多彩的新型载体进行思想政治教育，是党的十一届三中全会以后思想政治教育方法创新发展的一个突出特点。比如，把思想政治教育同"五个一"工程建设，同科技、文化、卫生"三下乡"活动，同各地群众性文化建设、文化活动结合起来，增强了思想政治教育的文化特色和感染力。又如，利用报纸、广播、电视、网络等各种大众传媒，发展传媒思想政治工作方法、网络思想政治教育方法，以正确的舆论引导人，以传媒和网络的方式进行交流与沟通，大大拓展了思想政治教育的时空领域，提升了思想政治教育的覆盖面、信息量与影响力。

第四，方法创新促进了机制建设。提倡思想政治教育虚功实做，注重机制建设。通过方法创新克服思想政治教育的表面化和形式主义，促进了思想政治教育的规范化、制度化发展。一方面，科学认识思想政治教育同经济建设、政治建设、文化建设、社会建设的关系，不断强化思想政治教育向人们日常生活领域渗透的教育理念，自觉结合业务工作和各项管理工作开展教育活动，使思想政治教育的覆盖面、渗透力和规范作用不断拓展。另一方面，创新典型示范方法，培养各种不同类型的先进，评选道德模范，树立富有时代特征的先进典型，广泛开展学习先进集体和优秀个人的活动，使思想政治教育的导向作用和影响力、有效性日益增强。

第五，思想政治教育方法的理论研究取得丰硕成果。1984年，教育部批准全国12所高校建立思想政治教育专业，思想政治教育学科建设、科学研究、人才培养得以全面展开，对思想政治教育方法论体系的探索和理论研究也随之起步。经过广大学者的共同努力，经过近40年的发展，正式出版有关思想政治教育方法论的专著、教材若干本，其中影响较大的著作有《思想政治教育方法论》《思想政治教育方法发展研究》《当代思想政治教育方法论发展研究》《思想政治教育方法教程》《现代思想政治教育方法论》等。公开发表的思想政治教育方法研究论文与相关论文数以千计。这些研究成果，丰富和发展了思想政治教育学理论体系，促进了思想政治教育学科建设，同时也对思想政治教育实践的发展起到了指导与推进作用。

三、思想政治教育方法改革创新的特点

思想政治教育方法既是教育者认识能力、认识水平与实践能力的反映，又是联系教育者、受教育者的中介，是解决思想政治教育实践问题的工具。改革开放过程中，思想政治教育方法的改革创新具有鲜明的特点。

第一，坚持在继承、改进传统方法的过程中创新。思想政治教育方法创新，不能凭空进行，它是人类思想政治教育活动经验的积累，形成的方法以成熟的知识形式保存于世。已经形成的思想政治教育方法，是历史发展的产物。但是，它作为一种历史的社会意识，对社会存在具有相对独立性，它在一定条件下，可以超越原来依存的社会存在而继续保存下去。[①] 我国古代传统道德教育方法和我们党所创造的思想政治教育方法，都是思想政治教育的宝贵财富，是社会主义现代化建设新时期方法创新的前提与基础。随着历史条件的变化，我国传统的社会教化和自教自律的方法体系，适应战争状态和计划经济条件的思想政治教育方法都充实了新的时代内涵，扩展了新的运用领域，探索了新的

---

① 黄钊：《儒家德育学说论纲》，武汉大学出版社2006年版，第14页。

运用方式，不断改进，使传统思想政治教育方法在新的历史条件下，符合时代的新特点与思想政治教育发展的新要求。

第二，坚持在借鉴、转化域外教育方法的过程中创新。不同民族、国家和群体在自身意识形态建设、思想道德教育方面，都会形成一些理论与观点，创造出一些经验与方法。这些曾经适用于不同地域空间、不同国别的方法，通过人们的相互交流、相互学习、相互借鉴，得到充实、丰富、发展，这就是思想政治教育方法借鉴的客观基础。思想政治教育方法的借鉴，是指积极大胆地吸取国外思想政治教育的成功经验和思想政治教育理论、方法体系中的有益的因素，以人之长、补己之短，丰富和发展我国思想政治教育的方法体系。许多西方国家尽管不一定使用"思想政治教育"这个概念，但公民教育、道德教育、品格教育、政治社会化等概念与我们所说的思想政治教育有着相近、相似的含义。在资本主义社会发展过程中，这些名称各异的思想政治教育活动分别建立起了一些比较有效的机制，形成了比较完善的方法体系。他们的这些理论与方法对于我们从理论上和实践操作上探索思想政治教育方法改革创新问题，都有重要的借鉴作用。事实上，改革开放以后，我国思想政治教育者已经通过主动借鉴、转化、改造西方国家以及我国港澳台地区的经验与做法，运用于思想道德建设，使思想政治教育方法获得了一定程度的发展。因此，借鉴、转化域外思想政治教育方法成为我国新时期思想政治教育方法发展的重要经验与基本特点。

第三，坚持理论武装，通过理论创新推进方法创新。理论联系实际，是马克思主义的一个根本原则，是科学实践观的基本要求和核心内容。思想政治教育的指导理论与基本原理，来自人们长期的实践活动，尤其是社会主义现代化建设的伟大实践。这些理论一旦形成，必定会对实践产生能动的反作用，对实践发挥指导作用。马克思主义理论和思想政治教育基本理论，应用于思想政治教育实践总是表现为以不同层次的方法为中介，思想政治教育方法按其理论来源的层次性与适用范围，大致可以划分为原则方法、具体方法、操作方式、方法的运用艺术和技巧四个层次。因此，自觉把理论创新成果应用于思想政治教育实践，实现理论向实践的转化，就是推进思想政治教育方法创新发展的重要方式。

党的十一届三中全会以后，党的理论建设取得了巨大的成就，马克思主义理论研究与建设的新成果，特别是邓小平理论、"三个代表"重要思想、科学发展观等中国化马克思主义理论发展的新成果，为思想政治教育提供了新的方法论指导，思想政治教育方法发展走上快行道。不仅如此，经过近三十多年的建设，我国人文社会科学也获得了高速发展，包括思想政治教育学科在内的一大批人文社会科学的研究也取得了长足进展，新的理论、新的观点层出不穷，这也成为促进思想政治教育方法发展的重要因素。比如，伦理学、社会学、心理学在改革开放过程中获得新生，学科研究得以恢复。这些学科的理论成果为思想政治教育及其方法提供了坚实的学科基础。思想政治教育主体性、隐性教育、社会化、生活化等理论观点的提出与发展，更是直接推动了现代思想政治教育方法体系的发展。

第四，坚持解放思想，与时俱进，在实践探索中进行改革创新。思想政治教育方法的改革创新，是一个在实践中不断探索发展的过程。当在思想政治教育实践中遇到改革开放前未曾遇到过的新情况、新问题时，已有的方法体系中或许缺少解决这些问题的方法，思想政治教育者找寻新的方法或者对原有方法进行改造，使之适应所面临的情况。无论是创造新的方法，还是改造原有的方法，都经过了反复的试验、摸索，对新现象、新本质有所揭示，并从中摸索出新方法，丰富和发展方法体系。这是思想政治教育方法创新的综合方式。因为无论是思想政治教育方法的继承、借鉴，还是通过理论转化为实践方法，都需要在实践中进行探索，接受检验。

现代社会的发展，促进了人的本质特征的发展，使广大人民群众的思想活动、行为方式表现出不同于改革开放前的特点。所以，思想政治教育方法与社会环境、社会发展和人的发展与思想政治教育实践之间存在着一定的张力，思想政治教育及其方法在应对经济全球化、社会信息化带来的新挑战方面，在面对和回答社会存在多样化对思想政治教育提出的新课题方面，在满足构建社会主义和谐社会、发展社会主义民主法治提出的新要求方面，取得了很大的成绩，但也还存在着许多不相适应的状况。面对这些新变化、新情况，广大思想政治教育者在实践中解放思想、实事求是、与时俱进，在实践探索的过程中坚持继承和借鉴，坚持推动理论向实践的转化，推进了思想政治教育方法在改革创新中顺利发展。

第四节　新时代思想政治教育方法的发展

思想政治教育方法是随着社会的经济、政治、文化和科学技术的发展而不断向前发展的。中国特色社会主义进入了新时代，新时代思想政治教育有新要求、新条件和新趋势。把握这些发展要求、发展条件、发展趋势，不断改进思想政治教育方法，对提高全民族的思想道德素质，推动中国特色社会主义建设的发展，意义十分深远。

一、新时代思想政治教育方法的发展要求

中国特色社会主义进入承前启后、继往开来的新时代，"社会主要矛盾已经转化为人民日益增长的美好生活需要和不平衡不充分的发展之间的矛盾"[1]。社会发展和人的发展必将不断面临新情况、新问题，对思想政治教育及其方法的创新发展提出新要求。

第一，经济全球化浪潮的推进要求思想政治教育主导性方法不断发展。19世纪以来，随着社会开放程度的扩大，民族间进行交流、沟通、往来的机会和需要越来越多，人类的生产、贸易、科技、文化等领域不断超越国界，逐步迈入互相需要和互相推动的开放时代。经济全球化首先是一种由西方发达资本主义国家主导的资本扩张的经济现象和经济发展进程，同时也进行意识形态、价值观念、生活方式的渗透。这不仅使社会发展因经济、政治和文化的相互交织更为复杂，人们也逐渐跨越地域和国界限制，在全球范围内发生更为普遍的联系。随着经济全球化浪潮的推进，不同民族之间思想文化领域的交流、交汇、交锋增加，从而带来文化观念与社会核心价值观的碰撞与冲突。以主导性为导向特点的思想政治教育面临着文化多样发展和价值观多元并存的挑战。习近平指出："人类历史告诉我们，有问题不可怕，可怕的是不敢直面问题，找不到解决问题的思路。面对经济全球化带来的机遇和挑战，正确的选择是，充分利

---

[1] 习近平：《决胜全面建成小康社会　夺取新时代中国特色社会主义伟大胜利——在中国共产党第十九次全国代表大会上的报告》，人民出版社 2017 年版，第 11 页。

用一切机遇，合作应对一切挑战，引导好经济全球化走向。"① 这就要求我们坚持以马克思主义为指导，坚持不懈传播马克思主义科学理论、培育和弘扬社会主义核心价值观，更加旗帜鲜明地坚持社会主义意识形态的主导地位，更加自觉地加强思想文化建设和全民思想政治教育，对经济发展、社会发展、文化发展和个体发展给予正确的引导。新时代思想政治教育需要正确处理民族性与世界性、传统性与现代性、主导性与多样性的关系，坚持和发展主导性，构建和优化思想政治教育主导方法体系，强化思想政治教育在经济全球化和多元文化环境中对社会发展和人的发展的主导作用。

第二，社会主义市场经济要求思想政治教育主体性方法不断创新。社会主义市场经济体制是中国特色社会主义的重大理论和实践创新，是社会主义基本经济制度的重要组成部分。社会主义市场经济体制的建立与发展，推动社会经济结构、组织形式、就业方式、分配方式日趋多样化，从而使社会结构和利益关系发生了新的变化。社会的开放性与多样化，对人的发展产生新的推动，促使人的主体意识明显增强。在社会主义市场经济条件下，预测风险、把握机遇、形成特色成为社会发展和人的发展的主要课题，自主发展、竞争发展、个性化发展成为社会主体发展的普遍方式。新时代思想政治教育要自觉承担起举旗帜、聚民心、育新人、兴文化、展形象的使命任务，"做到以树人为核心，以立德为根本"②。必须适应社会发展和人的发展的这种趋势，"坚持人民立场，坚持人民主体地位"③，在基本教育理念上彰显主体性教育思想，改变传统的权威－服从教育模式，建立尊重和满足受教育者独立性、自主性、创造性的民主参与模式，以实践教育、自我教育等主体性教育方法的创新实现对传统思想政治教育方法的超越。

第三，社会主义政治文明建设要求思想政治教育民主化方法有新发展。新中国成立以来，特别是改革开放四十余年来，我国社会主义政治文明建设取得了很大成就。但由于几千年封建专制遗留下来的封建宗法观念、依附观念、家

① 《习近平主席在出席世界经济论坛2017年年会和访问联合国日内瓦总部时的演讲》，人民出版社2017年版，第5页。

② 习近平：《在北京大学师生座谈会上的讲话》，人民出版社2018年版，第7页。

③ 习近平：《在第十三届全国人民代表大会第一次会议上的讲话》，人民出版社2018年版，第6页。

族观念、人治观念等仍然存在，致使民主、法制、平等、人权等现代民主意识比较淡薄，社会的民主化、法制化程度还有待提升。党的十六大已经把发展社会主义民主，建设社会主义政治文明，列为全面建设小康社会的重要目标。这一目标的实现，必然带来我国政治生活诸多方面的变化。一些人在政治生活中将会面临民主化需求与规范化约束的矛盾，从而使思想政治教育也面临民主化、法制化、规范化的新问题。党的十八大以来，我国民主法治建设迈出重大步伐，中国特色社会主义民主制度建设全面加强，社会主义民主不断发展，中国特色社会主义法治体系日益完善。习近平指出："众人的事情由众人商量，找到全社会意愿和要求的最大公约数，是人民民主的真谛。"[1] 新时代思想政治教育一方面要在教育内容上加强民主观念、法律意识和权利义务的教育，"不断提高学生思想水平、政治觉悟、道德品质、文化素养"[2]；另一方面还要对教育方法进行改革创新，摸索民主化、规范化方法的发展和民主化与规范化相结合的方式，以解决面临的新问题。正如习近平所言："创新是引领发展的第一动力。"[3] 思想政治教育民主化方法的新发展，是对我国传统思想政治教育的权威模式与"训导"式教育方式的扬弃；在理论教育中实现由单向灌输方法向平等对话方法的转变，在指导个体发展时实现由模式化、命令式要求向满足不同对象的不同需求的咨询辅导方法转变；在规范引导人们行为方面实现由外在的简单化、强制式管理向民主参与、民主监督、评估考核等自教自律方法转变。

第四，社会信息化要求思想政治教育手段的现代化。当今时代，科学技术突飞猛进，特别是信息技术、网络技术和大数据技术、人工智能发展迅速，对世界政治、经济、军事、科技、文化、社会等领域产生了深刻的影响，正引导着我们一步一步地走进信息社会。社会信息化发展不仅变革了人们获取信息的方式，改变了人们的思维方式、行为方式、生活方式和发展方式，还把人的生活世界分裂成两个既相互联系又相互区别的部分——现实生活世界和虚拟生活世界，置人的发展于虚拟性与现实性的矛盾之中。在社会信息化程度日益提高的情况下，思想政治教育"要运用新媒体新技术使工作活起来，推动思想政治

---

① 《习近平谈治国理政》第 2 卷，外文出版社 2017 年版，第 292 页。

② 习近平：《在北京大学师生座谈会上的讲话》，人民出版社 2018 年版，第 7 页。

③ 《习近平谈治国理政》第 2 卷，外文出版社 2017 年版，第 201 页。

工作传统优势同信息技术高度融合，增强时代感和吸引力"①。新时代思想政治教育一方面要不断更新内容，教会人们在信息社会生存、生活、发展的本领，另一方面要"敏锐抓住信息化发展的历史机遇"②，自觉利用信息网络技术带来的有利条件，树立现代化教育理念，大胆采用多媒体技术、远程教育技术、虚拟技术等现代教育技术，大力开发多种媒体的教育资源，"推进网上宣传理念、内容、形式、方法、手段等创新，把握好时度效，构建网上网下同心圆，更好凝聚社会共识，巩固全党全国人民团结奋斗的共同思想基础"③。有效推进思想政治教育进网络工作，完成现代信息网络技术在思想政治教育中的整合运用，实现思想政治教育方法的现代化。

二、新时代思想政治教育方法的发展条件

一定的思想政治教育，是为一定的经济基础和政治制度服务的；一定的经济基础和政治制度决定思想政治教育的内容和方法。反映一定经济基础和政治制度的是理论内容、时代内容和环境内容，内容决定方法。尽管思想政治教育方法具有一定的相对独立性，但理论内容的发展、时代背景的改变和环境条件的变化决定方法的发展趋势。因此，思想政治教育方法的发展需要一定的条件。研究思想政治教育方法的发展条件，有助于把握思想政治教育方法的发展趋势。

第一，马克思主义理论的指导。一定的理论既是一定的世界观，也是一定的方法论。把理论用于分析、解决人们的思想、行为问题，理论就转化为方法。马克思主义理论用于思想政治教育，形成了我们党的思想政治教育的方法论体系。

马克思主义理论由马克思、恩格斯创立，经历了列宁主义和毛泽东思想、中国特色社会主义理论体系几个阶段的发展，思想政治教育方法也随着理论内容的发展而不断发展和完善。中国特色社会主义理论体系，是包括邓小平理论、"三个代表"重要思想、科学发展观和习近平新时代中国特色社会主义思想等重大战略思想在内的科学理论体系。在当代，"这个理论体系，坚持和发

---

①《习近平谈治国理政》第 2 卷，外文出版社 2017 年版，第 378 页。

②《敏锐抓住信息化发展历史机遇 自主创新推进网络强国建设》，《人民日报》2018 年 4 月 22 日。

③《敏锐抓住信息化发展历史机遇 自主创新推进网络强国建设》，《人民日报》2018 年 4 月 22 日。

展了马克思列宁主义、毛泽东思想，凝结了几代中国共产党人带领人民不懈探索实践的智慧和心血，是马克思主义中国化最新成果，是党最可宝贵的政治和精神财富，是全国各族人民团结奋斗的共同思想基础。中国特色社会主义理论体系是不断发展的开放的理论体系。"① 这个理论体系"归根到底是以马克思主义基本理论为指导的，是把这些基本理论同中国具体实际相结合的结果"②。党的十八大以来，我们党坚持以马克思列宁主义、毛泽东思想、邓小平理论、"三个代表"重要思想、科学发展观为指导，坚持解放思想、实事求是、与时俱进、求真务实，坚持辩证唯物主义和历史唯物主义，紧密结合新的时代条件和实践要求，以全新的视野深化对共产党执政规律、社会主义建设规律、人类社会发展规律的认识，进行艰辛理论探索，取得重大理论创新成果，形成了习近平新时代中国特色社会主义思想。习近平新时代中国特色社会主义思想，是马克思主义中国化的最新成果，是党和人民实践经验和集体智慧的结晶，是中国精神的时代精华，是国家政治生活和社会生活的根本指针，为我们的一切工作提供了科学的思想方法与工作方法。在当代中国，坚持习近平新时代中国特色社会主义思想，就是坚持马克思主义。因此，只有坚持以习近平新时代中国特色社会主义思想为指导，才能把握思想政治教育的方向，推动思想政治教育方法的改革发展。

第二，我国当代社会的伟大实践。我们所处的时代，是和平与发展的时代，世界的主导因素是各国经济和综合国力的激烈竞争。在这个百年之未有大变局的时代背景下，我国以经济建设为中心的现代化建设的伟大实践将要持久深入进行下去。时代主题的变化带来时代内容的改变。实现中华民族伟大复兴的伟大事业，中国特色社会主义建设的伟大实践，不仅不断向思想政治教育提出新情况、新问题、新要求，推动思想政治教育发展，而且为思想政治教育不断提供新内容、新途径、新条件，保证思想政治教育发展。思想政治教育方法只有不断改进、发展，适应社会主义现代化建设的需要，才能真正发挥为实现中华民族伟大复兴中国梦服务的作用。

---

① 胡锦涛：《高举中国特色社会主义伟大旗帜　为夺取全面建设小康社会新胜利而奋斗——在中国共产党第十七次全国代表大会上的报告》，人民出版社 2007 年版，第 11—12 页。

② 习近平：《在全国党校工作会议上的讲话》，人民出版社 2016 年版，第 15 页。

同时，科学技术和教育的发展，也为思想政治教育方法的发展创造了条件。"科学技术的每一次重大突破，都会引起生产力的深刻变革和人类社会的巨大进步"[1]，并且"科学技术日益渗透于经济发展和社会生活各个领域，成为推动现代生产力发展的最活跃的因素，并且归根到底是现代社会进步的决定性力量"[2]。现代科学技术的发展，不仅为思想政治教育提供了相关学科的最新知识和方法，而且直接为思想政治教育提供了现代化技术与手段。

第三，现代社会环境内容的影响。我国当代社会的环境内容，已大大不同于过去。对内对外开放的环境和经济全球化浪潮的冲击，改变了过去封闭半封闭的状况；互联网、手机等通信传播手段的普及使社会信息环境更加复杂多变，改变了过去相对单一的文化环境；单位与单位之间和个人与个人之间的竞争环境，改变了过去绝对平均主义的状况；社会主义市场经济体制改变了过去的计划经济体制；依法治国基本国策的实施和国家治理方式的改革，推进中国正在成为一个现代法治化、民主化大国……所有这些客观条件的变化，都已经和正在深刻影响人们的价值观念、思维方式和行为方式，"人们的观念、观点和概念，一句话，人们的意识，随着人们的生活条件、人们的社会关系、人们的社会存在的改变而改变"[3]。理想信念教育、爱国主义教育、公民道德教育等思想政治教育实践活动理所当然地要根据这些发展和变化，思想政治教育方法也必然改进和发展。

第四，开展思想政治教育方法的发展研究。思想政治教育方法的发展，既要有正确的理论指导，也要以客观实践为基础，还要进行研究。从总的发展趋势上看，是一定的时代内容、理论内容、环境内容决定一定的方法。但是，新的方法不可能自发产生。一旦新的方法产生之后，具有一定的相对独立性，可以反作用于一定的内容。习近平指出："我们既要立足本国实际，又要开门搞研究。对人类创造的有益的理论观点和学术成果，我们应该吸收借鉴，但不能把一种理论观点和学术成果当成'唯一准则'，不能企图用一种模式来改造整个世界，否则就容易滑入机械论的泥坑。"[4]因此，我们不仅应当深入研究我们

---

[1] 江泽民：《论科学技术》，中央文献出版社2001年版，第42页。

[2] 江泽民：《论科学技术》，中央文献出版社2001年版，第42页。

[3] 马克思、恩格斯：《共产党宣言》，人民出版社2018年版，第48页。

[4] 习近平：《在哲学社会科学工作座谈会上的讲话》，人民出版社2016年版，第18页。

党传统的思想政治教育方法，努力加以继承和发扬，而且要系统研究中外古代和当代资本主义国家思想政治教育方法，进行批判地继承与借鉴。只有这样，思想政治教育方法才能在比较、鉴别中发展和丰富。习近平强调指出："抛弃传统、丢掉根本，就等于割断了自己的精神命脉。"[①]同文化的发展不能抛弃传统、割断历史的道理一样，思想政治教育方法作为文化的一个组成部分，也有自己的发展历史和发展规律，也不能割断过去、现在和将来发展的线索。我们对过去、现在思想政治教育方法研究得越深入、越系统，我们对思想政治教育方法发展趋势的把握就越准确。因此，研究古今中外思想政治教育方法的发展历史，掌握其纵向发展结构，特别是立足我国当代社会，研究思想政治教育面临的新情况、新问题，不仅有利于推进思想政治教育方法的创新，而且有利于提高思想政治教育水平。

除了对已有的思想政治教育方法进行研究之外，还要研究探讨新时代思想政治教育新领域、新功能、新途径所需要的新方法。这些新方法的创造，既需要理论、知识方面的借鉴，更需要在实践中反复摸索、总结、提炼、升华。因此，思想政治教育方法的发展过程，是理论研究和教育实践相结合的过程。

三、新时代思想政治教育方法的发展趋势

新时代思想政治教育，要坚持正确政治方向，在基础性、战略性工作上下功夫，在关键处、要害处下功夫，在工作质量和水平上下功夫，促进全体人民在理想信念、价值理念、道德观念上紧紧团结在一起，为服务党和国家事业全局作出更大贡献。新时代思想政治教育方法，随着思想政治教育理论内容、时代内容、环境内容的变化以及自身发展，其发展趋势主要表现在以下几个方面。

第一，分化和综合相统一的发展趋势。既分化又综合，是现代科学技术发展的明显趋势。思想政治教育方法作为思想政治教育学科的重要组成部分，同样呈现这一发展趋势。

思想政治教育方法发展的分化趋势，是思想政治教育向各个不同领域拓展的结果。过去，思想政治教育多限于日常规范和自身领域，注重人们思想与行为的现实表现，容易就思想论思想，就教育论教育，这种状况制约了思想政治

[①]《习近平谈治国理政》第 1 卷，外文出版社 2018 年版，第 164 页。

教育的发展和作用的发挥。在新形势下，思想政治教育要坚持为人民服务，为中国共产党治国理政服务，为巩固和发展中国特色社会主义制度服务，为改革开放和社会主义现代化建设服务，要切实面向现代化建设，面向世界，面向未来，充分发挥作用，必须进一步向未来领域、微观领域和宏观领域、虚拟（网络）领域、生态领域拓展。

思想政治教育向未来领域拓展，既是现代社会复杂多变、激烈竞争所提出的要求，也是思想政治教育自身性质所决定的。为了帮助人们切实做到思想领先，减少风险，争取主动，降低对未来社会的无知程度，必须发展超前教育与预防教育。而超前教育与预防教育必须运用思想预测方法、思想政治教育决策方法和预防教育方法。这些方法，是思想政治教育的"探测仪"，也是人们面向未来的"导航器"，还是有效抵制各种宗教、迷信影响的武器。

思想政治教育向微观领域拓展，就是向人们的内心世界深入。外部世界的复杂多变和激烈竞争，必然导致人们主观世界心理压力加大。人们在心理方面和教育的内化过程，都会出现新情况、新问题。研究新形势下教育的内化方法，开展心理测试与心理分析，进行心理诊断和心理咨询，普及心理健康知识，提高教育效果和心理素质，预防和转化心理危机，是思想政治教育方法发展的重要任务。

思想政治教育向宏观领域的拓展，首先就是要面向社会主义现代化建设，并围绕社会主义现代化建设这个中心开展教育活动，把教育同经济建设、政治建设、文化建设、社会建设、生态建设结合起来，不断选择、吸取社会主义现代化建设的成就和经验，改进教育内容和方法，培养社会主义现代化建设所需要的人才。其次，思想政治教育要面向世界，要研究国外的思想政治教育理论与方法，进行分析、比较、批判、选择，借鉴有用的知识与方法，丰富和发展思想政治教育方法体系。

思想政治教育方法发展的综合趋势，是思想政治教育向相关领域的渗透，与相关学科的结合。思想政治教育向业务、经济领域的渗透，与业务工作、经济工作结合，就是要克服过去传统教育分工的局限，克服思想教育与业务工作、经济工作"两张皮"现象，通过发展、渗透、结合的方法使之相互促进。思想政治教育向环境的渗透并与之结合就是通过物质环境、制度环境、氛围环境的综合选择、建设、优化来对人们进行教育和感染，使环境成为经常性思想政治教育途径。思想政治教育向虚拟（网络）领域、生态领域的拓展，就是研究并形成这些新领域正确的价值取向、道德观念、管理规范，保证这些领域的正常秩序，促进人们健康发展。

思想政治教育方法的分化与综合的发展趋势，总是相辅相成地结合在一起的，分化中有综合，综合中有分化。分化与综合的趋势，实际上是向纵深方向拓展深化的趋势。不管是分化还是综合，都是探索和创造，是新的发展。

第二，思想政治教育方法的社会化发展趋势。前面我们分析过，在古代，思想政治教育的等级性、强制性、依附性十分明显，这既与剥削阶级统治的社会性质有关，也与社会化程度低有关。在我国，社会主义制度为人们提供了政治上的平等关系，改革开放、社会主义市场经济体制的建立和政治体制的改革，增强了人们的自主性，扩大了社会生活的民主程度。思想政治教育为了适应现代经济和信息化社会的发展，适应社会化程度不断提高的教育对象，其方法的社会化程度也必须提高。

思想政治教育是全民教育，必须突出教育的群众性。习近平指出："人心是最大的政治。"[1] 因此，思想政治教育方法的社会化，要求思想政治教育不断增强平等性，克服教育者与受教育者存在的不平等现象，坚持以人为本，探索尊重人、理解人、关心人、爱护人的方法，建立教育者与被教育者之间的平等的、双向的互动、影响方式；不断增强教育的自主性，减少教育的依赖性，发展自我认识、自我教育、自我约束、自我管理方式，帮助受教育者自觉进行自我修养，使自我教育成为每个人的自觉行为；不断增强教育的民主性，避免教育的强制性，研究协商、沟通、讨论、评议、自我批评的具体措施，使思想政治教育成为人们共同关心和参与的活动。总之，思想政治教育方法的社会化，就是要改变只依靠思想政治教育部门和思想政治教育工作者做教育工作的状况，要引导广大群众和各个部门学习并掌握一定的教育方法，关心、参与教育活动，互教互帮，共同提高。只有这样，思想政治教育才能发展成为现代化、社会化的教育。

第三，思想政治教育手段现代化发展趋势。传统思想政治教育向现代思想政治教育转变的重要标志，是现代化手段的运用。毫无疑问，计算机和网络技

---

① 习近平：《在全国政协新年茶话会上的讲话》，《人民日报》2015 年 1 月 1 日。

术的发展，为思想政治教育提供了崭新的教育技术与手段，创造出了一些前所未有的教育方法。同样，现代科学技术的迅猛发展和在社会各个领域的广泛运用，既向思想政治教育提出了手段化的迫切要求，也为思想政治教育手段现代化创造了条件。习近平指出，互联网"这个阵地我们不去占领，人家就会去占领"[1]。思想政治教育面对瞬息万变的信息社会，面对社会化程度不断增强的受教育者，面对各项工作、各个领域的竞争状态，只有"因事而化、因时而进、因势而新"[2]，改变传统方式，运用现代化手段，才能有效发展自身，适应社会发展需要，"成为了解群众、贴近群众、为群众排忧解难的新途径"[3]。

新时代思想政治教育手段现代化，必须科学认识网络传播规律，提高用网治网水平，使互联网这个最大变量成为事业发展的最大增量。思想政治教育手段现代化，不是对现代高科技手段的简单搬用，而是一个创造性运用的过程，也不是仅仅涉及教育的某一方面，而是涉及教育的各个环节，包括运用网络技术、大数据技术、人工智能调查、收集、处理思想政治教育信息，实现思想政治教育手段的现代化，思想政治教育信息传播现代化，思想政治教育反馈、评估手段现代化，思想政治教育环境建设、优化选择现代化等。思想政治教育只有有效地综合运用现代技术和手段，才能不断改变思想政治教育的面貌，创造新的教育感化力量和富有时代气息的育人环境。

▶ 思考题

1. 继承党的思想政治教育的正确方针、原则和方法有哪些？
2. 思想政治教育方法改革创新的成果和特点是什么？
3. 新时代思想政治教育方法的发展要求和发展条件有哪些？
4. 新时代思想政治教育方法的发展趋势是什么？

▶思考题
答案要点

---

①《习近平谈治国理政》第 2 卷，外文出版社 2017 年版，第 325 页。
②《习近平谈治国理政》第 2 卷，外文出版社 2017 年版，第 378 页。
③《习近平谈治国理政》第 2 卷，外文出版社 2017 年版，第 336 页。

第四章　思想政治教育信息的获取方法

思想政治教育者、受教育者和所处环境之间构成的系统联系，是一种不同于其他系统的特殊联系。思想政治教育信息则是建立这种特殊联系，并体现思想政治教育系统特征的一种形式。凡是在思想政治教育系统中得到利用，进行传递、交换和创造的信息，都是思想政治教育信息。思想政治教育的过程，从特定意义上说，就是思想政治教育信息的流程。

思想政治教育信息涉及人们从事活动的各个方面，空间分布广泛。就其性质而言，它主要是一种精神文化信息，是人们思想活动的表现；它的内容，是在实践基础上对客观条件的能动反映。它的储存、传递、交流和发展，需要借助于语言、文字、网络和人的活动，离不开一定的物质、技术载体和从事实际活动的人。思想政治教育信息形成、发展在时间上是先后交错的，有已经形成、正在形成和将要形成三种情况。获取思想政治教育信息则要根据思想政治教育信息发生的时机，分别选择调查方法、观察方法和预测方法。

第一节　获取思想政治教育信息的途径和时机

在说明获取思想政治教育信息的途径和时机之前，必须明确，人的思想、观念是怎样产生的。马克思和恩格斯说："思想、观念、意识的生产最初是直接与人们的物质活动，与人们的物质交往，与现实生活的语言交织在一起的。人们的想象、思维、精神交往在这里还是人们物质行动的直接产物。"[1] "观念的东西不外是移入人的头脑并在人的头脑中改造过的物质的东西而已。"[2] 马克思和恩格斯从主观和客观的关系上对思想、观念的本质作了科学的阐述，即思想观念具有主观的特征，即形式是主观的，这是它同客观世界区别的一面。但

---

[1]《马克思恩格斯选集》第 1 卷，人民出版社 2012 年版，第 151 页。

[2]《马克思恩格斯选集》第 2 卷，人民出版社 2012 年版，第 93 页。

思想观念不是人脑凭空产生的，它来源于客观世界，有着不以主观意志为转移的客观内容，这又是它依赖于客观世界，同客观世界有着不可分割的联系的另一面。所以，人的思想观念是主观形式和客观内容的统一。

我们要对人们的思想状况获得正确认识，则必须对现实生活和实践活动作深入考察。同时，人们的思想、观念形成之后，具有相对独立性，它作为实践的先导，能动地指导人们的行动。思想向实践的转化过程，就是思想自身的"物化"过程。实践活动是发挥思想指导作用，实现主观反作用于客观的基本途径。因而我们获取思想政治教育信息，只能从人的实际活动和具体言行入手。

一、获取思想政治教育信息的途径

人们获取思想政治教育信息，要从以下几个途径入手。

第一，从人们生活和工作的客观条件入手。不管是什么样的人，不管人们从事什么样的工作，都要有一定的生活条件和工作条件。随着物质生活和文化生活水平的不断提高，人们对生活条件和工作条件的要求也越来越高。当主观要求和客观条件发生矛盾的时候，当在比较与竞争过程中，自身生活条件和工作条件与他人相比存在差距的时候，就会影响思想情绪。

第二，从人们所从事的本职工作入手。人们所从事的本职工作，是人们的主要活动。人们在这一活动中，特别是面对激烈的竞争，是主动还是被动，是顺利还是艰难，是成功还是失败，社会对其活动评价如何，都会经常引起人们的思想变化。

第三，从人们之间的相互关系入手。人们在生活、学习和工作过程中，总是要相互交往，结成各种关系。这些关系主要有政治关系、经济关系、法律关系、道德关系，还有以血缘为纽带的血缘关系，以职业为纽带的业缘关系，以地域为纽带的地缘关系，以网络为纽带的虚拟关系，等等，这些关系都是客观的社会关系。每一个人的思想和行为都要这样或那样地受到各种社会关系的影响和制约。

第四，从分析社会环境因素入手。人们在生活、学习和工作的过程中，还要受到环境的影响。本单位、本部门的人事变动、矛盾冲突和风气的好坏，社会的形势变化，政策变化，市场物价的调整，社会治安、社会风气、对外交往等的变化，对人们的思想往往会有或多或少、或强或弱的影响。特别是在当今社会，现代科学技术迅速发展，人们的交往更加广泛而频繁，大众传媒和互联网络的信息日益密集并且传递不断加快，各种新知识的传播和社会思潮的涌动，都会引起人们的注视、思考，乃至引起人们思维方式和行为方式的改变。

总之，人们的生活、学习和工作的过程，是在一定时空范围内的物质运动过程，人们的思想一方面伴随着这个过程而产生、发展、变化，另一方面也能动地影响着这个过程的方向、速度和效果。只要我们善于把握现实生活的过程，考察人们的实际行动，揭示人们之间各种错综复杂的关系，就能够获得丰富而真实的思想政治教育信息。

二、获取思想政治教育信息的时机

人们思想和行为的发展变化，是一个动态的复杂过程。在这个过程中，人们的思想状况呈现两种状态：一是相对稳定状态，二是显著变化状态。一般说来，当客观条件和客观环境无明显变化时，人们的思想呈相对稳定状态，不会有很大的起伏和波动。而当客观条件和环境发生较大变化，人们的思想和行为与这些变化不尽协调时，人们的思想就会呈现出显著变化的状态。抓住时机，掌握火候，对获取思想政治教育信息十分重要。

获取思想政治教育信息的时机，主要在阶段转折、事件交替、竞争激烈、矛盾冲突和偶然事件发生的时候。具体有以下几个方面：一是国内外出现重大事件时，特别是关系到我们党和国家的利益的事件发生时，可能在人们的思想上引起强烈反响。二是改革深化、开放扩大、社会结构与利益关系调整，触及人们传统观念和利益时，必定会产生各种新的思想问题。三是生活阶段、职业岗位发生交替和工作地点发生变化时，思想往往一时难以适应新的环境、新的工作岗位。四是在举行重大竞赛、隆重集会、盛大节日庆祝的前后。五是进行考核鉴定、升职晋级、入党入团，受到表扬、批评或处分时。六是工作或学习不顺利、测试不及格、身体不好，情绪低落时。七是师徒关系、同事关系、上下级关系不好，发生矛盾或冲突时。八是家庭关系、亲友关系产生新的矛盾和家庭、亲友遭受不幸时。九是工作或学习环境差，经济困难，物质生活条件不好，精神文化生活得不到满足时。十是面临风险、危机、意外事故和受到挫折时。抓住这些时机进行调查，一般可以及时获得较丰富的思想政治教育信息。

第二节　社会调查方法

　　所谓社会调查方法，简单地说是了解情况、认识社会、解决问题的方法。毛泽东对调查方法曾经作过生动的说明："你对于那个问题不能解决吗？那末，你就去调查那个问题的现状和它的历史吧！你完完全全调查明白了，你对那个问题就有解决的办法了。""调查就像'十月怀胎'，解决问题就像'一朝分娩'。调查就是解决问题。"① 社会调查是研究社会的根本方法，这种方法广泛运用于社会的各个领域。

一、调查方法的作用与要求

　　把社会调查方法引入思想领域，运用于思想政治教育，这是我们党的优良传统，也是思想政治教育的成功经验。毛泽东不仅提出了"没有调查，就没有发言权"的著名论断，而且为我们提供了正确运用调查方法，获得思想政治教育信息，解决思想问题的宝贵经验。毛泽东写的《关于纠正党内的错误思想》的决议，在抗日战争时期写的《改造我们的学习》《整顿党的作风》和《反对党八股》等重要文章，在解放战争时期所写的《将革命进行到底》《在中国共产党第七届中央委员会第二次全体会议上的报告》和新中国成立后写的《关于正确处理人民内部矛盾的问题》等重要著作，都对调查思想情况、解决思想问题有着重要的指导意义。我们党一贯重视在工作中进行社会调查，在《中共中央关于在全党深入开展党的群众路线教育实践活动的意见》中要求："注重深入基层、摸清情况、摸清底数，克服走马观花、蜻蜓点水，提高调查研究、掌握实情能力。"② 习近平在主持中共中央政治局民主生活会时强调指出："抓好落实，必须大兴调查研究之风，对真实情况了然于胸。"③ 通过深入的调查研究获取思想政治教育信息，从而解决思想问题，向来是我党的宝贵经验，在新时

---

　　①《毛泽东选集》第 1 卷，人民出版社 1991 年版，第 110—111 页。

　　② 中共中央文献研究室编：《十八大以来重要文献选编》（上），中央文献出版社 2014 年版，第 289—290 页。

　　③《习近平谈治国理政》第 2 卷，外文出版社 2017 年版，第 190 页。

代更要将其继承和发扬。

调查思想情况，获取思想政治教育信息，是分析和解决思想问题的前提，是思想政治教育的首要环节。思想政治教育信息的复杂性和离散性的特点，决定了思想政治教育信息的获取只能靠艰苦的、细致的、耐心的调查研究。调查方法是获得思想政治教育信息的主要方法，离开科学调查，就会对思想情况作出错误的分析乃至唯心主义的估量，不仅不能正确解决思想问题，而且会导致思想混乱。因此，掌握调查方法是思想政治教育工作者的基本功。不会做调查的思想政治教育工作者，是一个不称职、不合格的思想政治教育工作者。

调查方法有科学和非科学之别，我们要掌握科学的调查方法。科学和非科学的调查方法的区别，归根到底是两种思想路线的区别。以辩证唯物主义的思想路线为指导的调查方法，是实事求是的调查方法。以唯心主义的思想路线为指导的调查方法，是主观主义的调查方法。主观主义的调查方法同实事求是的调查方法是两种根本对立的调查方法。

以获取思想政治教育信息为内容的调查，要坚持实事求是的根本原则，调查者应主要从以下三个方面着手。

第一，敢讲真话，力戒弄虚作假。敢讲真话，反映真实情况，对思想情况的调查尤为重要。这是因为，调查情况的真实程度，直接关系到对人的评价和处理。在虚假情况的基础上所作出的分析和结论必然是错误的，以此来评判人的功过是非和指导思想政治教育，必然造成危害。

第二，相信群众，力戒居高临下。思想政治教育信息的调查，是向群众作调查。群众是否肯讲心里话，是否敢于反映真实情况，最重要的是取决于调查者对群众的态度。毛泽东说过，要做好调查这件事，"第一是眼睛向下，不要只是昂首望天。没有眼睛向下的兴趣和决心，是一辈子也不会真正懂得中国的事情的"[1]。如果调查者眼睛向上，居高临下，以致装腔作势，就不可能真正同群众打成一片，群众对你就会敬而远之，产生反感情绪；或者勉强应付，知而不言，言而不尽。只有同群众打成一片，虚心向群众请教，才能真正听到群众的心声，得到丰富多彩的素材。

第三，正确对待不同意见，力戒偏听偏信。在现实生活中，人们对人或事

---

① 《毛泽东选集》第 3 卷，人民出版社 1991 年版，第 789—790 页。

的看法常常不会完全一致，这是生活中的正常现象。调查中只有正确对待不同意见，才能全面了解情况，发现问题。对不同意见，采取旁观、回避的态度，不是实事求是；采取无限上纲、扣帽子、打棍子的简单办法，更不是实事求是。广泛听取各种意见，尤其要注意听取少数人的意见，特别是和调查者的观点不同的意见。一般地说，开调查会容易听到多数人的意见，个别交谈可能听到少数人的意见，较大范围的问卷调查可以了解带倾向性的意见，三者要结合起来。对于多数人的意见，要注意分析讲的是心里话还是随大流的应付话，对于少数人的意见，要注意鉴别是否反映了真实情况。总之，无论哪种意见，都要认真听取，细心分析，切不可偏听偏信，草率结论。

二、调查的具体方式方法

人的思想和行为的复杂性，要求调查的具体方法要有多样性。调查思想情况的具体方法，大致可以分为三种类型：按调查途径划分，可分为直接调查和间接调查，有访问调查法、书面调查法、个别调查法；按调查对象的范围和选择对象的方法划分，可分为普遍调查法、抽样调查法、典型调查法；按时间顺序划分，有预测法、文献调查法等。下面介绍几种常用的方法。

（一）访问调查法与书面调查法

访问调查法与书面调查法是调查者直接和间接面向调查对象所使用的调查方法。这两种调查方法，适应于不同的调查内容，具有不同的使用条件、作用与局限。

其一，访问调查法。访问调查法也叫询问调查法，是思想政治教育常用的一种方法。这种方法最大的优点是灵活性强，富有弹性。它可以听其言，观其行，随时改变提问方式，采用不同的谈话技巧。访问法的缺点是调查时间较长，调查者在调查中主动性较强，调查效果受调查者的经验、个性等主观因素影响较大。在采用此法时，调查者事先要对调查对象的基本情况有所了解，并要认真掌握有关理论知识和政策精神，还要有一定的访问调查经验。

访问调查主要有两种方式，第一种方式：开调查会，也叫开座谈会或叫集体访问。它是根据调查提纲，选择部分代表，围绕中心进行讨论发言，从而获取思想政治教育信息的一种方法。这种方法适应性广，简便易行，它可以听取多种意见，集中群众智慧，做到集思广益。所以，毛泽东说："开调查会，是最简单易行又最忠实可靠的方法，我用这个方法得了很大的益处，这是比较什么大学还要高明的学校。"① 召开调查会，首先要有明确的调查提纲。调查提纲是进行成功调查的"导游图"，调查题目、大纲、细目要清楚明了。其次，要挑选熟悉情况、经验丰富、思想敏锐的人参加调查会。在调查过程中，还要做好组织工作，引导被调查者围绕中心问题进行讨论，使他们能够畅所欲言。开调查会的方法也有一定局限性，一是参加调查会的人数总是有限的，代表性往往不充分；二是受调查者的地位、身份或权威的影响大，调查者或权威人士表现出某种倾向，或一发表意见，其他人容易顺其思路议论开来，出现随大流的情况，有的人碍于情面和权势，不敢发表不同意见，不敢讲心里话。因而在采用这一方法时，要尽量消除人们的主观因素对调查的影响。

第二种方式：个别访问，也叫个别询问、个别谈话。这是调查者围绕某个调查内容单独访问被调查者获得思想政治教育信息的一种方法。这种调查减少了群体的压力，消除了相互牵制，易于被调查者讲真话，也有利于对调查内容展开深入讨论。因而这种方法多用于调查思想政治方面的敏感性问题、犯错误的问题、发生利害冲突或产生隔阂等方面的问题。个别访问有无结构谈话和有结构谈话两种方式。无结构谈话就是谈话内容松散，没有统一评价标准，谈话内容、方式由谈话者临时决定。如果思想政治教育工作者为了发现人的特长，了解个性，观察仪表，分别同个人进行结识性谈话，多是无结构谈话。有结构谈话就是采用一系列事先准备好的问题，有目的有序列地进行询问。

其二，书面调查法。书面调查法是采取各种表格或提问的形式询问调查对象，以获取思想政治教育信息的方法。它一般适用于这样一些情况的调查：群众中一些带普遍性的问题；理论性、学术性较强而又有争论的问题；对领导以及其他人员的评价等。

书面调查比访问调查广泛，它可以由调查人员现场调查，也可以邮寄表格调查。书面调查可以避免调查人员在与调查对象直接接触时对调查对象产生影响，调查对象可以不受他人的牵制，有充分时间独立考虑所要回答的问题。但书面调查也有其局限：一是被调查者对所调查的问题不感兴趣，或者是调查的

---

① 《毛泽东选集》第 3 卷，人民出版社 1991 年版，第 790 页。

问题过多或不好回答时，被调查者采取不负责任的态度应付差事，甚至不交调查表，这样势必影响调查情况的真实可靠性。二是思想认识方面的问题十分复杂，不是可以用表格或简要的文字就能完全表达出来的，书面调查表受到篇幅限制，容易造成被调查者不能对所调查的问题作充分阐述，因而了解的情况不会很深入。所以，书面调查只能对某些情况作出一定的数量分析或趋势估测，在多数情况下它是一种调查的辅助方法。

对思想情况进行书面调查，常用的有两种方式：一是问卷调查。问卷调查是数学方法在调查中的运用，是一种将统计原理运用于调查思想政治教育信息的方法。这种方法也可称为统计调查法。问卷调查要把抽象的理论命题变为具体的经验命题，把调查纲目中的概念变为一系列的变量和指标，以变量（不同名称或数量）表现概念，用指标作为衡量变量的标准尺度。如性别是变量，男、女则是性别的指标。在进行问卷设计时，把变量和指标按不同方式列成表格：可采取排列方式列表，把某些活动、事件、问题等内容排列在表上，请被调查者按不同标准评论、选择（参见表1）；按规定答案的方式列表，表格的内容是对某项活动或某个问题所规定的答案，被调查者可以选择答案，表达自己的要求和看法（参见表2）；还可按自由回答的方式列表，即对某项活动或某个问题的答案不予固定，可由被调查者自由填写或回答（参见表3）。问卷表格的设计还有一些其他方式。无论采取哪种设计方式，都要求问题清楚明了，文字浅显易懂，概念具体明确，不能模棱两可，含混不清，过于抽象；都要求所搜集的资料易于量化，易于比较，易于登录和编码，便于统计或计算机处理；还要求整个问卷能按照由近及远或由远及近、先易后难、先熟悉后生疏的顺序排列。问卷中不要有某种暗示和影射的作用，也不要涉及社会禁忌和某些敏感性问题。

表1　您对学校的下列活动兴趣如何？

（请按自己的意见在栏内打勾）

活动名称	感兴趣	无所谓	不感兴趣
学术活动			
文体活动			

续表

活动名称	感兴趣	无所谓	不感兴趣
政治活动			
社会活动			

表2　您毕业后希望从事什么工作?

（请在您认为合适的答案前打勾）

（　　　）行政工作　　　　（　　　）科学技术研究　　　（　　　）教学

（　　　）继续深造　　　　（　　　）……

表3　思想教育活动评价调查表

（请您填写思想教育活动名称，评价打勾）

评价	名称				
好					
一般					
不好					

　　问卷调查可以搜集大量的数据资料进行综合汇总，用统计分析的方法来描述思想变化的趋势，有助于我们在一个相对静止的时间与稳定的社会条件下，多层次、多侧面地考察人们对某项活动或某些问题的反映和态度；也有利于我们注意到情况和问题的数量方面，进行基本的数量分析，了解人们的一般趋向、一般认识，做到胸中有数。但是，人们在填答时，由于个人情绪、心理状态各不相同，对各种问题的理解也不一样，因而，问卷调查不能完全真实地了解思想动态，也不能在动态中考察人们的思想变化，需要同其他调查方法结合起来加以运用。

　　二是民意测验。民意测验也是一种书面调查的方法，是发扬社会主义民主的一种好方式。许多思想政治教育工作者和青年工作者，很重视用民意测验的方法了解人们对人对事的看法和思想情况。民意测验一般采用不记名的办法由个人填写。它的长处是在不受任何压力和干扰的情况下，群众可以充分自由地反映自己的意见，它的局限性和问卷调查是相同的。但民意测验的内容没有问卷调查广泛，它主要用于了解大家所熟悉的人和所关注的事的态度。民意测验的列表方式和问卷调查大致相同。

（二）普遍调查法与抽样调查法

普遍调查法与抽样调查法，是选择、确定不同调查对象数量进行调查的方法。这两种调查方法，适用于不同的调查内容，也有不同的应用条件、作用与局限。

其一，普遍调查法。普遍调查简称普查，或叫全面调查，是对所要调查的整体，逐一不漏地进行调查。普查的特点是涉及范围广，工作量大。它的优点是对所调查的内容能够全面了解，准确度高；其局限是时间性强，不可能对情况了解得很深很细。所以，普查选择的指标为数较少，主要用于必不可少的基本情况的调查。一般来说，基层组织普查用得较多，思想政治教育领导机关用得少。这样的调查，常常可以取得大量思想政治教育信息和各种资料，为进行系统分析、掌握思想变化趋势提供素材。

其二，抽样调查法。抽样调查是从调查对象的总体中按照一定的方式选择部分对象进行调查，并将调查结果推论到对象所在总体的方法。抽样调查比普遍调查能节约时间、人力和资金，还比普遍调查详细深入。因此，这种方法在思想政治教育调查中运用较多。一般来说，我们要掌握人们的思想状况，了解人们对形势，某些重大事件和路线、方针、政策等方面的看法，征求人们的意见，不必要全面调查每个人的情况，采取抽样调查的方法，同样可以得到了解全体的效果，形象称之为窥一斑而知全豹或一叶知秋。抽样调查的一个主要问题是选好调查对象，对象一定要有代表性，否则，调查情况就会同实际情况存在误差，甚至可能得出错误结论。要选好调查对象，就要采用正确的抽样方法。

抽样方法可分两大类，第一类是随机选择，即从总体中随机选择调查对象。第二类是非随机选择，即根据调查者的需要，选取具有某些特点的对象进行调查。思想政治教育调查的随机选择主要采用分层（或分类）选择，如按职业分层、按年龄分层、按表现分层等。这种分层选择常用于情况复杂、人数众多、相互差异较大的群体。非随机选择主要采用推荐选择，这种选择就是根据调查者的目的，经组织、群众推荐而确定调查对象。如发现先进，了解先进事迹，总结某个单位的经验以及发现和了解某人的问题、某个单位思想政治教育的失误等，则用推荐选择。

（三）典型调查法与文献调查法

典型调查法与文献调查法，是两种选择不同调查对象或调查内容，进行系统深入调查的方法。两种调查方法各有其应用范围，也各有其特点与局限。

其一，典型调查法。典型调查是在对考察的对象已经初步了解的基础上，从中选取少数具有代表性的单位、个人或事件，进行全面系统调查。典型所反映的个性，总是和总体的共性相联系而存在的，而且能够充分地、突出地、集中地表现共性的重要特征。所以，典型调查是思想政治教育调查的一种十分重要而又行之有效的调查方法。这种方法，能够对典型集体、个人、活动，通过"解剖麻雀"，作深入细致的调查，揭示思想实质及其产生的根源，并预示思想动态的发展趋势。因而典型调查常用来了解各种思想倾向产生的根源、发生的影响、发展的趋势；用来培养、树立先进典型，推广先进经验，促进后进转化，带动全面；有时也用来作为大规模调查的探索性研究。

典型调查是否成功，关键在于选择的典型是否具有代表性。调查者主观认识的偏差，往往会导致典型选择的偏差，降低典型的代表性。如果把本来不典型的集体、个人、活动当作典型，就可能使典型调查变成为论证自己的先入为主的观点服务，带着一定的框框搜罗、印证所谓典型的失败调查。对于具有代表性的典型，在总结其经验时，也要充分考虑其适用性，如果不顾典型经验的适用范围，片面强调典型的共性和普遍意义，采取"一刀切"的方式加以推广，也会给工作造成很大损害。因此，在使用典型调查这一方法时，一是要通过比较，选准典型；二是要把从典型中概括出的一般性结论，放到调查对象的总体中加以检验。在采用典型调查的同时，还要根据实际情况灵活运用其他调查方法，以弥补典型调查之不足。

其二，文献调查法。文献调查法也叫历史法，它是间接收集思想政治教育信息的一种方法，是利用第二手材料的方法。比如查阅调查对象的档案材料和调查材料，了解调查对象过去的情况和家庭情况；参考报纸、杂志有关思想、政治、道德方面的调查资料，掌握思想发展的一般趋势；结合现实考察人们以往思想状况的历史资料，进行对比分析等。随着思想政治教育的发展，文献资料的积累和储存越来越受到重视，文献调查法的运用也越来越广泛。文献调查法能够帮助我们从历史发展的角度全面熟悉、了解对象，也能帮助我们借鉴和吸取经验教训，避免不必要的曲折和重复劳动。同时，这一方法也有利于我们通过对历史资料的分析，进行比较研究，从而更加深刻理解人们的思想现状，为教育与研究工作提供基础。当然，这一方法所取得的资料是第二手的，不是现实的第一手资料，要取得现实的第一手资料，文献法是无能为力的，这是它的局限性。

（四）网络调查法与电话调查法

网络调查法与电话调查法，是两种运用现代传媒进行思想政治教育信息调查的方式。两种调查方式各有其优势、特点与局限。

其一，网络调查法。网络调查法又称在线调查法，是指在互联网上针对特定思想政治教育问题进行的调查设计、收集资料、统计分析等活动。目前应用比较多的是 APP 调查、公众号（如微信问卷等）调查等方法。APP 调查可以精准推送，数据采集支持个人计算机、手机、平板等，调查成本低、效率高、用途广。公众号（如微信问卷等）调查是目前网络调查常用的调查方法。该调查方法能够轻松实现问卷逻辑，多渠道推送问卷，收集答卷；因其成本低，操作方便，而受到欢迎。

与传统调查方法相类似，网络调查也有对现实资料调查和文献资料调查两种方式。网络调查可以分为两类，一类是普通网站调查，即在一般网站利用网络简单编程的方式将问卷生成网页，被调查者在浏览网页时，对问卷进行回答，形成相对简单的调查结果。另一类是专题在线调查，即将传统的调查过程完全在线化、智能化，并进行系统分析，形成思想政治教育专题调查研究报告。

根据调查内容与方法的不同，思想政治教育的网络调查大致有几种方法。一是网上问卷调查法。网上问卷调查法是在网上发布问卷，被调查对象通过网络填写问卷，完成调查。根据所采用的技术，网上问卷调查一般有两种。一种是网站法，即将问卷放在网站上，由访问者自愿填写。另一种是用电子邮件、微信将问卷发送给被调查者填写，将问卷答案回复到指定邮箱统计结果，或者在系统中自动生成调查结果。二是网上讨论法。网上讨论法可通过多种途径实现，如 BBS、QQ（群）、微信（群）、线上会议等。主持人在相应的讨论中发布调查内容，请被调查者参与讨论，发表各自观点和意见；或是将分散在不同地域的被调查者通过互联网线上会议功能组织起来，在主持人的引导下进行讨论。讨论的场面需要主持人有效组织和引导，讨论的结果需要主持人加以总结和分析，因而这种方法要求较高，难度较大。

习近平指出："互联网是一个社会信息大平台，亿万网民在上面获得信息、交流信息，这会对他们的求知途径、思维方式、价值观念产生重要影响，特别是会对他们对国家、对社会、对工作、对人生的看法产生重要影响。"[①] 在社会呈现网络化，强调主体精神，注重对话的当代社会，网络赋予了大众传播新的传播功能，具有开放性、自由性、平等性、广泛性和直接性特点，正是这些特点，赋予网络调查明显优势。一是网络调查成本低。网络调查与现场访问、邮寄访问、电话访问等离线调查的根本区别，在于采样方式不同。传统离线调查往往要耗费大量的人力、物力与时间，而网络调查只需要一台上网的计算机，通过站点发布电子问卷或组织网上座谈，利用计算机及统计分析软件进行整理分析，节省了传统调查中许多成本，既便捷又便宜。二是网络调查速度快。网上信息传播速度非常快，利用统计分析软件，可对调查的结果进行即时统计，整个过程非常迅速，而传统的调查要经过很多环节和较长时间才能得出调查结论。三是网络调查隐匿性好。在调查一些涉及个人隐私的敏感问题时，传统离线调查尽管可以在问卷设计中通过采用委婉、间接、虚拟等方式，在问题和被调查者之间增加一些缓冲因素，但无论如何，都会在不同程度上影响被调查者的心理。而网络调查是网民在自愿的情况下参与的，因此回答问题时会更大胆、坦诚，调查结果可能比传统调查更为客观和真实。四是网络调查覆盖广泛、互动性强。网络调查不受时空限制，可以全时段向天南海北进行调查，调查范围大，多向互动容易。

网络调查的局限主要有两个方面，其一是网络调查难以控制调查总体，即可能存在覆盖误差。覆盖误差是指一些应参与调查的个体不进入调查范围，或进入调查范围的一些个体反复操作调查，使调查目标总体与实际调查样本之间产生偏差。在网上，无论是谁都可以参与调查，特别是一些门户网站开展的调

---

①《习近平谈治国理政》第 2 卷，外文出版社 2017 年版，第 335 页。

查，一般有很多网民参与调查，如果一个人多次参与回答同一内容，重复率难以排除；如果不能吸引到足够多的人参与调查，覆盖率不高，都会产生覆盖误差。其二，网络调查容易产生样本的代表性误差，即抽样误差。因为网上调查人人都可以参与，如果参与对象都与样本要求相符，当然人越多精确度就越高，但如果偏离样本要求的网民多，人越多误差反而越大。以网上问卷调查为例，若把问卷放在网站上，由访问者自愿填写，填写问卷的人是否符合调查对象的要求，如何估计无回答误差等，这些问题都是调查人员无法控制的。

要做好网络调查，首先，要合理设计问卷。问卷不可过长或过于复杂，以免被调查者没有足够的耐心填写，或导致有歧义、错误的回答。因此调查问卷的设计要注意问题的数量和问卷的格式，控制好答题时间，使问卷能得到有效的回答。其次，不要侵犯或泄漏被调查者的个人隐私，特别是在问卷调查中，要避免涉及可能让网民暴露隐私的内容。另外，要想办法吸引网民自愿参加网络调查，并尽可能减少无回答误差，提高调查的回答率。

其二，电话调查法。电话调查法是指调查者按照统一问卷，通过电话向被调查者提出问题，记录、汇总答案的调查方式。电话调查有两种类型，一是电话访问或访谈，就是访问者选取一个或多个被调查者，拨通电话，询问一系列思想政治教育的有关问题，访问者随时记下访谈内容，并将其整理成为电话调查资料。二是短信调查，就是调查者用移动电话的短消息服务功能，向被调查者发出调查短信，被调查者根据调查短信内容作出回答，并向调查者回复短信，调查者将回复整理成为短信调查资料。

电话调查方法在手机、电话普及率高的单位、地区、行业的使用已经比较普遍，电话、短信广泛应用在社会生活和工作中，越来越受到人们的欢迎与重视。由于人们的思想、行为，总是与人们的生活和工作相联，思想政治教育也要密切联系生活和工作实际来做，因而，通过电话、短信的方式，来了解、交流人们的学习、工作、生活与思想情况，调查人们对一些人和事、时事与政策等问题的看法，既是工作的需要，也是切实可行的。所以，电话调查运用广、发展快，这不仅与电话调查速度快、范围广、费用低、回答率高的优势有关，而且人们在电话中回答问题，常常比较直接和坦率，也不受其他人的影响，调查效果比较好。

电话访问和短信调查有其基本程序，其一，要根据调查内容制定一份调查抽样方案，即确定抽样结构，选取受访对象；其二，将调查内容转化为问卷调查题目，并将其表格化，便于发出调查短信和访谈时记录；其三，在限定的时间范围发出调查短信或进行访谈；其四，对回复的短信或已进行的电话访谈记录表进行编码，并将所有资料转换成计算机可判读的格式；其五，对资料进行综合分析，撰写调查报告。

电话调查由于受电话设备的限制，在调查中，也存在局限。一是电话调查时间短，短信表达有限，答案一般比较简单，难以对所调查内容进行深入讨论；二是在电话调查对象难以完全覆盖的情况下，要采取抽样调查方式进行，在抽样时，受调查者看法和调查者与被调查者关系的影响，抽样可能发生误差，或有代表性的对象未在受访者之列，或有不同意见的对象被排除在受访者之外，影响调查的全面性；三是由于电话访谈、短信的用语简单，容易使受访者一时难以理解其调查意图，甚至造成曲解。因而，在电话调查中，要尽量避免这些局限，把电话调查与其他调查结合起来。

除了以上常用的几种方法外，还有其他一些方法。"要适应当今社会信息网络化的特点，拓展调研渠道、丰富调研手段、创新调研方式。"[①]这些方法，都各有所长，各有所短。任何一种方法都有自己的适用范围和运用条件，不可能会有适用于一切情况的万能方法。在进行调查时，仅仅单独使用一种方法很难得到圆满的结果，总是需要根据实际情况，同时采用多种方式方法进行调查研究。

第三节 观察体验方法

观察活动在人的各个实践领域都具有重要作用。习近平指出："要立足时代特点，推进马克思主义时代化，更好运用马克思主义观察时代、解读时代、引领时代，真正搞懂面临的时代课题，深刻把握世界历史的脉络和走向。"[②] 思想政治教育工作者面对千差万别的人群和纷繁复杂的社会，要能获取信息，分

① 中共中央宣传部编：《习近平新时代中国特色社会主义思想学习纲要》，学习出版社、人民出版社 2019 年版，第 250 页。

②《习近平谈治国理政》第 2 卷，外文出版社 2017 年版，第 66 页。

辨真伪，更要有敏锐的观察能力和体察能力。

一、观察体验方法的作用与应用原则

所谓观察方法，就是有目的、有计划地在自然发生的条件下对现象进行考察的方法。这里所说的现象，是指被观察者的言论与行动。"在自然发生的条件下"是指不直接影响被观察者的思想情绪，不干涉被观察者的行为。所谓体验方法，就是观察者设身处地感知现象和对现象的因果关系采取正确推理的方法。体验方法实际上也是一种观察方法，但比观察方法深刻。

观察体验是一种感知活动。对人的观察主要通过眼睛、耳朵等认识各种现象，体察人的情绪和思维过程，就是听其言，观其行。听其言就是听对方谈话的内容和语调；观其行就是观察人的喜、怒、哀、乐等外部表情和实际行动。言和行常常联系在一起，有一致的时候，叫言行一致，也有不一致的时候，叫言行不一。

（一）观察体验方法的作用

观察方法和体验方法，是获得感性认识、搜集思想政治教育信息的基本方法。运用观察体验方法获得的现象和材料，是十分珍贵的第一手材料，它可为正确鉴别现象、抓住本质提供事实根据。这是观察体验方法不同于其他方法的特点，也是优于其他方法的长处。对人思想和行为的观察、体验更为重要，这是因为：

首先，无论是个人还是集体，其言行都要受到众多因素的直接或间接影响，这些影响因素一般不容易控制，更难于像自然科学研究的实验方法那样，通过控制排除某些因素的影响，专门观察一种或几种因素对研究对象的影响状况。为了避免失真，对人的观察只能在实际生活情景中进行。如果观察时对个人和集体的影响因素加以控制，就难以得到全面、真实的思想政治教育信息。

其次，我们所观察的对象，是具有能动反映能力的人，这是和其他学科的观察，特别是和自然科学的观察不同的。因为教育和观察，不能采取秘密和跟踪的方式，而只有同被观察者直接接触才能进行。在这种直接接触的过程中，教育或观察往往不是单向的，而是双向互动的，被观察者随时可以对观察者作出言行反映。例如，受教育者对教育者的报告、讲话、问话，可以全神贯注地倾听，也可以漫不经心地似听非听，甚至充耳不闻。受教育者对教育者的批评、表扬，也会马上在情绪、神态上作出反映，像这些生动具体信息的获取，一般靠观察方法。

（二）观察体验方法的应用原则

正确地使用观察体验方法，必须坚持正确原则。

其一，坚持观察的客观性。这是保证观察材料的真实性，提高观察材料可靠程度的前提。列宁在《哲学笔记》中提出了辩证法的十六条要素，其中第一条就是"观察的客观性"。坚持观察的客观性原则，就是要做到一切从实际出发，而不是从主观想象出发；就是要养成尊重客观事实的品德和勇气，同凭空捏造和主观偏见的错误作斗争；就是要采取实事求是的科学态度，让自己的目的、判断符合客观实际，努力避免先入为主。对人的观察，更需坚持客观性原则，也更难于坚持客观性原则。之所以更需要坚持客观性原则，是因为只有坚持观察的客观性，才能判断正确，只有判断正确，才能使教育取得成效。否则，就可能是非混淆，滥施奖惩，造成思想混乱。之所以更难于坚持客观性原则，是因为从客观方面来看，被观察者的言行，特别是被观察者的某些过失、事故，重复性很小或者不可能重复。对这种情况既不可能像自然科学那样，通过重复实验验证其真实性，也不可能通过他人的观察对情况的真实性加以佐证，这就为坚持客观性增加了困难。从观察者主观方面来看，产生观察主观片面性主要有两方面的原因：一是思想品德方面的原因。现实生活中的人，都有着某种关系，当观察者对某些关系，特别是涉及自身利益关系而不能正确对待和处理时，就有可能出于私心，或弄虚作假，或掩盖过失。二是认识方面的原因。认识方面的原因所导致的观察失误，主要是无意过失，不是观察者出于不良动机蓄意造成的，而是在观察过程中，观察者掺入了某些主观因素，不自觉地、无意识地产生了观察偏差。

其二，坚持观察的全面性。列宁说过："要真正地认识事物，就必须把握住、研究清楚它的一切方面、一切联系和'中介'。我们永远也不会完全做到这一点，但是，全面性这一要求可以使我们防止犯错误和防止僵化。"[1] 坚持观察的全面性原则，就是要以唯物辩证法思想为指导，从整体出发，全面地观察，系统地观察。坚持观察的全面性与观察的目的性并不矛盾。观察者总是有

---

[1]《列宁选集》第4卷，人民出版社2012年版，第419页。

明确目的的，总是有意识地去搜寻自己认为有价值的现象和资料，努力提高观察事实的有效性程度，排除一些与研究无关的现象。这种明确的目的只有坚持全面观察体验才能达到。

二、观察体验方法的类型与方式

观察按内容、方式、程度不同，可以分为下列几种类型。

第一，直接观察与间接观察。所谓直接观察，是指观察者直接与被观察者接触去感知被观察者的各种现象。这种观察也叫实地观察。所谓间接观察，是指观察者利用一定的观察工具或手段去观察研究对象，如通过录音、录像、转述、记值班日志等观察方式，都是间接观察的方式。

第二，定性观察与定量观察。确定人和集体的性质和特点与断定事件和现象之间是否有关系的观察，叫定性观察。描述人和集体活动的范围、程度、规模等数量方面的观察，叫定量观察。定性观察多用于人和集体的性质（先进还是落后）、特征（个性品质、作风等）等方面的区别与比较。定量观察多用于人和集体的各种活动数量指标的记录与描述。定性观察和定量观察是相互联系的，定性观察是定量观察的基础，定量观察是定性观察的精确化。

第三，主题观察与转向观察。自始至终围绕既定目的或计划进行的观察，叫主题观察，这种观察多用于比较熟悉的人和集体与经常发生的事件。当进行主题观察时，发现了与原来主题无关，或干扰原主题的具有重要价值的新现象，使观察目的发生转向，提出新的主题，这种观察叫转向观察。转向观察多用于偶发性事件或用于不大了解的人和集体。

第四，描述性观察与分析性观察。对观察对象的外部特征和现象进行描述的观察，叫描述性观察。这种观察多用于对人和集体的结识性了解，如了解人的形象、风度，发现人的特长等；了解集体的风气和集体的团结状况等。分析性观察则是对对象实质的探索观察，这种观察要更多地运用逻辑思维方法，多用于错综复杂的情况。

三、观察体验的程序与局限

第一，观察体验的程序。人的观察体验活动不是机械式的摄影或录像，而是一个始终受到思维支配的能动过程。思维指导观察，观察启发思维。观察在思维的支配下一般有两种程序，一是循序程序，二是递进程序。循序程序一般用于较简单现象的观察，基本过程是：选择观察题目，设想观察方案，确定观察的具体方法，进行实地观察，处理观察资料，作出观察结论。递进程序一般用于复杂现象的观察。对于复杂的现象，我们不可能一下子观察很清楚，要把它分解为细小的部分或层次，有顺序地进行。这样观察可以借助思维，发现现象各个部分之间的联系，从而逐步深刻地感知事件，正确揭示人和集体的实质。递进程序的基本过程是：观察现象、初步判断、深入观察、进一步判断，直至抓住现象的实质。

第二，观察体验的局限。要认识人和集体的复杂现象和复杂关系需要观察体验方法，但仅靠观察体验方法是不可能解决复杂问题的。对人和集体的观察方法，在运用的范围、条件和对结果的检验等方面，都受到局限。首先，观察方法只能用来感知人和集体的现象，而有的现象能够反映人和集体的本质，有的不一定反映人和集体的本质。正如恩格斯所说的："单凭观察所得的经验，是决不能充分证明必然性的。"观察方法只有和其他方法结合起来使用，才能充分发挥作用。观察方法尤其离不开理性思维的支配，只有在正确的思维方法指导下，才能更精细地、更深刻地感知各种现象。其次，观察方法在运用过程中，也受到许多条件的限制。对人和集体的观察，一般只能在实际生活中进行，不能操纵各种复杂的自变量因素，不能打断正常的工作、生活秩序。同时，观察本身可能影响或改变观察对象的态度和心理。最后，观察方法由于不能对有关变量像实验法那样进行控制，因而不能肯定被观察者的行为变化是由何种因素引起的，只有运用其他方法才能确定行为变化的真实原因。而且，被观察者的言行，特别是一些事故、过失等偶发性事件，不能再现，也不能易时易地由他人重复观察，一旦错过时机，观察也很难发挥作用。

第四节　心理测试方法

心理测试是掌握人的心理活动、心理健康状况、心理特点的重要方式，对开展心理健康教育，增强思想政治教育的针对性与实效性具有重要作用。对处在成长关键时期的大学生，心理测试更为必要和重要。

一、心理测试的一般方法

心理测试也称心理测量、心理测查。心理测试是通过心理现象数量化以判定个体心理属性和差异的方法。由于人的心理特征是内在的，看不见也摸不着，不可能直接进行测试，因而心理测试是通过人们面对情景所表现出来的外显言行来推断其内在心理特质的方式，是一种间接的测试。

心理测试有不同类型，按测试目的划分，有以测试人的智力为目的的智力测试；有以测试人格为目的的人格测试；有以测试人的学业成就与职业成就、普通成就与分科成就等为目的的成就测试；有以测试个体潜在能力为目的的性向测试；有以临床诊断心理疾病为目的的诊断测试等。按测试材料性质划分，有文字测试；有用图案、线条、实物操作作业等非文字测试；有文字与非文字兼有测试。按测试方法划分，有被试本人对自己的智力特质或人格特质予以评价的自陈问卷测试；有通过社会效果和外人评价的评定测试；有通过操作某些逻辑作业来甄别个体心智特点的逻辑作业测试；有通过一些结构化的情境测试个性的情境作业测试。按测试对象划分，有个体测试、团体测试。与思想政治教育相关的心理测试主要有心理健康状况测试和人格测试。

心理测试的一般程序，一是确立测试目标、实施程序与计分方法，统一指示语、内容和标准答案，分析目标所包含的要素和结构。二是选定测试常模，即进行测试的比较标准，作为测试者解释测试结果的依据。常见的测试常模有年龄、职业、地区、全国等常模，测试使用何种常模应视测试目标而定。三是编制测试题目，即围绕测试目标，运用客观材料，如人际关系处理，身体感觉，对颜色、方位、性格的喜好等，列出一些引起个体行为反应的题目，以口头或文字方式回答，或进行实际操作，按照受测试者的不同反应判定他的心理特点与状态。四是选择一定测试对象进行测试。五是进行测试的信度与效度分析，信度是指一个测试所得分数的稳定性与可靠性和一个人在同一测试上先后数次测试结果的一致性；效度是指某项测试的准确性与有效性。六是整理测试资料，形成测试结果。

心理测试虽然运用比较广泛，但由于这种测试要在标准的情景下，取出个人行为样本来进行描述和定量解释，不是一种直接的测试，因而测试往往容易受主观因素、题目编制、操作程序影响，其结果并不一定准确可靠。为了避免测试结果的主观化，通常心理测试必须严格按照客观的方法和一定的操作步骤进行。同时，测试的实施、计分、解释等也必须遵循一定的程序与原则，并且要正确选定测试常模，使测试有进行比较的标准。

二、大学生心理测试方法

当代大学生由于所处的特殊社会历史时期、年龄的特殊阶段、生活的特殊环境、教育的特殊内容和所担当的特殊使命，在紧跟时代步伐迅速成长的同时，也形成了富有时代特征的心理特点，表现出与以往年代大学生不尽相同的心理面貌、心理矛盾和心理问题。习近平指出："面对世界的深刻复杂变化，面对信息时代各种思潮的相互激荡，面对纷繁多变、鱼龙混杂、泥沙俱下的社会现象，面对学业、情感、职业选择等多方面的考量，一时有些疑惑、彷徨、失落，是正常的人生经历。"[1] 在开放环境、市场体制、信息社会、多元文化条件下成长起来的大学生，心理面貌呈现从闭锁向开放、从依赖向自主、从求稳向竞争的转变。由于他们处在人生发展的关键时期，人生观、价值观正在形成、稳定过程中，加上缺乏社会生活经验和实践锻炼，他们又是一个充满心理矛盾的群体，容易产生各种各样的心理矛盾与冲突，诸如开放交往需求与闭锁导致孤独感的矛盾；渴望独立自主与物质依赖之间的矛盾；强烈求知欲望与知识鉴别水平不高的矛盾；敢于面对压力与难以将压力转化为动力的矛盾；情绪情感冲动与理智调控不力的矛盾；美好的目标追求与现实不如意的矛盾，等等。这些心理矛盾往往交织在一起，困扰一些学生的学习与生活，影响智力的发挥。习近平强调指出："要树立正确的世界观、人生观、价值观，掌握了这把总钥匙，再来看看社会万象、人生历程，一切是非、正误、主次，一切真假、善恶、美丑，自然就洞若观火、清澈明了，自然就能作出正确判断、作出正确选择。"[2] 因而，对大学生心理状况进行测试，不仅有利于掌握和解决大学生的心理矛盾，促进其心理健康发展，帮助大学生树立正确的世界观、人生观、价值观，而且有利于增强思想政治教育的针对性与实效性。

大学生的心理测试，主要是心理健康状况测试。多年前，我国高校大学生

---

①《习近平谈治国理政》第 1 卷，外文出版社 2018 年版，第 173 页。
②《习近平谈治国理政》第 1 卷，外文出版社 2018 年版，第 173 页。

心理健康状况测试，往往借助国外心理检测量表，由于文化背景与社会性质的差异导致结果不准确。为此，中国专家制定了大学生心理健康测试量表，为推进大学生心理健康教育起了重要作用，如："中国大学生心理应激量表""中国大学生心理健康量表""中国大学生适应量表（CCSAS）""中国大学生人格量表"等。

第五节　思想政治教育信息的预测方法

前面所讲的调查方法、观察方法和心理测试方法，主要用于对已经和正在产生的思想政治教育信息的调查。对尚未产生而将要出现的思想政治教育信息怎么获取？这是本节所要讲述的内容。

一、思想预测的可能性与必要性

马克思和恩格斯将唯物论和辩证法运用于社会历史，发现了社会存在决定社会意识、社会意识具有相对独立性的原理，为我们寻找人们思想发展变化规律，进而预测人们的思想发展变化，提供了科学的理论根据。

在现实生活中，人们的思想动机往往是各种各样的，"有的可能是外界的事物，有的可能是精神方面的动机，如功名心、'对真理和正义的热忱'、个人的憎恶，或者甚至是各种纯粹个人的怪想"[1]。那么，在这些思想动机背后，隐藏着什么更本质的东西呢？马克思和恩格斯所创立的历史唯物论，揭示了其根源：人们活动的思想动机，总是这样或那样地、直接或间接地受人们的物质生活利益的制约并为之所决定，人们的一切思想动机之最根本的动因是人们的物质生活利益。因此，"探讨那些作为自觉的动机明显地或不明显地，直接地或以意识形态的形式、甚至以被神圣化的形式反映在行动着的群众及其领袖即所谓伟大人物的头脑中的动因，——这是能够引导我们去探索那些在整个历史中以及个别时期和个别国家的历史中起支配作用的规律的唯一途径。"[2]只要我们

①《马克思恩格斯选集》第4卷，人民出版社2012年版，第254页。
②《马克思恩格斯选集》第4卷，人民出版社2012年版，第256页。

真正掌握了对思想动机起支配作用的规律，就能够预测思想发展的趋势。

应当承认，掌握思想发展的规律是困难的。因为"在社会历史领域内进行活动的，是具有意识的、经过思虑或凭激情行动的、追求某种目的的人；任何事情的发生都不是没有自觉的意图，没有预期的目的的。"①人们产生的意图，追求的目的，有物质方面的，也有精神方面的；有符合客观实际的，也有凭空想象的；有能够实现的，也有不能实现的，这些在表面上看起来好像是偶然性在起支配作用。"但是，在表面上是偶然性在起作用的地方，这种偶然性始终是受内部的隐蔽着的规律支配的，而问题只是在于发现这些规律。"②毫无疑问，思想政治教育信息和其他任何事物一样，总是既包含着必然的方面，又包含着偶然的方面。思想政治教育信息的必然性是指它在反映人们实际活动的同时，还具有遵循其自身独特的发展规律而存在和发展的性质。只要认识和把握了思想政治教育信息的必然性，我们就可以预测思想的发展变化趋势。

事实上，革命导师和思想家们，在预测问题上，早有过精辟的论述。马克思和恩格斯通过对资本主义社会的分析，揭示了社会发展的客观规律，在《共产党宣言》中作出了资本主义必然灭亡，共产主义一定要实现的科学预言。这个科学预言，已经和正在逐步被历史事实所证实。列宁曾经说过："神奇的预言是童话。科学的预言却是事实。"③毛泽东也提出了"凡事预则立，不预则废"的普遍原则。思想预测不仅是可能的，而且是必要的。它是实现思想政治教育科学化的需要，也是实现现代社会发展与人的全面发展的需要。

所谓预测，就是"鉴往知来"，就是人们通过事先的调查研究和分析，对未来某种不确定的东西或未知的情况作出符合事物发展规律的设想或判断，以指导人们的方向和实际行动。预测在人类社会发展过程中是必要的，特别是在现代社会，这种必要性显得更加突出。这是因为：其一，在现代社会里，科学技术和经济的快速发展，给社会各个方面带来了急剧的变化和激烈的竞争。人们迫切需要以正确的思想理论为指导，高度关注发展前景与竞争结果，希望最大限度减少工作和学习的风险，自觉地为实现自己未来的目标而努力。为此，

①《马克思恩格斯选集》第4卷，人民出版社2012年版，第253页。
②《马克思恩格斯选集》第4卷，人民出版社2012年版，第254页。
③《列宁全集》第34卷，人民出版社2017年版，第441页。

思想政治教育只有加强预测预防，才能适应快速变化和激烈竞争的形势。其二，在开放环境与信息社会条件下，社会流动加快，不确定因素增多，风险与危机频发。在这样的历史条件下，更要预测预防在前，注重研究社会流动、风险与危机现象的实质，把握人的思想和人的发展趋势，"提高预测预警预防各类风险能力"①，才能争取主动，避免消极被动。其三，科学技术和经济的发展所带来的生产方式和活动方式的变化，社会信息量急剧增加和知识的迅速更新，物质文化生活水平的提高，各项改革的深入，必然引起人们思想方式的改变。富有生命力的新思维方式和思想内容，同过时的旧思维方式和思想内容不可避免地会产生矛盾，只有把握思想发展的趋势，排除旧思想的束缚，才能以崭新的精神面貌走向未来。总之，社会发展与人的发展，要求进行正确的思想预测，正确的预测则是为了在预见的前景和后果面前，采取正确的决策和合理的措施，一句话，就是要增强思想政治教育的针对性与实效性，实现科学化。

思想预测对思想政治教育的作用主要表现在两个方面：第一，为决策思想教育方案提供依据。思想政治教育和其他所有工作一样，需要有战略的和战术的、长远的和短期的决策。这些决策，是为了达到预期目的而对未来所作出的部署。一个好的思想政治教育方案，要经得起现实情况的检验，更要经得起未来情况的检验。而经得起未来情况检验的方案，必须首先经过预测，对未来的思想状况进行陈述，这就是：认识和把握思想发展的不确定性，尽可能降低对未来的无知程度；使方案的预定目标与可能变化的社会环境基本保持一致；事先了解方案实施后可能产生的结果。这样，预测不仅可以作为我们制订方案的依据，而且可以事先对方案进行评审。第二，对进行预防、争取主动提供保证。对已经发生的思想问题，教育要有针对性。对将来可能发生的思想问题或意外事件进行预防，把教育工作做在前面也要有针对性。后一种针对性离不开预测方法。如果不能未雨绸缪，防患于未然，到人养成不良习惯，或偶然事件突然发生时，再进行教育，其结果将"扞格而不胜""事倍功半"，降低教育效果，消耗更多的时间和精力。因而，要争取教育主动，使思想政治教育收到事半功倍的效果，预测预防是不可缺少的。

---

① 《习近平谈治国理政》第2卷，外文出版社2017年版，第386页。

二、思想预测的条件和步骤

思想预测是一件非常复杂的事情，比其他预测困难。因为思想预测不仅要预测人的思想本身，还要综合分析产生和影响人的思想的各种因素。因此，思想预测就要有充分的条件，否则，思想预测就会成为胡乱猜想。进行科学的思想预测，主要有三个方面的条件：一是预测者主观方面的条件，二是思想政治教育信息资料方面的条件，三是对形势和环境的熟悉。

预测者主观方面的条件主要有：第一，掌握思想发展的规律。毛泽东说过："人们要想得到工作的胜利即得到预想的结果，一定要使自己的思想合于客观外界的规律性，如果不合，就会在实践中失败。"[①] 这就告诉我们，只有把握了思想发展的规律性，才有科学的预见。如果自己的认识与思想发展的规律不符合，不知道某些思想是由什么因素引起的，思想与客观因素之间的内在联系不清楚，科学的预见就只能是一句空话。第二，具有逻辑推理和分析判断的能力，善于运用唯物辩证法观察和思考问题。正如毛泽东说的："全世界共产主义者比资产阶级高明，他们懂得事物的生存和发展的规律，他们懂得辩证法，他们看得远些。"[②] 第三，预测者要有做思想政治教育和预测方面的丰富经验，明确过去和现在思想发展变化的趋势，对现实的思想状况有比较深刻的认识。第四，预测者要有较强的能力，如适应新情况的应变能力，洞察全局的判断能力，从纷繁复杂的思想动态中理顺各种关系的分辨能力，等等。

思想政治教育信息资料方面的条件主要是：第一，有充分可靠的思想政治教育信息资料，包括一般思想资料和典型思想资料，为预测提供原料。第二，有丰富的思想政治教育工作资料，包括工作总结与经验，教育的传统与效果，为预测提供比较研究的资料。

对形势和环境的熟悉主要包括：对国内政治、经济、文化、社会等各方面形势的变化发展有大致全面的了解；对国内外发生的重大事件所产生的影响有比较清醒的估计；对预测对象的工作、生活方式和客观环境的变化有比较深入的体察。

---

①《毛泽东选集》第 1 卷，人民出版社 1991 年版，第 284 页。

②《毛泽东选集》第 4 卷，人民出版社 1991 年版，第 1468 页。

思想预测的大致步骤是：一是确定预测目标。预测目标的确定包括：预测的对象，如预测哪一种类型人的思想动向；预测的目的，是预测思想主流的发展趋势以便于引导，是预测可能发生的问题以便防范，还是预测一个单位、一个地区、一个行业、一条战线的思想发展趋势等。预测的目标尽可能具体一些，否则，作出的预测对思想政治教育没有多大作用。二是收集思想资料。根据预测目标的要求，通过调查，广泛收集预测所需要的现实和历史的思想资料。思想资料包括全局和个体两个方面，定性和定量两类。三是熟悉形势和环境。把思想政治教育信息同客观形势和客观环境联系起来进行分析，从中找到内在联系。四是选择预测方法。根据不同的预测目的、范围、内容，采用不同的预测方法。五是将所得预测的结果征求有关人员意见，进行评审，把取得基本一致的预测结论交付制订方案。

三、思想预测的具体方法

思想预测方法，离不开前面所讲的观察方法和调查方法。一方面，它需要观察方法和调查方法为其提供思想政治教育信息资料。另一方面，它又是观察方法和调查方法的延伸和发展。

思想预测的具体方法有几种类型，按预测的方式划分，有调查分析法，图表法等；按预测的性质划分，有较准确预知未知情况的确定性预测，也有预知几种可能性的概率性预测，还有预知在完全无前例可循情况下的不确定性预测。如果按预测的作用划分则有下面几种方法。

第一，判断性预测法。这种方法主要靠预测者的经验、知识和综合分析能力进行预测，也可称为直觉经验预测法。这种方法适合于预测不确定因素多而又不能量化的未来状况，即对未来的发展趋势，作出定性的描述和评价，是思想预测的重要方法。这种方法有两种基本方式：个人判断法与集合意见法。个人判断法就是思想预测者个人凭借自己的经验和知识，运用个人的创造性思维进行判断。这种方法由于是个人判断，往往容易产生主观和片面的倾向。集合意见法就是集中许多思想预测者的判断意见来进行思想预测。这种方法可以集思广益，通过比较、选择，集中多数人的意见，做出比较符合客观实际的思想预测。对全局性、普遍性的思想动向进行预测时，采用集合意见法为宜。

第二，因果预测法。所谓因果预测法，就是通过思想变化的因果关系预测思想动向的一种方法，也可称之为相关预测。因果联系是客观世界普遍联系的形式之一，有因必有果，有果必有因，一果多因，一因多果的情况是普遍存在的。人的思想形成和变化也同样具有因果联系，因而我们可以由因推果，由果测因。例如，某人考试不及格，可能会情绪低落；某人受到领导批评，可能有思想包袱等。因果预测法，常用于客观条件、因素变化时预测人们将要出现的思想情况，人们的自身需要不能满足时可能产生的思想动向等。

第三，规范性预测法。这种方法是以社会发展需要和目标为基础，来估测实现目标可能出现的各种思想倾向，倒推至目前的状况，提前打招呼并做好预防。例如，在学校里，根据社会主义现代化建设需要和党的教育方针要求，学生入校后，就向他们提出毕业时政治思想应当达到的具体要求，并对可能产生的错误倾向进行提示和预防，就是规范性预测。毛泽东在新民主主义革命即将完成，新中国快要诞生的时候，对党内可能产生的思想问题作过预测："因为胜利，党内的骄傲情绪，以功臣自居的情绪，停顿起来不求进步的情绪，贪图享乐不愿再过艰苦生活的情绪，可能生长。因为胜利，人民感谢我们，资产阶级也会出来捧场。敌人的武力是不能征服我们的，这点已经得到证明了。资产阶级的捧场则可能征服我们队伍中的意志薄弱者。可能有这样一些共产党人，他们是不曾被拿枪的敌人征服过的，他们在这些敌人面前不愧英雄的称号；但是经不起人们用糖衣裹着的炮弹的攻击，他们在糖弹面前要打败仗。我们必须预防这种情况。"[1] 毛泽东的这段名言，既运用了因果预测法，也运用了规范性预测法。规范性预测的规范成分较多，所以一般用于确定目标，制订和执行计划，排除不利于目标实现和计划执行的各种可能性。因而，目标本身和由目标引起的可能出现的各种思想和行为，都是规范性预测的内容。这就要求首先根据社会的需要，比较准确地确定目标，然后才能运用逻辑推理的方法，预测达到目标后的各种情况。如果目标预测失误，那么实现目标的其他预测内容也不会有什么价值。

第四，类推预测法。这种方法也叫类比法或引申法，它从共同因素的发觉与类似现象的发展来预测未来的发展趋势。这种方法是依据已有的事实和规律进行预测，把过去与现有的情况类推到将来。运用这种方法时，一般对未来环

---

①《毛泽东选集》第4卷，人民出版社1991年版，第1438页。

境不作具体规定，假定未来仍然按照过去的趋向发展，从而以现有的情况为参照，通过比较找出共同形式来推测未来的情况。这种方法在人员、工作内容发生周期性变化的情况下，用得较多。例如，大学里每年都要招生，每一届学生的经历、年龄、知识水平等基本相似，各届除了有其特点之外，总有许多相似的地方。我们可以以高年级或已经毕业的某一届学生为参照，来推测低年级学生在成长过程中可能出现的情况。类推预测法要求预测者对人们思想和行为的本质要有准确、深刻的把握，"鉴往"才能"知来"，过去思想发展的趋势，在将来也可能起作用。

第五，征候分析法。这种方法主要通过发现某种思想苗头的产生来觉察未来的变化。它主要用于预测日常的思想状况。发现好的苗头，及时向正确的预定目标引导；发现不好的苗头，及时制止在萌芽状态，防患于未然。常言道：月晕而风，础润而雨。一个人思想上闪光的火花，或不祥的"病变"，像任何事物一样，在发生变化之前，总有迹象可找，有征候可察。只要善于"观人于微""观事于微""观景于微"，就能把握势头，驾驭它的发展方向。例如，人们对形势，对各项方针政策，对各种集体活动，对各项工作，都会作出各种反应，当某些反应作为一种倾向性情绪的征候刚刚表现出来时，就要及时抓住，进行正确引导，不要让好的征候消失，也不要让不良的征候发展。

四、思想预测的困难和局限

思想预测是必要的，也是可能的，但思想预测又是相当困难的，要受到许多条件限制。首先，人的思想虽然有其发展规律，但由于人的思想总是呈现出复杂的状况，其内在本质常常被大量非本质的现象掩盖着，使人们很难一下子认识它的规律性，因而难以预见的情况是存在的。我们不能认为未来的每一种思想、每一种情况都可以预测而夸大预测的作用，也不要因为某些情况难以预测而否定预测的作用。

其次，思想预测由于受到多种主客观条件的限制，只能在某个条件下做到大体上相对准确，甚至可能包含某些错误。即使是科学的预测，也不可能对今后将要发生的一切事情作出准确的预测。正如毛泽东所说的："马克思主义者不是算命先生，未来的发展和变化，只应该也只能说出个大的方向，不应该也不可能机械地规定时日。"① 因此，我们既不能认为预测就是神机妙算，也不能因为预测做不到百分之百的准确而忽视预测的科学性。

最后，影响思想预测的因素不仅多，而且各种因素变化快，思想预测只能是一种动态预测，只能根据人们思想的变化，不断修正，使预测的准确度不断提高。对急剧变化趋势的把握，尤其需要在动态中进行预测。而在急剧变化情况下进行预测比渐变情况下的预测更困难。我们不能因为变化急剧而放弃预测，也不能忽视瞬息万变的事实而盲目预测。

▶ 思考题

1. 思想政治教育信息获取的途径有哪些？
2. 思想政治教育信息获取的时机有哪些？
3. 如何理解思想预测的可能性与必要性？
4. 思想预测的具体方法有哪些？

▶思考题
答案要点

---

① 《毛泽东选集》第 1 卷，人民出版社 1991 年版，第 106 页。

第五章　思想政治教育信息的分析方法

　　所谓思想政治教育信息，就是在思想政治教育中获取、利用、传递、交流和创造的信息。思想政治教育信息，包含丰富的内容，既有影响人们思想状况的政治、经济、文化、社会等各种现实因素的反映，也有影响人们思维方式的传统文化、风俗习惯等历史因素的传递，还有影响人们价值观念的外来文化、生活方式等异国因素的作用。获取大量的思想政治教育信息之后，必须对其进行加工整理，即进行思想政治教育信息分析。这是思想政治教育信息由获取到付诸实际运用的重要环节。掌握科学的分析方法对思想政治教育信息进行分析，则是不断提高思想政治教育信息的信度和效度，从而提高思想政治教育效果的重要条件。

第一节　思想政治教育信息的分析和优化

　　为了叙述的简便，下面将思想政治教育信息，简称为思想信息。思想信息分析作为对第一手资料的提炼、加工和整理，在整个思想政治教育过程中具有重要的作用和突出的特点。

一、思想政治教育信息分析的作用

　　首先，思想信息分析是思想信息由收集到处理的必经阶段。思想政治教育的全过程可划分为思想信息的收集、思想信息的分析和思想信息的处理三个基本阶段。其中，思想信息分析处于承前启后的位置，是思想政治教育由收集思想信息到处理思想信息的一个必不可少的阶段。

　　任何思想政治教育，都必须从收集和获取思想信息开始。在此基础上，还必须对收集到的各种思想信息进行整理和分析。对收集的思想信息不加以分析，即使获得的思想信息资料再丰富，也只能停留在对思想信息的表面认识上。只有深入地进行分析，才能透过零散的分散的思想信息资料，揭示其内在联系，发现人们思想行为的本质。因此，思想信息收集是思想信息分析的基础，思想信息分析则是思想信息收集的深化。

思想信息分析是思想信息运用的前提。思想信息处理也就是运用思想信息对人们进行思想政治教育，以积极影响人们的思想行为变化的过程。它是思想政治教育的实施阶段，也是思想政治教育的落脚点。然而，运用思想信息的基本前提，就是所运用的思想信息必须真实、准确地反映人们思想行为的本质和正确的发展方向。而保证思想信息有效运用的基本前提环节就是对思想信息的正确分析。不分析研究，无论是思想信息运用方案的制订、选择，还是具体实施，都会陷于盲目状态，难免招致失败。因此，思想信息分析是思想信息运用的必要准备，思想信息分析的正确与否在很大程度上决定着思想信息运用的成败。

其次，思想信息分析是把握思想活动的本质和规律的关键环节。把握教育对象思想活动的本质及其规律是做好思想政治教育的先决条件。人们的思想活动作为对客观外界的反映，会产生各种各样的思想认识。这些思想认识往往首先表现为一些感性认识，它们"固然是客观外界某些真实性的反映，但它们仅是片面的和表面的东西，这种反映是不完全的，是没有反映事物本质的"[1]。通过调查获取的思想信息，大量地表现为一些感性认识材料和零星的思想见解，往往是人们表面的、片面的、有时甚至是歪曲的思想认识，即反映了人们思想活动的表象，甚至是一些假象，而没有揭示思想活动的本质。只有对这些思想信息资料加以分析，进行一番"去粗取精，去伪存真，由此及彼，由表及里的改造制作工夫"[2]，才能透过现象，发现和把握人们思想活动的本质，科学地预见人们思想活动的发展趋势，更好地为思想政治教育实践提供正确指导。

最后，思想信息分析是实现教育者主观与客观相一致的重要保证。解决好主观与客观的矛盾，使教育者的"主观"与受教育者和社会环境的"客观"相符合，是教育者的一项基本任务。对于教育者来说，所谓"主观"与"客观"，都有着不同于其他工作的特殊含义。这里的"主观"，是指教育者从事思想政

---

[1]《毛泽东著作选读》上册，人民出版社 1986 年版，第 130 页。

[2]《毛泽东著作选读》上册，人民出版社 1986 年版，第 130 页。

治教育的指导思想、立场、观点、态度、方法和心态的总和，"客观"是指教育者在实践中所遇到的各种实际情况，其中主要的是教育对象的实际思想状况。这些对于教育对象自身来说属于主观的、意识的东西，但对教育者来说则是一种客观实际。它的存在、变化和发展都有其自身的规律，是不以教育者的主观意志为转移的。这样一种无形的、内在的、属于人们思想意识范畴的客观实际情况，不经过全面、深入的分析，是很难认识和把握的，也难以使教育者的主观认识与受教育者的思想实际相符合。

二、思想政治教育信息分析的特点

思想信息分析同其他信息分析相比，具有不同的特点，这些特点受思想自身的特性所规定和制约。把握这些特点是不断提高思想信息分析水平的需要。

第一，思想的能动性，决定了思想信息分析必须着眼于动态分析。人们的思想认识是对客观外界的反映，但这种反映不是被动的反映，而是一个能动的认识过程。它不是一次可以完成的，而是会随着客观事物的发展、实践的深入和人们认识能力的提高而不断发展变化。对一些事物的认识，往往也是一个由不够全面到比较全面、由不够深入到比较深入的过程。因而不能把收集到的思想信息看作一个静止的结果，而应看作一个发展链条上的组成部分。因此，不宜从静止的角度而应从动态的角度进行思想信息分析。分析某人或某个群体的思想状况时，我们不仅要注意对反映当前思想状况的思想信息进行分析，还要结合以前收集的思想信息进行分析，并且注重分析影响个人或群体思想状况的条件、原因，预测个人或群体思想状况的发展趋势。总之，要从发展的角度分析人们的思想状况，历史地、全面地把握人们的思想脉络。

第二，思想的内在性，决定了思想信息分析必须透过人们的言行认识其思想本质。人们思想的一个显著特点就是它的内在性，即不具有直接的现实性。在这一点上，它与物质性的事物相对立。思想是大脑活动的产物，它隐蔽在人们头脑深处，不能直接呈现在人们面前。但内在的思想总是要以一定的外在形式表现出来。这种外在的形式就是人们的言行。思想是言行的内在本质，言行是思想的外在表现，两者是本质和现象的关系。思想信息分析就是要从分析言行中表达出来的思想信息入手，认识人们的内心世界和思想本质。

人们外在的言行与内在的思想之间的关系，既存在一致的地方，也存在不一致的地方。也就是说，思想和言行之间，有时存在一定的差异。一个人的思想，总会从其言行中反映出来。但这种反映，并不像照镜子那样直观，思想既可以通过言行正面表现出来，又可以从反面体现出来，还可以用各种假象掩盖或隐蔽起来。于是，就出现了相同的思想表现出不同的言行，而相同的言行却可能体现不同思想的情况。人们常说的表里不一就反映了这种情况。然而，人们的言行虽然与其思想存在差异，但言行作为人们思想的反映，无论如何总是受思想所支配，并且在本质上与思想是一致的。因此，我们在进行思想信息分析时，要注重分清真相、表象和假象，善于通过人们纷繁复杂的外在言行，把握人们内在的思想本质，为思想政治教育提供科学的依据。

第三，思想的开放性，决定了思想信息分析必须放在开放的环境中进行。人们的思想虽然是大脑的产物，但它并不是封闭的，恰恰相反，思想作为客观外界的反映，本质上是开放的。思接千载、神游万仞正是思想这种开放性的真实写照。思想是外界环境的反映，并受外界环境所制约。人们同外界环境联系越多，越紧密，人们的思想认识就越丰富。思想政治教育要"善于全面分析相互交织在一起的各种政治、经济、文化的因素，妥善把握工作展开的重点、步骤、时机与力度"①。在经济全球化和社会信息化条件下，随着世界各国经济活动的相互依存度不断提高和卫星通信、电子计算机与国际互联网络等现代化技术手段的运用，人们同外部世界的联系越来越广泛，不同国家、民族、地域、群体的人们，经济社会交往和思想交流越来越频繁，获得的思想信息也越来越丰富，思想的开放程度不断提高。在这种情况下，分析人们的思想状况时，不能局限于某个封闭的时空范围孤立地进行思想信息分析，而要把反映一定群体的思想状况的思想信息放在开放的环境尤其是开放的网络环境中分析，既要联系本单位的实际，更要联系国内外的大环境，这样来分析思想信息，就更能准确把握人们思想发展变化的时代脉搏，使思想政治教育能站在全局的、战略的高度进行。

第四，思想的多样性，决定了思想信息分析必须把握人们思想的共同本质和主导方面。人们的思想活动是一个复杂的过程，它是多种因素综合作用的结果，每一种因素的变化，都可能引起人们思想状态的变化，这就产生了人们思

---

① 习近平：《之江新语》，浙江人民出版社 2007 年版，第 46 页。

想状态无限丰富的多样性。每个人所处的环境不同，从事的实践不同，面临的问题不同，自身的素质不同，主观认识不同，因而对客观外界反映的重点、方式和结果都会有所不同，思想呈现出分散的状态并各有其特殊性。不仅不同群体、不同个人的思想状态各异，就是同一个人在不同的时期，思想状态也不一样；不仅正确思想和错误思想可能交织在一起，而且每一思想正确或错误的程度也可能不尽相同。人们思想的多样性是客观外界多样性和价值追求多样性的反映。在我国坚持对外开放政策和多种所有制经济、多种分配方式并存的情况下，这种思想的多样性显得更加丰富多彩。然而，人们思想的多样性并不排除各种思想之间具有联系性，思想的特殊性并不排除思想的一般性。我们应当从分散、多样的思想信息中，去把握人们思想的共性或一般性，即把握人们共同的思想本质和一般规律。人们思想的多样性反映了思想的矛盾性，在进行思想信息分析时，就要注重在复杂思想矛盾中抓住主要矛盾及其主要方面，只有这样，才能真正透过复杂纷纭的思想现象，抓住主要的思想问题，并把握其实质，也才能在思想信息分析中真正做到主次分明，不迷失方向。

三、思想政治教育信息的优化

明确了思想信息分析的作用和特点后，还需要明确如何优化思想信息分析、不断提高思想信息分析的水平。优化思想信息分析首先需要了解思想信息分析的内容和重点。思想信息分析的内容重点有两个方面：

第一，分析教育对象的思想信息。反映教育对象思想行为状况的信息，是思想信息分析的重要内容。因为思想政治教育的目的就是要使教育对象的思想行为状况发生积极的变化。而只有着重对教育对象的思想信息进行分析，才能最终为实现思想政治教育的目的奠定基础。分析有关教育对象的思想信息，主要包括分析反映教育对象当前思想行为状况特征的信息与分析教育对象过去和将来思想发展状况的信息，以求既了解教育对象思想的现状，又了解其思想发展变化的历史过程和未来趋势；分析反映教育对象政治、思想、道德、心理、行为状况等方面的思想信息，以求能更全面地把握教育对象的思想面貌；分析反映教育对象不同个体和群体思想状况的信息，以便既能寻找出他们思想状况的共同点，又能发现其不同点，从而为在思想政治教育中把普遍教育和个别指导结合起来，提高思想政治教育的针对性和有效性创造有利条件。

第二，分析教育环境的有关信息。无论是教育者还是教育对象，其思想行为的变化都是在一定社会历史条件下发生的，都受到一定环境的制约。因此，分析思想信息，还要分析教育环境因素。一定的思想反映了一定的环境，一定的环境决定了一定思想的产生。分析教育环境因素，实际上是深入分析教育者和教育对象的思想状况为什么能够形成和怎样形成，它侧重的是对一定思想产生的背景和原因的分析。通过这一分析，不仅能对一定的思想活动及其状态知其然，而且能知其所以然。因此，分析教育环境因素，是思想信息分析必不可少的内容。

优化思想信息分析需要创造和提供一定的条件。条件之一，是尽可能占有丰富而真实的思想信息资料。占有丰富而真实的思想信息资料，是思想信息分析的客观基础。在着手分析思想信息时，首先要对收集来的思想信息进行初步整理和归类，检查思想信息是否丰富而真实。所谓丰富就是系统、全面的而不是零碎不全的；所谓真实就是可信、可靠，真实反映了人们思想的本来面貌，而不是虚假的。

条件之二，提高教育者分析思想信息的能力。教育者分析思想信息的能力如何，直接关系到思想信息分析的质量。教育者分析思想信息的能力，是教育者的基本素质、合理知识结构和科学思维方式的综合体现，是一定理论与知识运用的能力。

条件之三，为思想信息分析提供现代技术手段。随着改革开放的深入和现代科学技术特别是移动互联网和大数据技术的发展，社会生活和人们的思想发生了很大的变化。竞争加剧，互动加大，变化加速，节奏加快。在这种情况下，就需要对人们的思想状态特别是有关重大事件、重要时刻的思想动态及时了解和把握。这就是说，既要及时了解思想信息，更要及时分析思想信息。而要及时分析思想信息，就要不断改进思想信息分析的手段。因此，在继续运用传统方法分析思想信息时，要注重把现代信息技术方式尤其是移动互联网和大数据技术运用到思想信息分析中来，用大数据技术整合碎片化信息，把握人们思想发展的脉络和趋向。

第二节 思想政治教育信息分析的基本方法

思想信息分析的基本方法有矛盾分析法、系统分析法、因果分析法、比较分析法、定性定量分析法等。

一、矛盾分析法

思想信息的矛盾分析法，是运用马克思主义关于对立统一规律或矛盾的学说，观察和分析思想现象的科学方法。矛盾分析法就是要从"模糊杂乱的大堆事物的现象"中揭示出固有的矛盾，认识矛盾的两个方面及其相互关系，把握矛盾的性质，提出解决矛盾的措施的方法。这种方法是分析思想信息的最基本方法。

在运用矛盾分析法分析思想信息时，要把握好以下几点。

（一）发现思想矛盾

教育者通过各种方式收集的大量思想信息，既具有普遍性，也具有特殊性。人们的思想意识在任何时候都是被意识到了的客观存在。客观世界充满着矛盾，人们的思想意识也就充满着矛盾。社会存在决定社会意识，社会存在主要是指社会物质生活条件，即社会的生产方式，它是生产力和生产关系的统一。由于人们赖以生存的社会条件不同，社会地位不同，生活状况不同，实际利益不同，所受教育程度不同，因而人们的思想意识也不会完全相同。因此，在对大量思想信息进行分析时，就要善于从各种各样的、似乎模糊杂乱的思想现象中发现其内在的联系，找出本质的差异，分析思想现象中包含矛盾的两个方面及其相互关系，揭示出思想矛盾的实质。也就是说，分析思想信息时，最重要的是要对思想信息反映出来的思想问题进行归纳，善于发现思想问题中包含的不同倾向，特别是带有普遍性的思想倾向，剖析思想倾向产生的根源和实质，为引导、解决思想矛盾奠定基础。

（二）区分两类不同性质矛盾

深入分析问题，掌握全面情况，"不仅要全面深入细致地了解实际情况，更要善于分析矛盾、发现问题，透过现象看本质，把握规律性的东西"①。发现了思想矛盾后，还要对思想矛盾的性质加以区分，这是正确解决思想矛盾的前提。区分思想性质的矛盾，关键是要正确区分两类不同性质的思想矛盾。一类是敌我之间的思想矛盾，另一类是人民内部的思想矛盾。我国正处在社会主义初级阶段，一方面，由于社会主义制度的建立和剥削制度被推翻，由于剥削阶级作为一个阶级被基本消灭，阶级斗争已不是我国社会的主要矛盾，人民内部的矛盾上升为社会生活的主题，社会的主要矛盾发生了深刻变化。"中国特色社会主义进入新时代，我国社会主要矛盾已经转化为人民日益增长的美好生活需要和不平衡不充分的发展之间的矛盾。"② 因此，社会中存在的大量思想矛盾是人民内部的思想矛盾，特别是人民群众日益增长的美好生活需要与不平衡不充分的发展之间的社会矛盾上升到主要地位。"人民内部矛盾是现阶段影响社会稳定的主要因素……由于我国正处于经济高速发展期和矛盾凸显期，致使这些人民内部矛盾的表现形式更加多样，覆盖范围更加广泛，相互交织更加复杂，解决起来也更加困难。"③ 因此，分析思想信息时，重点是要紧扣社会的主题和时代的脉搏，抓住社会主要矛盾，着重分析人民内部的思想矛盾。

另一方面，"必须认识到，我国社会主要矛盾的变化，没有改变我们对我国社会主义所处历史阶段的判断，我国仍处于并将长期处于社会主义初级阶段的基本国情没有变，我国是世界最大发展中国家的国际地位没有变。"④ 由于我国还处于社会主义初级阶段，生产力水平还比较低，多种经济成分并存，剥削阶级的思想意识影响存在，加上国际资产阶级的思想渗透，阶级斗争还在我国一定范围内存在，有时还会在一定条件下激化。习近平指出："实现伟大梦想，必须进行伟大斗争。社会是在矛盾运动中前进的，有矛盾就会有斗争。我们党要团结带领人民有效应对重大挑战、抵御重大风险、克服重大阻力、解决重大矛盾，必须进行具有许多新的历史特点的伟大斗争，任何贪图享受、消极

---

① 习近平:《之江新语》，浙江人民出版社 2007 年版，第 1 页。

② 习近平:《决胜全面建成小康社会　夺取新时代中国特色社会主义伟大胜利——在中国共产党第十九次全国代表大会上的报告》，人民出版社 2017 年版，第 11 页。

③ 习近平:《之江新语》，浙江人民出版社 2007 年版，第 237 页。

④ 习近平:《决胜全面建成小康社会　夺取新时代中国特色社会主义伟大胜利——在中国共产党第十九次全国代表大会上的报告》，人民出版社 2017 年版，第 12 页。

懈怠、回避矛盾的思想和行为都是错误的。"① 因此，反映敌我之间阶级斗争的思想矛盾，比如，西方国家在意识形态上对我国的渗透，各种西方思潮特别是政治思潮的涌入，国内资产阶级自由化思潮的冲击，拜金主义、享乐主义、极端个人主义的滋生等，虽然这些与社会主义相异的思想，在我国社会中只是支流，但它们影响与冲击的是无产阶级世界观、人生观和价值观，因而是不可忽视的。分析这些思想矛盾时，必须运用阶级分析法，才能深刻揭示这些思想矛盾的性质和实质。毛泽东曾强调："在阶级社会中，每一个人都在一定的阶级地位中生活，各种思想无不打上阶级的烙印。"② 由于我国社会仍在一定范围内存在阶级斗争，因此，在分析思想信息时，我们仍然要在一定条件和范围内应用阶级分析法来深入分析打上阶级烙印的思想矛盾，而不能忽视或否定这种对立性质的矛盾及其在思想上的反映。

由于我国社会存在着两类不同性质的思想矛盾，因此，在运用矛盾分析法分析这两类不同性质的思想矛盾时，要注意两个问题：第一，不能混淆两类性质的思想矛盾。既不能滥用阶级分析法来分析人民内部的思想矛盾，以免犯阶级斗争在思想领域扩大化的错误，也不能用分析人民内部思想矛盾的方法来分析反映一定范围内阶级斗争的思想矛盾，以免犯否定思想和意识形态领域存在阶级斗争的错误。第二，对人民内部的思想状况也要坚持用矛盾分析法进行分析。人民内部的思想矛盾，仍然存在先进与落后、消极与积极、革新与保守等各种矛盾。在分析反映人民内部思想状况的思想信息时，也要注重分析和把握这些思想矛盾，分析矛盾着的双方及其各自的地位与相互关系，为开展积极的思想斗争、促进人民内部思想矛盾的正确解决创造条件。

（三）把握思想矛盾的特性

分析思想信息，不仅要善于分析和发现存在哪些思想矛盾，正确区分两类不同性质的思想矛盾，而且要善于分析和把握思想矛盾的特殊性，这是深刻认识和正确解决思想矛盾的一个重要环节。首先，要着重分析在诸思想矛盾中起主要作用的思想矛盾。毛泽东指出："在复杂的事物的发展过程中，有许多的

---

① 习近平：《决胜全面建成小康社会　夺取新时代中国特色社会主义伟大胜利——在中国共产党第十九次全国代表大会上的报告》，人民出版社 2017 年版，第 15 页。

②《毛泽东选集》第 1 卷，人民出版社 1991 年版，第 283 页。

矛盾存在，其中必有一种是主要的矛盾，由于它的存在和发展，规定或影响着其他矛盾的存在和发展。"① 他强调："研究任何过程，如果是存在着两个以上矛盾的复杂过程的话，就要用全力找出它的主要矛盾。捉住了这个主要矛盾，一切问题就迎刃而解了。"② 习近平强调指出："要坚持'两点论'和'重点论'的统一，善于厘清主要矛盾和次要矛盾、矛盾的主要方面和次要方面，区分轻重缓急，在兼顾一般的同时紧紧抓住主要矛盾和矛盾的主要方面，以重点突破带动整体推进，在整体推进中实现重点突破。"③ 分析思想发展过程也需要这样。因为主要思想矛盾制约和影响着其他思想矛盾的存在和发展，决定着思想发展过程中总体思想状态和面貌，如果我们找出并捉住了这个主要的思想矛盾，那就可以在复杂纷纭的思想信息中理出头绪，抓住思想问题的实质，对一切思想问题或思想矛盾的分析也就迎刃而解了。

那么，在纷繁复杂的思想矛盾中，怎样找出主要思想矛盾呢？关键是对各种思想矛盾加以比较，看看哪种思想矛盾对其他思想矛盾起着主要的作用，哪些思想矛盾居于次要的、服从的地位，从各种思想矛盾的相互联结和相互关系中，发现和确定主要的思想矛盾和次要的思想矛盾。因此，要找出主要思想矛盾，"找"的方法很重要，不能从主观愿望出发进行臆断，也不能只从某种思想矛盾的自身状况出发孤立地进行分析，而要从各种思想矛盾客观存在的相互联结、相互关系出发，进行分析，通过历史的、现实的、全面的比较，弄清各种思想矛盾在思想矛盾群中的地位和作用，科学地、真实地把握住主要思想矛盾。

其次，分析主要思想矛盾的主要方面。人们思想发展的过程和思想状态，不仅是由主要矛盾决定的，而且是由主要思想矛盾的主要方面所决定的。毛泽东说："矛盾着的两方面中，必有一方面是主要的，他方面是次要的。其主要的方面，即所谓矛盾起主导作用的方面。事物的性质，主要地是由取得支配地位的矛盾的主要方面所规定的。"④ 同样，思想矛盾的性质，主要地也是由取得支配地位的思想矛盾即主要思想矛盾的主要方面所规定的。因此，为了透过一

①《毛泽东著作选读》上册，人民出版社 1986 年版，第 160 页。
②《毛泽东著作选读》上册，人民出版社 1986 年版，第 162 页。
③《习近平谈治国理政》第 2 卷，外文出版社 2017 年版，第 221 页。
④《毛泽东著作选读》上册，人民出版社 1986 年版，第 163 页。

定的思想现象发现其思想本质，必须对主要思想矛盾的主要方面进行分析。

各种思想矛盾的发展是不平衡的，思想矛盾内部的两个方面发展也是不平衡的。思想矛盾可以分为主要思想矛盾和次要思想矛盾，而在主要思想矛盾内部互相对立的两个方面中，又可以分为矛盾的主要方面和矛盾的次要方面。分析主要思想矛盾的主要方面，一是要通过矛盾双方相互地位和作用的比较，看看在主要思想矛盾中，哪一方面起主要的、支配的作用，规定和制约着另一方的发展，决定着思想矛盾的性质；哪一方居于次要的、服从的地位，受到另一方的支配。从而确定主要思想矛盾的主要方面和次要方面，进而发现主要思想矛盾乃至整个思想发展状况的性质，为确定思想政治教育的重点打下基础。二是要对主要思想矛盾的主要方面进行分析，明确它的性质和特点是什么，是正确的思想居主导方面还是错误的思想居主导方面，居主导方面的思想和非主导方面的思想在不同的发展阶段各有什么特点和变化。只有这样，才能加深对思想矛盾的认识。

（四）分析思想矛盾的转化

各种思想矛盾和思想矛盾内部的对立统一并不是一成不变的，由于相互作用的推动，它们在一定条件下会发生相互转化，即主要思想矛盾和次要思想矛盾以及主要思想矛盾的主要方面和次要方面在一定条件下会发生相互转化。我们在进行思想信息分析时，不仅要分析主要思想矛盾及其矛盾的主要方面，而且要注重分析主要思想矛盾和次要思想矛盾、主要思想矛盾的主要方面和次要方面因内部斗争双方在一定条件下的相互转化。这样，才能始终正确把握思想发展过程和思想状态的变化，为科学地解决思想矛盾创造有利条件。

二、系统分析法

系统分析法是现代科学研究的重要方法。按照系统论的观点，任何一种复杂的研究对象都可以作为一个完整的系统来进行研究，思想信息的分析、研究也不例外。"唯物辩证法认为，事物是普遍联系的，事物及事物各要素相互影响、相互制约，整个世界是相互联系的整体，也是相互作用的系统。坚持唯物辩证法，就要从客观事物的内在联系去把握事物，去认识问题、处理问题。"[1]

---

[1]《习近平谈治国理政》第2卷，外文出版社2017年版，第204页。

思想信息的系统分析法，也就是要把思想政治教育的各种信息作为一个系统来研究，即把思想信息系统作为由相互作用和相互依赖的若干组成部分（要素）构成的、具有特定结构和功能、并从属于更大系统（环境）的有机整体来对待，着重分析和把握思想信息系统的整体与部分、部分与部分、系统与环境的相互联系、相互作用、相互制约的关系，从中发现人们的思想活动和思想政治教育发展变化的趋势，为思想政治教育的决策和实施提供科学依据。

思想信息的系统分析法重点包括以下内容。

（一）思想政治教育信息系统的要素分析

各种思想信息构成了一个思想信息系统。既然是一个系统，它就必然是由一些思想信息的要素所组成，离开了要素就谈不上系统。思想信息要素是思想信息系统的组成部分。如果对思想信息进行系统分析，首要的就是要对思想信息系统的构成要素进行分析。这种分析包括两个方面。

第一方面，对思想信息系统的要素或子系统进行划分。思想信息系统同其他任何系统一样，都包含着多个作为系统重要组成部分的要素。各种系统因其性质和特点不同，其包含的要素也不相同。那么，思想信息系统的构成要素是什么呢？由于思想信息实质上是思想政治教育中利用、传递和变换的信息，因此，可以把思想信息系统看作由政治教育信息、思想教育信息、道德教育信息、心理教育信息几个要素所组成。政治教育信息主要包括政治立场、政治观点、政治信念、政治态度、政治方向等方面的思想信息。思想教育信息主要包括世界观、人生观、价值观和思维方式等方面的思想信息，它涉及的是思想认识方面的信息。道德教育信息主要包括道德认识、道德情感、道德品质、道德行为等方面的思想信息。心理教育信息主要包括各种个人心理活动和社会心理活动的信息，如个人的性格、气质、意志、兴趣和社会心理活动的特征、趋势等方面的信息。

需要指出的是，在政治、思想、道德、心理等方面的思想信息要素方面，每一个子系统都既包括教育对象的思想活动信息，又包括教育主体的思想活动信息，还包括教育目标、内容、方式等方面的思想信息。而在这许多思想信息中，重点是要了解教育对象在政治、思想、道德、心理等方面的思想活动信息，这是思想信息系统分析的重点，也是做好思想政治教育的基础。

第二方面，要对思想信息系统的构成要素的关系进行分析。对思想信息系统的要素进行分析时，不仅要了解构成思想信息系统的要素有哪些，而且要分析各个要素的相互关系，即哪些要素是主要的，哪些要素是次要的，哪些要素是积极的，哪些要素是消极的。比如，在分析政治、思想、道德、心理信息等每个子系统时，就要深入分析和了解每一思想要素的基本状况，对其主次、好坏、优劣有一个基本的判断和把握。这样，在进行思想政治教育的决策和实施时，就会做到对症下药，有的放矢，使思想信息系统的要素关系明晰，并按照正确的取向调整要素结构。

（二）思想政治教育信息系统的结构分析

思想信息系统的性质，不仅取决于由什么样的思想要素组成，更重要的，取决于思想信息系统的各要素相互联系、相互作用的关系和方式，即取决于系统的结构。思想信息系统同其他任何系统一样，都是由一定的要素所组成，但它并不等于各种要素的简单相加，而是由各种要素按照一定结构所形成的有机整体。没有一定的结构，思想信息系统就不能构成一个整体，也形成不了思想信息系统的整体性质及其功能。因此，在对思想信息进行系统分析时，不但要重视思想信息系统的要素分析，尤其要重视思想信息系统的结构分析。

思想信息系统的结构分析，就是寻求思想信息系统的合理结构，以实现思想信息系统结构合理化、整体效能优化的分析方法，具体包括三方面分析。

其一，结构模型分析。思想信息系统结构分析的重要任务是揭示系统诸要素相互联系、相互作用的方式。从思想信息系统内部政治、思想、道德、心理教育的思想信息诸要素的相互关系来看，各要素之间存在着密切的相互联系、相互作用。无论是政治教育、思想教育的信息，还是道德教育、心理教育的信息，每一个思想信息系统的要素都只有在同其他要素的相互联系、相互作用中才具有自身存在的地位和价值，而且每一思想信息要素在相互联系、相互作用中的地位和情况也各不相同。我们在进行思想信息系统的结构分析时，就不仅要把每一要素放在同其他要素的相互联系、相互作用中去分析，而且要通过比较，把握每一要素在相互联系中的地位，发现它们结合的方式。一般说来，在思想信息系统的诸要素及其相互关系结构中，思想教育是根本，政治教育是主导，道德教育是基础，心理教育是延伸。思想教育是根本在于，人们观察和认识事物的根本立场、观点和方法不同，世界观、人生观、价值观不同，人们的政治观、道德观和心理状态也不相同。而政治教育在各要素中之所以居于主导地位，就在于政治教育对思想教育、道德教育、心理教育起着主导和支配作用，它决定着思想教育、道德教育、心理教育的性质和方向。道德教育是基础，因为人们的日常思想行为大量地表现为道德品质和行为的调适，在社会变革和转折时期尤其如此。心理教育是延伸，是说心理素质教育是思想政治教育的扩充和延伸，对其他三要素有着积极的影响作用。可以说，这是思想信息系统中诸要素关系结构的一般模型和特征。值得注意的是，政治教育、思想教育、道德教育、心理教育的思想信息要素，每一个要素的地位和作用都是在同其他要素的相互联系、相互作用中得到体现和规定的。如政治教育的主导地位和作用就是在同其他要素的相互联系中得以存在，在相互作用中得以体现的。离开了思想信息要素的相互关联，即离开了一定的结构，政治教育及其他教育的思想信息要素就会失去自身的规定和地位。因此，我们在进行思想信息系统的分析时，始终应从政治、思想、道德、心理教育诸要素的相互联系、相互作用中去分析，着重把握每一要素在思想信息系统结构中的地位、作用和状况，建构思想信息系统的结构模型。还应指出的是，在思想信息系统的结构中，因教育者、教育对象、教育目的、教育内容、教育方式等方面所突出的思想信息重点有所不同，可能产生政治、思想、道德、心理教育诸要素的不同的组合方式，形成不同的结构模型。如有的可能是政治教育的思想信息居于主导地位，也有的可能是思想教育、道德教育、心理教育的思想信息要素分别居于主导地位。从思想政治教育的实践来看，无论是教育对象的思想活动特征，还是教育者的思想活动特征，或者是思想政治教育内容和方式的重点选择，都确实存在着不同特征的思想模型，只是因时、因地、因人、因事不同而有所不同罢了。因此，我们在分析思想信息系统的结构时，应注意分清各种思想模型的不同类型，把握思想信息系统结构的主要特征。

其二，结构层次分析。系统的结构，不仅体现为一定的横向联系方式，而且体现为一定的纵向联系方式，即系统的层次结构。任何一个复杂系统，都存在着不同等级、不同层次的系统结构，其中，高级系统结构包含着低级系统（子系统）的结构，但不能归结为低级系统（子系统）的结构，它具有低级系统结构所不具备的结构特征；低级系统（子系统）构成了高级系统结构的要素，但它又包含着更低一级的系统结构。因此，系统的结构总是一定层次上的结构。不同层次的系统结构形成了纵向衔接、层层递进的系统结构关系。每一层次的结构，都具有不同于其他层次结构的特征。思想信息系统的结构也具有一定的层次，体现为一定的层次结构。比如，思想信息系统，是由政治教育信息、思想教育信息、道德教育信息和心理教育信息四个要素构成的，这些要素以一定的相互联系、相互作用方式构成了思想信息系统的整体结构及其功能特征，而每一思想信息要素作为子系统，又包含着更低一级的要素及其结构。例如政治教育信息中，就包含着政治教育主体、政治教育对象、政治教育内容、政治教育方式等方面的思想信息，相互之间又构成了低一层次的结构；再往下分析，政治教育对象的思想信息中，又包含着政治认识、政治情感、政治思想、政治取向、政治信念等方面更低一层次的思想信息要素及其结构。因此，我们在对思想信息系统进行分析时，不仅要注重分析系统的横向关系结构，把握思想结构模型，而且要分析系统的纵向关系结构，把握系统的层次结构及其特征。只有这样，才能使对思想信息系统结构的分析做到纵横结合、层层深入。

其三，结构优化分析。思想信息系统的结构分析不仅包括系统的结构模型分析、结构层次分析，还应包括系统结构的优化分析。系统结构的优化分析是一种结构调整分析，即从整体上分析思想信息系统的结构是否合理以达到整体最优化的分析方法。整体优化是系统优化的核心。在思想信息系统的结构分析中，我们不仅要分析组成思想信息系统的要素具有什么样的结构，而且要分析这种结构是否合理，是否使系统形成了有机整体、达到了整体效应的最优化。从思想信息系统的整体与局部的关系看，系统的优化往往存在这样几种情况：有的是每个要素优，组合起来的整体系统也最优；有的是每个要素不优，整体系统也不优；有的是要素优，但整体系统并不优；也有的从某个要素看不优，但从整体系统看是最优的。这些情况的出现，既同思想信息系统的要素有关，更与思想信息系统的结构有关。比如，思想信息系统的每个要素优，结构也合理，当然系统整体也优；思想信息系统的每个要素劣，不论其结构如何，系统整体也劣。最值得重视的是第三和第四种情况，它们同系统结构的合理化密切相关，最充分地表明了系统结构的合理化对系统整体优化的决定作用。从思想信息系统的实际情况看，确实存在着要素优、但系统整体不优和要素不优、但系统整体优的状况。如有的单位对政治教育、思想教育、道德教育、心理教育的思想信息要素都很重视，都力求优化，但从整体上没有把握好这些要素的关系和结构，把这些要素并列对待，平均用力，甚至过分强调心理咨询等心理教育因素，而忽视了政治教育、思想教育，这样，就可能形成不合理的结构，影响思想政治教育系统整体效应的优化。相反，有的单位对待政治教育、思想教育、道德教育和心理教育的思想信息要素，虽然由于各种条件的限制难以做到使每种要素都优，但能够保证重点，兼顾一般，协调发展，通过合理的结构使各种要素形成有机的整体，化局部劣势为整体优势，发挥出系统整体的最佳效应。因此，我们在对思想信息系统结构进行分析时，要从要素和系统整体的关系上，分析和把握系统结构是否合理，整体是否优化，努力实现第一种情况，避免第二、第三种情况，力争第四种情况。

（三）思想政治教育信息系统的环境分析

思想信息系统的环境是指存在于该系统之外的所有其他事物或外部因素。思想信息系统并不是孤立存在的，它总是存在于一定的环境之中，同周围的环境发生着经常的物质、能量、信息的交换关系。因此，思想信息系统是一个开放的系统，它依赖于一定的环境，受环境所制约，并同环境之间发生着重要的相互作用，相互影响。环境对系统的影响作用，主要表现为系统的输入发生变化；系统对环境的影响作用，主要表现为系统的输出对环境的影响。环境制约系统，系统要适应环境。环境的存在和变化从根本上影响着思想信息系统的存在和变化。所以，在分析思想信息系统时，必须进行思想信息系统的环境分析。

思想信息系统的环境分析，主要是分析环境状况及其对思想信息系统的影响。思想信息系统的环境一般可分为经济环境、政治环境、文化环境、人际环境、网络环境等，它们对思想信息系统的影响是各有侧重的。思想信息系统的环境，根据范围的不同，又可分为大环境和小环境。大环境主要指国际、国内政治、经济形势和科技、文化发展等宏观因素，小环境主要指本单位的工作、生活环境和人际环境。一般说来，大环境的影响是宏观的，小环境的影响是微观的。大环境的影响间接一些，小环境的影响更直接一些。因此，我们在进行思想信息系统的分析时，要从不同的角度进行环境分析。既要分析经济、政治环境对思想信息系统的影响，又要分析科技、文化环境对思想信息系统的影响；既要分析大环境的影响，又要分析小环境的影响。其中，在分析大环境对思想信息系统的影响时，要着重分析党的路线、方针、政策的制定和实施对人们思想的影响；分析政治、经济改革，社会主义市场经济的发展和科技文化发展对人们思想的影响；分析国际政治、经济秩序变化和世界新技术革命对人们思想的影响；尤其要分析政治、经济、科技、文化等方面对人们思想的发展、变化有突出和持续影响的重大事件和因素。在分析思想信息系统的小环境时，要注重分析同人们利益密切相关的工作、生活条件和事业发展对人们思想的影响。只有从大环境和小环境的不同方面对思想信息系统的影响进行综合分析，才能全面深入地把握环境对思想信息系统的输入作用，深化思想信息的系统分析。

三、因果分析法

因果分析法是寻求事物或现象之间因果联系的认识方法。思想信息的因果分析法就是分析思想信息、思想现象的因果联系的方法，主要用于分析各种思想形成、发展和变化的原因及其所引起的后果。这种方法在揭示一定的思想倾向、思想现象形成的认识根源、社会根源和历史根源和这种思想倾向、思想现象所引起的行为表现和社会影响方面，具有重要作用。

（一）思想信息因果分析的特点

思想信息的因果分析在揭示思想信息、思想现象的因果联系方面之所以具有重要作用，就在于它既具有一般因果分析的共同特点，又具有不同于一般因果分析的自身特点，这些特点是由思想信息和因果联系的特点所决定的。

思想信息的因果联系同一般因果联系的共同特点在于：其一，因果联系的普遍性。思想信息同其他现象一样，存在普遍的因果关系。任何思想现象、思想活动都无不具有它产生的原因，也无不具有它导致的结果，不存在无原因、无结果的思想活动。即使所谓无缘无故冒出来的思想，也绝非真正的"无缘无故"，只是原因不够直接或明显而已。有时候，一种思想活动似乎毫无结果，不了了之地消逝，其实这也是一种"结果"，而且这样的"原因""结果"也都同样遵循因果联系的规律而存在。问题在于要善于辨析那些隐蔽较深的、不易察觉的因果联系。其二，因果联系的顺序性。任何因果联系都是原因在前，结果在后，在时间上体现出前后相继的顺序。在人们思想的形成变化和思想政治教育的过程中，都充满着这种前因后果的联系。比如需要引起动机，动机支配行为，行为导向目标，这一因果联系就有着时间的顺序性。再比如，总是先有某种思想问题的产生，随后才有解决思想问题的思想政治教育对策和过程，这也体现了一种前因后果的关系。在思想信息分析中，要根据时间顺序去追因溯果，注意从人们的各种实际需要中去寻找产生思想动机的原因，或者从其言行中追溯其思想动机，并且根据思想问题的产生及其解决探寻思想政治教育的规律。其三，因果联系的多样性。思想信息、思想现象是复杂多样的，其因果联系也呈现出多样性。在思想活动及其教育过程中，既存在一因一果、多因多果的关系，又存在一因多果、多因一果的关系，还存在着互为因果的关系，对这些因果联系要具体分析，不能简单化。比如，实际工作中的某种决策失误，可能导致多种思想问题的产生，这就是一因多果的关系。又比如，某一思想问题的解决，需要多方面的努力，特别是教育对象思想政治素质的提高，需要多方面教育力量的相互协调、齐抓共管、综合作用，这就是多因一果的关系。依据这一因果联系，在总结思想政治教育时，就要避免犯片面性错误。还比如，人们表现在多方面的思想意识和行为方式，通常是各种因素长期作用的结果。因此，在分析思想信息时，更应重视这种多因多果的复合因果联系。在分析复合因果联系时，可采取先相对分开、后综合研究的分析方法。值得注意的是，某种思想问题的存在引发了解决这种思想问题的对策，而这种对策既可能因其失误而加重原有的思想问题，也可能因其正确而使与这种思想问题相联系的新的思想问题的产生。这就是思想信息中互为因果的联系，它是因果双方在一定条件下的互相转化。正因为因果联系具有复杂多样性，因此，我们在进行思想信息的因果分析时，就不能一刀切，而始终要具体情况具体分析。

思想信息因果分析又具有不同于一般因果分析法的自身特点，这种特点是由思想信息因果联系的特殊性所决定的，其主要表现是：其一，主观和客观的关系。思想信息的因果联系，往往反映了主观和客观的相互联系。思想活动的形式是主观的，反映的内容是客观的，客观存在的变化往往引起思想变化，主观思想的变化也往往产生一定的客观结果。因此，分析思想信息的因果联系，不能单从主观或客观现象中去寻找，而应从主观和客观的相互联系中去分析和把握。其二，思想和行为的关系。思想信息的因果联系又经常表现为思想和行为的关系，思想是内在的、隐蔽的、看不见的东西，行为是外在的、显形的、看得见的东西。内在的思想一定要通过外在的行为表现出来，外在的行为也总是反映着内在的思想。思想往往是行为的动因，行为往往是思想的结果，人不同于动物的一个显著的特点在于人的行为是有意识的、有目的、受思想所支配的，因此，在思想和行为的关系上，思想是因，行为是果。在分析这一因果联系时，应善于从外在的行为结果推寻内在的思想动因。其三，个体和群体的关系。思想信息、思想现象之间的因果联系，还表现为个体思想和群体思想之间的互相影响、互相作用。一般说来，群体的思想状况及其变化影响着个体的思想状态及其变化，前者是因，后者是果，如从众心理就是这种因果联系的典型表现。但在一定条件下，个体的思想状态及其变化也会引起群体思想状况的变化，甚至产生重要的影响。比如，当个体在群体中居于领导地位时，他们的言行对群体思想就会产生重大的影响。这时，前者是因，后者是果。可见，群体和个体的思想影响在一定条件下可互为因果。因此，在分析思想信息时，要注意分析和把握这种互为因果的联系。

（二）思想信息因果分析法的运用

在思想信息分析中，按所起的不同作用，可以将因果分析法分为两大类：追因法和溯果法。

追因法是从结果追寻原因的方法。在思想信息分析中，追因法主要用于寻求各种思想行为得以形成、发展、变化的原因。运用追因法时，首先必须有明确的"结果"，然后才能进一步分析引起这一"结果"的各种原因。在思想信息分析中，常以教育对象突出的思想、行为和思想政治教育中的突出事例，作为所要研究的"结果"，并确认这一"结果"。其次，根据思想行为产生的情况，归纳出可能引起这一结果的所有原因。最后，从这些可能的原因中筛选出真正的原因。筛选的方法是，既可以从相同结果的对应分析中找出共同的原因，也可以从不同结果的对照分析中找出特殊的原因，还可以凭借人们的实践经验、工作艺术和心理实验方法等确定"结果"的各种原因。

溯果法是从原因寻求引起的结果和影响的方法。在思想信息分析中，溯果法主要用于分析由某种思想现象和某项思想政治教育所产生的结果和影响。有原因必有结果，原因具有复杂性，结果也具有复杂性，对于某一原因来说，何者为直接原因，何者为间接原因，何者为主要原因，何者为次要原因，都需要运用溯果法，遵循因果联系规律，从原因中推断出来。在运用溯果法时，首先要确定已知的"原因"是什么，即明确它是引起什么现象的"原因"，这种"原因"的性质和特点是什么，它同其他的原因有什么不同？在确定了"原因"

之后，才能由"因"溯"果"。其次，要从与"原因"相对应的后续现象中寻找哪些现象可能是由它所引起的结果。最后，再对这些具有可能性的结果进行分析、比较、筛选，确认哪些现象是由这一"原因"所引起的，哪些现象不是这一"原因"所引起的，从而最后得出结论，确定与"原因"有必然联系、确实由该原因所引起的"结果"。

追因法和溯果法都是分析思想信息、探索思想活动因果联系的重要方法，因为思想活动的因果联系涉及思想现象的内在的、本质的、必然的联系，因此，追因法和溯果法也是探索思想活动和思想政治教育规律的有效方法。由于思想现象是复杂的，在运用追因法和溯果法时都要切忌简单化。比如，某人一段时间工作情绪低落，这一思想现象是一种结果，引起这种结果的"原因"是什么呢？可能是家庭中发生了矛盾，遇到了困难，可能是工作中遇到了挫折，可能是不安心本单位工作，也可能是人际关系紧张，还可能是其他什么原因。甚至可能是几个原因同时导致了情绪低落。那么，由"果"追"因"时，就不能主观地认为是"没有上进心"而批评了事，而要具体分析原因，采取有效措施，消除引起情绪低落的具体原因。再比如，动机和效果的关系，与因果联系有密切的关系，但不能简单地等同于因果关系。一定的动机会引起一定的行为，产生一定的效果；一定的效果又是由一定的动机和行为所引起的，但效果是一种结果，它是由主、客观多方面的因素所共同引起的。动机只是一种主观因素，只有在一定的条件下，动机与效果才能达到一致，而有些时候动机和效果并不一致。要知道，"好心办错事"和"歪打正着"的情况都是存在的。因此，动机不完全等同于产生效果的原因。我们在运用追因法和溯果法分析动机和效果之间的联系时，就不能简单地从效果推测动机，或从动机预测效果。

四、比较分析法

比较分析法是认识事物间相同点或相异点的逻辑方法，它是通过对比分析不同事物或同一事物的不同方面的同异点，以达到认识事物的本质、特征和变化发展规律的方法。在思想政治教育中，作为思想信息分析的基本方法，比较分析法主要是通过对比分析各种复杂思想信息之间的相同点与不同点，以全面深刻地认识和把握人们的思想活动和思想政治教育的本质、特征和发展变化规律的方法。这一方法在思想信息的分析中有着广泛的运用。

（一）比较分析法的作用

在思想信息分析中，比较分析的重要作用主要体现在如下方面：其一，有利于思想信息资料的整理分类。比较分析能帮助我们对所收集的思想信息资料进行整理分类，使零碎分散的感性材料条理化、系统化。思想信息资料的分类不拘一格，根据实际需要，或按内容分，或按形式分，或按地点、范围分，或按时间分，或按人物事情分等都是可以的，还可按同异点程度分，即把相同点多而相异点少的对象归属于同类，把相同点少而相异点多的对象归属于异类。但无论用哪种分类法，都要首先进行比较分析，找出研究对象间的同异点。因此，对思想信息资料的分类过程，就是对它们之间的联系和异同点的比较认识过程。其二，有利于认识思想现象的普遍联系。思想现象不是孤立存在的，而是相互联系存在的。各种思想现象因其个性而相互区别，因其共性而相互联系。而只有通过比较，才能认识各种思想现象的共性及其内在的普遍联系。思想信息的比较分析正是以思想信息在广泛时空范围内的纵横对比，对两个或两个以上的思想信息进行比较或对同一思想信息在不同发展阶段的情况进行比较，从而发现不同方面、不同时期思想现象的共同属性和普遍联系，为认识这些具有共同属性的思想现象的普遍联系提供可能。其三，有利于深化对思想本质特征的认识。任何一种思想现象，既有与其他思想现象相联系的共同属性，又有与其他思想现象相区别的特殊属性。分析思想信息，不仅要认识思想现象的共同本质，而且要认识思想现象的特殊本质。只有这样，对思想现象的认识才能深化，思想政治教育也才会深入。而要认识思想现象的本质特征，也只有借助于深刻的对比分析才能做到。毛泽东曾经说过："真的、善的、美的东西总是在同假的、恶的、丑的东西相比较而存在，相斗争而发展的。"①古罗马学者塔西佗也曾说过，要想认识自己，就要把自己同别人进行比较。任何思想现象的特殊本质及其特征都是相比较而存在的，也只有相比较才能鉴别和认识。因此，在进行思想信息分析时，要注意运用比较分析，加深对各种思想现象本质特征的认识。

（二）比较分析法的种类

比较分析方法的种类很多，可以按不同方式划分：按时空特征可分为纵向

---

① 《毛泽东著作选读》下册，人民出版社 1986 年版，第 785 页。

比较和横向比较，"通过纵向和横向的比较，进行去伪存真、由表及里的分析，正确把握掩盖在纷繁表面现象后面的事物本质"[1]，纵比又分为向前比和向后比，横比又分为向内比和向外比。按比较项目又可分为质量之比、数量之比、内容之比、形式之比等。这些不同种类的比较，都是思想信息分析中广为采用的比较方法。以下介绍两种主要比较分析法的运用。

一是纵向比较。它是比较同一对象的思想在不同时期的发展、变化的方法。运用这种比较，可以追溯同一对象思想发展的历史渊源、预测其思想发展的必然趋势、认识同一对象的思想在不同发展阶段的特征，把握其变化发展的趋势。任何思想发展都有一定的阶段性，通过对前后阶段同异点的相互比较，看其保留了什么，改变了什么，变化程度、发展趋势如何，才可能从中找出变化发展的趋向。因此，对任何思想发展变化的分析考察，都少不了纵向比较。在思想政治教育过程中，对先进典型成长的分析，对后进向先进转化的分析，对学生从入学到毕业各阶段的分析，对毕业生的追踪调查分析等，都需要纵向比较。对教育对象思想行为的纵向比较，还有利于及时发现新情况、新问题，并根据其变化特点，及时做好工作，避免不良的发展趋势，增强思想政治教育的主动性。有经验的教育者很注重教育对象的突然变化，如有的人平时爱说爱笑，突然沉默寡言；平时干劲很足，突然行动消极；平时严格要求自己，突然不守纪律；平时爱好学习，突然对学习不感兴趣等。这些突然的变化，往往会导致不良的发展趋势。只要善于观察，善于运用前后比较，就能及时发现并从中找到原因。

二是横向比较。这是对具有并存或并列关系的不同对象的思想的相互比较分析。思想之间的广泛联系决定了横向比较应用的广泛性。在思想政治教育中，常常需要运用横向比较，进行不同教育对象、不同教育内容、不同教育形式、不同教育环境的比较。比如，教育者通过不同对象思想行为的相互比较，认识其思想的个性和共性。认识共性有利于进行普遍教育。认识个性，有利于有针对性地进行个别教育。在对教育对象按其思想状况分类或分析各种类型特点时，也都需要使用相互比较的方法。如通过相互比较，可以根据思想政治表

---

[1] 习近平：《在党的群众路线教育实践活动总结大会上的讲话》，人民出版社 2014 年版，第29 页。

现把一个集体内部成员分为先进、中间、后进三种类型，弄清三者之间的同异点，找出其共性和个性，从而为有效地进行思想政治教育做好准备。相互比较，不仅有助于认识事物的质，而且有助于认识事物的量，尤其对于思想信息中那些难以用数字精确表示出来的因素，作量的比较更为必要。人们常常是在量的相互比较中去认识、把握和描述这些因素的。

（三）运用比较分析的要求

首先必须遵循可比性原则。要进行合理有效的比较，必须注意比较对象之间是否具有可比性。一般来讲，同类事物之间是可以比较的；异类事物间若具有某些相同属性也是可以比较的，没有任何共同性的事物之间是不可比的。《墨子》中举例说："木与夜孰长？智与粟孰多？爵、亲、行、贾四者孰贵？"这些不同属性的事物无法比较其长短、多少和贵贱，因为它们无法以同一标准去衡量。也就是说，比较必须在同一关系下进行，比如一个人的思想政治素质就只能与另一个人的思想政治素质相比较，而不应与其身体素质相比较，否则就违反了可比性原则。

其次是必须选定合理的比较标准。如比较党员的思想行为，就应该以党章对党员的要求为标准，而不应以一般公民的义务为标准，而对失足青年的行为进行比较，就不能以党章的要求为标准，而应以法律规定为标准。标准定得合理，比较才能合理。注意比较标准的合理性是一种工作艺术。例如，对于不同思想基础的人所取得的同样的成绩，必要时可以给予不同标准的奖励，因为起点低的人付出的努力更大。

以上要求，说明比较分析法的运用是有条件的，只适用于一定范围。因此，既要看到比较分析有着广泛的作用，又要看到它的局限性。

五、定性定量分析法

思想问题也需要进行定性定量分析。"作为一种科学分析，应该能够从定性和定量两个方面进行分析，只有这样，才能得出符合客观实际的正确结论。"[1] 在思想政治教育过程中，对思想信息进行定性和定量分析，这样才能得出符合客观实际的正确结论。

----

① 习近平：《关于社会主义市场经济的理论思考》，福建人民出版社 2003 年版，第 304 页。

（一）定性定量分析及其作用

定性定量分析是关于认识对象的性质方面和数量方面的研究方法。定性分析是为了确立认识对象的性质或类型而进行的分析，主要解决"是不是""是什么"的问题。定量分析是为了确定认识对象的规模、速度、范围、程度等数量关系而进行的分析，主要解决"是多大""有多少"的问题。"善于获取数据、分析数据、运用数据，是领导干部做好工作的基本功。"[①] 定性定量分析是思想信息分析中常用的方法。在思想信息分析中，定性分析常用于判定教育对象思想行为的性质类型，考察其有关质的规定性。例如，一种思想或行为是正确的、先进的，还是错误的、落后的？是属于思想认识问题、思想方法问题，还是思想意识乃至政治立场或世界观问题？一种思想情绪或行为表现的产生是正常的，还是反常的？是由某些实际问题引起的，还是由对社会主义制度的模糊认识所造成的？这些是定性分析所要研究的问题。在思想信息分析中，定量分析常用于判定思想或行为的强弱，发展的深度或广度，影响大小，扩展趋势等数量关系，考察其有关量的规定性。例如，一种思想或行为正确、先进或者落后的程度如何？一个人的思想觉悟高，还是低？思想认识水平怎样？深刻程度怎样？先进集体和先进个人有多少？占多大比例？思想认识上赞成和反对某一事情的人数各是多少？某人所犯错误是初犯，还是屡教不改？是偶然的失误，还是一贯如此？诸如此类，表现为思想行为上量的差异性，是定量分析所要研究的问题。

定性定量分析对于分析思想信息具有重要的作用。任何思想信息都有一定的质和量，都是质和量的统一体。因而，我们对任何思想信息的分析，都应从定性分析和定量分析两方面入手。定性分析的重要作用表现为它是我们认识事物的起点，能够帮助我们从质上划清一事物同其他事物的界限。在思想信息分析中，定性分析能帮助我们区分各种思想的质的差异性，从而能针对不同类型的思想状况和不同性质的思想问题制订不同的教育方案，采取不同的教育方法。如果对思想信息不作定性分析，对思想的性质或类型不作准确的划分，就可能会把一般的思想认识问题与思想意识问题甚至政治立场问题混为一谈，将

---

①《审时度势精心谋划超前布局力争主动　实施国家大数据战略加快建设数字中国》，《人民日报》2017 年 12 月 10 日。

正确与错误、先进与落后、积极与消极等各种思想行为同等对待，赏罚不明，是非不清，这种做法给思想政治教育带来损害是不言而喻的。因此，正确区分思想行为的具体性质是思想信息分析的首要任务。

定量分析也具有重要作用。在确定了事物的性质后，对事物进行定量分析，能更全面、更精确、更深刻地认识事物。在思想信息分析中，定量分析是定性分析的深化和精确化。只有当我们不仅对不同类型的思想行为作了质的区分，而且又对同一类型的思想行为作了量的分析以后，才能使我们对各种思想行为的认识不再停留于对其性质的大体轮廓的了解上，而是能更具体、更生动、更准确、更全面，从而更深刻地把握这些思想行为的质的规定性。这样，思想政治教育才可能针对性更强，措施更有力，方法更得当。例如，通过定性分析，我们初步掌握了某些单位为先进集体类型，再进一步对他们进行定量分析，了解其各项指标完成的情况，就能掌握这些先进集体在先进程度上的差别，这样，对其先进性质的认识就不是空洞、抽象的，而是具体、全面的，从而有助于更有效地帮助这些先进集体发扬优势，开创更新的局面。

（二）运用定性定量分析应注意的几个问题

首先，必须把定性分析和定量分析结合起来。定性分析和定量分析虽然都具有重要作用，但都具有一定的局限性，因此必须结合运用，达到互相补充的效果。例如，由于定性分析不研究各种思想行为的数量关系，因而对各种思想行为的认识往往达不到应有的全面和精确的程度。定量分析虽然能研究人们思想的数量关系，但仅凭数量上的差异难以判定不同思想行为的性质。这两种分析都不能独立地完成认识任务，必须把二者结合起来或交替运用。一般认识总是要经过定性—定量—定性多次循环的认识过程，才能完成。总之，以定性分析作为定量分析的基础，以定量分析作为定性分析的深化，才能保证思想信息分析的科学性。

其次，要注意研究思想信息多方面的质和量。事物的质是由其内部的特殊矛盾规定的。事物内部往往包含着多种矛盾，因而具有多方面的质。像人们的思想行为这样比较复杂的事物更是如此。在进行定性分析时，不仅要掌握多方面的质，而且要分清其中的主要的质和次要的质，不能主次混淆、颠倒。与质的多面性相对应，量也是多方面的。每一方面的质都有一定的量的规定。在作定量分析时，应注意研究多方面的量，以加深对多方面质的认识。注意分析多方面的量及其变化，还有利于在思想政治教育中及时发现问题，及时解决问题，做好防微杜渐的工作。

最后，思想信息的定量分析要注意掌握一定的模糊度。定量分析要确定事物的数量关系，非常重视运用数学方法，一般要有数字的真实性和精确性。但在思想信息的定量分析中，却会碰到大量的非计量因素，许多有关人的思想政治素质和精神风貌的因素是难以用数字精确计量的。例如，一个人的思想政治觉悟有多高，道德品质好到什么程度，工作态度如何，有多少创造性、积极性，组织纪律性强不强等，这些都是从量的方面考察其思想状况的重要指标，应当在定量分析中给予准确的衡量。但是，这些因素是不容易精确计量的。在不能用数字精确地显示出来的情况下，采用一定的模糊度，反而能使人获得更清楚、准确的认识。这就要求教育者善于在实际工作中掌握衡量这些思想因素的隶属度，如思想政治觉悟是倾向于高，还是比较高、一般或低。同时，在定量分析中，要注意把数量资料和非数量资料（如对实际情况的具体说明）结合起来，使定量分析更准确、充实，更具有说服力。

思考题

1. 思想政治教育信息分析的作用是什么？
2. 思想政治教育信息分析的特点有哪些？
3. 如何优化思想政治教育信息？
4. 思想政治教育信息分析的基本方法有哪些？

▶思考题答案要点

第六章 思想政治教育的决策方法

决策活动，是人们从感性认识上升到理性认识，又从理性认识过渡到实践的重要环节，是人们行动的先导。决策的正确与否，直接关系到实践的成败。正因为现代科学决策在人们的认识和实践过程中具有这样重要的地位，所以它被广泛地应用于社会生活的各个领域。

为了使思想政治教育达到预期的良好效果，必须认真地研究和正确地运用思想政治教育的决策，不断提高思想政治教育决策的水平。

第一节 思想政治教育决策的作用和特点

决策是作出决定或决定对策的意思，是人们在改造世界的过程中，寻求并实现某种最优化预定目标和合理使用资源的活动。决策是行为的选择，行为是决策的执行，有正确决策的选择才有正确的行为。

现代决策，是以现代决策科学为基础的。现代决策科学起源于西方国家，兴起于20世纪50年代，普及于70年代。决策科学是由美国诺贝尔经济学奖获得者西蒙等人首创的。决策科学主要研究决策原理、决策程序、决策方法，建立在社会科学与自然科学基础之上，是一门新型综合性学科。现代决策论正在逐步形成一个科学的理论体系，并在政治、经济、军事、科学研究、文化教育等各个领域得到了广泛的应用，取得了显著的成效。我们要使思想政治教育进一步科学化、规范化，也必须掌握科学决策的理论和方法。

思想政治教育决策，是指对为实现思想政治教育目标而提出的若干个可行性方案进行比较并作出最优选择的过程。其含义包括：一是思想政治教育的决策要确立正确的目标；二是对实现目标的方案要进行最优化选择；三是决策方案要能够付诸实施。

一、思想政治教育决策的作用

开展思想政治教育，必须正确地制订、选择、实施思想政治教育的最优方案或计划，以指导教育实践，达到预期的效果。而最优方案或计划的产生，只能靠科学的决策，要"健全决策机制，加强重大决策的调查研究、科学论证、风险评估、强化决策执行、评估、监督"①。因此，认真地研究和正确地运用现代决策理论及其科学的程序和方法，是实现思想政治教育科学化，培养一代又一代社会主义新人的迫切需要。具体而论，思想政治教育决策的作用主要表现在如下方面。

第一，确立明确的思想政治教育目标。确立一定时期的思想政治教育的目标，是关系思想政治教育方向的根本性问题。目标有大目标、小目标之分。除了上级领导机关确立的大目标之外，各级主管思想政治教育的部门，以至独立负责的个人，都应在大目标指导下，在实际的思想政治教育过程中有明确的具体目标。如果没有明确的目标或者目标定得不恰当乃至完全错了，思想政治教育就可能会受到盲目性和随意性的支配，甚至可能会"南其辕而北其辙"，给思想政治教育带来损失。因此，确立思想政治教育的目标，是提高思想政治教育自觉性和有效性的关键。而要正确地确立思想政治教育的具体目标，则必须进行正确决策。这是因为，目标的确立和把握不应是随意草率的过程，而应当经过充分论证，反复比较，认真选择。

第二，选择正确的实际行为。在思想政治教育过程中，影响人们思想的因素是复杂多变的，并且有些因素还带有不确定性。但是，从根本上说，人们的思想是由社会存在决定的，随着社会存在的发展变化，人们的思想或迟或早地也会随之发生变化。在国内，随着中国特色社会主义现代化建设的发展，改革开放的深入展开，人们的思想出现了前所未有的活跃局面，并且提出了许多需要回答的新问题。特别是"面向现代化，面向世界，面向未来"的教育事业，其对象主要是青年一代，不仅需要教育者对他们的思想发展变化的新情况、新问题进行正确的分析，而且要对影响他们思想的各种因素进行归纳与预测，引

---

① 《中共中央关于坚持和完善中国特色社会主义制度　推进国家治理体系和治理能力现代化若干重大问题的决定》，人民出版社 2019 年版，第 8—9 页。

导他们选择正确的行为方式。只有这样，思想政治教育才能适应不断发展变化的实际，在培养新时代担当民族复兴大任的时代新人中作出应有的贡献。如果漠视社会不断发展变化的实际和人们的思想实际，因循守旧，固步自封，满足于思想政治教育的传统经验，或者对不断发展变化的实际心中无数，缺乏通观全局的正确决断，遇到问题时仓促行事，这样肯定会偏离思想政治教育健康发展的轨道。

第三，科学地利用资源和时机。辩证唯物主义认为，一切以条件、地点和时间为转移。同任何事物一样，思想政治教育也是具体的，是在一定时间、地点和条件下进行的。而条件有客观条件和主观条件、有利条件和不利条件的区分，时间则具有一去不可复返的特性，即所谓"机不可失，时不再来"。思想政治教育的对象是活生生的人，是投身于社会实践活动的人民群众。在高等学校，思想政治教育的对象，是在特定历史条件下成长起来的青年一代，他们面临着改革开放的客观环境，接受着国内外各种信息，思想眼界开阔，勇于思考和勤于探索，有着更多新的追求。但是总的看来，他们缺乏对我国社会主义发展历史的全面了解，其正确世界观和人生观处于形成的过程中，其中有些人往往容易受到国内外错误思潮的消极影响。在这种情况下，只有掌握科学的决策理论和方法，思想政治教育才不至于消极被动地等待条件，以至优柔寡断，坐失良机，而是能够自觉地为实现既定的思想政治教育目标，善于选择和利用各种有利的教育资源，当机立断，积极主动地做好教育，引导广大青年更加健康地成长。

第四，适应和驾驭现代社会的复杂环境。18世纪的法国唯物主义者认为："人是环境和教育的产物"。这种观点虽然有它合理的成分，但是却忽视了人的主观能动作用。马克思深刻地指明了它的局限性："这种学说忘记了：环境正是由人来改变的"，并且强调说："哲学家们只是用不同的方式解释世界，而问题在于改变世界。"[1] 习近平指出："实践的观点、生活的观点是马克思主义认识论的基本观点，实践性是马克思主义理论区别于其他理论的显著特征。马克思主义不是书斋里的学问，而是为了改变人民历史命运而创立的，是在人民求解放的实践中形成的，也是在人民求解放的实践中丰富和发展的，为人民认识

---

[1]《马克思恩格斯选集》第1卷，人民出版社2012年版，第138、140页。

世界、改造世界提供了强大精神力量。"[①] 这里说的改变环境、改变世界，就是要通过思想政治教育，影响和引导广大人民群众去实现既改造客观世界，又同时改造主观世界的任务。而要影响和引导广大人民群众实现这种改造世界的任务，围绕什么样的中心任务来确定思想政治教育的目标，选择什么样的思想政治教育内容，通过什么样的途径，采取哪些措施和方法，去引导和调动人们的积极性和创造性，从而在尊重客观规律的基础上，能动地影响环境、改造世界，这些都离不开科学的决策。

总之，能否进行正确的决策，对思想政治教育的开展是至关重要的。它不仅直接关系到思想政治教育的效果与成败，关系到方向的引导与局面的稳定，而且还会影响到社会主义现代化建设事业能否顺利进行。因此，必须十分重视思想政治教育的决策，并不断提高思想政治教育科学决策的水平。

二、思想政治教育决策的特点

思想政治教育决策除具有一般决策的特点外，还具有自身的特点。主要表现在如下几个方面。

第一，思想政治教育决策是弱结构化问题决策。结构是指各部分的配合和组织状况。弱结构化问题就是系统的各个部分之间的关系变化大，影响因素多，不定型、不固定，定性因素多，定量因素少，因而不容易把握。思想政治教育需要决策解决的思想问题，受到各种不确定因素的影响，变化比较大，因而在作出决策时，往往难以把决策目标精确，偏重于定性决策，使决策在具有质的确定性的同时，具有量的模糊性。就是说，这种决策不是一种刚性决策，而是弹性决策。可以说，这是思想政治教育决策的一个最基本的特点。

第二，思想政治教育决策具有明确的价值取向。思想政治教育决策所要解决的问题是人们的世界观、人生观、价值观问题，赞成什么、反对什么，总是具有明确的倾向性，总是集中而鲜明地反映着一定社会的价值取向。"青年的价值取向决定了未来整个社会的价值取向，而青年又处在价值观形成和确立的时期，抓好这一时期的价值观养成十分重要。这就像穿衣服扣扣子一样，如果

---

① 习近平：《在纪念马克思诞辰 200 周年大会上的讲话》，人民出版社 2018 年版，第 9 页。

第一粒扣子扣错了，剩余的扣子都会扣错。"[1] 思想政治教育决策的目标，对人们的思想和行为具有明确的导向和激励作用。目标正确，就会教育引导人们健康发展，发挥积极作用；目标错误，或者目标模糊，就会导致思想混乱和行为失当。思想政治教育决策正确与否，不仅在于是否合规律性，即是否合乎社会发展和人的思想活动与思想政治教育的客观规律，而且在于是否合目的性，即是否合乎社会主义核心价值体系。思想政治教育决策只有达到了合规律性和合目的性的统一，才是正确的决策，才能对人们思想行为的发展产生正确的导向和激励作用。

第三，思想政治教育决策具有前瞻性。思想政治教育决策的任务就是根据社会未来发展，确定思想政治教育的培养目标。在中国特色社会主义进入了新时代，这一目标就是培养能够担当民族复兴大任、有理想、有本领、有担当的时代新人。习近平指出，我国是中国共产党领导的社会主义国家，这就决定了我们的教育必须把培养社会主义建设者和接班人作为根本任务，培养一代又一代拥护中国共产党领导和我国社会主义制度、立志为中国特色社会主义奋斗终身的有用人才。[2] 思想政治教育要科学地确定面向未来的长远目标和阶段性目标，确定适应未来社会发展需要的人才的思想道德素质，不仅要立足当前，更要看到长远，科学分析社会未来发展的趋势及其对人的思想道德素质的要求，预测思想政治教育的发展趋势。因此，思想政治教育的决策是一种超前性的决策。

第四，思想政治教育决策是一个动态的过程。人们的思想活动作为主观对客观的反映，是一个不断深化、发展的过程。由于客观事物在不断发展，由于实践在不断发展，由于影响人们思想的因素在不断变化，人们的思想认识也在不断发展变化。旧的思想问题解决了，又会出现一些新的思想问题。因此，人们的思想不是一成不变的，而是一个不断变化的过程，甚至会出现反复。思想政治教育决策要正确把握人们的思想脉搏，反映人们思想实际情况，抓住思想问题的症结，推动思想矛盾的解决，就必须及时地对思想政治教育的目标和任

---

[1]《习近平谈治国理政》第 1 卷，外文出版社 2018 年版，第 172 页。

[2]《坚持中国特色社会主义教育发展道路　培养德智体美劳全面发展的社会主义建设者和接班人》，《人民日报》2018 年 9 月 11 日。

务的决策进行调整，使思想政治教育的决策与人们思想活动的发展状况相适应。因此，思想政治教育的决策具有动态性。

正因为思想政治教育的决策具有这样一些重要的特征，所以在实际决策时，就要根据这些特点，进行思想政治教育决策，保证决策的科学性。当然，这些特点，也容易引发思想政治教育的一些偏向，如认为谁都可以进行决策和谁都可以做思想政治教育，认为谁都可以提出决策方案并按其实施。至于决策和教育是否科学，难以检验评价，因而造成教育和决策随意性大，科学性少，教育效果不明显。这种状况在思想政治教育过程中应该注意避免和克服。

三、思想政治教育决策的原则

思想政治教育的任何一项正确决策，都必须遵循以下重要原则。

（一）目的性原则

社会历史的发展变化，是通过人的有意识、有目的的活动来实现的。正如恩格斯指出的："在社会历史领域内进行活动的，是具有意识的、经过思虑或凭激情行动的、追求某种目的的人；任何事情的发生都不是没有自觉的意图，没有预期的目的。"[①]目的性是人所特有的自觉能动性的一个重要表现。因为只有人才能预先为自己的活动提出自觉的意图和预期的目的，并用这种意图和目的支配自己的行动。当然，目的的提出和实现，并不能凭人们的主观意愿，而必须以对事物发展的正确认识为依据，并要受到一定的社会历史条件的制约。如果提出的目的不符合事物发展的客观规律，或不具备一定的客观条件，那样的目的是根本不能实现的。

思想政治教育决策必须有明确的目的性。这种目的性，就是在开始进行某一特定的思想政治教育活动时，决策者明确设定的这一活动所要达到的预期结果。可以说，设定目的是决策的出发点。思想政治教育决策目的的提出，必须依据人们思想发展变化的规律，依据受教育者的思想状况，依据思想政治教育的目的和任务。思想政治教育最根本的目的和任务，就是提高人们认识世界和改造世界的能力。对于高等院校来说，大学生思想政治教育决策的目的，就是要按照党的教育方针引导学生树立正确的世界观、人生观和价值观，"努力培

---

①《马克思恩格斯选集》第 4 卷，人民出版社 2012 年版，第 253 页。

养担当民族复兴大任的时代新人，培养德智体美劳全面发展的社会主义建设者和接班人"[1]。思想政治教育各项教育活动的开展，都必须服从这一根本目的。

（二）整体性原则

世界上的任何事物或现象，都是由相互联系、相互作用的各种要素组成的有机整体。事物的整体性，不是其各个组成要素的简单堆砌，而是具有其各个组成要素所没有的新质。离开了整体，也就无从了解组成它的各个要素或部分的原来意义。整体性是系统论的基本观点。它要求我们在观察和处理问题时，不能孤立地片面地只看到事物的局部，而应自觉地坚持系统分析的方法，从事物的整体，从整体和部分的相互联结中去全面地把握事物，并把重点放在考虑事物的整体效应上，以期达到整体或全局的最佳效果。

坚持整体性原则是思想政治教育决策取得成功的一个重要保证。这是因为，思想政治教育决策并不是孤立的抽象的东西，它涉及思想政治教育过程中各种内部的和外部的复杂因素，包括社会的、单位的、家庭的、教育对象自身的各种因素。只有坚持整体性原则，把影响人们思想的多种因素作为一个整体来考虑，进行系统的分析和综合的研究，并从动员广大干部和群众为实现当前和长远的目标而努力奋斗这个全局着眼，才能作出思想政治教育的正确决策，达到预想的效果。如果"只见树木，不见森林"，只见到某些孤立的局部情形，采取头痛医头、脚痛医脚的办法对待，而不是通观全局，围绕如何有效地实现思想政治教育的根本目的和任务去研究问题，确定目标，就可能会使决策工作找不到明确的方向，以致"捡了芝麻，丢了西瓜"，导致失败。因为往往在局部看来是可行、甚至是优化的方案和方法，从全局或整体的观点看来却不一定是合理可取的。

（三）关联性原则

世界上的各种事物、现象之间以及它们内部的各个要素之间，都是相互联系、相互影响、相互制约的。普遍联系的观点是唯物辩证法的基本特征，是人们成功地进行社会实践的方法论的基础。所谓关联性的原则，实际上也就是相互联系的原则，它是唯物辩证法普遍联系的观点在现代决策中的具体应用。

---

①《用新时代中国特色社会主义思想铸魂育人　贯彻党的教育方针落实立德树人根本任务》，《人民日报》2019 年 3 月 19 日。

在进行思想政治教育决策过程中，关联性原则要求着重把握思想政治教育各种内部因素和外部因素的联系，以便在决策时作好统筹兼顾，全面安排。也就是说，在进行决策时，对问题的考虑，要尽可能周到、全面，不能片面夸大某种因素的作用，而不顾及其他因素的影响和作用。因此，在进行思想政治教育决策时，必须如实地研究和把握这种关联性，正确地处理好上下、左右、内外等纵横交错的关系，提高决策的有效性和保证决策的顺利实施。

（四）预见性原则

决策是对未来事物所作出的判断，是在头脑中构造未来事物的一种认识活动，其目的是要有意识地指导人们的行动走向某个未来的目标。因此，任何正确的决策都必须研究未来，并以对事物未来发展趋势的科学预见为前提。这是因为，只有对事物的未来发展有科学的预见，对人们行动的未来结果作出科学的分析、判断和选择，才能对人们当前的行动发出正确的指令，也才有可能实现决策所要达到的预定目标。当然，这种科学的预见之所以可能，并不是因为决策者有什么"神机妙算"，而是以对客观事物的本质联系及其发展规律的正确认识为依据的。

"预则立，不预则废。"习近平指出："要通过学习掌握马克思主义立场、观点、方法，提高战略思维能力、综合决策能力、驾驭全局能力，做到知行合一，增强工作的科学性、预见性、主动性，避免陷入少知而迷、不知而盲、无知而乱的困境。"[1] 科学的预见性对于思想政治教育的正确决策是十分重要的。强调科学的预见性，有助于决策者在正确认识思想发展变化规律和特点的基础上，更加自觉地做好思想发展趋势的科学预测，并相应地提出思想政治教育的特定目标或任务，制订和选择为实现该特定目标或任务的最优方案，有效地指导各项思想政治教育活动的顺利进行。强调科学的预见性，还有助于决策者在自觉把握人们思想发展趋势的同时，尽可能充分地估计到思想政治教育过程中可能出现的各种偶发因素及其影响，事先主动地制订备用的应变方案或措施，以提高决策的适应能力，确保在复杂多变的情况下，使自己的工作立于不败之地。否则，要么使思想政治教育陷入盲目性，要么在出现意料不到的事情时难以应对。尤其是在对待人的问题上，特别是要对人进行处理时，更应持慎重的

---

① 习近平：《在纪念朱德同志诞辰 130 周年座谈会上的讲话》，人民出版社 2016 年版，第 13 页。

态度，更应强调决策方案的预见性原则。

（五）可调性原则

思想政治教育决策的可调性，是指其决策的弹性。如果说强调决策的科学预见性，着重是在思维中研究和设计未来，那么，坚持决策的可调性原则，则着重是要从动态的角度，研究如何有效地提高决策对未来各种复杂多变情况的适应能力。

思想政治教育决策的过程，是一个主观反映客观的过程。在这一过程中，教育者要使自己的主观认识符合人们复杂多变的思想实际，使自己的工作适应社会主义现代化建设的需要，无疑要坚持可调性原则，这包括在确定决策目标时，要区分必须达到的目标和力争达到或希望达到的目标；在拟订方案时，要提出可供选择的多种可行方案；在评估、选择和实施行动方案时，可以对原定方案不恰当的地方进行必要的修正、补充，乃至放弃原定方案，重新拟订或综合出一个理想的方案等。

思想政治教育决策方案一经选定并付诸实施之后，一般说来，我们应当保持其相对稳定性。但这绝不是说，可以把原定的决策方案当成一个丝毫不可改易的封闭体系。毛泽东曾指出："一般地说来，不论在变革自然或变革社会的实践中，人们原定的思想、理论、计划、方案，毫无改变地实现出来的事，是很少的。……原定的思想、理论、计划、方案，部分地或全部地不合于实际，部分错了或全部错了的事，都是有的。许多时候须反复失败过多次，才能纠正错误的认识，才能到达于和客观过程的规律性相符合，因而才能够变主观的东西为客观的东西，即在实践中得到预想的结果。"[1] 思想政治教育的决策也是这样。由于种种客观和主观的原因，如人们思想矛盾的暴露还不够充分，思想信息的收集还不够丰富或不够真实准确，决策者的知识结构和决断能力有局限等，原定决策方案出现某些不符合人们思想实际的情况，往往是难以完全避免的。而且随着国内、国际客观形势的发展变化，人们的思想认识也是不断地向前推移的，某些决策在新情况下可能收效不大甚至是无效的。这些都说明，必须坚持决策的可调性，允许根据实践的结果对原定方案进行适当的修正并使之不断充实完善。

---

①《毛泽东选集》第 1 卷，人民出版社 1991 年版，第 293—294 页。

第二节 思想政治教育决策的类型和方法

思想政治教育决策的类型及其方法是多种多样的，根据其功能和特点不同，可以分为以下几种。

一、战略性决策和战术性决策

决策按其作用范围和影响程度不同，可分为战略性决策和战术性决策。

战略性决策是指决定思想政治教育发展方向、解决全局性的重大问题的决策。例如，党的十一届三中全会以来，随着党和国家工作重心的转移，党中央明确地提出，我们的思想政治教育必须服从、服务并密切结合以经济建设为中心的社会主义现代化建设来进行。这就是我们党对新的历史阶段进行思想政治教育指导方针上做出的一项重要战略决策。战略性决策，是一种宏观性决策，它在比较大的范围和比较长的时间内对思想政治教育的开展起指导作用，可以开阔思想政治教育者的视野，确立思想政治教育明确的总体奋斗目标和基本原则。

战术性决策是指在思想政治教育过程中解决局部性或具体性问题的决策。相对于战略性决策而言，战术性决策可以说是微观性决策，它涉及的范围小，时间要短，带有执行性的特点。这类决策，在方向和内容上应当以战略性决策为依据，是实现战略性决策的手段，是一定期间内确立经常性思想政治教育的行动方案。

习近平指出："面对矛盾和困难，我们要有革命乐观主义的精神，要有大无畏的气概，要有克难攻坚的勇气，从战略上藐视矛盾和困难，在战术上重视矛盾和困难，千方百计化解矛盾，战胜困难，这才能显出领导干部的真本领、硬功夫。"[①] 战略性决策和战术性决策的关系，反映了决策工作的全局和局部的辩证关系，二者既有区别，又相联系。这是因为，战术性决策是战略性决策的一部分，它服从于战略性决策所确定的目标和任务，并为达到战略性决策的总

① 习近平：《之江新语》，浙江人民出版社 2007 年版，第 60 页。

体目标服务；而战略性决策又必须通过战术性决策来逐步实现。"正确的战略需要正确的战术来落实和执行，落实才能出成绩，执行才能见成效。"[1] 同时，这两种决策的区分也是相对的，在一定时间与范围是战略性决策，在另外时间与范围可能只是战术性决策。

二、规范性决策和非规范性决策

决策按其解决问题形式的不同，可分为规范性决策和非规范性决策。

规范性决策是指对解决经常重复出现的思想认识问题所作的决策。对于这类问题，由于以往已积累了比较成熟的经验，并形成了一定的相应的制度和办法，可以按照常规即按照熟知的原则或比较确定的程序加以解决。因此，人们又把解决这类问题的决策，叫作程序性决策或常规性决策。

非规范性决策是指对解决首次出现的新情况、新问题所作的决策。这类问题，由于不曾出现过，往往比较复杂，并带有较大的偶发性。对这类问题，不仅要凭以往的经验，按例行的制度和办法来对待，而且要研究新情况，解决新问题，确立新目标。因此，对解决这类问题所作的决策，也叫作非程序性决策或非常规性决策。

在进行思想政治教育决策的过程中，我们应当善于积累和总结经验。当某些问题多次重复出现时，应当及时地总结出解决这类问题的思路与措施，并使之规范化。这样不仅可以提高决策工作的效率，而且可以使决策者把更多的时间和精力集中到研究与解决新情况、新问题的非规范性决策问题上去。

三、确定性决策和风险性决策

决策按其所处条件和行动结果的不同，可分为确定性决策和风险性决策。

当决策者对所要解决的问题的未来发展情况有比较准确的预测，并对每一个行动方案所要达到的目标有确定的把握情况下所作的决策，就叫作确定性决策。这类决策问题一般比较简单。同时，这类决策一般是用于处理那些经常反复出现的问题。

当决策者对所要解决的问题的未来发展情况难以把握、存在一些不可控制

① 习近平：《之江新语》，浙江人民出版社 2007 年版，第 88 页。

的因素，每一行动方案将会达到何种结果，难以完全确定，有出现几种不同结果的可能性，决策要冒一定的风险，这种决策，就叫作风险性决策或风险决策。风险决策是在多种不确定因素作用下，对两个以上的行动方案进行选择，行动方案的实施结果的损益值是不能预先确定的。

　　风险决策在经济、科技领域运用比较广泛，并形成了一系列理论与方法。思想政治教育可以借鉴经济、科技领域风险决策的理论与方法，立足思想政治教育的实际，探索思想政治教育风险决策的类型、特点与方式。"要充分利用大数据平台，综合分析风险因素，提高对风险因素的感知、预测、防范能力。"[1]思想政治教育方面的风险决策，大致可分为：一是社会风险决策，即面对由社会事件、社会某种危机、社会敏感时间引起的冲击、危害与动荡，致使人们情绪波动、思想混乱并影响单位秩序稳定的风险决策。面对这样的风险，思想政治教育领导机构和教育者，要迅速了解社会事件、社会危机的真相，分析对本单位和群众思想、利益的影响性质和影响程度，正视本单位存在的突出问题，加强正面引导，避免诱发因素的催化作用；加强各个思想政治教育机构与人员的协调，形成教育合力，避免风险扩大蔓延；加强与群众的沟通，切实解决群众关心的实际问题，避免产生思想隔阂与矛盾激化。二是工作风险决策，即面对复杂、多样、多变的教育与管理工作，对可能因工作失职、失当、失误、失信所引起的风险决策。面对这样的风险，思想政治教育领导机构和教育者，要分清所发生事情是有意还是无意引发，正视因工作失职、失当、失误、失信所造成的后果，分析事情发生的责任关系，及时进行引导和解决，避免事情扩大和冲击正常工作、学习秩序，并以此为鉴，重点抓好队伍建设与制度管理。三是心理危机风险决策，即对由利益关系、心理疾病、自杀心理引起生命危机的风险决策。随着社会复杂程度的增加和竞争的加剧，人们的主观认识面临许多新问题，利益关系也面临各种客观因素的影响。当有些人的思想难以适应客观环境的变化，利益在调整中有所损失时，心理往往难以承受，或心躁不安，或形成心理疾病，个别的甚至产生自杀心理。面对这种不同程度的心理危机，思想政治教育领导机构和教育者，要通过平时的调查、心理测试、个

---

①《审时度势精心谋划超前布局力争主动　实施国家大数据战略加快建设数字中国》，《人民日报》2017年12月10日。

别交谈，掌握心理危机对象，对危机严重的对象要采取各种措施重点监护，有的要给予关怀、理解、引导，缓解心理冲突；有的要让其宣泄，进行疏导，解开主要心理情结；有的要切实解决生活实际困难，化解心理困境；有的则要请心理医生治疗。

由于思想政治教育具有开放性与复杂性特点，因而思想政治教育的风险决策，也具有开放性风险决策的特点，这一特点充分体现了思想政治教育工作者开展风险决策的复杂性。开放性风险决策在许多方面，都不同于某些可以人为局限于某一范围、某一特定条件下的封闭性风险决策。即使教育决策者已经提出各种备选方案并判断其后果，但因思想政治教育的开放性，思想政治教育工作者难以把握来自社会的偶然因素影响和人的主观因素的变化，这些影响与变化往往很细微，可量化水平低，许多变量都只能定性表达而无法定量显示，这就使得思想政治教育的风险决策面临困难。

约翰·霍兰在《隐秩序》一书中提出了复杂适应系统理论，可以为思想政治教育的风险决策提供知识借鉴。这一理论认为，复杂适应系统中主体的主动性以及它与环境间反复的、相互的作用，构成了系统发展和演化的基本动因。系统组织中的成员能够与环境以及其他主体进行交流，通过交流和相互学习改变自身的结构和行为方式。在演变的过程中，较小的、较低层次的个体通过聚集的相互作用，涌现出复杂的大尺度行为，从而能随着环境的变化产生较好的适应。然而，组织中的个体之间、个体与环境之间的相互影响不是简单的、被动的和单向的因果关系，而是一种主动的适应与互动。其中各种反馈作用交互影响、互相缠绕，使得复杂适应系统的行为难以预测并呈现出丰富多彩的状态，因而复杂适应系统的决策带有一定的风险。

思想政治教育决策是典型的复杂适应系统决策，因而蕴含着风险决策。这是因为，人们的思想认识活动虽然是有规律的，但人们的思想活动绝不是线性的，而是非线性的，呈现出随机性和复杂性，思想政治教育活动主体之间、主体与环境之间相互作用、交互影响，甚至活动的结果又会带来新的反馈和影响，因而思想政治教育决策者对所要解决思想问题的未来发展情况和所要达到的结果，往往难以形成完全一致的方案，也难以作出准确的预测，这就是决策风险。特别是当群体性突发事件发生时，如何面对突发事件中情绪激动的群体，审时度势，迅速、准确地判断形势，找准原因，及时作出正确的思想政治教育决策，确定应对突发事件的思想政治教育的内容和方式，把握群体的情绪和心理，向情绪激动的群体讲好每一句话，及时有效地从思想上、情绪上进行疏导和化解，的确是有风险的。这时候进行的思想政治教育决策是一种典型的风险决策。随着对外开放的扩大和社会信息化时代的到来，思想政治教育的环境更加开放，国际思想文化的交流、交融、交锋呈现新特点，思想政治教育的影响因素更多，情况更加复杂，思想政治教育决策的风险性也就更大。在这种情况下更要注重开阔思想政治教育的视野，充分考虑各种复杂情况，预测所要解决问题的未来情况，认真权衡各种决策方案的利弊，慎重选择思想政治教育的最优方案，尽可能减少和降低思想政治教育决策的风险性。

四、群体决策和个人决策

决策按其主体是由群体还是由个人作出的不同，又可分为群体决策和个人决策。

集体领导是我们党的领导的最高原则之一。习近平指出："党内组织和组织、组织和个人、同志和同志、集体领导和个人分工负责等重要关系都要按照民主集中制原则来设定和处理，不能缺位错位、本末倒置。"① 同样，思想政治教育的决策，首先必须强调群体决策。也就是说，凡涉及思想政治教育的重大问题，如目标、方向的确定，重大工作任务的部署等，都必须从全局出发，实行群体决策，集中集体的智慧和力量，而不允许搞"一言堂"，搞个人说了算。这是因为，任何高明的决策者，个人的知识、经验和才能总是有限的。处理思想政治教育中的重大问题，往往情况复杂，牵涉面广，政策性强，只有通过集体讨论，充分发扬民主，使大家畅所欲言，包括认真听取群众代表和专家的各种不同意见，从各自不同的角度进行全面而又周密的分析研究，才能使决策的正确性得到保证。实践证明，对思想政治教育任何重大问题的正确决策，都是博采众议之长的集体智慧的结晶。

强调群体决策的重要性，并不是一概否认个人在决策中的作用。在一定的情况下，如在个人分工负责的范围内，出现某些日常性的、具体的思想政治教育问题需要加以解决，或者出现某种突发事件需要处理等，就要求教育者以强

① 《习近平关于全面从严治党论述摘编》，中央文献出版社2016年版，第32页。

烈的社会责任感，不失时机地作出决策，并加以恰当处置。而且在这类问题上，依靠决策者个人的丰富经验和智慧胆识，也能够作出正确的决策，并取得应有的成效。但是，个人的经验、知识和才能毕竟是有限的。这就要求决策者必须"加强学习，才能增强工作的科学性、预见性、主动性，才能使领导和决策体现时代性、把握规律性、富于创造性，避免陷入少知而迷、不知而盲、无知而乱的困境，才能克服本领不足、本领恐慌、本领落后的问题"①。同时，有关重大、长远思想政治教育的决策，必须坚持群体决策。即使是在某种特定情况下作出的个人决策，也要及时地向领导集体通报，以尽量减少决策的失误。在进行群体决策时，又必须有明确的个人分工，切不可职责不分，互相推诿。列宁指出："马克思主义的精髓，马克思主义的活的灵魂：对具体情况作具体分析。"② 我们在研究思想政治教育决策时，一定要注意具体地分析内容丰富、形式多样的问题及其各自不同的功能与特点，而不能企求用一个简单的模式，去套用解决各种复杂的决策问题。

第三节 思想政治教育决策的程序

不同类型的决策虽然各有其特点，但是要保证决策本身的正确进行，都必须遵循共同的科学决策的程序，即必须按一定的程序有序进行决策工作。所谓程序，是指按时间先后或依次安排的工作步骤。科学的决策程序，并不是凭人们的主观愿望任意确定的，而是必须正确地反映事物的内在联系及其发展的先后次序，体现出逻辑的和历史的一致性。同样地，思想政治教育决策的程序，也必须正确地反映思想政治教育决策过程中各个环节的内在联系及其发展的先后次序，它不仅是按一定的逻辑顺序正确进行思维的过程，而且也是按一定的步骤和方法进行工作的过程。

思想政治教育决策的程序，一般可分为如下几个相互联系的步骤。

---

① 习近平：《在中央党校建校 80 周年庆祝大会暨 2013 年春季学期开学典礼上的讲话》，人民出版社 2013 年版，第6—7页。

②《列宁选集》第 4 卷，人民出版社 2012 年版，第 213 页。

一、确定内容和目标

确定内容就是指明确决策工作要解决的问题。应该说发现问题、提出问题是决策过程的起始点。"要加强调查研究，提高决策能力。要把主要精力放在决策前的调查、分析、论证上，通过调查研究，对决策对象的量、质及相关关系作出比较、分析和判断，使决策科学化。"① 思想政治教育决策正是根据工作对象某些需要塑造和解决的思想问题制定出来的。决策过程，从一定的意义上说，也就是确立目标和发现问题、解决问题的过程。而确立目标与发现问题，是解决问题的前提。因此，及时确立思想政治教育的新目标，及时发现问题、提出问题是正确地进行决策的首要环节。这里所说的问题，既包括已经发生、已经暴露的现存问题，也包括尚未暴露或将要发生的潜在问题。一个教育者，总是要善于根据人们全面发展的需要，发现问题、提出问题，即善于找出人们当前实际的思想状况同我们党所要求达到或希望达到的思想认识境界之间的差距，并善于把握构成问题的各种条件，准确地判断问题的性质，恰当地划定问题的范围，从而找出正确的解决问题的措施和办法，不断把思想政治教育推向前进。如果不能及时地发现问题，或所提出的问题不对头，问题的范围过宽、过窄，或问题的关键和主次模糊不清，就不可能形成正确的决策，也不能达到思想政治教育的预期效果。

应当看到，思想政治教育的决策过程虽然是从发现问题、提出问题开始的，但是人们实际存在的思想认识问题往往是多样的，既不是任何问题的解决都要按部就班地进行决策，也不是要待一切问题都搞清楚了才能进行决策，而是要切实地弄清问题的关键所在，找出一定时期内人们思想认识中所要解决的主要矛盾是什么。要做到这一点，就必须在马克思主义理论指导下，通过多种渠道和形式，全面地收集、了解人们的思想信息材料，系统地周密地调查研究人们思想的历史、现状及其未来发展的可能趋势，并对影响和支配人们行为的各种倾向性思想问题产生的背景、原因和条件等进行认真的分析。只有对所要解决的问题的性质（是政治立场还是思想认识或道德品质问题）、特点（是经常性的还是偶发性的问题）、范围（问题涉及的深度与广度）及其产生原因

---

① 习近平:《关于社会主义市场经济的理论思考》，福建人民出版社 2003 年版，第 122 页。

（思想的、社会的、历史的根源）等，有比较清楚的了解，真正把握人们思想发展的来龙去脉，分清各种思想矛盾的主次地位和各种问题解决的先后次序，才能为思想政治教育决策提供可靠的依据，从而不断提高决策的科学性和有效性。

在思想政治教育决策过程中，发现问题、提出问题指明的是人们需要解决的思想认识问题"是什么"，而确定目标所回答的则是针对已发现的人们的思想矛盾需要"做什么"的问题。目标的确定，是决策者在思维中对所发现的问题进行加工提炼的成果，而目标的实现，则意味着所发现的问题的解决。

所谓目标，是指在一定的条件下人们行为活动所要达到的预期结果。思想政治教育的目标，是指教育者在一定时期内进行的各项教育活动所要达到的预想结果。从一定的意义上说，好的思想政治教育的效果，取决于好的教育方案，而好的教育方案，又取决于有没有明确而恰当的教育目标。这是因为，思想政治教育的目标决定着思想政治教育的方向，规定着一定时期思想政治教育的基本任务和要求，是衡量、考核思想政治教育成效的尺度。有了明确的目标，才能使人们的行动、使思想政治教育各方面的力量，沿着共同一致的方向组织起来，才能保证思想政治教育有条不紊地进行，以达到预想的结果。如果没有一个方向一致的共同目标作指南，人们的行动就会陷入盲目，也无法完满地达到思想政治教育预想的结果。如果目标定错了，就会一错百错，甚至可能会因为引错了路而挫伤群众的积极性和创造性。因此，确定目标是进行思想政治教育决策的极其重要的一步，并且贯穿于决策过程的始终。

要正确确定思想政治教育的目标，不能凭决策者的主观意愿，而必须遵循思想政治教育的准则，从人们现存的思想实际出发，以思想发展的规律为依据。"马克思主义认为，客观世界的一切事物，都有着自身的运动和发展规律，人们的社会实践必须尊重和遵循这种客观规律，否则将会受到客观规律的无情惩罚。"① 也就是说，必须对当前所要解决的思想问题有深切的了解，对人们思想的未来发展趋势有正确的预测，才可能确定思想政治教育的正确目标。如果对人们的思想实际一无所知或知之不多，对人们的思想发展趋势没有预测或预测不准确，就好比医生不了解患者的病情，诊断不准就盲目施治一样，有可能

---

① 习近平：《关于社会主义市场经济的理论思考》，福建人民出版社 2003 年版，第 26 页。

造成严重恶果。

思想政治教育的目标不是单一的，往往是多角度、多层次的。按照它在思想政治教育过程中所处的地位、实现的可能性、作用的范围，可以区分为总目标、中间目标和直接目标，长远目标、中期目标和近期目标，主要目标和次要目标，必须达到的目标和希望达到的目标，全局性的大目标和本单位、本部门或个人的具体目标等。应当很好地把这些不同层次的目标结合起来，形成一个目标体系，使自己的活动自觉地同实现这些目标联系起来，以便不断开创思想政治教育的新局面。

目标要有变为现实的可能。因此，我们确定的思想政治教育目标，既要积极先进，能激励人们奋发进取，又要实事求是，切实可行，即经过努力有实现的可能。为此，我们必须对所定目标和与实现目标有联系的各种条件认真地进行分析，并对实现目标的内容，包括实现目标的具体估量标准、时间界限、职责范围等都应有明确具体的要求。对于不同层次的目标，在实践过程中要注意对它们的主次先后加以协调，使之能更有效地指导思想政治教育的开展。

二、提出可行性方案

思想政治教育目标的确定，主要是回答针对人们的发展需要与思想确定应该“做什么”的问题。那么，当正确的目标确定以后，应当通过什么途径和手段去加以实现呢？这就需要进一步解决“怎么做”的问题。也就是说，目标确定以后，随之就需要制订实现这一目标的相应的行动方案，以便通过这种合理可行的方案，有效地调动各方面的积极因素，并将思想政治教育的各项活动纳入统一的轨道，协调而又有计划地进行，以取得最佳的效果。如果没有这样的方案，各行其是，或者制订的方案不合理，如实现目标的途径没找准，手段选择得不恰当，即使确定的目标符合客观实际，具有科学根据，也不可能得到完满实现，甚至根本无法实现。因此，从一定意义上说，思想政治教育决策过程中前几个环节的成果，集中体现在决策者制订的可行性方案上。

任何一个问题的解决，客观上往往存在着多种途径和方法。因此，为了实现思想政治教育的预定目标，应当制订若干个不同而又可以相互替换的备选方案，以便通过比较、鉴别，筛选出一个最能有效实现预定目标的可行方案。这是因为，影响人们行为的各种因素是十分复杂和经常变化的，有些问题的出现往往是事先难以完全准确预料的。因此，提出一定的备选方案或在拟定的方案中提出某些备用的应变措施，是完全必要的。只有这样，才能增强决策的弹性或适应性，主动自如地处理好各种可能出现的思想矛盾。如果只提出一个方案，没有选择的余地，也就难以判定方案的优劣。

"兼听则明，偏信则暗。"在制订方案时，决策者要有勇于创新的开拓精神，"集思广益，群策群力，事情能办得更好"[1]。善于广开言路，集思广益，虚心倾听各方面的不同意见，特别是要鼓励那些有创造性的意见，并且认真考虑不同单位和部门的具体条件和特点，以便通过反复讨论研究，使认识更加统一，使方案日臻完善，切实可行。

三、进行方案评估与选优

习近平指出："当前，我国社会各种利益关系十分复杂，这就要求我们善于处理局部和全局、当前和长远、重点和非重点的关系，在权衡利弊中趋利避害、作出最为有利的战略抉择。"[2] 各种可行方案的提出，都是为寻找实现思想政治教育目标的途径和手段，解决"怎么做"的问题。然而实际上，任何一个可行方案都不可能是尽善尽美的，总是各有其长处和短处，它们所产生的结果也会不尽相同。那么，各种方案的利弊和可能结果究竟会怎么样呢？要弄清这个问题，必须预先对不同方案进行评估，即对它们进行比较、权衡和论证，然后决定对它们的取舍。

方案评估是按照一定的程序把思想政治教育决策科学地运作起来的一个重要环节。这是因为，决策的合理性，要以对未来的后果作出一定的判断为先决条件。而只有依据预定的目标和达到这一目标的评价准则，对各种方案的利弊得失进行周密论证、反复比较和全面权衡，广泛听取各种不同意见，才能对它们各自可能取得的结果作出正确的判断，从而有利于排除非优方案，选出最优方案，以提高决策的科学性。因此，对思想政治教育的决策，尤其是重大决策，一定要认真地进行方案评估，做到先论证后决策。那种不论证就贸然

---

①《习近平关于全面从严治党论述摘编》，中央文献出版社 2016 年版，第 79 页。

②《习近平关于协调推进"四个全面"战略布局论述摘编》，中央文献出版社 2015 年版，第87 页。

决策，或者先盲目决策而后再去找根据作论证的做法，是难免会导致决策失误的。

对方案进行评估，特别要注意做好各种方案的可行性分析。"坚持和完善重要决策调研论证制度，把调查研究贯穿决策的全过程，提高决策的科学化水平。"[①] 可行性分析是进行科学决策的重要一环，它可以使决策活动减少失误，特别是防止发生重大的失误。这种可行性分析的内容主要包括：一是方案的制订是否符合当时当地人们的思想实际？教育的目标、内容、形式、时机可能同时存在几个"令人满意"的方案，这时就应全面权衡，从中选择一个最优方案。但也可能连一个"令人满意"的方案都没有。这时就应另行拟订方案，甚至要把信息反馈到决策程序的出发点，重新提出问题、确定目标，以探求出一个"令人满意"的合理方案。二是对各种不同的行动方案进行比较、评估以后，就要依据对当前条件的估计和对人们思想未来发展趋势的预测，从中选定有利条件和时机，实现思想政治教育特定目标的最优方案，用以指导思想政治教育的开展。

在一定的意义上说，决策就是择优。因为所谓决策，也就是从若干个为达到某一特定目标而可以相互更换代替的可行方案中选定最优方案的过程。而当最优目标已经确定，又在评估、比较的基础上选出了最优方案，即找到了最优实现特定目标的途径和手段，也就意味着达到了决策优化的要求和实现了决策的初步完成。因此，方案选优是决策过程中的一个关键步骤。

任何事物都是具体的。这里所谓的最优方案，只是在一定期间和一定具体条件下，对若干个可行方案所作的相对选择。因此，我们不能把它绝对化，而只能作辩证的理解。还应指出，由于各种可行方案往往各有所长，也各有所短，因而即使是对选定的最优方案，也应根据扬长避短的原则，参照其他方案进行适当的补充和修改。必要时，还可以综合各有关方案的优点，形成一个新的更加符合于实现思想政治教育特定目标的理想方案。

对思想政治教育的重大决策，必要时还可以按几种不同的方案在不同类型的单位和部门进行试点，然后根据试点的经验和效果分析，再对这些方案作

---

① 中共中央宣传部编：《习近平新时代中国特色社会主义思想学习纲要》，学习出版社、人民出版社 2019 年版，第 250 页。

出进一步的评估和进行最优选择。对涉及全局性或方针、政策性问题的思想政治教育的重大决策，在方案选定以后，还应经过一定的审批手续，才能付诸实施。

四、组织方案实施

经过提出问题、确定目标、制订可行方案、进行方案评估直至选定最优方案这些环节之后，一般说来，可以认为思想政治教育决策已经初步完成。那么，决策是否到此就可以完全结束了呢？不是的。"必须多谋善干，做到善于抢抓机遇，果断决策，雷厉风行，防止议而不决，决而不办。"[1] 有了最优方案，还必须进一步加以组织实施。这是因为，第一，我们进行思想政治教育决策的目的，在于更好地指导思想政治教育的开展。而选定的最优方案，说得再好，还只是一幅尚未变为现实的理想蓝图。如果不付诸实施，不变为人们的行动，不把方案设想的蓝图变为现实，即便是再好的决策、最优的方案，也会流于空谈而毫无实际意义。第二，尽管决策过程就是选优的过程，决策方案是经过比较、鉴别、评估选择出来的，但是方案毕竟还是方案。只有把选定的最优方案付诸实施，在把决策方案转化为指导思想政治教育的实践过程中，才能使它的正确性及其正确的程度得到检验，并依据实践检验的结果，对原定方案的长处加以充实、完善，对它的不足之处进行必要的调整和修正。这些表明，方案的实施不仅直接关系到正确决策的具体落实，而且也是决策过程中从认识向实践飞跃的一个重要步骤。

为了保证思想政治教育决策最优方案的顺利实施，必须相应地制订出各种具体的执行计划和措施。例如，在一定时期内具体安排一些什么样的教育内容；采取哪些教育方式；利用什么时机、在什么场合、由何人进行教育；为适应不同单位和部门的具体情况，方案实施中允许有多大的灵活性限度；等等，都应作出比较明确具体的规定，以利于把方案的实施落实到每个执行者，有利于教育者对方案的正确理解和贯彻执行。

在方案付诸实施以后，还要注意进行跟踪检查，及时地发现方案实施过程中实际达到的效果与预定目标之间的偏差，及时查明产生这种偏差的原因，积

---

[1] 习近平：《关于社会主义市场经济的理论思考》，福建人民出版社 2003 年版，第 122 页。

极采取调节措施，使正确的决策能够得到完满的效果。若发现方案不符合人们的思想实际，因而难以执行，就必须及时地把信息反馈到决策程序的第一步，调整决策方案甚至重新进行决策。

决策的一般程序及其特定要求，基本上反映了思想政治教育决策过程中各个环节的内在联系。这些环节是互相渗透、循序渐进、逐步深入的，因此其中的每一个环节都不应忽视。而在这个相对完整的科学决策程序中，思想信息的搜集、分析和预测是正确决策的基础，最优目标的确定和最优方案的选择是正确决策的关键。有了科学的决策程序就要使之制度化。这样，当我们的思想政治教育遇到比较重大或比较复杂的问题需要进行决策的时候，遵循这一程序，就会有助于我们理顺思路，并对问题的提出，目标的确定，方案的制订、评估、选优等，考虑得周密和深刻一些，从而有利于思想政治教育决策的科学化和教育效果的提高。当然，对上述的决策程序，我们不能简单机械地理解和对待。尤其是对那些具体的微观性的思想政治教育决策，一定要从具体情况出发，允许有所详略。

▶ 思考题

1. 思想政治教育决策的作用是什么？
2. 思想政治教育决策的特点有哪些？
3. 思想政治教育决策的原则是什么？
4. 思想政治教育决策的类型有哪些？

▶思考题
答案要点

第七章　思想政治教育的基本途径与方法

　　学习理论，进行实践，开展批评与自我批评，是一个人成长的根本途径，也是我们党开展思想政治教育的基本方法。在中国特色社会主义现代化建设时期，我们要培养有理想、有道德、有文化、有纪律的一代新人，推进社会科学发展，建设社会主义和谐社会，同样需要组织人们学习马克思主义理论和党的路线、方针、政策，投身社会主义现代化建设的伟大实践，正确开展批评与自我批评，把理论教育法、实践教育法和批评与自我批评的方法，作为思想政治教育的基本方法。

第一节　理论教育途径和方法

　　理论教育法也叫理论灌输法或理论学习法，是教育者与受教育者有目的、有计划地进行马克思主义理论学习、培训、教育，树立正确世界观、人生观、价值观的教育方法。简单地说就是通过马克思主义基本原理、思想观念的传授、学习、宣传进行教育的方法。理论教育法是思想政治教育最常用、最基本的方法。

一、理论教育途径的根据

　　之所以要有理论教育法，是因为政治理论、思想观念、道德原则等精神文化，有其自身的发展规律和特殊作用，这就是意识的相对独立性和它对社会存在的反作用。这种相对独立性和反作用在人的思想和行动方面的表现，就是人的自觉能动性。人的"自觉能动性"，也叫人的"主观能动性"。毛泽东在《实践论》《矛盾论》《论持久战》等著作中，深刻地论述了人的能动性，形成了关于人的自觉能动性理论，为思想政治教育提供了理论基础。毛泽东认为，一切事情都是要人去做的，"做就必须先有人根据客观事实，引出思想、道理、意见，提出计划、方针、政策、战略、战术，方能做得好。思想等等是主观的东西，做或行动是主观见之于客观的东西，都是人类特殊的能动性。这种能动性，我们名之曰'自觉的能动性'，是人之所以区别于物的特点。"① 这就是说，人的自觉能动性，就是有意识、有目的的活动。人的实践，必然受一定的思想、理论支配，或者受正确的思想和理论的支配，或者受错误的思想和理论的支配，不受任何思想和理论支配的人的实践活动是没有的。动物的活动，是一种适应环境的本能活动，它是不受思想和理论支配的。所以毛泽东说："马克思说人比蜜蜂不同的地方，就是人在建筑房屋之前早在思想中有了房屋的图样。"② 这就说明，人的实践活动，是绝对不能离开思想和理论指导的，因为只有思想和理论，才能引导方向，确立目标。同时，一定的思想和理论，由人们学习、掌握之后，便成为人们内在的精神力量，也是人们特有的主观能动性，包括人们的信念、理想、道德、情感、意志等。这些精神因素既不是人们自发形成的，更不是人们凭空产生的，而是人们在实践过程中学习、认同、运用一定思想和理论的思想成果。所以，毛泽东特别强调，人是要有一点精神的。人的思想、精神，不仅体现了人的本质特征，而且具有巨大的作用，对此，毛泽东也作过深刻的阐述："理论是重要的，它的重要性充分地表现在列宁说过的一句话：'没有革命的理论，就不会有革命的运动'。"③ "代表先进阶级的正确思想，一旦被群众掌握，就会变成改造社会、改造世界的物质力量。"④ 因此，理论、思想的学习和掌握、运用和创立，在一定的情况下，还起着决定的作用。"当着某一件事情（任何事情都是一样）要做，但是还没有方针、方法、计划或政策的时候，确定方针、方法、计划或政策，也就是主要的决定的东西。" "我们这样说，是否违反了唯物论呢？没有。因为我们承认总的历史发展中是物质的东西决定精神的东西，是社会的存在决定社会的意识；但是同时又承认而且必须承认精神的东西的反作用，社会意识对于社会存在的反作用，上层建筑对于经济基础的反作用。这不是违反唯物论，正是避免了机械唯物论，坚持了辩证唯物论。"⑤ 习近平指出："回顾党的奋斗历程可以发现，我们党之

---

① 《毛泽东著作选读》上册，人民出版社 1986 年版，第 228 页。

② 《毛泽东著作选读》下册，人民出版社 1986 年版，第 486 页。

③ 《毛泽东选集》第 1 卷，人民出版社 1991 年版，第 292 页。

④ 《毛泽东著作选读》下册，人民出版社 1986 年版，第 839 页。

⑤ 《毛泽东著作选读》上册，人民出版社 1986 年版，第 166、167 页。

所以能够不断历经艰难困苦创造新的辉煌，很重要的一条就是我们党始终重视思想建党、理论强党，坚持用科学理论武装广大党员、干部的头脑，使全党始终保持统一的思想、坚定的意志、强大的战斗力。"① 这就为理论教育指明了方向。

从上面的分析可以看出，人的自觉能动性理论，说明了人对理论、思想、精神的需要与追求，而这种需要与追求的途径和方式，就是理论教育法或理论学习法。因而，人的自觉能动性理论，决定了理论教育法产生的必然性。那么，人的科学理论观点，正确思想体系，是自发形成的，还是自觉形成的呢？早在 20 世纪初，列宁就在《怎么办？》一书中，针对当时俄国社会民主党内存在的崇拜自发论的工联主义倾向指出："工人本来也不可能有社会民主主义的意识。这种意识只能从外面灌输进去。"② 所谓"从外面"灌输，主要包括两个含义，一是指"从经济斗争范围外面"，向工人灌输他们原来不了解和不掌握的先进理论、政治观点；二是指"从工人同厂主的关系范围外面灌输给工人"阶级意识，指导工人从政治角度去认识无产阶级与资产阶级对立的性质，明确无产阶级的历史使命。因而，列宁当时提出"从外面"灌输社会主义意识，强调了科学、系统的社会主义思想，不可能通过自发的方式产生，而只能通过学习、教育、宣传、实践等自觉的方式才能掌握。尽管今天的社会已不同于列宁当时所处的社会历史条件，但灌输原理并没有过时。从现在工人阶级队伍整体的理论水平来说，这个阶级已经能够自主地、不断地发展自己的理论，不再需要从阶级之外接受灌输，但对于工人阶级队伍和人民群众中的每个成员来说，马克思主义的科学世界观和方法论，是不可能不学而知、不教而会的，同样需要通过各种不同方式和途径的学习、教育，才能在头脑中确立起来。因此，在新的历史条件下，我们除了进行马克思主义理论教育、宣传之外，同时要通过人民群众的相互教育和启发，引导人们从个人、家庭和所在单位的局部利益和眼前利益以外，充分认识社会和阶级的整体利益，认清自己的历史地位和社会责任，引导群众向更高的思想境界和更高的实践阶段发展。所以，"要

---

① 《习近平谈治国理政》第 2 卷，外文出版社 2017 年版，第 67 页。
② 《列宁全集》第 6 卷，人民出版社 2013 年版，第 29 页。

加强理论武装，推动新时代中国特色社会主义思想深入人心"①。否则，人们不可能自觉、顺利地超越个人、家庭和单位的局部范围和狭隘境界，也不可能把无产阶级政党的路线、方针、政策变成自己的自觉行动。所以，灌输原理仍然是进行马克思主义理论学习、教育、宣传的理论根据。

二、理论教育的具体方式

理论教育的具体方式是多种多样的，按教育的形式划分，有口头讲述和文字传播；按教育的途径划分，有他人传授和自我学习；按教育的范围划分，有普遍宣传和个别辅导；按教育的作用划分，有形象感化和启发引导。这里，讲几种常用的方式。

（一）讲授

讲授是教育者通过口头语言向受教育者传授理论知识，解释政治和伦理概念，论述哲学和科学社会主义原理与道德原则，阐述思想发展变化规律的教育方法，是使用最多、应用最广的一种理论教育方法。这种方法既用于正面传授马克思主义理论和道德知识，也针对思想问题进行解疑释惑。其具体方式有：其一，讲述。侧重于形象生动地描绘某些政治、道德现象，叙述历史事件发生发展的过程和历史人物评传材料，引导受教育者形成鲜明的政治倾向和思想道德情感。这种方法，常用于革命传统教育，爱国主义教育。其二，讲解。主要是对一些比较高深的哲学、政治、道德概念与理论和党的路线、方针等，进行系统而严密的解释和论述。这种方法，在政治理论教育、形势教育中，运用较多。在教育过程中，讲述和讲解经常结合运用。理论讲座，讲授马克思主义理论课，就是讲述和讲解的综合运用。

讲授教育法，是摆事实，讲道理，以理服人的方法。它要求讲述的事实要真实，讲授的道理要透彻。事实胜于雄辩，事实会教育人。"理论只要说服人，就能掌握群众；而理论只要彻底，就能说服人。所谓彻底，就是抓住事物的根本。"② 说理是思想政治教育的基本方法，是打开人们心灵的钥匙，讲授尤

---

① 习近平：《决胜全面建成小康社会　夺取新时代中国特色社会主义伟大胜利——在中国共产党第十九次全国代表大会上的报告》，人民出版社 2017 年版，第 41 页。

②《马克思恩格斯选集》第 1 卷，人民出版社 2012 年版，第 9—10 页。

其要说理充分透彻。所谓充分透彻，就是把自己所讲道理的概念要讲准，内容要讲明，层次要分清，实质要说透。以其昏昏，是不能使人昭昭的。习近平强调，教育者必须做到"要有堂堂正正的人格，用高尚的人格感染学生、赢得学生，用真理的力量感召学生，以深厚的理论功底赢得学生，自觉做为学为人的表率，做让学生喜爱的人"①。讲授是系统的理论教育、理论学习方法，它要求讲解的内容要正确，理论、概念应具有科学性；讲授既要全面、系统，同时要抓住重点，突破难点，找到理论与实践的结合点，增强教育的针对性。

（二）理论学习

理论学习是人们通过有组织、有计划地集体学习或个人学习来掌握马克思主义理论和党的路线、方针、政策的方法，是一种自我教育的方法。"科学理论是我们推动工作、解决问题的'金钥匙'，越学越觉得有信心，越学越觉得有力量。"②理论学习主要是阅读马克思主义的经典著作，学懂弄通其基本原理，并结合实际进行运用，掌握马克思主义的立场、观点和方法。在新时代我们要"努力实现理论学习有收获、思想政治受洗礼、干事创业敢担当、为民服务解难题、清正廉洁作表率的具体目标"③。

阅读文字是理论学习的一种主要方式，主要是通过读书籍、报刊、网络文本进行的。读书活动是引导人们自己学习、思考、运用的一种自我教育方式。组织读书活动的具体做法是：围绕某一专题或某一任务，提示读书范围，开列读书目录；进行必要的辅导，开展评议讨论；交流读书体会，举办知识竞赛；奖励读书优胜者，将读书活动引向深入。在思想政治教育方面，读书的内容是很多的，有政治理论、历史知识、法律知识、伦理道德、人生修养等，这些内容要同思想实际、工作实际相结合，要立足于解决认识问题和实际问题，使读书活动富有实际效果。同时，读书活动不能仅限于自己读，还要交流、讨论、竞赛，这样可以把读书活动引向深入。一些单位利用大众传播工具，组织知识

---

① 《用新时代中国特色社会主义思想铸魂育人 贯彻党的教育方针落实立德树人根本任务》，《人民日报》2019年3月19日。

② 习近平：《在"不忘初心、牢记使命"主题教育总结大会上的讲话》，《人民日报》2020年1月9日。

③ 中共中央宣传部编：《习近平新时代中国特色社会主义思想学习纲要》，学习出版社、人民出版社2019年版，第234页。

竞赛，举办学习演讲，开展专题辩论，对群众的读书活动和理论学习具有很大的推动作用。

开展读报刊用报刊活动，是组织群众学习党的路线、方针和政策，提高思想政治觉悟的常用方法。党报党刊，是重要的思想舆论阵地，是人民群众"无处不在的耳目"和"千呼万应的喉舌"。无产阶级革命导师，一向都把报刊视为传播真理、唤醒人民、组织队伍的重要手段，并把它作为党与人民群众联系的精神纽带。人民群众通过阅读学习报刊，可以及时了解中央的意图，提高执行党的路线、方针和政策的自觉性，从而有利于明确方向，统一认识，统一行动。报刊同书籍相比，虽然政策性、时事性强，理论性、系统性有所不足，但它出版周期短，信息含量大，能及时反映情况，干预生活，进行导向，因此读者面广，影响力大，是进行思想政治教育的有效途径。开展读报刊用报刊活动，要同思想政治教育的具体要求结合起来，对报刊的内容要有选择，对群众的阅读要有引导，注重联系实际，有效解决思想问题和实际问题，才能使读报刊用报刊活动坚持下去。

（三）宣传教育

宣传教育是运用大众传播媒介向人们传播正确理论和先进思想的方法，既有理论的阐述与辅导，也有典型的学习、运用示范。随着科学技术的进步和传播工具的发展，由大众媒介构成的环境对人们的思想观念具有广泛深刻的影响，人们时时刻刻处在这样的环境之中。因此，利用大众传播工具，主要是网络电视、广播等，来开办专题节目，宣传正确的理论和思想，引导群众学习和思考，具有良好的效果。这种宣传教育方式覆盖面大，影响范围广，并且可以组织丰富多彩、内容系统的专题，不仅可以直接引导群众进行学习，而且还能营造良好的舆论环境，使宣传教育具有持续、强化的效应。习近平在党的新闻舆论工作座谈会上指出："在新的时代条件下，党的新闻舆论工作的职责和使命是：高举旗帜、引领导向，围绕中心、服务大局，团结人民、鼓舞士气，成风化人、凝心聚力，澄清谬误、明辨是非，联接中外、沟通世界。"[1] 要承担起这个职责和使命，宣传教育必须围绕党的中心工作，结合群众的思想实际进行，用以动员群众、组织群众为完成中心任务而共同努力。这样，就要选择对

---

[1]《习近平谈治国理政》第2卷，外文出版社2017年版，第332页。

中心工作指导性强，与群众思想实际结合紧密的理论，有理有据，形式多样地进行宣传教育。不能离开党的中心工作，不顾群众普遍关心的问题而空讲概念、理论。否则，宣传教育就会失去引导作用，甚至可能引起群众的反感。

（四）理论培训

理论培训是通过办培训班、讲习班来学习理论的一种方法。这种方法适应了学科建设和实际工作科学化的需要，受到广泛重视和应用。思想政治教育方面的理论培训，就是围绕某一专题，确定理论学习内容，联系实际，以自学为主，进行必要的辅导，组织讨论和交流，达到提高和统一思想认识，有效指导实践的目的。

理论培训方法，具有学习内容集中、学习人员集中、讨论问题集中的特点，有利于相互启发，加深对政治理论的理解；有利于相互交流，探索解决实际问题的办法。它适用于各级党校、各个单位对干部、党员、骨干的短期培训。在运用理论培训时，首先，要根据实际需要确定专题，明确专题培训的目的。专题既不要太宽泛而不着边际，又不要太具体而陷于就事论事，专题应当是某一方面理论与主要实际问题的结合点。其次，要围绕专题，根据培训对象的理论水平和文化水平选好学习书目和学习资料，既不能要求过高而难以掌握，又不能要求太低而学无所获。再次，要进行必要的辅导和组织适当的讨论。辅导和讨论是引导、启发、深化的一种方式。辅导和讨论要抓住重点、难点和理论与实际的结合点进行，既要防止脱离实际空发议论，又要避免陷于具体事务而争论不休。最后，要进行培训检查。培训检查是了解培训对象学习、掌握理论的广度和深度与分析解决实际问题能力的必要方式，一般采用写研究报告、学术论文、学习体会和口头报告的方式进行。

（五）理论研讨

理论研讨是采用研究、探讨的方式来进行理论学习和理论教育的方法，即先由个人围绕一定的专题进行理论学习，并结合实际开展研究，形成研究成果；然后集中起来，召开理论研讨会，交流研究成果。这种方法，由于把理论学习、理论研究和学术讨论紧密结合在一起，因而有利于学习的深化，也有利于相互交流与启发，还能形成一定的研究成果。理论研讨是在改革开放过程中，为解决不断出现的新情况、新问题而逐步推广使用的一种方法。思想政治教育方面的理论研讨，已经成为各个地区、各个领域、各个单位思想政治教育研究会有组织、有计划的活动，成为促进思想政治工作者学习、工作和研究的有效措施。

（六）研究性学习

在现代思想政治教育过程中，教育者不再仅仅是向受教育者传授理论，而是主要教授学习、运用理论的方法，培养受教育者研究与自我教育的能力。受教育者学习和掌握理论也不再是被动地接收和储存，而是通过自己的探讨，结合实际能动地运用理论、发展理论，使被动的学习过程转化为主动的研究、发现过程。芝加哥大学教授施瓦布根据现代学习的特点，提出了学习实际上是"探究的过程和探究的方法"，以此来满足受教育者创造力培养的需要。这种"探究的方法"，主张受教育者结合某一事物，通过探究事物的发展变化获得理论知识，培养研究能力和探索未知世界的积极态度。美国心理学家、教育家布鲁纳的发现教学法也体现了受教育者的探究性与自主性，"发现学习就是以培养探究性思维的方法为目标，以基本教材为内容，使学生通过再发现的步骤来进行的学习"①。还有问题教学法、程序教学法、学导式教学法等，其过程都是让受教育者通过研究来学习、发现知识，都是为了调动受教育者的主动性和创造性，培养学习、研究能力。这些学习方法我们在理论教育过程中可以借鉴。

市场竞争的加剧和人的主体性增强，开放的扩大和社会信息化的发展都催促人们不断通过学习获得资源与创造能力，也推进学习不断突破时空界限，形成了终身学习、学习型组织、学习型社会格局。思想政治教育过程中的教育者、受教育者、教育环境之间的关系，不再是传统单向、单一的模式，而是呈现出多边互动、转化、交流的趋向，教育者与受教育者在平等互动过程中，共同围绕学习主题，广泛结合现实与虚拟空间的实际，进行探讨与交流，形成会谈式、合作式、研究式学习。

三、理论教育法的运用条件

理论教育法虽然是思想政治教育经常、普遍使用的方法，但在运用时也是有条件的。离开一定的条件，这个方法就表现出局限性。在使用理论教育法时，教育者和受教育者，首先要完整准确地理解理论的内容，正确全面地领

---

① [日]大桥正夫编：《教育心理学》，钟启泉译，上海教育出版社1980年版，第56页。

会和掌握党的路线、方针和政策。采取断章取义、只言片语的方式进行学习和教育，不仅不能形成正确的思想和科学的世界观，还会导致思想上的混乱。其次，运用理论教育法一定要联系实际，善于引导人们运用马克思主义的立场、观点和方法观察问题，解决问题，不能空讲道理，死记概念。否则，教育就会出现脱离实际的教条主义倾向。同时，要根据教育对象的思想觉悟、文化水平、职业特点，选择理论教育内容，使教育具有针对性。最后，运用理论教育法时，既要坚持正面说理，以理服人；又要能够寓情于理，激发受教育者学习的情感和兴趣，启发受教育者的积极思维，使教育生动活泼，富有吸引力；还要批判错误的理论与思想倾向，努力形成教育合力与综合效应。

第二节　实践教育途径和方法

所谓实践教育法，就是组织、引导人们积极参加多种实践活动，不断提高思想觉悟和认识能力的方法，即在改造客观世界的过程中同时改造自己主观世界的方法。实践教育法也可叫实践锻炼法。

一、实践教育途径的理论基础

马克思主义的认识论是实践教育法的理论根据。这是因为，首先，社会实践是人的正确思想形成发展的源泉。人的思想是社会环境和客观事物在人的头脑里的反映，正确思想是对社会环境和客观事物的正确反映，错误思想是对社会环境和客观事物的歪曲反映。社会实践则是人同社会环境和客观事物相联结的唯一纽带和桥梁。人们只有通过实践才能接触事物的现象，更要通过实践，才能透过事物的现象发现事物的本质和规律，形成正确思想。人的正确的世界观和人生观，人的崇高理想和道德，人的正确观念和科学知识，归根到底都要在社会实践基础上形成和发展。实践，只有社会实践，才是人的正确思想的来源。离开社会实践，只学理论或单凭直观的消极被动的反映，只能看到事物的表面现象和外部联系，无法认识事物的本质和规律，难以形成正确思想。

其次，社会实践是人的思想发展的动力。社会实践是不断发展的，永远不会停留在一个水平上。社会实践的发展，一方面不断提出新课题，冲击人们的旧思想，推动人们从事新的探索，形成新思想。另一方面，社会实践的发展还不断给人们提供新的经验材料、认识工具和实验条件，帮助人们提高认识能力，促进思想发展。习近平指出："道不可坐论，德不能空谈。于实处用力，从知行合一上下功夫，核心价值观才能内化为人们的精神追求，外化为人们的自觉行动。"① 在我国改革开放不断深化和新技术革命迅速发展的历史条件下，新情况、新问题层出不穷，新的认识工具不断涌现，这些都要求人们改革思想观念和思维方式，使思想认识能够适应社会实践发展的需要。社会实践水平越高，人们的思维能力也越强，人们正是从实践中总结了正反两方面的经验，才逐渐变得聪明起来，逐步增强分析问题和解决问题的能力，不断提高自己的思想境界。

最后，社会实践是思想认识的目的和检验思想的标准。社会实践是人的思想的来源、动力，也是人的思想认识的归宿。思想、理论的基础是实践，同时又转过来为实践服务。世界上的一切事情都是靠人做的，而人的一切活动都是受思想支配的。正确的思想能够指导人们按照正确的方向行动，错误的思想必定导致错误行为。思想政治教育帮助人们树立远大的理想和道德情操，树立正确的世界观和人生观，其目的不是为了别的，就是为了指导人们去正确行动，就是为了帮助人们在社会实践中正确分析和处理各种实际问题，就是为了充分调动人们进行社会主义现代化建设的积极性和创造性。同时，人们在头脑里形成的各种看法、观念是否正确，不能靠人们自己作判断，只能靠社会实践来检验。"只有人们的社会实践，才是人们对于外界认识的真理性的标准。"② "人的思维是否具有客观的真理性，这不是一个理论的问题，而是一个实践的问题。"③ 社会实践具有直接现实性的特点，是主观见之于客观的活动。只有社会实践，才能把主观同客观联系起来，才能把人的思想变成直接存在的现实。因而，也只有社会实践，才能直接检验人的思想是否同客观现实及其发展趋势相符合，判明它是否具有真理性。所以，社会实践是检验人的思想认识真理性的唯一标准。

---

① 《习近平谈治国理政》第 1 卷，外文出版社 2018 年版，第 173 页。
② 《毛泽东选集》第 1 卷，人民出版社 1991 年版，第 284 页。
③ 《马克思恩格斯选集》第 1 卷，人民出版社 2012 年版，第 134 页。

总之，"实践的观点是辩证唯物论的认识论之第一的和基本的观点"①。人们思想的形成、发展、检验，都离不开社会实践，都是由社会实践决定的。思想政治教育要帮助人们树立正确思想，克服错误思想，必须以社会实践作为教育的基本途径。

二、实践教育法的方式和发展

实践教育的具体方式是多种多样的。随着社会主义现代化建设和现代科学技术的迅速发展，人们实践的内容更丰富，范围更宽，方式更多样。因此，思想政治教育与社会实践结合的内容、方法都有新发展。

（一）劳动教育

劳动是推动人类社会进步的根本力量。劳动教育就是在生产劳动过程中，帮助受教育者树立正确的劳动观点，培养热爱劳动、热爱劳动人民的思想感情，养成良好的劳动习惯的途径。劳动教育是实践教育的主要方式。"马克思、恩格斯、列宁和毛泽东同志都非常重视教育与生产劳动的结合，认为在资本主义社会里这是改造社会的最强有力的手段之一；在无产阶级取得政权之后，这是培养理论与实际结合、学用一致、全面发展的新人的根本途径，是逐步消灭脑力劳动和体力劳动差别的重要措施。"②因此，教育，包括思想政治教育，同生产劳动相结合，是引导人们为社会主义现代化作贡献，培养全面发展新人的根本途径。

劳动是一切成功的必由之路。"劳动是财富的源泉，也是幸福的源泉。人世间的美好梦想，只有通过诚实劳动才能实现；发展中的各种难题，只有通过诚实劳动才能破解；生命里的一切辉煌，只有通过诚实劳动才能铸就。"③劳动教育的主要目的与内容，是要帮助受教育者认识劳动的地位与价值，树立正确的劳动观点；了解人类的历史首先是生产发展的历史，是劳动人民创造的历史；懂得只有通过辛勤的劳动，才能把我国建设成为社会主义现代化强国；培养受教育者热爱劳动和劳动人民的思想感情，树立马克思主义的群众观点，克

---

①《毛泽东选集》第1卷，人民出版社1991年版，第284页。

②《邓小平文选》第2卷，人民出版社1993年版，第107页。

③《充分发挥工人阶级主力军作用　依靠诚实劳动开创美好未来》，《人民日报》2013年4月29日。

服轻视劳动群众的旧习气；引导知识分子和青年学生走同工农群众相结合、体力劳动与脑力劳动相结合的道路；教育人们以勤奋劳动为荣，以不劳而获为耻，树立积极的劳动态度，抵制好逸恶劳、贪图享乐的腐朽残余思想；使人们养成珍惜劳动成果的良好风气，树立艰苦奋斗的精神。

劳动教育，主要是通过生产劳动和公益劳动来进行的，还包括义务劳动、实习劳动、家务劳动等。"随着现代科学技术的发展，随着四个现代化的进展，大量繁重的体力劳动将逐步被机器所代替，直接从事生产的劳动者，体力劳动会不断减少，脑力劳动会不断增加……"[1]"科学实验也是劳动。……自动化的生产，就是整天站在那里看仪表。这也是劳动。这种劳动同样是费力的，而且不能出一点差错。"[2]随着社会实践的发展，劳动教育的内容、目的、方式也要不断发展。

要使各种劳动具有教育的作用与成效，首先，受教育者要明确劳动的要求和意义，增强参加劳动的主动性与自觉性。其次，要帮助受教育者在劳动过程中不断总结提高体验、感受与认识，巩固劳动锻炼所取得的成果。只有这样，受教育者才能从有目的的活动和这种活动所取得的实际效果中认识到它的价值，并在这种价值的实现中感受愉悦。如果受教育者参加劳动是盲目的、被动的，就不会自觉地去体验和感受劳动的意义，甚至还可能认为劳动是一种惩罚，这样，劳动就不可能发挥思想政治教育的作用。

（二）志愿者服务

志愿者及志愿者活动，在我国最先是由青年发起和组织的，1993 年共青团中央决定实施中国青年志愿者行动，随后成立了中国青年志愿者协会。各大中城市、学校、各级共青团组织纷纷组建了青年志愿者行动组织，形成了一支世界上规模最大的志愿服务队伍。

志愿者服务的内容和方式是多种多样的。按服务的内容划分有生活服务，生产服务，科技服务，信息服务等；按服务的方式划分则有劳务服务，智力服务，咨询服务，个别服务，群体服务等。在改革开放进程中，我国创造了丰富多彩的志愿者服务活动，主要有：

---

①《邓小平文选》第 2 卷，人民出版社 1993 年版，第 89 页。

②《邓小平文选》第 2 卷，人民出版社 1993 年版，第 50 页。

一是扶贫扶智接力计划。该计划以公开招募和定期轮换的方式，组织具有大专以上学历的大中城市青年，到贫困地区从事半年至 2 年的教育、农业科技推广、医疗卫生等方面的志愿服务，服务期满后，由下一批志愿者接替，形成接力机制。该计划从 1996 年开始试点，1998 年在全国范围实施，全国共有 30 个省（区、市）实施了这项计划。在新时代，又进行着系列扶智活动。

二是大学生志愿服务西部计划。该计划是教育部、人力资源和社会保障部、财政部、团中央根据国务院常务会议的要求，通过引导大学生到西部去、到基层去、到祖国和人民最需要的地方去建功立业，促进西部贫困地区教育、卫生、农技、扶贫等社会事业的发展，拓展大学生就业、创业的渠道，努力培养造就一大批既有现代科学文化知识、又有基层工作经验和强烈社会责任感的优秀青年人才。这项计划从 2003 年开始，按照公开招募、自愿报名、组织选拔、集中派遣的方式，每年招募一定数量的高校应届毕业生，到西部贫困县的乡镇从事志愿服务工作。

三是"三下乡"活动。大中学生文化、科技、卫生"三下乡"活动已经坚持开展了二十余年，广大青年志愿者积极参与，努力为实施科教兴国战略和国家"八七"扶贫攻坚计划做贡献。全国有名的"研究生支教团"，长期深入教育落后的偏远山区义务支教，为农村教育的脱贫贡献力量。

四是共建和谐社区志愿服务行动。该服务行动是团中央 2006 年 5 月启动的志愿者计划，广大青年志愿者深入社区，宣扬社会公德，宣传医疗知识、安全法规，提供法律援助，开展助残行动，结成扶贫扫盲对子，配合社区开展精神文明建设，为建设和谐社会贡献力量。

五是大型经济、体育、文化活动和社会公共活动场所志愿者服务。北京奥运会等重量级体育赛事，欧盟－中国贸易洽谈会等国际会议，还有申报世界级文化遗产，创建全国优秀旅游城市等社会活动都需要大批志愿者齐心协力，共同服务。这样的活动也给志愿者们搭建了向全国、全世界人民展示志愿者风采的平台。

志愿者服务活动，是服务者志愿参加的有组织、有目的的实践活动，是实践教育的重要方式。习近平指出："要倡导社会文明新风，带头学雷锋，积极参加志愿服务，主动承担社会责任，热诚关爱他人，多做扶贫济困、扶弱助残的实事好事，以实际行动促进社会进步。"① 在活动中，服务者自觉运用自己的知识、技能和体力为社会、为群众做实事、做好事、做奉献，这种服务与被服务的关系，是一种道德关系，即服务者通过服务过程，能够加深对这种道德关系的理解和体验；通过服务的实际效果，能够丰富思想感受和愉悦情感；通过社会的认可和称道，能够强化集体主义意识和奉献精神。因而，志愿者服务活动是思想政治教育的有效方式，对促进我国精神文明建设，培养人们为社会、为群众尽职尽责精神，是十分必要和重要的。

（三）社会考察

社会考察也称为社会调查，是一种有目的地观察、认识、研究社会现象，提高受教育者思想认识和解决社会问题能力的方法。社会考察的对象包括社会客观存在和主观范畴的社会事实，通过直接收集事实材料，揭示事物的实质和发展变化的规律性，寻求改造事物的途径和方法。它作为一种实践活动的方式运用于思想政治教育，其目的是为了帮助受教育者深入社会实际，贯彻理论联系实际的原则，正确认识社会现象与社会问题。

把社会考察方法用于思想政治教育，是我们党的优良传统，如走访英雄人物、劳动模范人物，组织重走长征路等方式的历史专题考察，进行社会热点、难点和专业、行业调查，广泛开展改革开放、社会主义现代化建设成果考察等，都是富有深刻教育意义的活动。社会考察是考察者自己动脑、动口、动手的方法。通过调查获得丰富的第一手材料，然后经过整理、分析和加工制作，去粗取精，去伪存真，由此及彼，由表及里，从感性认识上升到理性认识，得出既有事实根据，又有理论思考的正确结论。正如习近平所说："要坚持学以致用，深入基层、深入群众，在改革开放和社会主义现代化建设的大熔炉中，在社会的大学校里，掌握真才实学，增益其所不能，努力成为可堪大用、能担重任的栋梁之材。"② 因此，社会考察不仅能使考察者的思想和能力得到提高，而且考察结论对其他人也有启发和教育作用。

进行社会考察，首先要根据思想政治教育的要求，确定考察任务、对象和范围，提出考察计划。其次，教育者要组织受教育者一起研究和制订考察计

---

①《习近平谈治国理政》第 1 卷，外文出版社 2018 年版，第 53 页。

②《习近平谈治国理政》第 1 卷，外文出版社 2018 年版，第 51 页。

划，充分了解考察的意图和要求。最后，指导受教育者参加实际考察活动，做好调查记录，随时整理资料，进行分析研究，写出考察报告。要使考察活动发挥思想教育的作用，必须坚持以正确的理论和方法为指导，尊重客观实际，切忌主观片面；要亲自动手，深入实际，深入群众，努力掌握第一手材料；要诚恳、虚心向群众学习、请教；要善于对材料进行分析研究，得出正确的结论。只有这样，社会考察活动才能成为认识社会、提高自身的活动。

（四）虚拟实践

这里所说的虚拟实践，是指在以数字化符号为中介的计算机网络空间中进行的实践，即虚拟空间的实践。尽管对虚拟实践从源头上的探索早已有之，但在"数字化"出现以前，各种虚拟实践活动都受到具体的物质实体或物理空间的限制，都不是具有独立形态的虚拟实践，而只有计算机网络技术才催生了独立形态的虚拟实践。虚拟实践之所以具有实践功能，是因为人们运用虚拟技术，能够在网络空间中进行有目的、能动地改造和探索虚拟客体的客观活动，即人与客体之间通过数字化中介在虚拟空间进行双向对象化活动。人们运用高科技手段，构造出网络这一虚拟环境，使人亲身体验并沉浸在这种环境中并与之相互作用，扩大了人的交往与思维空间，丰富了人的情感与思想。因而，人在虚拟空间所进行的交流性、仿真性、设计性、探索性实践活动，同样需要正确理论指导和遵循必要规范，同样伴随着情感、道德、思想的发展变化，这正是网络思想政治教育形成与发展的原因。应当肯定，虚拟实践是人在现实空间实践活动的拓展与延伸，同样具有实践教育的作用。同时也要看到，虚拟实践必须与现实空间实践相结合，网络思想政治教育必须与现实生活中的思想政治教育相衔接，不能脱离现实空间实践而陷于虚拟实践，不能忽视现实生活中的思想政治教育而陷于网络思想政治教育，否则，虚拟实践与网络思想政治教育就会走向纯粹的空虚。

第三节 批评与自我批评的方法

批评与自我批评的方法，是解决党内矛盾、人民内部矛盾的基本方法，也是人民内部进行自我教育的基本方法。毛泽东早在1929年写的《关于纠正党内的错误思想》一文中就指出:"党内批评是坚强党的组织,增加党的战斗力的武器。"① 特别是从延安整风以来,一直到现在,我们党在党内和人民内部运用这一方法,在坚持真理,修正错误,保持思想政治上的纯洁性,密切党同人民群众的联系,为实现革命和建设的任务而团结奋斗等方面,都取得了良好效果。习近平指出:"批评和自我批评是坚持党性原则、解决党内矛盾和问题的有力武器。"② 这就为新时代批评与自我批评指明了方向,提供了遵循。

一、批评与自我批评的作用

所谓批评,就是指出缺点错误,分析其产生的原因并提出克服的建议。批评是思想政治教育必须经常采用的方法,是一种普遍适用的方法。这是因为,在我国,封建主义思想、资产阶级思想的影响还会长期存在;在党内和人民群众中,正确思想与错误思想,先进思想与落后思想的矛盾和斗争,还会经常发生。我们解决思想矛盾,开展思想斗争,"只有采取讨论的方法,批评的方法,说理的方法,才能真正发展正确的意见,克服错误的意见,才能真正解决问题"③。批评是一种民主的方法,是按照社会主义的思想政治要求和道德要求,摆事实,讲道理,本着"惩前毖后,治病救人"的原则进行的。教育者和受教育者都有权利运用批评这个武器同错误思想作斗争。教育者与受教育者以及受教育者彼此之间,都可以相互展开批评,互相监督,互相促进。同时,批评也是团结的方法,它通过克服缺点和错误,使人们在正确思想指导下统一认识,增强团结。毛泽东对批评方法的性质和作用,曾作过科学的论述:"我们曾经把解决人民内部矛盾的这种民主的方法,具体化为一个公式,叫做'团结——批评——团结'。讲详细一点,就是从团结的愿望出发,经过批评或者斗争使矛盾得到解决,从而在新的基础上达到新的团结。"④

所谓自我批评,就是自觉地公开地对自己的过失、缺点、错误进行剖析和检查。自我批评的目的在于揭露并克服我们的错误和缺点。自我批评同批评一样,同样是思想政治教育经常和普遍采用的一种方法。批评可以启发、促进人

---

① 《毛泽东选集》第1卷,人民出版社1991年版,第90页。
② 《习近平谈治国理政》第2卷,外文出版社2017年版,第403页。
③ 《毛泽东著作选读》下册,人民出版社1986年版,第787页。
④ 《毛泽东著作选读》下册,人民出版社1986年版,第763页。

们开展自我批评，是人们自我批评的外部条件，自我批评则有利于人们正确地对待批评，是人们接受批评的内部条件。没有批评，难以开展自我批评，没有自我批评，无法真正接受批评。因此，批评和自我批评要在思想政治教育过程中结合起来运用。习近平曾用"洗洗澡"来生动比喻阐释批评与自我批评，指出："洗洗澡，主要是以整风的精神开展批评和自我批评，深入分析发生问题的原因，清洗思想和行为上的灰尘，既要解决实际问题，更要解决思想问题，保持共产党人政治本色。人每天都在接触灰尘，所以要经常洗澡，打点肥皂，用丝瓜瓤搓一搓，用水冲一冲，洗干净了，就神清气爽了。同样，我们的思想和行为也会沾上灰尘，也会受到政治微生物的侵袭，因此也需要'洗澡'，既去灰去泥、放松身心，又舒张毛孔、促进新陈代谢，做到干干净净做事、清清白白做人。"[1]

在解决党内和人民内部的思想矛盾时，我们应当充分相信人民群众能够在思想上自己教育自己，应当更多地启发人们自觉抵制错误思想的影响，克服缺点错误，应当更注意帮助人们运用自我批评的方法进行思想改造。即使对人们的错误和缺点进行批评，对错误思想进行斗争，也还是要立足于激发、启迪人们采用自我批评的方式，自己克服缺点错误，抵制错误思想。因此，自我批评应当成为每一个党员和群众都能自觉运用的方法。我们需要自我批评就像需要空气和水一样。"没有自我批评，就没有对党、对阶级、对群众的正确教育；而没有对党、对阶级、对群众的正确教育，也就没有布尔什维主义。"[2] "我们曾经说过，房子是应该经常打扫的，不打扫就会积满了灰尘；脸是应该经常洗的，不洗也就会灰尘满面。我们同志的思想，我们党的工作，也会沾染灰尘的，也应该打扫和洗涤。'流水不腐，户枢不蠹'，是说它们在不停的运动中抵抗了微生物或其他生物的侵蚀。对于我们，经常地检讨工作，在检讨中推广民主作风，不惧怕批评和自我批评，实行'知无不言，言无不尽'，'言者无罪，闻者足戒'，'有则改之，无则加勉'这些中国人民的有益的格言，正是抵抗各种政治灰尘和政治微生物侵蚀我们同志的思想和我们党的肌体的唯一有

---

① 《习近平谈治国理政》第 1 卷，外文出版社 2018 年版，第 376 页。

② 《斯大林选集》下卷，人民出版社 1979 年版，第 56 页。

效的方法。"①毛泽东的这段话，用日常生活事例，深入浅出地论述了批评与自我批评，同人要洗脸，房子要打扫那样重要而不可缺少，形象而生动地说明了批评与自我批评对个人进步、党的集体的重要作用。这种积极作用的具体表现是：一是具有抵制各种错误倾向影响，"抵抗各种政治灰尘和政治微生物侵蚀我们同志的思想和我们党的肌体"的防御作用；二是具有克服缺点和错误，纠正思想和行为偏向，朝着正确目标前进的调节作用；三是具有统一认识，增强团结，坚强党的组织，增强党的战斗力的推动作用。所以，毛泽东把批评与自我批评当作我们党的"武器"，当作我们进行思想政治教育的"唯一有效的方法"。习近平也认为，批评和自我批评是我们党强身治病、保持肌体健康的锐利武器，也是加强和规范党内政治生活的重要手段。②

批评与自我批评，实际上是两种不同的教育方法。批评是客观条件，其主体是他人；自我批评是主观条件，其主体是自我，二者相辅相成。一事物内部的矛盾性是事物发展的根本原因，一事物和他事物的互相联系和互相影响是事物发展的第二位原因。克服不良思想和行为，改正缺点和错误，既要靠内因，靠自我改造，自我批评，这是主要的；同时，也要有外因的作用，即要有组织和同志们的监督、批评。内因和外因，自我批评和批评，是互相渗透、互为作用的，是促进思想改造和思想进步的一个统一过程。习近平指出："批评和自我批评的武器要多用、常用、用够用好，使之成为一种习惯、一种自觉、一种责任。"③批评与自我批评的方法，从方法论上说明了教育与自我教育的关系。从一定意义上说，批评就是教育，自我批评就是自我教育。一个人的进步，不能离开自我反省、自我解剖、自我批评，也不能没有别人的教育与批评。因为自己并不是在任何情况下，对自己的任何不足都能随时认识到的，往往需要别人的批评和帮助。"我们有批评和自我批评这个马克思列宁主义的武器。我们能够去掉不良作风，保持优良作风。"④所以，我们党在长期的革命和建设过程中，一直坚持运用批评与自我批评的方法进行思想政治教育。

①《毛泽东选集》第3卷，人民出版社1991年版，第1096页。
②《习近平谈治国理政》第2卷，外文出版社2017年版，第182页。
③《习近平谈治国理政》第2卷，外文出版社2017年版，第190页。
④《毛泽东选集》第4卷，人民出版社1991年版，第1439页。

二、批评与自我批评的方式

在运用批评与自我批评方法时，要注意把原则性和灵活性结合起来，按照不同对象，不同问题，采取适当的方式。同时，要根据社会的发展和实际的需要，不断改进批评与自我批评方式。

（一）直接式批评与渐进式批评

这是两种进展方式不同的批评。直接式批评是直截了当，开门见山，一针见血的批评。这种批评不绕弯子，不兜圈子。渐进式批评则是分层次分步骤进行的批评，这种批评不首先接触批评的要害，不和盘托出批评的全部事实，而是一点一点地逐步指出，由浅入深地耐心说服。

直接式批评一般适用于思想基础好，性格开朗、外向、乐于接受批评的人。对这种人坦诚直率地指出缺点和错误，他们一般不会介意，不会计较。这种直接式的批评往往很容易引导他们及时地、公开地自我批评，迅速地解决问题。采取直接式批评，一定要有理有据，言之有理，言之有物。道理讲不明，事实讲不清，用直接式批评不会有好的效果，甚至会伤害人。渐进式批评一般适用于缺点错误较多，性格内向，自尊心比较强的人。对这种人进行批评，要循序渐进，由浅入深地耐心引导，使其对批评有一个心理准备，逐步适应并接受批评，然后启发、引导被批评者开展自我批评。运用渐进式批评时，对被批评者要以诚相待，以情感人，要注意把握好时机，坦诚指出缺点和错误，不要陷于盲目迁就和"兜圈子"的状况。

（二）参照式批评与评估式批评

这是两种衡量方式和标准不同的批评。所谓参照式批评，就是参考和仿照某些人或事而进行的批评。一般的做法是：借助某人或某事的经验与教训，运用对比、参照的方式，烘托出批评的内容，指出存在的问题，使被批评者在参照的人或事的对比下，感受到某种压力，意识到自己的缺点和错误，促成自我批评。这种批评方式，适用于社会经历浅，自我意识、独立意识不强，心理尚未成熟，易受影响和感化，可塑性大的青少年。运用参照式批评时，所选的人或事要有针对性和可接受性，使受批评者易于对照、比较和反省。

所谓评估式批评，就是按照本单位、本部门大家共同遵守的准则和要达到的目标来进行检查、评价所开展的批评。通常的做法是：先由个人按照统一的评估指标和要求进行自我评估，肯定成绩，找出差距，总结经验，吸取教训。然后由单位按统一的评估指标对每个人进行评估，排出优秀、良好、合格和不合格的序列。对优秀者，单位要给予表扬、奖励，对不合格者，要给予批评、惩罚。所以，评估式批评既是一种按统一指标和要求来衡量的自我批评，也是一种相互参照、比较的批评。这种批评与自我批评的方式，是在新形势下，适应自主、平等、竞争、效益、法治的新要求发展起来的。随着评估的不断规范化和制度化，批评与自我批评也逐步规范起来。评估式批评与自我批评原则上适用于一个单位同等类型的所有的人，因为一个单位同等类型的人都按同一指标和要求来衡量，平等、公正，便于比较和竞争。因此，在进行评估时，对同等类型人所使用的评估指标和要求一定要统一，有些指标尽可能量化，不能因人而异，也不能厚此薄彼；评估比较时，要客观公平，发扬民主，公开进行。

（三）监督式批评与揭露式批评

这是两种由不同职能部门所采用的批评方式，前者是由监督部门和群众团体通过检查、督促，针对存在问题所开展的批评，后者是由宣传舆论单位利用大众传媒对揭露出来的问题所进行的批评。随着我国民主建设和法治建设的逐步加强，我国各级党政监督部门，如党的纪律检查部门，行政监察部门，经济审计部门都建立起来，并不断加强对干部、党员的执法监督、权力监督。广大群众民主意识、法治意识不断增强，积极参与社会活动和本单位的民主管理；宣传单位在坚持正面宣传的同时，也对社会的某些弊端、丑恶现象进行公开揭露；群众监督、舆论监督在不断加强。这些监督工作是通过专门工作人员依照政策和法规，通过有组织的检查、调查、核实和分清是非、总结经验教训来进行的。对违法违纪事件进行查处，对存在问题进行纠正，对丑恶现象"曝光"，都需要运用批评这个武器，都需要通过批评、启发，督促犯错误的人开展自我批评。在社会主义市场经济条件下，单位和个人的自主性加大，人们进行各种选择的可能性也加大。为了保持社会的正常秩序，维护人们的正当权益，更加需要各种方式的监督，需要批评与自我批评。否则，权力失去监督和批评，选择失去制约和规范后，就会产生错误，甚至产生腐败。有些单位产生腐败现象，有些人犯错误，在很大程度上是缺乏监督，忽视批评与自我批评造成的。

为了保证干部、党员、群众正确执政、执法、遵纪守法、清正廉洁，加强监督式批评和揭露式批评是十分必要的。这种批评方式，既是监督部门、宣传舆论部门的工作手段，也是广大人民群众的武器，它比一般性的批评与自我批评更有力量，也更有效果。

（四）商讨式批评与警醒式批评

这是两种措词不同的批评。商讨式批评是带有商量、讨论的口气，与被批评者交换意见的批评。其做法是：批评者以商讨问题的态度把批评意见传递给被批评者，同被批评者进行必要的讨论，交流看法，征求意见，促使被批评者认识自己的缺点和错误，开展自我批评。这种批评方式，适用于头脑灵活，思维敏捷，脾气暴烈，有明显否定性心理倾向的人。对这样的人，以商讨问题，交换意见的方式，心平气和地进行批评，可以有效改变可能存在的对抗动机，使其冷静、虚心地接受批评意见。因此，采用商讨式批评时，一定要平心静气，创造一种平等、宽松、和谐的气氛，使被批评者放弃对抗动机，自觉接受批评。

所谓警醒式批评，就是措词尖锐，语调激烈，使被批评者警觉清醒的批评。这种批评方式，主要适用于惰性心理、依赖心理比较突出的人。如意志消沉，精神萎靡，行动迟缓者；自我意志薄弱，缺乏积极性、主动性者；犯了错误，不愿正视和改正，存在侥幸心理者。对具有以上心理状态的人进行批评，态度要真诚，言词要激烈，要使其受到强烈的刺激和震动，从执迷中醒悟过来。在使用警醒式批评时，必须认准对象的特点，谨慎从事，不可乱用。因为这种方式"火药味"浓，运用得好，可以收到意想不到的效果。如果使用不当，很可能导致被批评者产生抵触情绪，甚至激化矛盾，产生对抗。

三、批评与自我批评运用的条件

要使批评与自我批评运用得好，一定要注意运用条件，这些条件主要有以下几点。

第一，批评与自我批评要有明确的目的。正确的目的就是通过批评与自我批评，克服错误思想和行为倾向，在坚持正确方向的前提下团结一致，增强党和集体的凝聚力、竞争力，推进社会主义现代化事业向前发展。因此，开展批评与自我批评，要从团结的愿望出发，要以"惩前毖后，治病救人"为宗旨，要以促进社会科学发展和人的全面发展为出发点。

第二，民主是开展批评与自我批评的根本条件。有了民主气氛，群众才敢讲话，敢于发表不同意见，敢于同错误思想作斗争。如果压制民主，群众有话不敢讲，不愿讲，怕打击报复，批评与自我批评是开展不起来的。所以毛泽东说："如果没有充分的民主生活，没有真正实行民主集中制，就不可能实行批评和自我批评这种方法。"① 斯大林也曾经说过，社会主义民主条件，是开展自我批评的主要条件，"缺少这个条件，自我批评就等于零，就等于空谈，就等于废话"②。

第三，要善于把表扬和批评结合起来。思想政治教育，就是要使人们自觉地发挥优点和长处，克服缺点和短处。因此教育者在使用批评时，必须坚持正面教育为主的原则，不能对群众总是批评。要善于发现教育对象的优点和长处，包括及时发现和肯定后进同志的点滴进步，以调动他们的积极性。同时，表扬和批评，两者是互为条件、互相补充的，在一定条件下，两者可以互相转化。对一种情况的肯定和表扬，就意味着对与之相对立情况的否定和批评；对一种现象批评，就无疑是对与之相对立现象的表扬。因而，批评与表扬总是要结合起来运用。

第四，要注意批评与自我批评的方式。习近平指出："无论批评还是自我批评，都要实事求是、出于公心、与人为善，不搞'鸵鸟政策'，不马虎敷衍，不文过饰非，不发泄私愤。忠言逆耳，良药苦口。对批评意见，要本着有则改之、无则加勉的态度，决不能用'批评'抵制批评，搞无原则的纷争。"③ 批评要注意政治，讲究方式，防止主观武断和把批评庸俗化。批评切忌简单粗暴，挖苦讽刺，无限上纲。因为这样做不仅无助于问题的解决，反而会伤害被批评者的自尊心，甚至可能会造成反感情绪与抵触心理。因此，要根据不同情况，不同的人，采用不同的批评方式。

---

① 《毛泽东著作选读》下册，人民出版社 1986 年版，第 819 页。
② 《斯大林选集》下卷，人民出版社 1979 年版，第 58 页。
③ 《习近平谈治国理政》第 1 卷，外文出版社 2018 年版，第 377 页。

第四节 基本途径的相互关系和整体作用

一、基本途径的相互关系

理论教育法、实践教育法和批评与自我批评的方法，是一个互为条件、具有内在联系、不可缺少的方法整体，它们之间不能相互代替，也不能相互脱离。在前面分别讲三个基本方法运用条件时，已经论述了它们互为条件的关系，即理论教育要联系实践，实践教育要以正确理论为指导，批评与自我批评既要有正确的指导思想，又要以实践为基础，坚持实事求是的原则。"时代是思想之母，实践是理论之源。"[1] 因此，互为运用的条件是它们内在联系的一个方面。同时，三个基本方法的结合所形成的普遍适用的原则方法，是三个基本方法更本质联系的表现。这些原则方法主要有：

理论联系实际的方法。理论联系实际的方法，就是把马克思主义理论同社会实际、工作实际、思想实际紧密结合起来的方法，是马克思列宁主义的普遍原理和中国革命具体实践相结合原则在思想政治教育方面的具体运用，是思想政治教育的根本方法。毛泽东把理论联系实际的方法形象地比喻为"有的放矢"，指出："对于马克思主义的理论，要能够精通它、应用它，精通的目的全在于应用。"[2] 思想政治教育坚持理论联系实际的方法，就其实质而言，就是以马克思主义理论为指导，具体地观察、分析和解决思想和工作实际问题，提高思想觉悟与思想境界；就是坚持解决实际问题要以正确理论为指导，学习理论提高认识必须紧密联系实际。

理论与实际相结合的方法。理论与实际相结合的方法，就是把提高认知水平与实际行动结合起来，即不仅要说到，还要能做到，朝着正确的目标，脚踏实地地奋斗，把远大理想同现实努力结合起来。习近平指出："中国特色社会主义是实践、理论、制度紧密结合的，既把成功的实践上升为理论，又以正确

---

① 习近平：《决胜全面建成小康社会 夺取新时代中国特色社会主义伟大胜利——在中国共产党第十九次全国代表大会上的报告》，人民出版社 2017 年版，第 26 页。

②《毛泽东选集》第 3 卷，人民出版社 1991 年版，第 815 页。

的理论指导新的实践，还把实践中已见成效的方针政策及时上升为党和国家的制度。"① 因此，理论与实际相结合的方法，实际上是理论教育与实践教育相结合的方法。在思想政治教育中，运用理论与实际相结合的方法，一是要坚持统一的教育要求，即既要学习理论，提高认识世界的能力，又要努力践行，提高改造世界的能力。

改造主观世界与改造客观世界相结合的方法。这一方法，实际上也是认识与实践相结合的方法。人们为了有效地改造客观世界，就必须努力改造主观世界。因为改造客观世界要以认识客观世界为前提。思想认识和理论指导是否符合客观实际，是决定改造客观世界能否取得成功的关键。因此，认真学习理论，自觉改造主观世界，是为了保证实践活动的成功。同时，主观世界的改造，是离不开实践活动的。学习理论，开展教育，加强修养，都必须结合实际进行。离开实践活动来谈思想教育，离开改造客观世界来谈改造主观世界，既没有基础，也没有目的。

理论教育同实践教育总是不可分割地联系在一起的。同样，批评与自我批评，也总是同主观与客观、理论与实践、知与行等关系紧密相连的。因为人们在学习理论，改造主观世界，进行实践，改造客观世界的过程中，不会是朝着一定目标的直线运动，总是会有曲折、偏差、失败，克服思想上、行动上的错误，纠正偏差，吸取教训，使之不断端正方向，朝着正确目标实践，就要运用批评与自我批评的方法。

总之，理论教育、实践教育和批评与自我批评的方法是具有内在联系的方法整体。理论教育脱离实际，就会产生本本主义、教条主义；实践教育离开理论指导，就会走向经验主义、盲目主义；在理论教育和实践教育过程中，如果忽视批评与自我批评，就会否定教育的复杂性和曲折性，导致简单化。

二、基本途径的整体作用

理论教育、实践教育、批评与自我批评，在思想政治教育中各有自己的作用。理论教育对人的思想、行为起目标导向作用、精神激励作用；实践教育对人的思想的形成和发展具有决定作用、推动作用和检验作用；批评与自我

---

① 《习近平谈治国理政》第 1 卷，外文出版社 2018 年版，第 9 页。

批评对人们的思想和行为具有调节作用、矫正作用。这三个基本方法综合起来运用，就构成了人们成长进步，争取成功的基本途径：人们通过理论学习、理论教育确定一定的指导思想，明确努力目标；按照指导思想付诸行动，朝着目标进行实践活动；在学习、实践过程中，即在改造主观世界和客观世界的过程中，不断总结经验教训，开展批评与自我批评，调节自己的思想和行为，争取学习和工作的成功，并进而确立新的目标，投入新的实践活动。这个基本途径，具有促进人们成长进步，争取成功的整体作用。违背这个途径的基本环节，会导致错误和失败。

在思想政治教育方面，坚持理论教育、实践教育和批评与自我批评的结合，反映了我国社会主义的本质，体现了无产阶级及其政党的特征。毛泽东在《论联合政府》一文中，系统深刻地论述过理论、实践和批评与自我批评的关系，指出："理论和实践这样密切地相结合，是我们共产党人区别于其他任何政党的显著标志之一。"[1] "有无认真的自我批评，也是我们和其他政党互相区别的显著的标志之一。"[2] 因此，综合运用理论教育法、实践教育法和批评与自我批评的方法，是与我国的社会主义制度和共产党的性质相一致的。

▶ 思考题

1. 如何理解理论教育法？
2. 理论教育的具体方式有哪些？
3. 实践教育的具体方式有哪些？
4. 批评与自我批评教育的具体方式是什么？

▶ 思考题
答案要点

---

[1]《毛泽东选集》第 3 卷，人民出版社 1991 年版，第 1094 页。
[2]《毛泽东选集》第 3 卷，人民出版社 1991 年版，第 1096 页。

第八章　思想政治教育的一般方法

思想政治教育的一般方法，也可称为思想政治教育的通用方法，是思想政治教育在一般情况下经常使用的方法。下面重点讲几个方法。

第一节　疏导教育法

一、疏导教育法的含义

疏，即疏通，思想政治教育中的疏通，是指广开言路，集思广益，让大家敞开思想，把各自的观点和意见都充分发表出来。导，即引导，开导，思想政治教育中的引导，就是循循善诱，说服教育，把各种不同的思想和言论引向正确、健康的轨道。疏导教育法就是对人民内部的思想认识问题，既不堵塞言路，又要善于引导，帮助人民群众提高思想认识。疏与导是辩证统一的关系。疏通是为了正确地引导，是引导的前提。引导是疏通的目的，是疏通的必要继续。不引导，只疏通，各种不正确的思想言论就会放任自流。疏通离不开引导，引导也离不开疏通，两者是辩证的统一。要在疏通中引导，在引导中疏通，把两者紧密地结合起来。

疏导教育法是思想政治教育广泛而经常使用的方法。首先，这一方法符合人们思想形成与发展的规律，是以正确处理人民内部矛盾的理论为依据的。毛泽东在《关于正确处理人民内部矛盾的问题》中指出："一般说来，人民内部的矛盾，是在人民利益根本一致的基础上的矛盾。""凡属于思想性质的问题，凡属于人民内部的争论问题，只能用民主的方法去解决，只能用讨论的方法、批评的方法、说服教育的方法去解决，而不能用强制的、压服的方法去解决"，"企图用行政命令的方法，用强制的方法解决思想问题，是非问题，不但没有效力，而且是有害的。"① 正确处理人民内部矛盾所采取的讨论的方法、批评的方法、说服教育的方法，就是疏导教育的方法。人们的各种思想认识问题，只要存在，就会以各种不同形式，通过各种渠道表现出来。堵，是堵不住的；压，是压不服的。堵塞言路，强制压服，都不符合人们思想发展变化的规律。只有采取疏导的方法，让人们畅所欲言，把各自的思想、观点和意见都充分讲出来，然后再加以引导，才能促进人们的思想沿着正确的方向发展。

其次，坚持疏导教育法，是由我们党和社会主义制度的性质决定的。思想政治教育所运用的马克思主义理论，是科学的世界观和方法论，指导党的路线和方针政策，代表了最广大人民群众的根本利益。正因为党的根本利益和群众的根本利益是一致的，所以，党在任何时候和任何情况下，都充分相信群众是能自觉接受马克思主义的，是能够坚持党的路线和方针政策的。即使受到错误思想的干扰，发生认识上的偏差，经过讨论、说服、引导，也是可以修正错误、坚持正确方向的。习近平指出："坚持党性和人民性相统一，把党的理论和路线方针政策变成人民群众的自觉行动，及时把人民群众创造的经验和面临的实际情况反映出来，丰富人民精神世界，增强人民精神力量。"② 因此，思想政治教育所要解决的主要问题是人们的思想认识问题，这就决定了思想政治教育必须坚持疏导教育法。

最后，在现代社会条件下，开放环境、信息社会为人们的工作、生活、观念提供了更多的比较与选择机会；大众媒体传播越来越多的信息不断影响人们的思想与行为；激烈竞争难免带来某些矛盾需要沟通与调解；深化改革也会涉及一部分人利益关系的调整，所有这些在现实生活中经常出现的情况，除了要运用相应的制度进行规范外，更需要采取疏导的方法进行说服引导。

二、疏导教育法的具体方式

第一，分导。所谓分导，就是分而导之。分导可以从治水泄洪得到借鉴，当河道洪水猛涨时，需要采取分洪、泄洪方式将其分成小股下泄。同样，对人们的思想问题，也要采用分导的方式。根据不同的情况，分导可分为分散

---

① 《毛泽东著作选读》下册，人民出版社 1986 年版，第 758、762 页。

② 《习近平谈治国理政》第 2 卷，外文出版社 2017 年版，第 332 页。

而导，分步而导，分头而导。分散而导是针对群体成员共同存在的主要思想问题，采取分散的办法，逐个进行教育引导，通过解决每个成员的思想问题来解决共同存在的思想问题。这种方式把群体存在的某种情绪、思想问题化整为零，减少群体成员之间的互相感染，可以集中教育力量突破重点，达到取得整体教育效果的目的。分步而导是针对某个人的思想问题，按照轻重缓急，有步骤地加以教育引导的方式。人们思想问题的形成，往往是许多矛盾综合交错，主观客观汇集的结果。在各种错综复杂的矛盾面前，不要眉毛胡子一把抓，要分先后和主次，有步骤循序渐进地解决，不要企图教育一次就把人们所有的思想问题都解决。所谓分头而导，就是动员各种教育力量或教育人员针对受教育者突出的思想问题，分别进行教育引导。这种方式能够形成教育合力，集中解决有一定难度的思想问题。

第二，利导。所谓利导，就是因势利导。古之兵法说："善战者，因其势而利导之。"开展思想政治教育，解决人们的思想问题，道理也是一样，要正确分析思想形势，按照人们不同的思想特点和发展趋势，选择适当时机加以解决。思想政治教育要做到因势利导，首先要掌握思想发展的趋势，顺乎社会向前发展的潮流，引导和推动思想向正确方向发展，不可违背社会发展的规律而逆潮流而动。其次，要抓住教育的有利时机，掌握火候，择机而发，不要轻易放过了教育的有利时机而造成教育被动。最后，要充分利用教育的有利条件，克服不利因素，充分发挥和开发人们自身的积极因素，克服消极因素。总之，抓思想发展趋势，抓教育有利时机，抓发挥积极因素，是思想政治教育因势利导的主要条件。

第三，引导。所谓引导，就是启发诱导。引导是教育者指导受教育者主动、积极、自觉提高思想认识的方法。启发诱导的方式，古代《礼记·学记》的作者就提出来了，"道而弗牵，强而弗抑，开而弗达"，意思是说，讲明道理，但不要强行牵着走；严格要求，但不要施加压力；指明路径，但不要代替做出结论。启发诱导，十分强调发挥受教育者的主动性，激发受教育者思考的积极性，增强受教育者接受教育的自觉性。启发诱导方式在思想政治教育中的运用是多方面的：提出问题，启发受教育者运用正确理论独立思考，学会分析问题，解决问题；开展讨论，鼓励受教育者各抒己见，互相启迪，交换思想，统一看法，共同得出正确结论；正面说服，用摆事实讲道理的办法使受教育者明辨是非，坚信真理，抵制错误；树立典型，激励受教育者与之比较对照，自觉学习和仿效。

运用疏导教育法，要注意两点：一是要创造民主条件，使人们敢讲真话，对错误的思想认识，允许讲出来，并及时给予引导和教育，使之得到纠正。既不能一听到错误观点就加以堵塞、压制，也不能对错误思想姑息迁就、放任自流，要有理有据地进行批评教育，使之口服心服。对犯思想认识错误的同志，只要认识了，改正了，就应当欢迎、肯定，决不能戴帽子、打棍子、抓辫子。二是疏导教育法虽然被较多地运用，但也不是万能的，它必须同理论教育法、实践教育法、批评与自我批评等方法结合起来使用。比如，对于那些犯有严重错误而屡教不改的人，应当开展批评，对违反纪律者应给予适当的纪律处分，不能因为强调疏导，就不敢批评和惩处。

第二节 比较教育法

一、比较教育法的含义

比较教育法是将两种不同现象、事物、理论的性质、特点进行比较鉴别，得出正确的结论，用以提高思想认识的方式，是思想政治教育经常采用的一种方法。"马克思主义必须在斗争中才能发展，不但过去是这样，现在是这样，将来也必然还是这样。正确的东西总是在同错误的东西作斗争的过程中发展起来的。真的、善的、美的东西总是在同假的、恶的、丑的东西相比较而存在，相斗争而发展的。"[①]客观事物和各种文化、理论，总是存在差异的。两个事物或两种思想之间的差别对比越鲜明，矛盾揭露得越深刻，人们对事物或思想的本质认识就越清楚，解决矛盾的方法就越切合实际。因此，比较教育的方法，更有利于人们鉴别是非，区分优劣，检验认识的正确与错误，这是它优于其他方法的地方。

比较教育可根据对比的不同对象、内容和条件，分为不同的具体形式。从

---

①《毛泽东著作选读》下册，人民出版社 1986 年版，第 785 页。

时间序列和空间范围进行比较，有"纵比"和"横比"。所谓"纵比"，就是把过去和现在加以比较，从中找出人或事物的变化和发展的趋势，达到得出正确结论，提高思想认识的目的。社会、国家、集体、个人和事物、学科、思想形态等都可以进行纵比。回顾、反思、总结等都要用到纵比。纵比的方式，能够帮助人们认识一个人，一个集体和某一事物发展变化的状态或趋势，从而让人们作出赞成还是反对，肯定还是否定的选择。所谓"横比"，就是在同一时间把同类人员或同类事物加以比较，达到得出正确结论，提高思想认识的目的。国家之间、群体之间、个人之间以及思想形态之间，都可以进行横比。竞赛、评比、选拔等都是横比的方式。把我国社会主义制度同西方资本主义制度加以比较，进一步加深对社会主义制度优越性的认识，就是一种横比教育方式。横比方式能够帮助人们从同类事物本质和特点的比较中，发现好坏、优劣，从而让人们作出正确的选择。

二、比较教育法的具体运用

第一，比较鉴别法。比较鉴别是通过比较对照，辨别真伪、是非和先进与落后，提高人们思想认识的教育方法。比较鉴别常用于思想政治教育信息的整理分类和对各种不同性质的观点、思潮异同点的分析与判别，考察各种政治理论和思想观念的变化，预测思想的发展趋势；比较各种思想政治教育、教育方法的利弊、效果、条件等。比较鉴别法有助于教育者从正面、反面，相异、相同等各个角度全面、准确、深刻地分析思想政治信息，掌握思想发展变化的特点和思想教育的规律；有利于受教育者在鲜明与强烈的比较中，辨明是非，鉴别真伪，判断正确与错误，更自觉、坚定地接受正确思想，批判错误思想。

第二，回忆对比法。回忆对比是通过回想过去，对比现在，从中得出有益结论以提高人们政治觉悟和思想认识的教育方法。把这种方法用于新旧社会的对比，叫忆苦思甜。忆苦思甜，回忆对比在历史上曾经发挥过很大作用。20世纪五六十年代，人们通过回忆劳动人民在旧社会受压迫受剥削的痛苦经历，对比新中国成立后劳动人民翻身解放的美好生活，极大地激发了对党和社会主义热爱与向往的感情。在新的历史时期，回忆对比在思想政治教育中仍然运用较多，如用于党的十一届三中全会前后情况的回忆对比，我国实行改革开放前后情况的回忆对比，集体与个人过去和现在成长进步情况的回忆对比等。

　　第三，类比法。类比是通过某些属性相似的两类教育对象或两类现象的比较，推出各自在其他属性上也相似的一种教育方法，这种方法也叫推理法或引申法。在思想政治教育中，类比法可以用于同类集体或个人之间的相互比较、竞争和激励，如生活在同一社会条件下的同辈人的比较，同一企业、学校内的班组比较，同一单位里条件相近个人之间的比较等，都可以通过类比方法，形成对照，展开竞争，激励先进，鞭策后进。类比方法还可以从共同因素与类似现象的发现，来预测思想和行为的发展趋势，如大学里每年都要招收学生，每一届学生的经历、年龄、文化水平等情况基本相似，在大学里学习、生活经历和周期也大致相同，因而，各届学生一般会有许多相近的特点。我们可以以高年级或已经毕业的某届学生为参照，与低年级学生进行比较，来预测或推断低年级学生思想和行为发展的可能性，以便采取教育措施，增强教育的针对性。

　　比较教育法的运用是有条件的。一是在运用类比方法的时候，一定要注意人或事物的性质、条件、特点等属于同类，才具有可比性。完全不同类型的人或事物，是无法进行比较的。在运用类比法预测思想和行为的发展趋势时，不能用一般推理代替可能出现的客观事实，一定要以事实为根据，经过实践检验。二是对比不能只从事物的形式和现象上比，而应着重从内容上、本质上比。单从形式上、现象上对比，不能正确认识事物的本质，不能达到提高人们思想觉悟的目的。如将社会主义制度和资本主义制度进行对比时，若只从某些表面现象上进行比较，缺乏对各自本质的分析比较，不仅难以真正认识社会主义制度的优越性，从中受到教育，甚至可能得出错误的结论。三是必须全面地进行比较，即"综合对比"，才能正确地认识事物。辩证唯物主义认为，任何事物的联系都是多方面的。只有全面地分析矛盾的各个方面，才能达到真理性的认识。如将我国的社会主义制度与西方的资本主义制度相比，不仅要从经济、政治思想、文化、道德、社会风尚等各个方面进行比较，还要从历史发展的角度，对未来发展的前景进行比较。只有这样，才能正确地认清资本主义制度的本质和我国社会主义制度的优越性。

第三节　典型教育法

一、典型教育法的作用

典型教育也叫示范教育，是通过典型的人或事进行示范，教育人们提高思想认识的一种方法。典型教育法是将抽象的说理变成通过活生生的典型人物或事件来进行教育，从而激起人们思想情感的共鸣，引导人们学习、对照和仿效。典型教育法具有形象、具体、生动的特点，它较说理教育更富有感染性和可接受性，是我们党传统的思想政治教育方法之一。抓典型，树榜样，是根据客观事物发展不平衡规律提出来的。唯物辩证法认为，客观事物都存在着矛盾，其发展总是不平衡的，有差别的。人们的思想政治觉悟总是有高有低，实际表现总是有好有坏，贡献总是有大有小，不可能完全相同。因而，在现实生活中，各个领域、各个地区、各个单位都有各种各样的典型。一切典型，都是个性和共性的对立统一，既能代表一般，又比一般突出。先进典型包含着普遍的共性，体现社会发展的正确方向和一般规律。思想政治教育的任务，就是要善于发现、树立、宣传、推广先进典型。同时，要帮助后进典型，转化为先进典型。"伟大时代呼唤伟大精神，崇高事业需要榜样引领。"[1] 榜样的力量是无穷的，先进典型具有强大的说服力。好典型、好榜样对广大群众，是非常现实的引导者，是激励鞭策人们努力进取的直接动力。新时代要"发挥先进典型示范激励作用，深入开展反面典型警示教育，以案示警、以案明纪，促进党员、干部知敬畏、守底线"[2]。在社会主义现代化建设进程中，人们都有不甘落后、积极上进的自尊心和责任感，只要广泛开展学先进、赶先进的活动，就能够有效调动和发挥人们的积极性和创造性。同时，先进典型的先进思想和模范行动，是崇高精神的具体体现，具有直接的感染力和说服力。我们党不论在民主革命时期，还是在社会主义建设时期，都非常重视树立先进典型。革命战争

[1]《习近平谈治国理政》第1卷，外文出版社2018年版，第159页。

[2] 习近平：《在"不忘初心、牢记使命"主题教育总结大会上的讲话》，《人民日报》2020年1月9日。

时期，在枪林弹雨下涌现出来的战斗英雄、革命先烈，教育了我国几代人，他们可歌可泣的英雄事迹，成为我国人民的宝贵精神财富，永远激励着人们奋发进取。在社会主义建设时期，英雄模范人物层出不穷，特别是共产主义战士雷锋，是在党和人民哺育下成长起来的一代新人的杰出代表。在他身上，集中体现了中华民族的传统美德和共产主义道德，体现了全心全意为人民服务的宗旨。

二、典型教育的类型

典型教育的具体形式是多种多样的。按照典型的性质来划分，有正面典型或先进典型，负面典型或后进典型。按典型的类型来划分，有单项典型、综合典型、全面典型。按典型的构成来划分，有集体典型，个人典型。习近平指出："榜样的力量是无穷的。善于抓典型，让典型引路和发挥示范作用，历来是我们党重要的工作方法。实践证明，抓什么样的典型，就能体现什么样的导向，就会收到什么样的效果。"[①] 这里，我们着重分析一下正面典型和负面典型。

（一）正面典型

体现或代表先进、正确的思想，在人民群众中能够起榜样示范作用的典型叫正面典型。正面典型也叫先进典型，它是相对于负面典型而言的。正面典型的作用，就是榜样的作用、引导的作用。榜样的先进事迹或英雄行为，以其具体形象的形式，易于接受和仿效，具有很强的感召力，能够产生正面激励作用。同时，榜样所体现或代表的先进思想，深刻寓于具体事例之中，易于学习和理解，具有很强的说服力，能够起到正面引导作用。"心有榜样，就是要学习英雄人物、先进人物、美好事物，在学习中养成好的思想品德追求。"[②] 树立正面典型，符合我国社会生活的实际。在我国的社会主义制度下，光明面总是占主导地位的，代表先进思想的多种正面典型层出不穷。宣传正面典型，推广正面典型，是我国社会生活的实际需要。"发挥先进典型引领作用，让党员干部学有榜样、行有示范、赶有目标。"[③] 此外，树立正面典型，是贯彻正面教育

---

① 习近平：《之江新语》，浙江人民出版社 2007 年版，第 212 页。

② 《习近平谈治国理政》第 1 卷，外文出版社 2018 年版，第 182 页。

③ 中共中央宣传部：《习近平新时代中国特色社会主义思想三十讲》，学习出版社 2018 年版，第 320 页。

为主原则的重要途径。正面教育的原则表现了教育者对受教育者的尊重、信任与理解，反映了教育者与受教育者之间的平等、民主的关系，也体现了马克思主义理论和先进思想的力量所在。因此，表扬先进、榜样示范能够通过具体实在的方式，使正面教育的原则在教育中得到有效贯彻。

树立正面典型，进行正面教育，首先要善于发现典型和推广典型。树立的典型必须有群众基础，其先进事迹必须是真实可靠的、群众公认的。宣传、推广典型要实事求是，力戒浮夸，要一分为二，切忌护短。对先进典型也要进行必要的教育、培养工作，使之严格要求，不断提高，防止骄傲自满和脱离群众。其次，要教育人们正确对待典型，努力在本系统形成一个学习先进、尊重先进、争当先进的良好风气；坚决反对和制止嫉妒、贬低、打击先进的不良倾向；引导人们结合自己的实际情况，创造性地应用先进典型的成功经验，把学习先进与推动自己的工作密切结合起来。

（二）负面典型

负面典型是反映落后的、错误的思想，在人民群众中产生消极影响和对社会发展产生阻碍作用的典型。负面典型人物，也叫负面教员，负面典型事例，也叫负面教材。当负面典型的人或事存在的时候，如果让其自由放任，它会对思想基础不好、辨别能力不强的人产生消极影响，对集体产生分裂甚至破坏作用。如果不加制止，消极影响不仅会逐步扩大，还会直接抵消正面教育与正面典型的积极作用。因此，自觉应用负面典型开展教育，防止负面影响自发蔓延，是十分必要的。

在应用负面典型时，首先要让人们对负面典型有一个正确的判断，知道其错在哪里。其次，要引导人们分析负面典型所反映的落后思想、错误思想及其产生的根源和危害，帮助人们自觉抵制消极影响，增强接受正面教育的主动性。应用典型进行教育的方法，可以使人们从正面与负面的比较中，明确我们所提倡的、肯定的思想和行为的正确性，对我们反对的、否定的错误思想和行为有所警惕，进行防范和抵制。因此，应用负面典型进行教育，不仅能有效消除负面典型的消极影响，还能强化正面教育，使正面教育更鲜明，更有力。对负面典型的选择与确定，一定要慎重，不能随意树立负面典型，也不能过多树立负面典型。如果某个典型的人或事所造成的消极影响和破坏作用，具有较大的普遍性和危害性，需要集中进行抵制才能消除其影响和制止其破坏作用，才可以将其树为负面典型。不要把犯有思想认识错误或偶然性错误的人和事作为负面典型。同时，在运用负面典型时，一定要有理有据地进行分析，使群众受到教育，既不能不加分析地扩散负面典型的观点和行为，也不能毫无根据地无限上纲。

第四节　自我教育法

一、自我教育法的运用条件

自我教育法是受教育者按照思想政治教育的目标和要求，主动提高自身思想认识和道德水平与自觉改正自己错误思想和行为的方法，简单地说就是人们自己教育自己的方法。这种教育方法，是通过人们自身思想的矛盾运动进行的，也是人们自觉接受先进思想和正确行为，克服错误思想和不良行为，促使自己的政治倾向和思想品德向良好的方向转化、发展的教育活动。自我教育法的运用是与自我意识的发展相联系的。自我意识越发展，即主体的自我认识、自我评价、自我监督、自我调适等方面越发展，自我教育越自觉。习近平指出："党员、干部要敢照镜子、勤照镜子，特别是对缺点和错误要多往深处、细处照，使之纤毫毕现，这样才能找出差距、修身正己。"[1] 这里"照镜子"就是强调自我教育。自我意识随着年龄的增长而发展，同时也受教育和社会环境的影响。一般说来，人到青年阶段，自我意识趋于成熟，能够比较客观、正确地评价自己和别人，能够发表独立见解，能够从行为的动机和效果的一致性上进行评价，形成自己的看法。所以，自我教育是伴随着自我意识的发展而发展的，它是每一个人一生中在政治、思想、道德等多方面不断修养和完善的过程，是每一个人形成正确的政治观、人生观、道德观和正确控制自己行为所必须采取的方法。在我国，社会主义制度为人们创造了良好的自我教育的环境和条件，广大人民群众是国家的主人，具有平等的政治地位、社会地位和同志式的友好合作关系，每一个人既是教育者，又是被教育者，大家相互帮助、相互

---

① 《习近平谈治国理政》第 1 卷，外文出版社 2018 年版，第 375—376 页。

激励、相互促进，能够形成群众性的自我教育局面。

　　教育和自我教育是相互联系、相互促进的两个方面。毫无疑问，人们的思想认识和道德水平的提高，需要通过家庭、学校、社会进行思想政治教育。但是，思想教育的效果必须通过人们自己的思想矛盾运动来实现。思想政治教育不仅要求教育者把正确的思想和道德规范传授给广大群众，更重要的是要人们通过自身的思想矛盾运动，即自我教育达到用正确的思想武装自己，从而树立正确的世界观和人生观的目的。同时，人们自我教育的能力是在外部教育的影响下形成和发展起来的，只有经过教育才能培养和发展自我教育的能力。而自我教育能力的发展，又反过来促进人们更自觉地接受教育的影响，增强和巩固教育的效果。所以，教育与自我教育的关系，是教育的外因和内因的关系，是手段和目的的关系。我国著名教育家叶圣陶说过："教育的目的就是为了达到不教育。"思想政治教育的目的，最终是要提高人们自我教育、自我控制的能力。如果人们都能自觉进行自我教育，自觉控制自己的行为，那么良好的社会风尚就能形成。

二、自我教育的若干方式

　　自我教育分为个人的自我教育和群体的自我教育。个人自我教育的主体既是教育者，又是教育对象。群体自我教育是指一个集体内部的互帮互教，是群众自己教育自己的活动。教育家苏霍姆林斯基十分重视自我教育，并认为自我教育在教育中具有主导作用。一个人在帮助和教育别人的时候，自己也受教育，而且是一种广泛的、经常的自我教育。群体自我教育的形式是多种多样的，有集体讨论，批评和自我批评，开展竞赛活动，运用群众中的典型等。个人自我教育有自我修养、自我总结、自我鉴定、自我改造等形式。下面着重介绍个人自我教育的几种方式。

（一）自我修养

　　所谓自我修养，是指人们在政治、思想、道德和知识等方面进行自我教育和自我锻炼，由此而达到的一定程度和水平。修养的内容很广泛，包括政治修养、思想修养、道德修养、文学修养等。在历史上，古代许多思想家倡导自我修养，提出了"修身养性"的一系列方法。但是，他们的所谓自我修养，往往片面夸大主观的作用，以为只要保持抽象的"善良之心"，就可以改变社会和改变自己，脱离社会实践。马克思主义所说的自我修养，是在社会实践中的自觉学习与自我锻炼，是在改造客观世界的同时改造主观世界。任何人的政治素质、思想认识和道德水平的提高，都不是凭空得来的，只有在长期的社会实践中不断进行修养，才能实现。放松自我修养的人，往往是一个缺乏理想、无所作为的人，是一个对社会、对自己不负责的人。只有在马克思主义指导下，在实践中自觉进行自我修养，才能适应社会的需要，并在推动社会发展的过程中不断完善自己。自我修养的方法很多，这里列举几种主要方法。

其一，反省。反省即自我省察，是个人对自己的思想和行为进行检查对照，寻找差距和不足的道德修养方法。反省是在回顾、总结自己思想和行为的过程中，通过自我认识、自我剖析、自我评价、自我监督，对以往思想和行为的再认识，是一个人思想和道德品质修养自觉性的表现，也是一个人政治思想水平提高的重要条件。因而反省能促进人们追求更高的政治目标和道德目标。

反省也可以称为内省或自省，中国历史上儒家曾倡导这一方法。《论语·里仁》记载孔子曾说道："见贤思齐焉，见不贤而内自省也。"孔子的弟子曾参提出了"吾日三省吾身"的主张。此外，儒家还提出了与自省、内省、反省相类似的自我修养方法，如见贤思齐、反求诸己、慎独等。在封建社会里，剥削阶级推行内省方法，其目的是为了使人们自觉用剥削阶级的政治原则和道德要求检查自己、约束自己，以便维护剥削阶级的政治思想统治。因而，这些方法在剥削阶级社会里具有愚弄性和虚伪性。如果舍弃落后的、腐朽的政治思想内容，用无产阶级的政治内容和道德原则与之相结合，赋予这些方法新的内容，引导人们用先进的思想经常自我检查、反省，不断改过自新，提高自己的政治水平和道德水平，那么，这些方法便具有新的含义和作用，成为思想政治教育的有效方法。所以，刘少奇在《论共产党员的修养》一书中，就引用了自省、反省、慎独等古代自我修养的方法，对古代自我修养的方法进行了必要的继承和改造，并在新的形势下有了新的发展。如采用自我小结、自我鉴定的方法，总结某一阶段或某项工作的经验教训，提高思想认识水平；采用自我检讨、自我反省的方法，启发犯错误的人自己对照检查，认识错误并改正错误；采用自我认识、自我交流的方法，开展思想汇报和促进思想的发展；采用自我参与、自我批评的方法，引导人们在政治活动、社会活动和工作实践中，不断克服缺点错误，增强责任感。这些方法，都是自我修养方法在新的历史条件下的发展。

其二，反思。反思这个概念，在马克思主义以前的哲学著作中，使用比较广泛，在不同的哲学流派中有不同的含义，一般是指精神的自我活动和内心反省的修养方法。英国唯物主义哲学家洛克认为，经验按其来源可分为感觉和反思两种，感觉是外部经验，反思是内部经验，反思就是人的心灵以自己的活动为对象而反观自照，是一种思维活动和心理活动。唯心主义哲学家黑格尔则认为反思是以抽象的方式进行思维。哲学家费希特曾指出："只要人以单纯享受为目的，他就依赖于一种给定的东西，即他的现成存在的冲动对象。所以，他不是自由的……只要人进行反思，从而成为意识主体……他就会成为自我。"[1]在费希特看来，人的发展不应以感性的欲望为目标，而应当成为驾驭欲望、摆脱依赖的主体。

反思这个概念在思想政治教育中运用较多，它是指人们对以往的思想和行为进行系统的总结和深刻的理性思考。反思、反省都是主体的自我内心活动，但反思所涉及的内容不仅限于主体的主观因素，而且联系到社会、环境等客观因素；不仅分析思想和行为的现实状况，而且追溯思想和行为的来龙去脉。因而，反思对思想和行为的思考，比反省更全面、更系统。同时，反思对某一思想和行为的思考，不是就事论事的，不是简单地肯定或否定，而是要把它上升到理性的高度，运用一定的理论来揭示其实质。因而，反思比反省更深刻。

正确进行反思，反思主体首先要加强自我认识，使自己成为自我思想和行为的观察者，并能发现自己的思想和行为同正确的方向、原则之间的差距，开展内心对话，把自我认识转化为自我教育。因而，提高反思的水平，必须从提高自我认识的水平入手。自我认识水平包括自身的政治理论和道德修养水平，还包括反思主体认识客观外界的能力。如果反思主体缺乏对自己、对客观外界的深刻认识，没有主见，容易盲目从众，就难以进行正确反思。相反，如果反思主体不考虑客观外界的反映，拒绝听取人们的意见，孤立地陷于主观思考，也不可能进行正确反思。只有不断提高政治理论和道德水平，摆正主观同客观的关系，依照正确的原则进行判断，才能够正确进行反思。

其三，自我改造。所谓自我改造，是指在社会实践中，发挥主观能动性，

---

[1]《费希特著作选集》第 3 卷，商务印书馆 1997 年版，第 133 页。

自觉主动地进行自我剖析、自我批评，提高自己政治思想觉悟和道德水平的教育方法。自我改造虽然指的是主观世界的改造，但这种改造不是主体孤立的内心活动，而是同改造客观世界紧密相连的，不是主体脱离实际的闭门思过，而是在社会实践中进行的。"改造客观世界，也改造自己的主观世界——改造自己的认识能力，改造主观世界同客观世界的关系。"① 因此，社会实践是进行自我改造的基础，是推动自我改造的动力，也是检查自我改造成效的标准。离开社会实践来谈自我改造，自我改造就会陷于纯粹的主观思辨。

自我改造的方法，是自我教育最有效的方法，它体现主体自我教育的自觉性与能动性，促进主体按照正确的目标，不断调整自己的思想和行为，升华主观认识，使之符合客观世界的发展要求，逐步实现自我完善。所以，自我改造的过程，实际上是一个人自我完善的过程。有效进行自我改造，首先要学习马克思主义，在社会实践中掌握改造主观世界和客观世界的思想武器。其次，要严格解剖自己，对自己实事求是，认识自己的长处和短处，特别是敢于正视自己的缺点和错误，毫不护短，勇于改正。只有这样，才能做到自觉改造自己，使自己的思想认识不断向正确的方向发展。

（二）自我管理

所谓自我管理，指的是自觉运用法纪、规章制度和道德规范约束自己，调控和制约自己的言行。在社会生活中，每一个人都应当意识到自身的生存与发展是一种社会活动，因而自己是一个社会的人。这就是说，人们为了不至于同社会或他人发生冲突，就要用社会共同遵守的法规、制度和规范制约自己，管理自己。严格地说，每一个人一生中都离不开自我管理，因为每个人都要受自我意识的支配，指导自己的行动，协调个人同社会的关系。而行动的发生和关系的调控过程，也就是自我管理的过程。

在社会主义制度下，国家的宪法、各项法律和规章制度与社会主义的道德规范都是代表和维护人民群众根本利益的，它不是外部强加给人们的硬性规定，而是每个人都应该自觉遵守的准则。"加强制度理论研究和宣传教育，引导全党全社会充分认识中国特色社会主义制度的本质特征和优越性，坚定制度

---

① 《毛泽东选集》第1卷，人民出版社1991年版，第296页。

自信。"① 因此，加强自我管理，是社会主义制度的客观要求，是人民群众主人翁责任感的表现。自我管理可分为群体自我管理和个体自我管理。群体自我管理是指正式群体（包括群众团体、社会团体和集体等）和非正式群体中的成员，按照一定的规章制度互相制约、互相督促、共同遵守一定的规范，抵制、批评违反规范的言行。个体自我管理则是个人按照一定的规章制度调控和控制自己的言行，这种调控和控制主要有三种方式。

其一，自制。自制就是自我控制，指个人对自己的思想、情感和言行的约束和控制。自我控制主要是用理智的力量控制自己的感情冲动，制约越轨言行，不管受到什么样的外界刺激，都能保持沉着、冷静，具有高度的忍耐力和克己精神，使自己始终坚定正确的信念，指向正确的目标，并保证目标的实现。自我控制与人的认识水平有关，对客观事物认识越深刻，人的自我意识就越成熟，自我控制能力也就越强。自我控制也与人的目标坚定有关，能够矢志不移地为实现一定目标而努力的人，自我控制能力也很强。因此，要使人们能够掌握自我控制的方法，必须不断提高人们的认识能力，树立明确的奋斗目标。

其二，自律。自律就是自己约束自己，自觉地将自己的行为限制在一定的规范之内。自律包含了人们应有的自我监督意识和自我控制能力。个人自我监督和自我控制的程度主要取决于自觉性和文化、道德水平。人们在社会生活中，必须协调自己与社会的关系，这就需要自律。一个人如果对自己的情绪、行为不加控制，就会对社会和自身造成危害。淫逸、放荡、粗野、为所欲为等都是缺乏自律的表现。

其三，自我调控。所谓自我调控，就是教育者主要通过帮助受教育者自我认识、自我导向、自我控制来解决思想困惑、消除心理障碍的方法。运用这一方法，首先要启发受教育者自我认识的自觉性，帮助受教育者了解自己，接纳自己，树立必要的自信心。其次，要培养受教育者自我把握、自我调控的能力，学会正确调整思维方式、心理结构，正确调整与环境的关系。

自我调控的运用，主要在以下方面。一是认知调控。人的思想与行为往往

---

① 《中共中央关于坚持和完善中国特色社会主义制度 推进国家治理体系和治理能力现代化若干重大问题的决定》，人民出版社 2019 年版，第 43 页。

受认知支配，思想问题、心理状况主要是对现实认识的结果。解决思想问题而代之以正确思维，纠正不合理的信念而代之以合理的信念，必须从认知调控入手。因为对事物的不同认识，可以产生不同的思想矛盾与心理活动。合理的认知，可以达到心理的自我调适与良好心情；片面认知或对现实曲解，就会产生思想障碍与心理冲突。

认知调控是自我调控的一个方面，其调控的关键是要学会正确思维与心理平衡。有专家提出过心理平衡的要诀是：对自己不苛求，把目标定在自己能力范围之内；对别人期望不要过高；不要处处与人争斗；暂离困境，去做你喜欢做的事；大原则要坚持，在非原则问题上适当让步；对人表示善意；找人倾诉烦恼；帮助别人做事；适当娱乐；荣辱不惊，知足常乐。这些要诀，既是认知调控的重要条件，也是认知调控的具体方式。把握了这些要诀，实际上是把握了合理认知的准则，把握了主观与客观、个人与他人的辩证关系。

对已经形成的不合理认知，往往需要进行矫正调控。矫正调控可以借鉴美国心理学家艾利斯所提出的认知心理治疗的一种方法——理性情绪疗法。这一方法的基本思路是：认知障碍是由不合理的信念所造成的，因而要用合理的思维方式代替不合理的思维方式，以理性的信念代替非理性的信念来消除认知障碍。其步骤一是弄清引起认知障碍的不合理信念是什么，明确不合理信念是产生认知障碍的根源；二是找人交流甚至辩论，认清自己原有信念的不合理之处并放弃原有的不合理信念；三是学会以合理的思维方式取代过去那些不合理的思维方式，用理性观念代替非理性观念；四是在学习、生活过程中巩固调控效果。

认识、情感、意志、行为，是人的心理结构的基本要素，结构失调、混乱是产生心理障碍的重要原因。在人的心理结构中，认识是先导，情感、意志是中介，行为是归宿。认识愈全面深刻，情感就愈有理性指导，意志也愈坚定，行动就愈自觉。认识片面、模糊、错误而得不到及时纠正，就会导致心理失衡甚至心理障碍。因此，教育者要着重在提高受教育者认识能力和认识水平上下功夫。当然，也有的人是因为感情脆弱、感情对立或者意志软弱而导致心理障碍的，这就要启发受教育者从感情、意志入手解决问题。

二是调整与环境的关系。人们对环境因素不能用全面、发展、联系的观点观察，产生错觉、猜疑而不能及时克服，就可能导致恐惧、焦虑等情绪反应。针对这种情况，就要调整受教育者与环境的关系。我国金代医学家张子和以惊治惊就是运用这种方法。张子和以惊治惊的故事是这样的：卫某之妻夜宿客店，强盗劫财纵火，受惊，怕听声响。张子和让病人看醒木拍响，先惊，后多次重复，缓解。这是让当事人自行调整，逐步适应环境的方式。还有将引起当事人心理问题的情境快速充分暴露，引导当事人迅速调整的方式。两种方式都是设置一定的客观环境，帮助受教育者调整适应，解除心理障碍。

三是情绪调控。当今社会，是一个开放性、多样化、快变化、高压力的社会，随着物质生活、社会生活、文化生活的提高与丰富，人们的情绪也在不断丰富与变化。人们在思考如何调控自己的情绪，以增强竞争能力与心理承受能力；如何让自己过得更愉快，以提高生活质量。

情绪，是人各种的感觉、思想和行为的一种综合的心理和生理状态，是对外界刺激所产生的心理反应，如喜、怒、哀、乐等。情绪是个人的主观体验和感受，常跟心情、气质、性格和性情有关。普通心理学认为，情绪是指伴随着认知和意识过程产生的对外界事物的态度，是对客观事物和主体需求之间关系的反映，是以个体的愿望和需要为中介的一种心理活动，情绪包含情绪体验、情绪行为、情绪唤醒和对刺激物的认知等复杂成分。

要调控自己的情绪，就需要了解情绪的特点。情绪的第一个特点是必要性。所谓必要性，是指任何情绪的发生，都不是无缘无故的；任何情绪都是必要而有意义的。每个人都希望追求更多的快乐，不希望痛苦，但我们不可能只要愉快，不要痛苦。情绪的第二个特点是两极性。心理学把情绪分为正性和负性两类，带来愉快体验的情绪就叫正性情绪，带来痛苦体验的情绪则叫负性情绪；正性情绪包括喜、爱、满意、欣慰等；负性情绪包括愤怒、焦虑、恐惧、悲痛、羞愧等。对情绪分类方法有很多种，不同学派有不同的分类方法，我国传统观念将情绪分为七种，即喜、怒、忧、思、悲、恐、惊，这七种情绪中就包含了两极性。正性情绪和负性情绪，是相互联系并可以相互转化的，并不是绝对对立的。情绪的第三个特点是动力性。所谓动力性，是指情绪可以为行为和感知提供能量，即情绪驱动，情绪越高，对行为的驱动就越强，情绪达到极端时行为失去理智，就会产生行为冲动。所以，由情绪的驱动性特点，就可以逻辑推论出情绪的第四个特点，就是非理性，即情绪是心理活动的一个方面，有受理智控制的一面，也有不可控制性。不管是可控制还是不可控制，情绪都会表现出来，也就是情绪的第五个特点——发泄性。所谓发泄性是指任何一种情绪，都要经历发生、发展、高潮、下降和结束的过程，当其经过蓄积发展到高潮时，就要释放出来，如果总是蓄积而不释放，就会积郁成疾。

根据情绪的特点，情绪调控则有以下维度与方式：一是自我维度与自我宣泄方式，也就是自己认识自己的情绪状态及其产生的原因，采取缓解、运动、转移等方法，如写日记、看电影、上网娱乐、转换环境等具体方式，可以有效进行情绪自我调控。二是他人维度与他助宣泄，也就是向亲人、朋友、师长、同事诉说心中的烦恼和忧虑，以宣泄自己的烦恼和不快，调节自己的情绪。三是环境维度与向环境表达，即通过面向大海、高山高歌，或者倾诉；或去跑步、旅游；或在模拟对话中宣泄，发泄烦恼，宁心息怒。四是理性维度与升华方式，就是把自己的情绪和情感，经过理性反思，升华为一种对自己、对他人、对社会具有建设性意义的责任与动力，促进自己多做工作、多做贡献。在确定调控情绪维度与方式时，一定要从自己的实际与特点出发，以不妨碍他人和社会利益为原则，选择合适的方式。若方式选择不当，不但不能促进心理健康，反而会带来新的情绪困扰。

第五节　激励、感染教育法

激励教育法和感染教育法，是思想政治教育经常使用的方法。这两种方法有相近之处，即它们都是通过激发人们的主观动机和思想感情来调动积极性的，但两种方法采取的途径和方式是不同的。

一、激励教育法

所谓激励，就是激发与鼓励。激励教育法，就是激发人们的主观动机，鼓励人们朝着正确目标努力的方法。激励教育法是以人们的客观需要和主观动机为根据的，是以实现一定期望为目的的。人们不管做什么事情，都有一定动机或某种指向，即要达到某种目的。没有任何动机的行为，没有任何目的的行为，严格讲不是人的行为。当人们已经确立了正确的目标，并朝着正确目标付诸行动时，如何研究激发动机的因素，如何强化人们从事活动的期望，如何激发人们的动力，这就是激励教育的任务。因而，激励教育过程，就是激发人们的内在动力，调动人们的积极性，使其向着正确目标前进的过程。

（一）激励教育的内容

用于激励教育的内容有两大方面，即物质激励和精神激励。物质激励也叫物质鼓励，就是指在按劳分配的基础上，对为社会的经济发展和全面进步做出了重要贡献的先进分子，给予实物奖励。实物奖励包括颁发奖金、奖品等实物。物质鼓励是物质利益原则在思想政治工作和管理工作中的具体运用。为了提高人们的积极性，促进经济效益和社会效益的提高，必须给做出突出贡献的人以一定的物质鼓励。这正如列宁所说的："我们应该记住，除了我们决心要进行的生产宣传以外，还要采取另一种诱导方式，即实物奖励。"[1] 精神激励也叫精神鼓励，是对做出重要贡献的先进分子授予各种荣誉，给予多种表扬，包括发给奖状、奖牌和授予各种光荣称号等，来激励人们努力进取，提高思想境界，多做贡献。精神鼓励有利于推进先进生产者和工作者的劳动成果得到社会的承认，使其受到人们的尊重，成为群众学习的榜样。

物质鼓励和精神鼓励是互为补充，相辅相成，缺一不可的。要调动广大群众的积极性，一方面要关心群众的物质利益，实行必要的物质鼓励，把劳动者所得的报酬同他为社会所提供的劳动的质和量联系起来，使劳动者依贡献大小不同，在物质收入方面有所差异，不能干多干少一个样，干好干坏一个样。思想政治教育不能不讲物质鼓励，否则就会脱离实际而不能收到应有的效果。另一方面，我们也要关心和满足群众的精神需要，坚持以精神鼓励为主。精神鼓励在任何情况下都是不可缺少的，精神财富是最宝贵的财富，精神动力是持久的、强大的动力。新时代"满足人民过上美好生活的新期待，必须提供丰富的精神食粮"[2]。人们对美好生活的需要离不开方向引导和精神动力。而精神动力不是单靠奖金能够保持和增强的。如果放弃精神鼓励，就会见物不见人，甚至失去精神支柱，导致拜金主义、享乐主义和极端个人主义行为。因此，物质鼓励不能代替精神鼓励，精神鼓励也不能代替物质鼓励，只有把两者有机结合起来，才能正确而充分地调动广大群众的积极性。

---

[1]《列宁全集》第 40 卷，人民出版社 2017 年版，第 151 页。

[2] 习近平：《决胜全面建成小康社会 夺取新时代中国特色社会主义伟大胜利——在中国共产党第十九次全国代表大会上的报告》，人民出版社 2017 年版，第 43—44 页。

（二）激励教育的方式

激励教育法的途径和方式是多种多样的，主要有以下几种。

一是目标激励。所谓目标激励，就是通过树立理想，激发人们为实现理想而奋斗。人的理想信念，是人能动性的表现，具有一定的方向性或目的性。而一定的目标被人们确立起来，就会产生激发和吸引作用，促进人们为实现目标而行动。所以，目标激励的实质是增强人们的自觉能动性。目标看起来是主观的、抽象的，但目标一旦被人们认同和确立，则富有客观内容而具体。目标有不同的内容，也有不同的层次。进行目标激励，要根据激励对象的实际选择目标内容与层次。例如，对社会责任感不强的人，要选择社会政治目标进行激励教育；对学习、工作动力不足的人要选择事业目标进行推动；对道德品质较差的人要选择一定的道德目标给予教育；对表现好的人，要帮助确立高层次目标使之追求；等等。不管教育对象的具体实际，笼统地进行目标教育，不会有好的效果。思想政治教育的重要任务是要帮助人们树立远大的目标，远大的目标可以产生持久的、巨大的动力。远大的目标一般是指社会政治目标。"我们党在不同历史时期，总是根据人民意愿和事业发展需要，提出富有感召力的奋斗目标，团结带领人民为之奋斗。"[1] 例如，在我国，实现共产主义的远大理想，无产阶级及其政党的奋斗纲领，我国社会主义现代化建设的发展前景，是中国共产党人和中国人民向往与努力的共同目标，这一目标是经过我国几代人浴血奋斗确立起来的，确立之后，又对我国几代人产生强大的吸引和激励作用。"现在，我们比历史上任何时期都更接近实现中华民族伟大复兴的目标，比历史上任何时期都更有信心、更有能力实现这个目标。"[2] 所以，思想政治教育工作者，要经常结合实际，帮助人们认识、理解、接受、树立远大目标，激励人们为实现远大目标而奋斗。

二是奖罚激励。所谓奖罚激励，就是对人们的思想行为表现给予肯定、表扬或给予否定、批评。奖罚激励包括嘉奖、表彰、表扬和批评、惩罚、处分等具体方式，是思想政治教育经常运用的方法。唯物辩证法告诉我们，客观事物的发展总是不平衡的。在学习、工作和生活中，总是既有先进，也有落后，既

---

①《习近平谈治国理政》第 1 卷，外文出版社 2018 年版，第 12 页。

②《习近平谈治国理政》第 1 卷，外文出版社 2018 年版，第 50 页。

有积极因素，也有消极成分。我们的各项工作和事业正是在先进与后进、积极与消极的矛盾运动中不断发展的。思想政治教育的重要职责，就是要旗帜鲜明地表扬先进、奖励先进，使先进人物的先进思想和事迹激励人们学习、仿效，促进人们进步。同时，对后进和缺点错误，也要给予必要的批评、惩罚，激起人们的警觉，引以为戒。表扬、奖励是正面激励，批评、惩罚是反面激励，两者相辅相成联系在一起，并从不同侧面教育和提高群众的思想觉悟和认识能力，因而在使用时，必须把两者结合起来。在运用过程中，一定要坚持以表扬、奖励为主，这是思想政治教育的一个原则。这是因为，在我国社会，积极面、正确面一般是占主导地位的，这一客观事实要求我们在进行奖罚激励时，必须坚持以表扬和奖励为主。同时，从大多数人的思想和行为状况来看，他们身上虽然既有优点又有缺点、既有长处又有短处，但大多数人身上的优点和长处是主要的，积极进取精神是主流。思想政治教育工作者首先要善于发现人们的优点和长处，调动人们的积极性、主动性和创造性。当然，批评、惩罚也是不可缺少的，但批评和惩罚的最终目的还是为了克服消极因素，调动积极因素，促进人们进步。因此，表扬、奖励要多一些，面要宽一些。如果表扬、奖励太少，面太小，先进的作用显示不出来，会使人觉得先进可望而不可即，影响积极性的发挥。但表扬、奖励也不可太多，否则，也会降低表扬、奖励的作用，达不到激励的目的。批评、惩罚只宜少，不宜多，但也不能没有。特别是在自我教育还没有达到比较自觉程度的情况下，批评、惩罚更是不可缺少的。如果不要批评、惩罚，歪风邪气，违法乱纪现象就会不断出现。在运用表扬、奖励和批评、惩罚时，也要把握准确度。不管是奖是罚，是表扬还是批评，都要实事求是，准确公道，既不要夸大，也不可缩小，只有这样，才能服众。表扬、奖励过头了，批评、惩罚过分了，都会引起群众不服甚至反感。表扬、奖励不当，会使受表扬、奖励者骄傲而脱离群众；批评、惩罚不当，也会使受批评、惩罚者灰心丧气。因此，掌握好表扬与批评、奖励与惩罚的尺度，是很有讲究的教育艺术。

三是竞争激励。所谓竞争激励，就是通过评估、比较造成一种相互竞赛、不甘落后、争取优胜的状况。竞争也可以叫竞赛，它是根据人们在学习、工作、生产等方面表现与贡献的不平衡性和可比性，利用人们的上进心理和互相争胜心理，来激发动力、鼓励上进、推动工作的，是思想政治教育经常运用的一种方式。在社会主义市场经济体制下，在社会竞争不断加强的情况下，思想政治教育运用这一方式，可以培养人们正确的竞争意识和勇于拼搏、力争上游、不甘落后的精神，可以有效推动个人的成长和单位事业的发展。

竞争激励是有目的、有组织、有领导进行的一种教育活动，不是一种自由、自发的行为。它可以用于个人与个人之间、单位内部和单位与单位之间的评估、比较。其内容和形式是丰富多彩的，有全面的评比，也有单项竞赛；有优中选优，也有逐个淘汰；有当场直接较量，也有分头间接比较；等等。这些方式，可以直接与思想政治教育的内容相结合。开展学习、教育、集体建设、作风、团结等方面的比进步、比贡献、比合作的活动，也可以以业务学习、本职工作、文体活动、社会活动等内容为载体，通过比技能、比成绩、比知识理论来激发上进心，增强集体荣誉感。

用好竞争激励，一定要把握条件，这些条件主要有：第一，要有正确的指导思想和明确的目的。竞争的目的是为了激励上进、鼓励先进，为集体、为人民争光，而不是为个人争名夺利，更不是为了压制、打击甚至陷害别人。否则，竞争就失去了意义，搞不好，还可能助长个人英雄主义、锦标主义、弄虚作假的不良风气，甚至造成破坏团结，搞乱思想，引起冲突的严重后果。因此，坚持以正确的思想为指导，帮助竞争者明确竞争的目的，是搞好竞争激励的前提。第二，要有严格的标准，明确的要求，这是保证竞争激励顺利进行的必要条件。竞争者都要按统一的要求和标准开展竞争，才能实事求是，公平合理；也只有这样，才能决出高低，比出胜负。如果没有严格、统一的标准和明确的要求，就会在竞争中是非不明、好坏难分，达不到鼓励先进、鞭策后进的目的，甚至会挫伤先进者的积极性，助长消极落后情绪蔓延。第三，在竞争激励中，既要鼓励大家争取优胜，又要提倡发扬风格，要比出干劲来，评出风格来，赛出团结来，增强集体荣誉感，千万不能因为争名次，争奖励而损害单位之间和人际的友谊和团结。

二、感染教育法

所谓感染教育法，就是人们在无意识和不自觉的情况下，受到一定感染体或环境影响、熏陶、感化而接受教育的方法。感染教育法较说理教育法具有更形象、生动、自然的特点，具有更为浓厚的情感色彩。习近平指出："一种价值观要真正发挥作用，必须融入社会生活，让人们在实践中感知它、领悟它。要注意把我们所提倡的与人们日常生活紧密联系起来，在落细、落小、落实上下功夫。"[1] 我国城乡广泛开展的群众性精神文明创建活动和企业文化、校园文化、军营文化建设，都具有很强的感染教育作用。

（一）感染教育的取向与特点

在感染教育中，人们受感染体的感染有两种不同的性质，即顺向感染和逆向感染。人们对感染的情感产生亲和，接受感染体的内容，称为顺向感染；人们对感染的情感产生对立，不接受感染体的内容，甚至对感染体鄙视和排斥，称为逆向感染。思想政治教育就是要使人们在感染教育中产生情感"共振"，促进顺向感染发生，防止逆向感染出现。

感染教育适用于所有的教育对象，用于青年学生，效果更为突出。因为青年学生思想活跃，感情丰富，加上他们有一定的文化科学知识，生活的集体化程度较高，具有激发情感的良好条件。运用感染方法，特点是寓理于情，使受教育者在不知不觉中，乐于接受教育，从而保持教育信息接受系统的开放状态，对教育内容保持亲和的、积极的和兴奋的情绪，潜移默化地接受某种思想观念和行为规范。感染并不是一种孤立的方法，它可以贯穿于思想政治教育的其他方法中，同其他方法结合起来运用。概括起来讲，思想政治教育的基本方法就是要晓之以理，动之以情，导之以行。所谓晓之以理，主要采用说服的方法，但要提高对"理"的接受率，就必须注意寓理于情，加强说理教育的生动性和情感性。所谓动之以情，主要是采用感染的方法。但以情感人的目的是为了使受教育者能够接受一定的教育内容，同样必须寓理于情。所谓导之以行，就是以教育者自己的模范行为去教育对象、感染对象。因而，运用感染方法调动情感力量，可以使思想政治教育的各种方法更加生动活泼，形式更加喜闻乐见，从而增强思想政治教育的吸引力和感染力，提高思想政治教育的效果。

（二）感染教育的内容与方式

按不同的活动方式和内容划分，感染教育主要有以下几种。

一是形象感染。形象感染也叫形象教育，指用生动、直观的事物形态和深刻反映社会现实的典型事例感化人们的情感，启发人们理解和接受抽象道理的

---

[1]《习近平谈治国理政》第 1 卷，外文出版社 2018 年版，第 165 页。

一种教育方式。形象感染主要包括：身临其境、参观访问、实地考察，在生动的情景中受感染，也可以称为情景感染；观察现象、接触实物、观看图片，在形象的直观中受感染，也可以称为直观感染；同人物结交访谈，在直接的言谈举止中受感染。形象感染主要不是靠说教，而是主要靠形象的内在感染力，具有直观、具体的特点，能使思想政治教育生动活泼，效果良好。

二是艺术感染。艺术感染也叫艺术教育，是通过文学、美术、音乐、舞蹈、戏剧、电影、电视等文艺作品的欣赏活动、评论活动和创作活动给人以影响和感化。"文学、戏剧、电影、电视、音乐、舞蹈、美术、摄影、书法、曲艺、杂技以及民间文艺、群众文艺等各领域都要跟上时代发展、把握人民需求，以充沛的激情、生动的笔触、优美的旋律、感人的形象创作生产出人民喜闻乐见的优秀作品，让人民精神文化生活不断迈上新台阶。"[1] 艺术感染实际是美育的一个方面，是一种寓教于乐的方法。它以艺术美的欣赏，发展想象力和创造性，培养鉴赏能力和审美观点，陶冶道德情操，丰富精神生活，有助于树立正确的世界观和人生观。要进行艺术感染，首先要培养受教育者欣赏的兴趣，如介绍某种文学和艺术作品的创作背景、取材内容及趣闻逸事等，联系受教育者自身经验和当时背景，引导欣赏。其次要培养提高受教育者欣赏的鉴别能力，组织好书评、影评等活动，正面加以引导，用正确思想和高尚情趣欣赏文学艺术作品，抵制和反对低级庸俗的东西，善于鉴别真与假、善与恶、美与丑。最后，要激发受教育者强烈的情感反应。"广大文艺工作者要善于从中华文化宝库中萃取精华、汲取能量，保持对自身文化理想、文化价值的高度信心，保持对自身文化生命力、创造力的高度信心，使自己的作品成为激励中国人民和中华民族不断前行的精神力量。"[2] 合理利用各种欣赏内容和情境，激发受教育者的惊讶、赞叹、敬佩、景仰等情感反应，并通过指导被教育者从事阅读、练习、创作等实际活动，进一步发展受教育者的审美情感，道德情感。

三是群体感染。群体感染也叫交互感染，指在一个群体中，受感染体感染的各个个体相互作用、相互影响的状况。这种状况，在日常生活中和思想政治教育中是大量存在的。比如，众多人一起看一场精彩的球赛比一个人看一场同

---

①《习近平谈治国理政》第 2 卷，外文出版社 2017 年版，第 315 页。

②《习近平谈治国理政》第 2 卷，外文出版社 2017 年版，第 349 页。

样精彩的球赛受的感染要强烈得多。一个人生活在一个朝气蓬勃的集体中就会感到心情舒畅；生活在一个死气沉沉的集体中就会感到精神不振、心情忧郁。所以，古人说，入芝兰之室，久而不闻其香，入鲍鱼之肆，久而不闻其臭。人们也常把好集体称作"熔炉""摇篮"，而把不好的集体比作"染缸""温床"。这些说的都是群体中的个体存在相互感染的现象。个体在群体中受感染的强度是加强还是削弱，要看个体与群体受感染的方向是否一致。如果群体受感染同个体受感染具有同一性质和方向，那么个体受感染的强度就会在群体的影响下增加，否则，就会削弱个体感染的强度，甚至可能使个体的感染强度向相反方向发展。在现实生活中，由于每个人不可能孤立存在，都要置身于这样或那样的群体之中，那么，每个人对某种感染体的感染强度，必定受到群体对同一感染体的感染强度的影响和作用。思想政治教育运用感染方法，就是要善于培养群体的顺向情感，使其产生顺向感染去影响个体，使个体增强或激发顺向情感，削弱逆向情感，并尽可能使逆向情感向顺向方面转化，从而使个体在积极、健康的环境影响下，潜移默化地接受正确的思想观点和行为规范。

思考题

1. 疏导教育法的具体方式有哪些？
2. 比较教育法的具体运用有哪些？
3. 自我教育法的具体方式有哪些？
4. 激励教育法的具体方式有哪些？

▶ 思考题
答案要点

第九章　思想政治教育载体与隐性思想政治教育方法

　　思想政治教育载体的设计运用，体现着时代的要求，反映了教育者的目的、原则和价值取向，具有选择性。隐性教育是适应时代发展和现代主体而迅速发展的一种教育方法，是新时期思想政治教育方法研究的重要课题，是思想政治教育方法的创新点。

第一节　思想政治教育载体与隐性思想政治教育方法概念

　　思想政治教育内容的实施、活动的开展、任务的完成，都离不开一定的载体。当前"世界多极化、经济全球化、社会信息化、文化多样化深入发展，全球治理体系和国际秩序变革加速推进，各国相互联系和依存日益加深，国际力量对比更趋平衡，和平发展大势不可逆转。同时，世界面临的不稳定性不确定性突出，世界经济增长动能不足，贫富分化日益严重，地区热点问题此起彼伏，恐怖主义、网络安全、重大传染性疾病、气候变化等非传统安全威胁持续蔓延，人类面临许多共同挑战。"[①] 在上述情况下，思想政治教育如何选择和运用合适的载体具有重要价值。

一、思想政治教育载体及类型

　　到目前为止，对思想政治教育载体的界定和分类尚无统一标准。有把思想政治教育载体划分为物质载体和精神载体的，也有把思想政治教育载体分为潜载体和显载体的，还有把思想政治教育载体分为动载体和静载体或传统载体和现代载体的。

　　所谓思想政治教育载体，是指在思想政治教育过程中承载和传递思想政治

---

① 习近平：《决胜全面建成小康社会　夺取新时代中国特色社会主义伟大胜利——在中国共产党第十九次全国代表大会上的报告》，人民出版社 2017 年版，第 58 页。

教育信息、能为思想政治教育主体所操作并与思想政治教育对象发生联系的一种方式和外在表现形态。常见的思想政治教育载体包括管理载体、文化载体、活动载体、传媒载体、网络载体等类型。

所谓管理载体，就是通过管理承载教育内容，并运用管理活动、管理手段，开展思想政治教育，以提高人们的思想道德素质，规范行为，调动学习和工作的积极性。所谓文化载体，是指利用文化产品、文化环境、文化氛围等文化方式，开展思想政治教育活动。所谓活动载体，就是通过设计活动方式、活动形式，承载思想政治教育的内容，达到思想政治教育的目的。所谓传媒载体，就是充分利用现代传播媒介，传导思想政治教育内容，使人们在接受广泛的社会信息的同时，接受思想政治教育，从而全面提高自己的思想道德素质和科学文化素质。所谓网络载体，就是借助互联网络，建立网络思想政治教育平台，开展思想政治教育；或通过网络平台，渗透思想政治教育的内容，达到思想政治教育的目的。

二、隐性思想政治教育及方法

（一）隐性思想政治教育与显性思想政治教育

所谓隐性思想政治教育，是指利用隐性思想政治教育资源，采用比较含蓄、隐蔽的形式，运用文化、制度、管理、隐性课程等潜移默化地进行教育，使受教育者在有意无意间受到触动、震动、感动，提高思想道德素质的教育方式。

隐性思想政治教育是相对于显性思想政治教育而言的。显性思想政治教育是通过直接的、有计划、有步骤的显性方式，来达到思想政治教育目的，在教育过程中教育者与受教育者关系明确，有明确的教育目的、教育计划，教育比较规范。习近平在学校思想政治理论课教师座谈会上指出："要坚持显性教育和隐性教育相统一，挖掘其他课程和教学方式中蕴含的思想政治教育资源，实现全员全程全方位育人。"[①] 思想政治教育就是显性教育和隐性教育的统一。新时代在坚持显性思想政治教育的同时，更加需要注重隐性思想政治教育，润物

---

①《用新时代中国特色社会主义思想铸魂育人 贯彻党的教育方针落实立德树人根本任务》，《人民日报》2019 年 3 月 19 日。

于无声。

（二）隐性思想政治教育的提出与特点

1968 年，美国教育学家菲利普·W.杰克逊在其著作《课堂生活》里首次提出"隐性课程"概念，并很快得到教育界的认可。杰克逊认为，学生从学校生活中不仅学到了读、写、算等文化知识，而且获得了态度、动机、价值和其他方面的成长。这些价值、规范、态度、动机并非是从学术课程中获得的，而是经由学校的非学术方面，潜移默化地传递给学生。杰克逊把这种"非正式的文化传递"称为隐性课程。杰克逊通过隐性课程概念揭示与探讨了学校中的守则、常规与章程的作用，并指出学校生活中的群体、表扬与权威这三个特征对于学生有着无形的影响与支配作用。由于隐性课程不仅展现了班级课程中以前未被认可的成分，而且它还提醒我们注意过去学校在其中起重要作用的各种未被发现的方式，因此，"隐性课程"成为课程领域中新的研究课题。无论教师如何开明、课程如何进步，总会有某些不是课程中的东西传递给学生，这些东西不是必须在课中讲授，也不是必须在集会中灌输，但学生总会从中学习到一些实际知识与经验。

隐性思想政治教育，一般而论，在教育内容上比较隐含。思想政治教育的内容往往隐藏在一定的活动和周围的环境中，受教育者没有直接感受到自己在接受这方面的教育，然而活动及其周围的附加物、伴随物却传达着这些信息。这种教育方式的间接性，是一种情感的体验。现代思想政治教育学认为，人的思想存在一种"自身免疫效应"，即当与人自身固有的思想体系相区别的外界思想进入时，人自身的原有思想就会形成一个"保护层"阻止外界思想的"侵入"，并且这种外界思想被人感知的程度越大，它所受的抵触也就愈强烈。隐性思想政治教育方法能巧妙地化解"自身免疫效应"，它在实现人的思想转化过程中，不知不觉地、顺乎自然地将思想政治教育内容转化到受教育者的思想中去；而且这种转化的效果具有持久性，会成为受教育者自我教育的资源，渗透内心，发挥长久的教育效应。

（三）隐性思想政治教育方法

隐性思想政治教育方法主要包括渗透式教育方法、陶冶式教育方法和实践体验教育方法等。

其一，渗透式教育方法。

所谓渗透式教育方法，是指教育者将教育的内容渗透到受教育者可能接触到的一切事物和活动中，潜移默化地对受教育者产生影响的方法。隐性教育法是真理、事理、情理相融合的方法。隐性教育的内容应当广泛渗透在教师教书育人、课程设置、校园文化、先进人物的榜样示范和良好的社会环境之中。自觉运用渗透式教育方法，要选择合适的载体，这些载体包括：

一是活动载体。利用活动载体，是寓教于行的有效方式。这种方式就是让人们在参与活动中亲临其境、亲自体验、亲自感受，从而使自己的思想发生变化，受到教育。活动载体强调的是活动气氛，自己感受，没有其他中间环节，缩短了教育时间，扩展了教育空间，提高了教育效率。在思想政治教育中，我们可以根据教育的需要来选择活动方式和创造活动方式。如野外生存训练活动，团队教育活动，拓展教育活动，角色扮演活动，模拟法庭活动等。思想政治教育也可以利用社会现有资源组织教育活动，即充分利用革命活动纪念地、纪念馆、烈士陵园、博物馆、展览馆等进行教育，以提高人们的思想道德情感和思想道德素质。

二是文化载体。利用文化载体，是寓教于文的有效方式。文化是人类在知识传播、知识创新、人才培养和科学实践中形成的物质成就和精神财富。思想政治教育通过文化载体，形成文化氛围，实现"氛围管理"，就能够潜移默化地熏陶人、规范人。

三是管理载体。利用管理载体，是寓教于管的有效方式。这种方式是运用一定的组织纪律或行政措施来约束、规范和协调人们的行为，以养成良好的行为习惯和道德作风的方法。通过管理载体实施教育，必须以建立、健全和贯彻执行管理制度为前提。健全必要的规章制度是维护一个单位正常秩序和生活节奏的必要条件，是实现思想政治教育的保证。一个人的价值观、世界观、人生观的形成，既需要长期的思想政治教育，也需要有效的管理，只有把教育与管理有机地结合起来，把思想政治教育渗透、贯穿于管理的全过程，才能使各项规章制度的贯彻执行成为人们的自觉行动，并能用管理来巩固思想政治教育的成果。

四是传媒载体。江泽民强调，全党要适应新形势发展的要求，深入研究人们思想活动的新情况新特点，探索新形势下作好思想政治工作的规律和办法，把工作做得更好，还指出："适应新形势要求，思想工作要在继承优良传统的基础上，充分运用大众传媒和文化设施，采取容易为群众所接受、所欢迎的方式方法进行。"①在社会信息化条件下，传媒载体是思想政治教育的现代载体。随着世界政治多极化和经济全球化的发展，社会信息化发展的速度加快，人们的思维方式、生活方式、审美情趣、处世态度等呈现多样化发展趋势。习近平指出："全媒体不断发展，出现了全程媒体、全息媒体、全员媒体、全效媒体，信息无处不在、无所不及、无人不用，导致舆论生态、媒体格局、传播方式发生深刻变化。"②习近平进一步强调指出："党报党刊要加强传播手段建设和创新，发展网站、微博、微信、电子阅报栏、手机报、网络电视等各类新媒体，积极发展各种互动式、服务式、体验式新闻信息服务，实现新闻传播的全方位覆盖、全天候延伸、多领域拓展，推动党的声音直接进入各类用户终端，努力占领新的舆论场。"③因此，习近平强调："我们必须科学认识网络传播规律，提高用网治网水平，使互联网这个最大变量变成事业发展的最大增量。"④面对新情况、新问题，思想政治教育要取得新的发展，必须充分发挥传媒载体的作用，不断提高思想政治教育的感召力和渗透力。

其二，陶冶式教育方法。

所谓陶冶式教育方法，就是在思想政治教育过程中努力营造一个健康、乐观、向上的文化氛围和教育环境，开展喜闻乐见的文化艺术活动，使人们在耳濡目染中受到思想政治教育的方法。陶冶式教育方法就是寓教于境、寓教于情、寓教于乐。在这里，教育环境是重要的载体，它既包括有形的自然景观、文化景点，也包括无形的文化氛围和社区人际关系。人们在这种自然或人化的环境中，自觉地受到环境的熏陶。孔子很重视陶冶的方法，提倡用诗歌、音乐来陶冶学生的性情。古罗马诗人、文艺理论家贺拉斯在《诗艺》中提出了有关诗的作用的一个重要观点，即诗应带给人乐趣和益处，也应对读者有所劝谕、有所帮助。贺拉斯提出，一首诗仅仅具有美是不够的，还必须有魅力，这样才

---

① 江泽民：《论党的建设》，中央文献出版社 2001 年版，第 133 页。

② 《推动媒体融合向纵深发展　巩固全党全国人民共同思想基础》，《人民日报》2019 年 1 月 26 日。

③ 《推动媒体融合向纵深发展　巩固全党全国人民共同思想基础》，《人民日报》2019 年 1 月 26 日。

④ 《举旗帜聚民心育新人兴文化展形象　更好完成新形势下宣传思想工作使命任务》，《人民日报》2018 年 8 月 23 日。

能发挥艺术的教化作用、陶冶作用、感染作用。

陶冶式教育方法，揭示了陶冶的基本特征。陶冶中所包含的真、善、美，必须通过明晰的个性化，转化为个体可以直接接受的形式。江泽民指出："我们的宣传思想工作，必须以科学的理论武装人，以正确的舆论引导人，以高尚的精神塑造人，以优秀的作品鼓舞人，不断培养和造就一代又一代有理想、有道德、有文化、有纪律的社会主义新人，在建设有中国特色社会主义的伟大事业中发挥有力的思想保证和舆论支持作用。"[1] 这就深刻地阐明了陶冶式思想政治教育必须用"科学的""正确的""高尚的""优秀的"作品来武装、引导、塑造、鼓舞人们，让人们在正面的影响中，陶冶性情，受到教育。列宁说："艺术是属于人民的。它必须在广大劳动群众的底层有其最深厚的根基。它必须为这些群众所了解和爱好。它必须结合这些群众的感情、思想和意志，并提高它们。它必须在群众中间唤起艺术家，并使他们得到发展。"[2] 习近平指出："应该用现实主义精神和浪漫主义情怀观照现实生活，用光明驱散黑暗，用美善战胜丑恶，让人们看到美好、看到希望、看到梦想就在前方。"[3] 新时代要充分发挥社会主义核心价值观对国民教育、精神文明创建、精神文化产品创作生产传播的引领作用，形成良好的社会风气，让人们在风清气正的社会环境中净化心灵，陶冶情操，受到教育。

其三，实践体验教育方法。

实践体验教育方法，就是组织人们自觉参与群众性精神文明创建活动以及社区的管理和建设，自愿参与各种生产劳动和社会服务活动，丰富实践体验，提高思想道德素质的方法。如开展"文明社区""文明单位""文明班组""文明校园"等建设，实施面向社会弱势群体的"帮贫助困"工程，学生勤工助学活动，青年志愿者和"三下乡"活动等，都能收到良好的教育效果，体现了实践体验教育的巨大作用。正如亚里士多德所言，正如其他技术一样，我们首先必须通过实践才能获得美德。"比如，我们通过造房子而成为建筑师；通过弹奏竖琴而成为竖琴手。同样，我们通过做公正的事情成为公正的人，通过

---

① 江泽民：《论党的建设》，中央文献出版社 2001 年版，第 125 页。

②《列宁论文学》，人民文学出版社 1958 年版，第 137 页。

③《习近平谈治国理政》第 2 卷，外文出版社 2017 年版，第 319—320 页。

节制成为节制的人，通过做事勇敢成为勇敢的人。"总之，品格伴随着相同的实践。^①江泽民指出："社会主义的巩固和发展，需要一代又一代人坚持不懈地努力奋斗。我们的事业任重道远，希望寄托在青年人身上。赢得青年，才能赢得未来。共青团是党的助手和后备军，要充分发挥团结和教育青年的作用。全党、全社会都要关心青少年的健康成长，在改革和建设的实践中努力造就千百万社会主义事业接班人。"^②习近平指出："要通过教育引导、舆论宣传、文化熏陶、实践养成、制度保障等，使社会主义核心价值观内化为人们的精神追求，外化为人们的自觉行动。"^③可见，通过实践活动，让人们去体验、去感受，对于思想政治教育具有重要意义。

第二节　活动载体与寓教于行方式

随着社会的不断发展，思想政治教育的活动方式和内容也越来越丰富，在思想政治教育中的作用也越来越重要，因此，要发挥活动载体的功能，丰富多彩地开展思想政治教育。

一、活动载体的作用与类型

（一）活动载体的作用

人类的任何活动都是围绕着一定的目的而开展的，思想政治教育活动也不例外，同样具有明确的目的性。正如恩格斯所言："在社会历史领域内进行活动的，是具有意识的、经过思虑或凭激情行动的、追求某种目的的人；任何事情的发生都不是没有自觉的意图，没有预期的目的的。"^④马克思在指出人类劳动和蜘蛛、蜜蜂等动物活动的区别时，又一次强调："劳动过程结束时得到的结果，在这个过程开始时就已经在劳动者的表象中存在着，即已经观念地存在

---

① [古希腊] 亚里士多德：《尼各马可伦理学》，廖申白译注，商务印书馆 2003 年版，第 36—37 页。

②《江泽民文选》第 1 卷，人民出版社 2006 年版，第 248 页。

③《习近平谈治国理政》第 1 卷，外文出版社 2018 年版，第 164 页。

④《马克思恩格斯选集》第 4 卷，人民出版社 2012 年版，第 253 页。

着。他不仅使自然物发生形式变化，同时他还在自然物中实现自己的目的，这个目的是他所知道的，是作为规律决定着他的活动的方式和方法的，他必须使他的意志服从这个目的。"① 活动作为思想政治教育的载体，区别于其他载体的一个最独到的特征就是活动本身。活动是思想政治教育理论付诸实践的过程，是受教育者践行价值观念、政治观点、道德规范的过程。人们在参与思想政治教育活动的同时，对活动中承载的思想政治教育信息加以吸收和实践。

以活动为载体时，教育者与受教育者是多向交流、相互作用的过程；教育的目的总是在教育者发挥主导作用和教育对象发挥能动作用的相辅相成的过程中实现的。以活动为载体，可以使受教育者在社会实践中获得自我反思、自我评价、自我学习的机会，从而提高自我认识、自我监督、自我激励、自我控制、自我调节的能力。在思想政治教育过程中，同时存在着教育者的教育和受教育者的自我教育两种活动，只有将这两种活动协调统一，才能取得教育的良好效果。习近平指出："必须以知促行、以行促知。集中教育活动需要提高认识，更需要付诸行动，以新的思想认识推动实践，又以新的实践深化思想认识。"② 把思想政治教育的内容有机地融入活动中，人们在实践活动中受到感染，在不知不觉中接受教育的同时也会自我鉴别、比较、判断、取舍，从而提高认识，使自己的思想符合社会发展的要求。

（二）活动载体的类型

思想政治教育活动载体的类型很多，我们常用的有本职工作、竞赛活动、文化活动、社会活动、休闲活动等。

一是本职工作。本职工作就是立足自己的工作岗位，体现岗位特色，培养敬业精神，在履行自己职责的同时，使自己受到教育。每一个部门、每一个单位履行好了自己的本职工作，实际上也就是为人民群众做了好事、办了实事。如果连本职工作都完成不了，那就有问题了。做好本职工作，与办实事、做好事并不矛盾。无论是行政部门，还是业务单位，都要在做好本职工作的过程中，即在改造客观世界的过程中，不断改造主观世界，提高认识能力与水平。

---

① 《马克思恩格斯全集》第 23 卷，人民出版社 1972 年版，第 202 页。

② 习近平：《在党的群众路线教育实践活动总结大会上的讲话》，人民出版社 2014 年版，第 8—9 页。

　　二是竞赛活动。竞赛活动是思想政治教育的重要载体，在单位生产、技术、经营和管理等领域之中进行竞赛活动，都具有思想政治教育的作用。竞赛活动的特征体现在竞赛组织管理和竞赛活动的奖励等方面。竞赛活动是一个机制性活动，活动中诸因素组合成为一个有机的统一体，同时也形成了思想政治教育的特征。竞赛活动由人、生产资料（生产工具设备和劳动对象）、目标、考核与评价这四大因素构成，而人是主要因素，占主导地位。竞赛活动的显著特征是通过人们广泛的活动，使人们的主观能动性、积极性和创造性得到充分发挥。竞赛活动的竞争性，调动了人们的主观能动性，促使人们去自我实现、自我教育和共同提高。

　　三是文化活动。文化活动是社会主义精神文明建设的重要组成部分。进行文化活动的过程，也是一个教育的过程。近年来，随着我国人民物质生活水平的提高，人们对于文化生活的要求不仅更加迫切而且水平也在不断提高。习近平指出："加强和改进思想政治工作，深化群众性精神文明创建活动。弘扬科学精神，普及科学知识，开展移风易俗、弘扬时代新风行动，抵制腐朽落后文化侵蚀。推进诚信建设和志愿服务制度化，强化社会责任意识、规则意识、奉献意识。"[①]要使人民群众在工作之余得到有益于身心健康的文化娱乐，以利于消除疲劳、陶冶性情、焕发精神，就要广泛开展各种文化活动，让人们在参加文化活动的过程中实现自我娱乐、自我教育。随着人们主体意识的不断提高，文化活动中人们表现个性，展示才华的欲望和主动参与意识也会越来越强烈。国外的艺术家称"让观众参加演出，是当代艺术的一大进步"。在文化活动中，设法提高观赏者积极参与的程度，可以使观赏者获得更大的精神享受。

　　四是社会活动。社会活动就是指人们参加的社会公益活动。它是指不以取得报酬为目的，提供自己的劳动和技术，为增进社会福利而从事的活动，包括义务清扫街道等公共场所、宣传交通安全常识、到养老院孤儿院献爱心、照料非亲属孤寡老人残疾人、为灾区组织募捐或捐赠、到灾区救护、无偿献血、保护环境、免费提供各种咨询等活动。社会活动的普遍性和深入程度体现着一个社会精神文明和社会风尚的状况。人类社会就是人们在多种多样的关系中，相

---

　　① 习近平：《决胜全面建成小康社会　夺取新时代中国特色社会主义伟大胜利——在中国共产党第十九次全国代表大会上的报告》，人民出版社 2017 年版，第 43 页。

互依存、相互帮助的社会。人总是生活在一定的地区或社会，每一个有自立能力的人，都有义务参加一些社会公益活动，做一些社会贡献，在社会活动中受到教育。

五是休闲活动。休闲活动在人的生存和发展中具有重要的作用。现代教育理论认为，文化学习，不但存在着有组织、有计划的传授知识、技能、行为习惯的正规学习和正规课程，同时也存在着通过非正式方式和途径，通过生活环境中的习俗、风尚、文化氛围、人际交往自发活动等进行潜在的、隐喻性的隐性教育。休闲和劳动是人格平衡发展的两翼，缺一不可，休闲活动的自由支配是人格和谐、平衡发展所必需的。休闲活动是正规教育有效和必要的补充，是与终身学习相辅相成的，人们可以享用一生，受益无穷。人的自我发展、自我肯定、探究创造、追求意义与自由等本质被充分肯定，教育不仅要传授知识，更重要的是促成作为"人"的本质的完善，关注个性的张扬、人格的发展，引导人们在对自由的追寻中不断超越自己。教育者要深入休闲活动，构建和谐的人际关系。不仅要提高人们的休闲活动技能，同时也要提高休闲活动的品位。

二、寓教于行的主要方式

"寓教于行"源于"行动学习法"，由英国管理思想家雷格·瑞文斯于1940年提出，在20世纪80年代开始被引入管理教育领域。有效利用各种活动载体开展思想政治教育，可以化无形为有形，变抽象为具体，化虚为实，增强思想政治教育的效果。寓教于行，就是强调通过活动载体，即通过行动、通过实践、通过活动进行思想政治教育，达到教育目标。活动的方式是多种多样的，这里讲几种主要活动方式。

一是生产活动方式。马克思指出："生产劳动和教育的早期结合是改造现代社会的最强有力的手段之一。"[①]"把有报酬的生产劳动、智育、体育和综合技术教育结合起来，就会把工人阶级提高到比贵族和资产阶级高得多的水平。"[②] 马克思认为生产劳动是造就全面发展的人的唯一方法，他说："生产劳动同智育和体育相结合，它不仅是提高社会生产的一种方法，而且是造就全

---

①《马克思恩格斯选集》第3卷，人民出版社2012年版，第377页。

②《马克思恩格斯全集》第16卷，人民出版社1964年版，第218页。

面发展的人的唯一方法。"①列宁主张:"把教学工作同儿童的社会生产劳动紧密结合起来。"②邓小平强调:"为了培养社会主义建设需要的合格的人才,我们必须认真研究在新的条件下,如何更好地贯彻教育与生产劳动相结合的方针。"③因而,生产活动方式,是教育人、培养人、锻炼人最重要的方式。

二是实践活动方式。马克思主义认为,实践活动是人们获得正确思想观念的最重要、最基本的途径,因而实践活动,也是一种认识活动与教育活动。在实践活动中,不仅能够有效培养人们自主、自律、自强的精神和能力,增强社会适应性,提高思想政治素质,而且能够帮助人们了解社会、了解国情,激发热爱祖国、报效祖国的献身精神,还能引导人们在实践活动中,通过锻炼而树立正确的学习态度、工作态度和生活态度。

马克思认为,"环境的改变和人的活动或自我改变的一致,只能被看做是并合理地理解为革命的实践。""社会生活在本质上是实践。"④实践活动具有双重功能,即人们在改造客观世界的过程中,同时也改造自己的主观世界。实践是人们"根据于一定的思想、理论、计划、方案以从事于变革客观现实"⑤的活动,"思想等等是主观的东西,做或行动是主观见之于客观的东西,都是人类特殊的能动性"⑥。这就是说,实践是在一定思想指导下的、主观见之于客观的改造世界的活动。在新的历史条件下,"我们必须全面贯彻党的教育方针,坚持教育为社会主义现代化建设服务、为人民服务,坚持教育与社会实践相结合,以提高国民素质为根本宗旨,以培养学生的创新精神和实践能力为重点,努力造就有理想、有道德、有文化、有纪律的,德育、智育、体育、美育等全面发展的社会主义事业建设者和接班人"⑦。因此,新时代"要增强学习本领,在全党营造善于学习、勇于实践的浓厚氛围,建设马克思主义学习型政党,推

---

①《马克思恩格斯选集》第2卷,人民出版社2012年版,第230页。

②《列宁论国民教育》,人民教育出版社1958年版,第334页。

③《邓小平文选》第2卷,人民出版社1994年版,第107页。

④《马克思恩格斯选集》第1卷,人民出版社2012年版,第134、135页。

⑤《毛泽东著作选读》上册,人民出版社1986年版,第135页。

⑥《毛泽东著作选读》上册,人民出版社1986年版,第228页。

⑦《江泽民文选》第2卷,人民出版社2006年版,第332页。

动建设学习大国"①。习近平对青年寄予厚望，要求"广大青年要坚定理想信念，志存高远，脚踏实地，勇做时代的弄潮儿，在实现中国梦的生动实践中放飞青春梦想，在为人民利益的不懈奋斗中书写人生华章！"②这就为青年实践活动指明了方向。

三是志愿服务活动方式。志愿服务是人们当前参与社会实践的重要形式之一。志愿服务是指利用自己的时间、技能、资源和善心为社区、社会提供非营利、非功利性援助的行为，是指志愿者参与的社会性公益服务，是一种非政府系统的组织行为和服务行动。在志愿服务过程中，志愿者以自己的行动接受了社会的评价与检验，并获得了自我价值的认同与升华。

志愿服务涵盖的范围十分广泛，包括保护环境、改善福利、促进建设、加强教育、保障卫生等都可以作为志愿者为他人或社会服务的内容。志愿者是乐意无偿贡献自己的知识、技能、时间、精力与资源的人。志愿服务的重点在于帮助有困难、有需要的人，其主要特点有两个：自愿和无偿。自愿就是指参与服务的人是自主的，不是受到指令或强迫的，参与或不参与完全由自己决定。

第三节　文化载体与寓教于境方式

改革开放以来，伴随着经济社会的快速发展，我国文化事业蓬勃兴旺。文化建设对人的发展和社会发展的作用越来越显著。习近平指出："没有高度的文化自信，没有文化的繁荣兴盛，就没有中华民族伟大复兴。"③思想政治教育发挥文化在思想政治教育中的作用，就是要通过文化载体，实施思想政治教育。

---

① 习近平：《决胜全面建成小康社会　夺取新时代中国特色社会主义伟大胜利——在中国共产党第十九次全国代表大会上的报告》，人民出版社 2017 年版，第 68 页。

② 习近平：《决胜全面建成小康社会　夺取新时代中国特色社会主义伟大胜利——在中国共产党第十九次全国代表大会上的报告》，人民出版社 2017 年版，第 70 页。

③ 习近平：《决胜全面建成小康社会　夺取新时代中国特色社会主义伟大胜利——在中国共产党第十九次全国代表大会上的报告》，人民出版社 2017 年版，第 41 页。

一、文化载体的类型

文化是指人类在社会实践过程中所获得的物质、精神的生产能力和创造的物质、精神财富的总和。狭义的文化概念，是指精神生产能力和精神产品，包括语言、科学、知识、文学、艺术及一切意识形态在内的精神产品。文化既是一定时代一定社会的产物，又是一个连续不断的发展过程。文化既是人们创造的财富，又是人们享用的成果，文化与人的实践活动密不可分，因而，文化具备了作为思想政治教育载体的内在特质。同时，文化遍及社会生活的各个领域，文化的普遍性特征也为群众性思想政治教育载体提供了条件。

文化由符号、语言、规范、目标等因素所构成。符号和语言是文化积淀和贮存的手段，文化的各个方面也只有通过语言和符号才能反映和传授。规范是人们在特定情况下的行为准则或指南，目标是文化所蕴涵的价值与取向。思想政治教育的基本任务是要向人们传导符合社会发展要求的价值观和相应的法律、道德规范，使人们的思想和行为向着社会要求的方向发展。文化的核心是价值观，其对人的影响具有思想政治教育作用，这为文化作为思想政治教育载体提供了内在依据。

所谓思想政治教育文化载体，是指充分利用各种文化氛围与产品进行思想政治教育，以提高人们的思想道德素质。文化载体服务于思想政治教育，是指开发、利用、挖掘文化载体的思想、道德因素。思想政治教育寓于文化载体之中，就是思想政治教育的内容渗透到文化中，通过文化感染人、教育人，使人们在不知不觉中受到教育。

文化的构成十分广泛，凡有人活动的地方就有文化。因而文化总是全方位、多角度地影响着思想政治教育，影响着人们思想品德的形成。既然文化能够对人起着一定影响作用，那么就可以把思想政治教育的内容渗透到文化中去，借助文化这个载体来完成思想政治教育的任务，实现思想政治教育的目的。生动活泼、形式多样的文化活动，如优美物质环境的创造、具有较高价值的学术理论探索、广博的知识介绍、喜闻乐见的文艺活动的开展，对所有参与者的思想品德、智慧才华、情趣爱好和身心发展，都有着潜移默化的熏染和陶冶作用。习近平指出："文艺创作要以扎根本土、深植时代为基础，提高作品的精神高度、文化内涵、艺术价值。"① 人们只要长期生活在良好的文化环境氛围之中，就可以在轻松愉快的文化活动中得到愉悦满足的同时受到教育。思想政治教育以文化为载体，有利于增强思想政治教育的吸引力和渗透力，有利于提高人们思想道德素质和科学文化素质，有利于形成与社会主义现代化相适应的价值观。把文化作为思想政治教育载体，就是要不断发掘文化内涵的教育作用并使人们更深刻感悟到文化的价值。

文化载体是对各种文化活动和文化建设的一个抽象的概括，其具体形式则是多种多样的，既包括文学艺术、新闻出版、广播电视、卫生体育、图书馆、博物馆、科技馆、体育馆等文化事业，又包括社区文化、村镇文化、企业文化、校园文化、军营文化、家庭文化等。这里的每一类还有更具体的形式，如通过文艺这一载体对人们进行教育，就包括引导人们阅读文学作品，欣赏绘画、书法、雕塑、音乐、舞蹈，观看电影、电视剧、戏剧等多种形式；校园文化可进一步划分为校园精神文化、校园物质文化、校园管理文化、校园群体文化等。习近平指出："要更加注重以文化人以文育人，广泛开展文明校园创建，开展形式多样、健康向上、格调高雅的校园文化活动，广泛开展各类社会实践。"② 文化载体的这种多样性为开展丰富多彩的思想政治教育提供了条件，思想政治教育应该借助多种多样的文化载体，对不同层次的教育对象开展形式多样的思想政治教育，以提高思想政治教育的针对性和实效性。

将文化产品、文化活动、文化建设作为思想政治教育的载体，是一个双向互动过程，一方面是要挖掘、激活文化产品、文化活动、文化建设中蕴藏着的教育因素，另一方面要有意识地将某些教育内容渗透到文化载体之中，强化文化的思想政治教育功能。文化载体对人的影响往往具有全面性，即既包括价值观念、思想观点、道德规范等方面的影响，又包括文化知识、科学素养、专业技能等方面的影响，还包括对人的思维方式、审美意识的培养等。思想政治教育应该将教育的内容与文化活动和文化建设的具体内容紧密结合起来，使其对人的素质提高产生积极影响。

---

① 《坚定文化自信把握时代脉搏聆听时代声音　坚持以精品奉献人民用明德引领风尚》，《人民日报》2019 年 3 月 5 日。

② 《把思想政治工作贯穿教育教学全过程　开创我国高等教育事业发展新局面》，《人民日报》2016 年 12 月 9 日。

二、寓教于境的主要方式

文化载体通过营造思想政治教育的情景、氛围，采取寓教于境的方式去实现思想政治教育目的。习近平指出："文化文艺工作者、哲学社会科学工作者都肩负着启迪思想、陶冶情操、温润心灵的重要职责，承担着以文化人、以文育人、以文培元的使命。"[①] 思想政治教育的内容，在不知不觉、润物无声中，潜移默化影响教育对象的思想和行为，这是文化载体区别于思想政治教育其他载体的一个重要特征。寓教于境的主要方式有如下几种。

第一，团体文化方式。团体赖以运行的组织文化，是决定团体凝聚力与动力的关键要素，是充分发挥团体潜力、提高组织的绩效水平的载体。团体文化是团体成员共同创造与享用的文化资源，具有凝结关系、协调配合、推进合作的功能。团体成员希望也要求相互之间帮助和支持，以提高团体的士气与竞争力。团体文化是团体在长期实践活动中形成的，是团体成员恪守共同价值取向、行为准则的综合体现。优秀的团体文化，强调团体的价值共识与成员的和谐相处，注重个体、团体、社会与国家的辩证关系，有助于增强团体的凝聚力和发展动力。

团体文化包括物质文化、制度文化和精神文化三个层面。团体精神是团体文化的灵魂，是团体文化最本质、最深刻的体现。通过团体文化建设、培育团体精神，可以使团体各个层次、各个成员形成共同的价值观念和思想道德观念，增强团体成员的归属感、认同感，进而用团体目标激励人心，用团体业绩鼓舞人心，用良好氛围稳定人心，从而为团体的发展提供强大的精神动力。团体文化建设，主要包括团体价值、团体目标、团体精神、团体道德、团体规范等内容的丰富与发展。团体精神文化建设就是团体思想政治教育的渠道与方式，只不过运用了团体文化载体，使思想政治教育寓教于文、寓教于境，不断满足成员提高思想道德、科学文化水平和参与文体活动等多方面的需要。

第二，社区文化方式。社区文化方式是指在社区范围内以文化活动为载体，营造具有娱乐性、教育性、知识性、趣味性的文化氛围，以提高社区居民

---

① 《坚定文化自信把握时代脉搏聆听时代声音　坚持以精品奉献人民用明德引领风尚》，《人民日报》2019 年 3 月 5 日。

思想道德素质和文化素质的活动。社区文化是社会文化的基础，其建设者和服务对象都是社区居民，在性质上具有社会性与开放性。每个社区都有自己独特的历史沿革，自然与人文景观，民俗风情，文化传统，人口结构，经济状况。社区文化建设首先需要研究本社区的人口特点和历史传统，结合时代特点与社会发展，确立社区多数居民能够接受的文化理念。按照既要体现现代性，又要坚持本土化的原则，通过广泛宣传、开展各种文化活动、发挥个体文化特长、组织社区成员参与等方式，丰富和发展社区文化。社区文化建设，既要注重物质文化、制度文化建设，更要注重社区政治文明、社区公共道德、社区文明风尚建设，提倡责任、义务和权利的平衡。习近平指出："加强社区治理，既要发挥基层党组织的领导作用，也要发挥居民自治功能，把社区居民积极性、主动性调动起来，做到人人参与、人人负责、人人奉献、人人共享。"[1] 一个缺乏政治文明、公共道德、文明风尚的社区文化的社会，既不可能有稳定和谐的社会关系，更不可能走向现代文明。

第三，教育情景创设。教育情景创设是指思想政治教育系统在进行过程中的文化氛围设计与创造。所谓情景，就是氛围、环境。思想政治教育情景就是思想政治教育的人文环境。思想政治教育情景，是一种文化的、精神的、心理的氛围和人际互动，具有相互感化、相互促进的"场效应"作用，它是教育者与受教育者共同创造的"教育场"。思想政治教育过程中情景的创设，是通过文化载体联系教育者与受教育者，并使之多向互动，形成相互沟通与交流、相互尊重与理解、相互激励与提高的教育环境。在思想政治教育的过程中，通过情景的创设，使思想政治教育由单一主体的教育模式转变为开放沟通模式；由单纯的思想政治教育模式转变为参与互动模式。

思想政治教育情景创设，一是要把握情趣情景创设。情趣情景是直接与人的兴趣和爱好相联系的情景。这种情景创设一般采用"游戏"方式，即把思想政治教育内容通过游戏并利用游戏传达给受教育者，使受教育者在具有竞争性、愉悦性的活动中不知不觉受到教育。二是对话情景创设。思想政治教育一般是通过对话进行的，营造一种平等、民主、双向互动的对话情景，有利于思

---

① 《坚定改革开放再出发信心和决心　加快提升城市能级和核心竞争力》，《人民日报》2018 年 11 月 8 日。

想政治教育的开展。思想政治教育的对话能否进行，进行后是否能深入下去并富有效果，取决于对话双方是否相互尊重、相互理解，地位是否平等，氛围是否民主，关系是否和谐。开展讨论、争论、协商、交流等形式都是对话情景创设的有效方式。三是认知情景创设。苏联思想政治教育学者维果斯基认为：在儿童智力活动中，要解决的问题和原有能力之间可能存在差异，通过教学，儿童在教师帮助下可以消除这种差异，这个差异就是"最邻近发展区"。换句话说，最邻近发展区是指儿童独立解决问题时的实际发展水平（第一个发展水平）和教师指导下解决问题时的潜在发展水平（第二个发展水平）之间的距离。儿童的第一个发展水平与第二个发展水平之间的状态是由教学决定的，即教学可以发现最邻近发展区并创造条件促进认知发展。同样，思想政治教育不应消极适应受教育者认知发展的已有水平，而应把受教育者的认知水平提高到新的高度。认知情景创设，就是要创造刺激感觉的外部条件，激发认知兴趣，强化认知动力，促进认知的丰富与发展。认知情景创设的关键，是把分散、静态的个体聚集为互动、动态的群体。

第四节　传媒载体与寓教于情方式

　　现代传媒的信息对人们的思想观念、生活方式、心理状态有广泛影响，充分认识、深入研究现代传媒在思想政治教育中的重要作用，有效利用各种传媒载体，是做好思想政治教育的重要环节，也是思想政治教育面临的新课题。

一、现代传媒载体的类型

　　习近平指出："我们要因势而谋、应势而动、顺势而为，加快推动媒体融合发展，使主流媒体具有强大传播力、引导力、影响力、公信力，形成网上网下同心圆，使全体人民在理想信念、价值理念、道德观念上紧紧团结在一起，让正能量更强劲、主旋律更高昂。"[1] 思想政治教育现代传媒载体的基本类型包

---

　　[1]《推动媒体融合向纵深发展　巩固全党全国人民共同思想基础》，《人民日报》2019 年 1 月 26 日。

括：现代出版载体、电子载体和网络载体。

第一，现代出版载体。现代出版载体主要是指以数字代码方式承载、复制、发行图文声像等信息的传播媒体。现代出版载体与传统出版载体相比，前者主要运用磁、光、电介质，后者主要运用纸张。现代出版载体的种类繁多，有电子图书、电子期刊、电子报纸、数据库、光盘型音像制品、软件出版物等。思想政治教育现代出版载体，是指借助信息集成度高、表现力强的现代出版物传播思想政治教育内容和信息，其类型有思想政治教育电子报纸、思想政治教育电子书籍、思想政治教育电子期刊等。思想政治教育的信息资料是思想政治教育的重要凭证，也是国家的文化财产，它是老一辈思想政治工作者的实际教育工作的见证，有珍稀典籍、文献资料、革命文物等，记述着我国的革命文化、文明进程，是思想政治教育的宝贵资源。利用数字图像技术、计算机技术和网络技术、OCR 光学识别技术等，将思想政治教育资料存入光盘，借以实现思想政治教育传统出版载体向现代载体转换，可以有效提高思想政治教育资料运用与保存效度。

第二，电子载体。电子载体主要是指运用电子技术设备来制作、传递文化信息的传播载体，主要包括广播、电视、电影、录像、录音和幻灯片等。现代电子载体是指利用数字图像压缩技术、数字通信技术、超大规模集成电路技术、计算机技术和卫星技术等对广播影视节目进行编播、制作、存储和传输的电子载体形式。现代电子载体主要有：数字电视、手机广播、DMB（DAB）数字广播、宽频电视和数字卫星电视等。电子载体正在高速度发展并影响人们的思想、工作与生活。思想政治教育电子载体，就是利用数字电视、数字广播、卫星电视等现代电子传媒及其技术，进行高效率、高质量、全方位思想政治教育内容传输，以增强和提高思想政治教育的影响范围与力度。思想政治教育现代电子传媒的广泛应用，不但会使思想政治教育的信息传输超越时空的限制，还将实现思想政治教育的个性化、专业化发展，实现新技术条件下思想政治教育现代化的发展要求。

第三，网络载体。网络载体是指计算机网络。计算机网络综合了几乎所有的现代信息处理技术、计算机技术、通信技术的研究成果，已成为人们获取信息的最便捷的方式和手段。各个领域纷纷引进网络拓展自己的发展空间，思想政治教育也不例外。江泽民曾指出："要重视和充分运用信息网络技术，使思想政治工作提高时效性，扩大覆盖面，增强影响力。"[1] 思想政治教育网络载体，就是借助计算机网络这一先进的电子信息交换系统，进行思想政治教育信息交换和思想交流的传媒形式。思想政治教育网络载体按所提供信息的专业程度可划分为：思想政治教育专业网络载体和思想政治教育非专业网络载体。思想政治教育非专业网络载体形式很多，比如各类新闻网站、资讯网站等，它们具有一定程度的思想政治教育功能。思想政治教育专业网络载体，如思想政治教育网站，不但可以向受教育者与思想政治教育工作者提供专门的思想政治教育信息，而且思想政治教育工作者还能及时、有针对性地对受教育者的反馈信息进行分析、处理，从而达到有效解决问题的目的。

二、寓教于情的主要方式

寓教于情强调的是思想政治教育通过人文情感的渗透方式，合情合理，达到以情感人、以情育人的目的。人文情感是一种至真至诚的情感，表现为民族认同感、国家责任感、社会义务感、集体归属感和对他人的道义感等。在现代社会条件下，市场经济竞争、社会全方位开放和科学技术快速发展，交互作用于人的发展，影响人的发展因素从单一转化为综合，即人们的思想观念同时受到经济利益、多元文化和技术动因的影响。在经济、文化、科技竞争的强大压力下，思想政治教育必须强化人文精神，注重人文关怀，创造人文环境，推进寓教于情。唯有如此，才能为经济、文化、科技竞争把握正确方向，提供充分活力与动力，促进人们全面发展。否则，经济、文化、科技竞争或者缺失合理导向，或者缺乏人文动力。

第一，人文精神培养与人文环境创造。人文精神就是对人的关注，对人的价值的肯定。无论是印刷载体、电子载体，还是网络载体，都必须从人出发，最后回到人，去实现人的全面发展。人文精神把人本身存在的价值和意义作为认识和实践的最高准则与目的，追求对人的特性的开掘与弘扬。人文精神是每个人生存与发展的需要，人文精神的追求与丰富只能靠自己自觉、独立实现。虽然思想政治教育可以影响、引导人对人文精神的价值认识和丰富人的人文精神，但认识和丰富的过程，仍然是受教育者不断学习、不断理解、不断体认、

----

[1] 《江泽民文选》第3卷，人民出版社2006年版，第94页。

不断追求的精神劳动过程，没有这样一个过程，就不可能形成、享用属于自己的精神财富。

在思想政治教育中贯穿人文精神培育，必须确立以人为本的思想。坚持以人为本，是思想政治教育的出发点和落脚点。新时代，以习近平同志为核心的党中央始终坚持以人民为中心，指出"要树立以人民为中心的工作导向，把服务群众同教育引导群众结合起来，把满足需求同提高素养结合起来"①。人文精神本质上就是以人为本的精神，就是要以人为中心，实现人的全面发展，发掘人的潜能，调动人的积极性。以人为本的思想政治教育必须从人出发，尊重人的尊严与权利，承认人的价值并努力实现人的价值。思想政治教育只有创造浓郁的人文环境，让人们经受熏陶感染，才能在潜移默化中逐步形成人文情感、人文精神。

第二，人文关怀的体现与渗透。人文关怀是基于人文精神的一种向真、向善、向美情感。人文关怀充分体现了对人性的尊重，对人的主体性的肯定，对人的全面发展的重视。在思想政治教育过程中，渗透人文关怀、体现人文关怀，是增强思想政治教育亲和力、感召力，提高思想政治教育实效的关键。随着网络化、信息化的快速发展，人们面临的社会压力增大，一些人的思想困惑增多。思想政治教育只有增强人文关怀，在思想上进行正确引导，及时解疑释惑，才能使人们在面对压力与困难时，得到真正的帮助，获得应对压力、解决困惑的方向与动力。因此，在新的历史条件下，思想政治教育只有渗透人文关怀、体现人文关怀，贴近实际、贴近群众、贴近生活，才能增强亲和力，富有感染力，提高实效性。习近平指出："思想政治工作从根本上说是做人的工作，必须围绕学生、关照学生、服务学生，不断提高学生思想水平、政治觉悟、道德品质、文化素养，让学生成为德才兼备、全面发展的人才。"② 这一重要论述，既揭示了思想政治教育的本质，又提出了思想政治教育的基本方法和途径。因此，坚持以人为本，把人文关怀渗透和体现在思想政治教育过程中，真心做到尊重人、理解人、关心人、帮助人，是新形势下思想政治教育的现实需要，也是增强思想政治教育针对性和实效性的有效途径。

---

① 《习近平谈治国理政》第 1 卷，外文出版社 2018 年版，第 154 页。

② 《习近平谈治国理政》第 2 卷，外文出版社 2017 年版，第 377 页。

第五节　管理载体与寓教于管方式

1999 年 10 月中共中央颁发的《关于加强和改进思想政治工作的若干意见》指出："必须坚持教育与管理相结合。要抓紧建立健全有关的法律法规和制度，依法加强对社会生活各个方面的管理，把我们倡导的思想道德原则融于科学有效的社会管理之中，使自律与他律、内在约束与外在约束有机地结合起来。"管理是一种广泛存在于人类社会之中的基本活动，也是具有教育功能的方式。思想政治教育管理载体，就是将思想政治教育的内容和信息渗透到管理活动中，渗透到人们的具体工作之中，以管理为载体开展思想政治教育。

一、管理载体的类型

将管理作为思想政治教育的载体，是由管理的特征、管理与思想政治教育的内在联系决定的。应用管理载体，就是在思想政治教育过程中，充分发挥管理的作用，使思想政治教育与管理相配合，以达到提高人们思想道德素质，规范人们行为，调动人们生产、工作、学习积极性的目的。管理载体是新时期思想政治教育的基本载体之一。

管理活动的普遍性为思想政治教育利用其作为载体提供了条件。管理是人类社会最古老、最普遍的活动。只要有组织存在，有人的群体活动，就有管理存在。思想政治教育与管理虽然分属不同领域，两者之间存在诸多区别，但两者的内在联系也是非常紧密的。就对人的引导与规范而言，思想政治教育是无形的管理，管理是有形的思想政治教育，两者都体现以人为本的精神实质。管理就是依据法律、规章、纪律对人与人之间的关系进行调适，对人的行为进行规范的过程。法律、规章、纪律虽然构成了不同层面的管理制度，但这些制度，是在一定的指导理论、政治原则、思想观念、价值体系基础上制定的。我国各个领域、各个单位，无论是宏观层面还是微观层面的管理制度，都要以马克思主义理论和中国特色社会主义理论体系为指导，坚持社会主义政治原则，体现社会主义核心价值观，这就决定了管理具有思想政治教育功能。

在思想政治教育过程中最常见的管理类型有：组织管理、制度管理、生活管理。

第一，组织管理。组织管理是把组织本身作为对象，从组织要素的变化把握管理的规律性，实现组织运行合理性。组织管理是任何一个组织都要实施的管理。长期以来，中国共产党始终坚持"党要管党"，按照从严治党的方针，高度重视和加强自身建设和管理，在实践和理论上对党的组织管理进行了有效探索，形成了一套独具特色的管理模式。在新的历史时期，组织管理必须贯彻人本管理的管理理念和管理方式，在制定管理制度时，一定要保障制度制定过程的透明、客观；考核程序和标准的公开、公正；善于尊重人、团结人、发挥人的作用。在未来的组织管理体系中，要更多地通过情感管理、民主管理、自主管理、人才管理和文化管理的人性化管理，把人的潜能进一步激发出来，不断促进人的全面发展。

第二，制度管理。制度管理是指根据制定的规章和制度所进行的程序化管理。该管理强调的是以监督和制约为基础，以承担责任与任务为中心，以规范化、程序化为运行方式。哈佛大学所提出的管理理念，有代表性地体现了制度管理的特点："让校规看守哈佛，比用其他东西看守哈佛更安全有效。"一所学校的管理无论是思想引领，还是文化立校，都必须有基本的制度保证，否则学校就会一盘散沙。任何单位想保持高效的运转，都必须以坚实的制度管理和管理制度为基础。制度管理对人的约束是刚性的，即单位中的任何人在制度面前一律平等，必须服从制度。制度管理以其规范性、有序性和程序性，保证单位运转，规范人员行为，形成文化传统，养成良好习惯，这就是管理所体现的思想政治教育作用。

第三，生活管理。生活管理也可以说是一种生活的指导，就是从生活的各个环节入手进行规范化管理，在管理的过程中进行调节、配合的方式。生活管理直接决定着人们良好品质的形成、学习工作任务的完成和教育环境的优化。生活管理有利于指导人们在生活中感受到生活的变化，坚持生活的合理取向与遵循生活的正确规范；在生活中掌握辩证的思维方式，培养自主能力，克服片面、主观的思想方法；学会调节控制自己的感情和情绪，养成健康的生活情趣和艰苦奋斗的精神；善于正确对待生活中遇到的各种挫折和困难，建立良好的人际关系，并努力正确认识自我，发挥自身优势，力争多做贡献，提高生活质量。

二、运用管理载体的要求

不管是何种类型的管理，都要实行人本管理，这是对所有管理的共同要求。所谓人本管理，就是以人为中心、以人为目的的管理，而不是见物不见人，或把人作为工具、手段的管理。我国是社会主义国家，人民是国家的主人，是社会财富的创造者，是社会活动的主体，是一切资源中最重要的资源。不管是思想政治教育还是管理工作，都是为了人民，都要依靠人民。教育与管理的任务，就是要最大限度地调动人的积极性，释放其潜藏的能量，让人们以极大的热情和创造力投身于事业之中，在创造物质与精神财富的过程中，实现全面发展。

人本管理，就是要在整个教育与管理过程中，充分尊重群众的人格、价值和合理利益，为他们提供展示才干的机会，促进他们实现自我价值。思想政治教育在处理人与人之间的关系时，温暖胜于严寒，宽容比惩戒更有效。要体恤群众的疾苦，相信群众都有向上、向善的愿望。实施人本管理，就要满足群众的合理需求，对群众政治上鼓励、工作上支持、生活上关心；实施人本管理，就要充分尊重和信任人民群众，尊重群众的人格和权利，发挥他们的才能和特长；实施人本管理，就要发挥教育与管理者的榜样示范作用，严于律己、率先垂范，以自己的实际行动影响和带动群众；实施人本管理，就要立足实际，整合个人与集体发展目标，采取合作互助、公平竞争的方式，让每个人的人生都精彩。

总之，实施人本管理，就是把"人本"写入制度，纳入规章，以保护人的自尊、激励人的情感和彰显人的价值为出发点，使制度成为发挥群众工作积极性的规范，而不是扼制群众创造性的框架。同时，教育与管理者要善于运用人性化的操作策略，关注人的内心世界与情感需求，尽可能取得群众的理解，多一点透明度和人情味。另外，实现人本管理，还要建立相应的教育与管理机制，诸如动力激发机制、纪律约束机制、制度保证机制、相互监督机制等。"要坚持不懈培育优良校风和学风，使高校发展做到治理有方、管理到位、风清气正。"[①] 只有这样，才能合理运用文化的"柔性"与制度管理的"刚性"作

[①]《习近平谈治国理政》第 2 卷，外文出版社 2017 年版，第 377 页。

用，做到刚柔相济，张弛有度。

三、寓教于管的主要方式

思想政治教育寓教于管的主要方式如下。

第一，结合、渗透方式。把思想政治教育与实际工作结合起来，在实际工作中渗透思想政治教育，管理载体是最好的选择。人们的工作和日常生活总是处于一定的管理之中，管理能给思想政治教育提供广泛的渗透机会，使思想政治教育更深入、更贴近人们的思想实际，有利于提高思想政治教育的实效性。人们的思想问题离不开具体的工作与生活，与人们的切身利益密切相关，如单位领导处事不公、奖金发放不合理、反腐倡廉不得力、合理化建议不采纳，就会影响人们的思想和情绪。相反之，制度健全、纪律严明、公平公正、秩序良好的管理，就能使人情绪稳定、心悦诚服。对于管理过程中的思想问题，思想政治教育必须面对和解决；同时，管理也要解决人们的思想问题，只有合理解决思想问题才能提高管理效率。管理载体相对于其他载体的优势，就是管理活动的广泛性和实践性，可以促进思想政治教育与实际工作的结合，通过管理载体增强思想政治教育的渗透。在管理活动中，管理者要不断与对象直接接触，及时交流、沟通，掌握对象的工作情况和思想动态。在各种实际工作中，管理者可以引导、影响对象的情感倾向、思想认识，起到潜移默化的作用。习近平指出："要通过教育引导、舆论宣传、文化熏陶、实践养成、制度保障等，使社会主义核心价值观内化为人们的精神追求，外化为人们的自觉行动。"[1] 因此在不知不觉中，管理者就改善、跟踪和考量了对象的思想道德状态，这既是人本管理的要求，也是思想政治教育提高有效性的途径。

第二，规范、养成方式。管理不仅有明确的政策、法规、条例、制度遵循，而且可以综合运用教育手段、经济手段、行政手段，对人们能做什么、不能做什么以及该做什么、不该做什么有明确判定，并能以各种奖罚措施保证贯彻落实，因而与思想政治教育相比，有更强的规范性与约束性。对错误的价值倾向和行为习惯，仅仅说服教育，往往不一定奏效，这也正是有些地方思想政治教育成效不佳的原因。借助管理载体，把思想政治教育的要求通过管理的规

---

[1]《习近平谈治国理政》第 1 卷，外文出版社 2018 年版，第 164 页。

范，向教育对象提出要求，即使教育对象思想上不接受，教育对象也往往不敢违背管理的明确要求，教育对象在一次次服从中得到反复"操练"，可逐渐养成良好习惯，达到教育目的。因而，教育与管理总是相互结合、相互补充的，在教育中，"要善于疏导，注意发扬民主，尊重人、理解人、关心人，采取吸引群众广泛参与的方法、群众自己教育自己的方法、平等讨论的方法、批评和自我批评的方法。"同时，"要注意区分层次，针对不同特点，把先进性的要求同广泛性的要求结合起来，把思想教育同行为规范的培养结合起来"[①]。教育与管理的结合，实际上是教育与管理目标、规范的一致，任何目标与规范都具有明显的价值取向，这种目标与价值取向就是教育对象的思想指示器和行为的导向仪。

第三，比较、激励方式。管理的过程是一个比较、协调的过程，这种比较包括管理者之间、被管理者之间、管理者与被管理者之间的联系与交流，其目的是为了达成共识、协调关系、相互配合，共同实现管理目标。管理的这种比较、协调，与思想政治教育所要遵循的民主原则、理论联系实际的原则和所采用的以理服人、情感熏陶方法是相通的。不管是管理者还是教育者，都要及时地告诉人们正确的观念、现行的政策、明确的规定，了解对象的看法、建议、意见，这些都需要通过比较才能做到。

所谓激励是指通过物质的、精神的鼓励，增强管理对象的行为动力，调动其积极性和进取精神，使管理对象的思想、行为更符合管理者、教育者的目标。思想政治教育也要通过激励让受教育者达到思想转化与提高的目的。激励在性质上分正面与负面激励。正面激励包括表扬、鼓励与奖励，是正强化过程；负面激励则是批评与惩罚。这些激励措施作用于教育对象后，不仅对激励对象，而且对其他人，都会在思想与行为上产生促进作用。习近平指出："弘扬主旋律，传播正能量，激发全社会团结奋进的强大力量。关键是要提高质量和水平，把握好时、度、效，增强吸引力和感染力，让群众爱听爱看、产生共鸣，充分发挥正面宣传鼓舞人、激励人的作用。"[②]激励的具体方式上很多，比如目标激励、榜样激励、情感激励、奖惩激励等，其中奖惩

---

① 江泽民：《论党的建设》，中央文献出版社 2001 年版，第 133 页。

② 《习近平谈治国理政》第 1 卷，外文出版社 2018 年版，第 155 页。

激励又分为以满足人的精神需要为特征的精神激励和以满足人的物质需要为特征的物质激励。

▶ 思考题

1. 如何理解隐性思想政治教育方法?
2. 思想政治教育寓教于行的主要方式有哪些?
3. 思想政治教育寓教于境的主要方式有哪些?
4. 思想政治教育寓教于情的主要方式有哪些?

▶思考题
答案要点

第十章　网络思想政治教育方法

　　网络思想政治教育方法是实现网络思想政治教育目标的重要方式。习近平指出："互联网是当前宣传思想工作的主阵地。这个阵地我们不去占领，人家就会去占领；这部分人我们不去团结，人家就会去拉拢。"① 这就包括了运用有效的网络思想政治教育方法去引导网络思想政治教育对象的政治观点，增进其政治认同，提高网络思想政治教育针对性和实效性。

第一节　网络思想政治教育方法及特点

一、网络思想政治教育的内涵

　　20 世纪 90 年代中期，互联网在我国兴起，一方面，青少年受到互联网带来的各种负面影响，成为社会广泛关注的热点；另一方面，思想政治教育工作者对互联网的技术与特点了解不多，认识不足，对青少年网上心理、思想和行为缺乏有效的引导。面对互联网给青少年教育带来的新情况、新问题，思想政治教育工作者开始研究如何有效运用互联网平台和载体开展思想政治教育活动。

　　21 世纪初，思想政治教育工作者在反思和总结互联网兴起以来，对青少年上网采取"防、堵、管"等防御性措施的基础上，开始思考如何从不允许上网等被动管理的教育方式转变为主动出击，引导青少年上网行为。互联网在思想政治教育中的载体作用逐步被肯定，越来越多的思想政治教育者主动走进网络，运用网络平台开展思想政治教育，并纷纷建立了思想政治教育主题网站。与此同时，思想政治教育工作者也开始从网络工具性角度，对网络思想政治教育内涵进行界定。一般认为："网络思想政治教育是指一定阶级、政党、社会群体用一定的思想观念、政治观点、道德规范，通过现代传媒——计算机网络

　　①《习近平谈治国理政》第 2 卷，外文出版社 2017 年版，第 325 页。

对其受众施加有目的、有计划、有组织的影响，使他们形成符合一定社会、一定阶级所需要的思想品德的社会实践活动。"①这一内涵界定，是思想政治教育概念在网络领域的延伸和发展。

随着网络的发展与普及，人们对网络特点与功能的认识不断深化，认为互联网不仅仅是获取和交流信息的载体和工具，而且是人们交往、实践、创造的一种新方式。网络思想政治教育从依托网络工具和载体的建设与研究，转向立足于网络虚拟空间开展网络思想政治教育形态的建设与研究。由此，网络思想政治教育进入一个新的发展期，对网络思想政治教育的界定从工具性界定转向空间性界定。有学者认为网络思想政治教育是抓住网络本质，针对网络影响，利用网络有目的、有计划、有组织地对网民施加思想观念、政治观点、道德规范和信息素养教育方面的影响，使他们形成符合一定社会发展所需要的思想政治品德和信息素养的虚拟实践活动。

回顾网络思想政治教育发展的基本历程，关于网络思想政治教育的界定主要有两类观点：一类是将网络作为一种信息技术和信息交往平台，从网络的工具性角度对网络思想政治教育进行的界定；另一类则是将网络作为一种人的活动场域和社会性空间，作为人的一种生存方式。广义而言，网络思想政治教育是指在互联网和信息技术迅速发展的时空领域，推进思想政治教育运行的虚拟实践活动。狭义而言，网络思想政治教育是指基于网络虚拟时空，遵循网络虚拟社会的特点以及人们在虚拟社会中的思想与行为形成和发展的规律，有目的、有意识、能动地对网络受众实施有效地引导和影响，使之形成适应虚拟社会和现实社会发展所需要的思想与行为的一种多向互动的虚拟实践活动。

网络思想政治教育和现实思想政治教育都是具有一定目的性、实践性和超越性的教育活动，都是以社会主义意识形态为主导，以促进人们形成符合社会和个人发展所需要的思想品德为目标的实践活动。但从思想政治教育构成基本要素来看，网络思想政治教育在教育环境、教育者与教育对象关系、教育中介因素（包括教育目标、内容与方法）等方面，具有与现实思想政治教育不同的特性，主要体现在：第一，教育环境不同。网络思想政治教育运行于网络虚拟空间，网络虚拟空间是以信息虚拟技术为基础建构的数字化信息符号系统，用

---

① 曾令辉等编著：《网络思想政治教育概论》，广西民族出版社 2002 年版，第 29 页。

数字、图像、声音等方式表达有形的事物和现象，具有鲜明的虚拟性。现实思想政治教育运行于以有形事物和现象为中介的物理空间。第二，教育者与教育对象的关系不同。现实思想政治教育活动中，教育者往往处于主动、主导的地位，教育对象往往处在受动、服从的地位，其主体性常常难以发挥。网络思想政治教育中的教育者与教育对象之间的界限，没有现实思想政治教育中那么固定与明显，平等性、互动性与相互转化性更为突出。现实思想政治教育活动中的教育者与教育对象，身份具体明确，并以现实在场的方式参与；而网络思想政治教育中的教育者与教育对象则以符号在场的方式参与，现实身体和身份是缺位的。第三，思想政治教育中介因素的区别。与现实思想政治教育比较，网络思想政治教育内容从平面化变为立体化，从静态变为动态，从现实时空变为超时空，教育内容变得丰富而全面，且更具客观性和选择性，其政治性本质往往隐含在历史文化知识和现代科技信息之中，负面信息也更多。因此，我们要"加强互联网内容建设，建立网络综合治理体系，营造清朗的网络空间"[①]。网络思想政治教育方法更具有多样性和灵活性，教育方式更注重引导、比较与选择。

二、网络思想政治教育方法的内涵

网络思想政治教育方法是在网络思想政治教育虚拟实践活动中逐步形成和发展起来的，是为网络思想政治教育的目的和任务服务的。网络思想政治教育方法不是指某一个或某几个方法，而是一个方法体系，其所属的方法因其适用不同的范围而形成不同的层次，主要包括网络思想政治教育原则方法、一般方法和具体方法。网络思想政治教育原则方法对一般方法和具体方法，具有规定方向、确定规范的作用，是网络思想政治教育的基本方法。网络思想政治教育一般方法包括网络信息收集方法、网络舆情分析方法、网络思想政治教育决策方法等认识方法和网络思想政治教育的基本方法、综合方法、特殊方法等方法。这些方法是网络思想政治教育原则方法在网络思想政治教育过程中的实际运用，在网络思想政治教育过程中具有重要作用。网络思想政治教育具体方法

---

① 习近平：《决胜全面建成小康社会 夺取新时代中国特色社会主义伟大胜利——在中国共产党第十九次全国代表大会上的报告》，人民出版社 2017 年版，第 42 页。

是网络思想政治教育方法的具体运用，是一般方法适用于不同环节、不同条件时的特殊方式。因此，网络思想政治教育原则方法、一般方法和具体方法，共同构成网络思想政治教育方法体系，它们虽然属于不同层次，都有着各自的特点、适用范围和使用条件，但它们之间既相互联系，能互相转化，又不可相互替代。低层次的方法必须合乎高层次方法的规定和要求，高层次的方法要转化为低层次方法，才能实际运用，具有可操作性。网络思想政治教育一般方法和具体方法要以原则方法为指导，网络思想政治教育原则方法也只有转化为网络思想政治教育的一般方法和具体方法，成为网络思想政治教育工作者的方法技巧、工作能力，才能真正发挥其功能，实现其价值。综上所述，网络思想政治教育方法是指根据网络以及人们在网络领域中思想与行为的特点，为实现网络思想政治教育目标，传播网络思想政治教育内容，完成网络思想政治教育任务所采用的方式、程序和手段的总和。

三、网络思想政治教育方法的特点

不管是现实思想政治教育方法，还是网络思想政治教育方法，包括原则方法、一般方法与具体方法，都是为完成一定思想政治教育任务，实现一定目标服务的，因而既要符合人的思想形成与发展的规律和思想政治教育规律，具有科学性，又要符合社会与人的发展目标，即思想政治教育目标，具有价值性。网络思想政治教育方法，与现实思想政治教育方法相比较，具有以下几个特点。

第一，网络虚拟性。虚拟性是网络思想政治教育方法的基本特点。主要表现在：虚拟性是网络的本质特性，也是网络本质特性在网络思想政治教育方法上的要求。网络思想政治教育方法是教育者与教育对象之间的中介。在网络虚拟空间中，无论教育者还是教育对象均是以虚拟化符号的方式存在，教育对象通过这种客观存在的有限信息来感知信息背后的人。教育者与教育对象之间不再是直接感知的关系，而是一种通过信息间接感知的关系。这种虚拟在场事实上在一定程度上造成了两者的分离，人的交互关系也不再是物理形态的交往互动，而是一种虚拟存在的人的交往互动。因此，作为中介的网络思想政治教育方法也必定是以虚拟化的方式存在。

第二，网络适用性。适用性是网络思想政治教育方法的主要特点。主要表现在：首先，网络思想政治教育方法必须能为教育者适用，即与教育者的能力与素养相一致。方法的运用及其效果往往受制于教育者驾驭网络的能力与网上操作、分析和解决问题的能力与水平，对于不同网络思想政治教育者来说，运用同一种方法开展教育活动，因能力、素质与经验上的差异，会产生不同的教育效果。其次，网络思想政治教育方法必须适应网络教育对象的特点与需要，即适应不同网络教育对象以及同一网络教育对象在不同环境和条件下的思想和行为的不同要求。再次，网络思想政治教育方法应适于完成教育任务、实现教育目的。方法是完成任务与实现目的的手段，任何网络思想政治教育方法的选用，都应以相应网络思想政治教育任务、目的为依据。最后，网络思想政治教育方法还要适用于网络思想政治教育的理论内容、网络环境以及反映在网络中的现实内容，因为方法是内容的形式，内容决定方法的选用。

第三，网络综合性。综合性是网络思想政治教育方法的主要特点。主要表现在：首先，网络思想政治教育载体的综合性，决定了网络思想政治教育方法的综合性。互联网融合了报纸、广播、电视等大众媒体各自的优势和特点，是经过充分综合化了的新型媒体，这就决定网络思想政治教育方法要适应网络载体综合化的要求。其次，网络思想政治教育内容的丰富性、多样性，决定了网络思想政治教育方法的综合性。互联网上有着丰富的思想政治教育素材和内容，但这些素材和内容往往在虚拟空间以碎片化的方式存在，需要运用集聚方式将思想政治教育素材和内容加以整合、优化，才能满足网络教育对象的综合性需要。最后，影响网络教育对象的思想和行为因素的多样性、复杂性，决定了网络思想政治教育方法的综合性。总之，网络思想政治教育方法的综合性，强调的是方法的系统运作，多向互动，整体协调，形成方法的运用体系。

第二节 网络思想政治教育的原则与具体方式

一、网络思想政治教育的原则方法

第一，科学性与方向性相结合的原则。网络思想政治教育的科学性，体现为遵循虚拟社会中人的思想行为的规律性和网络思想政治教育的规律性，克服盲目性与随意性。习近平指出："要按照已经认识到的规律来办，在实践中再加深对规律的认识，而不是脚踩西瓜皮，滑到哪里算哪里。"[①] 网络思想政治教育的方向性，体现为网络思想政治教育始终坚持以马克思主义为指导，坚持社会主义方向，用社会主义意识形态占领网络阵地。因此，坚持科学性与方向性相结合的原则，就是坚持按客观规律与正确目标相结合的要求开展网络思想政治教育，这是网络思想政治教育所应遵循的第一原则。如果在网络思想政治教育中放弃坚持社会主义方向，就会难以与网络领域各种错误思潮划清界限，导致目标迷失。"网络空间同现实社会一样，既要提倡自由，也要保持秩序。自由是秩序的目的，秩序是自由的保障。"[②] 同样，如果不遵循规律性，就难以把握人们在网络领域中的思想发展变化的必然趋势，也会导致思想混乱。

坚持科学性与方向性相结合的原则，首先，要求网络思想政治教育始终坚持以马克思列宁主义、毛泽东思想、邓小平理论、"三个代表"重要思想、科学发展观和习近平新时代中国特色社会主义思想为指导，把坚定正确的政治方向放在网络思想政治教育的首位，保持网络思想政治教育的社会主义本质特色。其次，网络思想政治教育的具体实施，必须针对网络教育对象的思想行为实际，有针对性地按照人的思想行为活动规律和网络思想政治教育规律开展教育，避免主观性与随意性。最后，网络思想政治教育的具体活动，要在尊重个性差异的基础上，坚持用社会主义意识形态引领网络教育对象的价值取向多样性，善于运用信息隐匿法、主体交互法、交往引导法等有效方法，引导人们的思想观念既合规律又合目的的发展，培养良好的网络信息素养，不断提高思想道德水平。

第二，虚拟性与现实性相结合的原则。虚拟性既是互联网的特性，也是网络思想政治教育特性的体现。网络思想政治教育的虚拟性是指基于网络虚拟空间的思想政治教育是以数字化符号的方式存在，是以知识、信息、声音、图像、文字等作为自己的存在形式，是一种符号在场的存在。网络思想政治教育的虚拟性决定了网络思想政治教育方法的虚拟性。

[①]《习近平关于协调推进"四个全面"战略布局论述摘编》，中央文献出版社 2015 年版，第71 页。

[②]《习近平谈治国理政》第 2 卷，外文出版社 2017 年版，第 533 页。

现实性，也是网络思想政治教育特性的体现，是现实思想政治教育在网络虚拟空间的反映和延伸，主要表现为不可逆性和客观性。不可逆性是指网络思想政治教育的发生具有必然性，是现实社会向虚拟社会发展、现实思想政治教育向网络思想政治教育发展的现实需要，其发生具有不可逆性。客观性是指人的虚拟实践活动所创造的网络文化，赋予了网络空间人文和社会意义，使网络思想政治教育作为一种相对独立的文化系统得以发展和发挥作用，这是客观存在的。同时，网络教育对象在虚拟社会的思想与行为，归根结底是现实社会存在的反映，也是客观存在的。

坚持虚拟性与现实性相结合的原则，就是说网络思想政治教育方法不是凭空产生的，更不是虚无的，它源于现实社会。"网络空间是虚拟的，但运用网络空间的主体是现实的。"①网络思想政治教育方法的实施主体和对象也不是天外来客，他们都是生活在现实社会中的具体的个人，是现实社会的主体。网络虚拟社会以其信息资源的丰富性与开放性，传播的快捷性与超时空性，交互的即时性与匿名性，满足了人们在现实领域和虚拟领域中的生产、交往、学习、发展的需要。但虚拟社会并不等于现实社会，有其自身的特点。因此，网络思想政治教育方法必须坚持虚拟性与现实性相结合的原则。

第三，主体性与主导性相结合的原则。主体性是相对于客体性而言的，主体性是指人作为活动主体的本质规定性。网络思想政治教育主体性是网络思想政治教育者主体性、网络思想政治教育对象主体性和网络思想政治教育活动主体性的总称。网络思想政治教育者和网络思想政治教育对象的主体性是在思想政治教育活动中体现和发展的，网络思想政治教育活动的主体性则依赖和来源于网络思想政治教育者和网络思想政治教育对象的主体性，是教育者和教育对象主体性的整合。网络思想政治教育虽然是一种数字虚拟化的人机交互活动，但这种互动的背后是教育者与教育对象主体间的思想互动。因此，网络思想政治教育方法要体现以人为本的主体性原则，即要求尊重教育者与教育对象的主体地位。特别是教育者要依据网络教育对象的需要和特点，采用的方法人性化、增强吸引力，内容多样化、增强感染力，过程民主化、增强交互性，体现包容认同，尊重并认同网络受众之间的多样性与差异性。但包容认同不等于随

---

① 《习近平谈治国理政》第 2 卷，外文出版社 2017 年版，第 534 页。

意与放纵。

主导性相对于多样性而言，是指主流性和指向性。网络的开放复杂性、即时动态性、信息资源无限丰富与多样性，使网络成为思想文化信息的集散地和社会舆论的放大器，成为意识形态交汇的重要阵地。在网络领域，各种社会思潮的交流、交融、交锋日趋频繁，西方发达国家凭借其经济和科技的优势，通过网络渗透西方价值观和人生观，使社会主义主流价值观和核心价值体系受到冲击和影响。因此，网络思想政治教育的主导性，是指充分运用现代网络技术和方法，加强管理、趋利避害，用社会主义主流社会意识形态引领网上各种社会思潮，主动占领网络阵地，不断增强网络思想政治教育的影响力和吸引力。

坚持主体性与主导性相结合的原则，就是要在坚持充分尊重和发挥网络思想政治教育主体的主体性前提下，注重网络思想政治教育主导性建设，唱响网络思想政治教育主旋律，发挥社会主义意识形态的指导、引导作用；在坚持网络思想政治教育主导性原则的前提下，充分尊重网络思想政治教育者和教育对象的主体地位，促进教育者与教育对象全面发展。

第四，主动传播与引导选择相结合的原则。主动传播，就是要求教育者根据网络特点和规律以及网络受众的发展需要，积极主动在网上传播社会主义意识形态和人类先进文化，抵制各种错误思潮和各种垃圾、黄色等不良信息。"网络是一把双刃剑，一张图、一段视频经由全媒体几个小时就能形成爆发式传播，对舆论场造成很大影响。这种影响力，用好了造福国家和人民，用不好就可能带来难以预见的危害。要旗帜鲜明坚持正确的政治方向、舆论导向、价值取向。"[1] 要做到主动传播，一是要自主建立一批有影响力的思想政治教育的门户网站和主题网站。通过网站，积极主动地传播社会主义意识形态和先进文化。二是基于网络已经发展成为一个"新的思想文化阵地和思想政治斗争阵地"[2]，因而要积极主动地参与综合类网站信息的传播和交流活动，传播健康向上的思想文化，建设网络阵地，发挥主流意识形态的主导作用。

引导选择，就是要求引导网络教育对象在网络海量的信息中自主地选择有用或有益的信息，并自觉地实现内化与外化。一方面，网络上的信息是多元和

---

[1] 习近平：《加快推动媒体融合发展　构建全媒体传播格局》，《求是》2019 年第 6 期。

[2] 江泽民：《论科学技术》，中央文献出版社 2001 年版，第 180 页。

多样的，且良莠不齐，既有科学的、正确的、先进的信息，也有错误的、落后的、诱惑的信息，而且这些信息往往交织在一起，给信息选择带来困难。因此，"要加强网络伦理、网络文明建设，发挥道德教化引导作用，用人类文明优秀成果滋养网络空间、修复网络生态"①。另一方面，网络教育对象选择什么信息或拒绝什么信息取决于教育对象的需要和价值取向，网络思想政治教育者对网络教育对象的信息选择往往难以直接干预，因此，这决定了网络思想政治教育不能像现实思想政治教育那样，教育者与教育对象直接面对面地传授与讨论，而只能由教育者对网络教育对象进行引导，由网络教育对象自主选择。

坚持主动传播与引导选择相结合的原则，就是要求网络思想政治教育者按照"主动引导，趋利避害"的方式，开展网络思想政治教育活动。"主动引导"就是主动密切关注网上思想动态，全面了解网络信息内容，开展网络舆情评判，把握网络舆情导向，有针对性地开展有效信息传播，把引导工作做在前面，扩大影响力，增强主导性。"趋利避害"就是坚持引导选择，透过网络教育对象的言行看思想变化，透过网络现象看本质，透过网络教育对象个体看网络教育对象群体，把准网络舆情，通过管理和技术手段对网络信息进行筛选和过滤，运用隐性渗透方法，引导网络教育对象进行有效选择。

二、网络思想政治教育的具体方式

第一，网络信息引擎方式。网络信息引擎是指运用网络信息引擎工具，有意识地搜索有关网络思想政治教育信息，实施网络思想政治教育活动，从而达到实现网络思想政治教育目的的一种方式。现实思想政治教育信息往往是通过语言、符号或直觉等，将信息传递给教育对象，教育对象不需要去寻求思想政治教育信息。网络思想政治教育信息在海量信息中与其他信息夹杂在一起，需要网络教育对象自主体验、认同信息，这就需要运用网络信息引擎方式。这种方式在网络思想政治教育中是常用的信息检索方式，是网络教育对象采用关键词、词组或自然语言检索信息的方式。网络教育对象只要提出检索要求，搜索引擎就会在信息数据库中进行检索，并将检索结果及时提供给网络受众自主进行价值判断和选择。利用引擎方法进行信息检索，省时省力，简单方便，检

---

①《习近平谈治国理政》第2卷，外文出版社2017年版，第534页。

索速度快、范围广，能及时获取最新教育内容，提高网络思想政治教育的时效性。

第二，网络疏导方式。网络疏导方式是指网络思想政治教育者在网络虚拟空间，有计划、有目的针对网络教育对象在网络上呈现出的各种思想、道德、心理等问题，所采取的一种有效疏通和引导的方式。网络疏导方式必须坚持以人为本，坚持疏通与引导相结合、个别疏导与群体疏导相结合。网络疏导方式大致有两种分类方法：

一是依据网络载体的特点，网络疏导方式可以分为即时性疏导方式、咨询式疏导方式、渗透式疏导方式和参与式疏导方式。即时性疏导方式，就是基于网络即时性互动平台的功能，以讨论、交流的方式对网络教育对象思想、心理、道德等方面的问题，实施疏通引导的一种教育方式。咨询式疏导方式，是基于网络具有连续性互动的特点，由网络教育对象提出问题，教育者针对问题进行讨论、解疑释惑的一种教育方式。渗透式疏导方式，是指网络思想政治教育主体有目的、有意识地通过综合类网站，就网络教育对象共同关注的问题主动进行疏通和引导的一种方式。参与式疏导方式，是指教育者主动参与网络有关专题论坛活动，发表自己的意见和观点，实现对网络教育对象疏通和引导的方式。

二是依据网络舆情性质，可以将网络疏导方式分为因势疏导、造势疏导、转向疏导等具体方式。因势疏导方式，是指教育者根据网络思想政治教育的目的和要求，顺着网络舆情发展态势或趋势有目的地对网络教育对象进行疏通和引导，进一步强化网络教育对象对网络舆情信息的接受、认同，从而实现网络思想政治教育目的一种方式。造势疏导方式，是指针对在网络虚拟空间尚未形成但有可能形成的主流网络舆情，教育者运用网络舆情引导的方法和技巧，积极主动地营造网络舆情氛围，吸引更多的网络教育对象参与到网络讨论中，使之逐步形成主流网络舆情，并顺着网络舆情的发展态势有目的地对网络教育对象进行疏通和引导的一种方式。转向疏导方式，是指教育者根据网络思想政治教育的目的和要求，针对网络舆情发展趋势不利于网络思想政治教育目的实现，甚至同网络思想政治教育的目的相违背的情况，对网络舆情进行调控、弱化，使网络舆情重新朝着有利于网络思想政治教育方向发展的一种疏通和引导方式。

第三，网络咨询辅导方式。所谓网络咨询辅导方式，是指教育者根据一定经济、政治、文化和社会发展的要求以及网络教育对象思想道德水平现实状况和发展的需要，在网络虚拟空间，对网络教育对象提出的有关心理、思想、行为等问题所采取的商讨、服务、指导等方式的总和。网络咨询辅导可分为网络咨询方式和网络辅导方式。网络咨询方式是指教育者在网络领域为了解网络教育对象有关心理、思想、行为等方面的问题、困惑所采取的询问、商讨等方式的总和。网络辅导方式是指教育者根据网络教育对象思想品德的现实水平，运用思想政治教育方法以及传播学、信息学、心理学、教育学等相关知识，在网络领域中与网络教育对象进行有针对性的互动、交流，帮助分析问题、传授经验、指导解决问题，从而使网络教育对象的心理、思想和行为问题得到有效解决的方式。网络咨询方式是网络辅导方式的前提和基础，教育者只有了解网络教育对象的需求和实际问题，才能更好地、更有针对性地采取有效的辅导方式。网络辅导方式是网络咨询方式的延伸和发展，辅导的目的在于使网络教育对象的问题得到及时、有效解决，达到网络思想政治教育的目标。网络咨询方式与网络辅导方式往往是交织、融合在一起的，是一个教育过程中的两种方式，网络咨询辅导方式的运用总是要通过虚拟空间的交流平台有步骤地推进。

网络咨询辅导方式，按不同内容、时间、对象，可采用不同方式。根据网络教育对象咨询的内容可以分为适应性咨询辅导方式和发展性咨询辅导方式；根据咨询辅导的时间特性可以分为即时性网络咨询辅导方式和延时性网络咨询辅导方式；根据咨询辅导对象数量可以分为网络团体性咨询辅导方式和网络个别性咨询辅导方式等。

第四，网络自我教育方式。网络自我教育方式是网络主体性原则运用的具体表现形式和要求。网络思想政治教育的主体性原则，要求把教育和自我教育结合起来，发挥网络教育对象的主体意识，促进网络对象自主地选择信息、运用信息和吸收信息，激发自我教育的需要，培养自我教育的能力，将选择网络思想政治教育信息内容转化为自我发展的需要，从而实现由他教转向自我教育。网络自我教育的实质是网络教育对象自我选择的认同，也就是对网络思想政治教育内容选择的认同。网络自我教育有两个层次，一是个体自我教育，即在网络领域通过自主选择、认同相关教育信息的过程。二是网络群体间的自我教育，即在网络领域网络群体之间开展互帮互助、互教互学的过程。网络思想政治教育的目的就是促进网络教育对象开展网络自我教育，因为教育者将教育内容传播出去便隐退在教育内容之后，网上的教育者与教育对象之间的关系，转变为教育内容与教育对象之间的关系，教育对象是否选择教育内容，则取决于教育对象接受教育的自觉性，取决于教育对象自我教育的态度与水平。因而，网络思想政治教育是现代社会条件下的一种新型自我教育形式，网络自我教育是网络思想政治教育的最高境界。

开展网络自我教育，要求自我教育主体在网络领域中必须同时具有主体性与自律性。首先，网络虚拟领域的虚拟性、开放性、隐蔽性和交互性等属性，使得每一个进入网络的人都有可能成为自己的主人。但是在自我选择信息、创造信息和传播信息过程中，需要确定主体地位，即确立在信息选择、创造和传播过程中的独立性、自主性、能动性和创造性。只有具备主体性的网络主体，才有可能根据自身适应和发展的需要，自主地选择网络思想政治教育内容，进行自我教育。其次，要求网络教育对象在网络信息活动中具有自律性。在网络领域中，由于网络所固有的隐蔽性和符号化以及网络主体活动的自由性，加上网络领域的信息良莠不齐，选择什么，不选择什么，信息选择的支配权和决定权完全在于网络教育对象自身。因此，要有效地实施网络自我教育，网络教育对象的自律性是关键。网络教育对象在网络信息活动中自律性的形成，不是自发的，而是在网络信息活动中依靠教育、引导和指导形成和发展起来的。其原因一是网络空间的意识形态斗争和文化冲突，要求网络思想政治教育者起引导作用，培养网络教育对象明辨是非的能力，增强自律性。二是网络空间信息海量性和良莠不齐性，要求网络思想政治教育者发挥指导作用，培养网络教育对象的信息选择能力。三是网络教育对象，特别是青年学生思想的不成熟性，需要网络思想政治教育培养教育对象抵制网络各种诱惑的能力。因此，只有在网络信息活动中具有了主体性和自律性，才能有效地实施网络自我教育。

第五，虚拟实践体验方式。虚拟实践体验方式，又称虚拟实践教育法，是指网络思想政治教育者运用虚拟技术和网络思想政治教育信息资源，有目的有计划地组织引导网络教育对象参加各种形式的虚拟实践活动，培养网络教育对象良好的品德和虚拟行为习惯的方式。

虚拟实践体验的方式是多种多样的，一是组织网络教育对象参与网络思想政治教育主题网站开设的专题论坛活动，旨在运用和检验对相关理论和政策学习、运用的情况，深化网络教育对象的政治思想认识。二是组织网络教育对象参与网络门户网站中各种社会新闻事件和社会热点问题的讨论，提高网络教育对象明辨是非的能力和政治参与能力。三是组织网络教育对象参与虚拟社区的各种虚拟生活和虚拟交往，提高虚拟生存能力和交往能力，培养良好网络道德品质。四是组织网络教育对象参与思想政治教育主题网站建设、维护以及内容更新等活动，增强网络教育对象关注思想政治的自觉性和主动性。五是组织网络教育对象参与虚拟社区的各种虚拟公益活动，提高网络文明行为和思想情操。六是组织网络教育对象参加各种虚拟组织（如虚拟农场、牧场等）虚拟性的生产劳动活动，提高虚拟实践能力。

三、网络异常行为的解决方法

网络异常行为，也称网络越轨行为、网络离轨行为、网络反常行为、网络偏差行为等，是指在网络中违反网络规则或社会主流价值和准则，并引发不良后果和引起非议的行为。网络异常行为主要包括五种类型：一是沉迷于网络，并影响自身健康发展的网络行为；二是使人感到反常、奇特以及厌恶或抵触的网络行为；三是违反社会主流价值观念和行为准则的网络行为；四是违反道德观念、道德准则，违反网络相关法律甚至构成犯罪的网络行为；五是违背人性，属于邪恶的网络行为。网络异常行为通常是消极、病态或犯罪的网络行为，如网络成瘾、网络恶搞、网络欺诈、网络色情、网络犯罪、网络暴力等。"互联网不是法外之地。利用网络鼓吹推翻国家政权，煽动宗教极端主义，宣扬民族分裂思想，教唆暴力恐怖活动，等等，这样的行为要坚决制止和打击，决不能任其大行其道。利用网络进行欺诈活动，散布色情材料，进行人身攻击，兜售非法物品，等等，这样的言行也要坚决管控，决不能任其大行其道。"[1] 因此，采取有效的方法来解决网络异常行为具有重要的现实意义。

（一）网络成瘾的矫正方法

网络成瘾是常见的网络异常行为之一，它是指个体反复过度使用网络导致的一种上网行为失控，表现为对网络产生强烈欲望，突然停止或减少使用时出

---

①《习近平谈治国理政》第 2 卷，外文出版社 2017 年版，第 336 页。

现烦躁、注意力不集中、睡眠障碍等现象。网络成瘾的实质是人在网络领域中的主体性丧失。从网络思想政治教育视角来说，对网络成瘾进行系统综合矫正的方法，主要有：网络认知行为矫正法、网络注意力转移法、网络替代延迟满足法、网络团体辅导法等。

其一，网络认知行为矫正法。主要借助于心理干预的知识，以干预不良网络认知和行为为手段，以改变网络成瘾者对网络成瘾的认知态度和行为习惯为目的，用时间控制、认知重组和集体帮助的方式，进行认知行为矫正的方法。在矫正过程中，网瘾者主要接受教育者教授的网络观念和行为，通过反复训练，使新的网络认知和行为替代原有不良认知和行为，并将新的认知和行为转化为网瘾者的认知观念和习惯的网络行为。

其二，网络注意力转移法。主要转移网络成瘾者对网瘾事件或活动的注意力，从而达到戒除或减轻成瘾程度的一种矫正方法，它是有效干预网络成瘾的方法之一。通常来说，网络成瘾者往往是将全部或多数注意力集中或专注于网络某一活动，如网络色情成瘾者将上网的全部或主要注意力集中于搜索和浏览网络色情图片、色情文字、色情影视等活动；网络交际成瘾者则着重将注意力集中在各种即时性或延时性的网络交往活动；网络游戏成瘾者则沉迷于某种或几种网络游戏活动。注意力转移方法通常可以分为两种类型：一是网上不同类型活动的注意力转移，二是将网上注意力向网下转移。

其三，网络替代延迟满足法。就是通过一种新的网络活动来替换网络成瘾者原来沉迷的网络活动，以达到刺激和满足网络成瘾者对新的网络活动的兴趣和需要，从而实现戒除或减轻成瘾程度的一种矫正方法。

其四，网络团体辅导法。是由网络教育者借助团体的力量和辅导理论进行各种即时性或延时性的指导，组织同类型的网络成瘾者进行共同商讨，并提供行为训练的方案和机会，为团体成员提供适当必要帮助和指导，使每一位团体成员学会自助，以此解决团体成员共有的问题和障碍，最终实现改善网络成瘾者行为的一种矫正方法。网络团体辅导法的主要程序包括：确定团体辅导目标，成瘾者障碍的预处理，确定团体的规模与结构，确认团体辅导时间和方式，制订计划和确定团体活动内容、团体辅导过程等。

（二）网络恶搞的引导与规制方法

网络恶搞是指利用网络的交互性、快捷性、广泛性，以文本、图片、声音和视频为表现方式，以消解和解构取材对象的传统理解方式和价值观为目的的一种网络特殊行为和现象。网络恶搞取材对象广泛，包含文艺批评、商业竞争、社会现实、自嘲自娱等。如果听任网络恶搞现象蔓延，将会给社会、文化、生活造成是非不明、荣辱颠倒的不良后果。特别是颠覆传统和社会主流价值观念，篡改历史和"红色经典"的网络恶搞，如果得不到有效引导和规制的话，将会对未成年人的成长和发展带来严重的危害。习近平指出："我们要本着对社会负责、对人民负责的态度，依法加强网络空间治理，加强网络内容建设，做强网上正面宣传，培育积极健康、向上向善的网络文化，用社会主义核心价值观和人类优秀文明成果滋养人心、滋养社会，做到正能量充沛、主旋律高昂，为广大网民特别是青少年营造一个风清气正的网络空间。"[①] 因此，需要采取教育、引导和规制的方法对网络恶搞现象予以引导和治理。

一是网络道德教育。就是加强对网络教育对象的网络道德和网络审美教育，使网络教育对象正确认识网络上的善与恶、美与丑、是与非，提高网络道德素养和审美情趣，增强网络受众的自律意识和能力。

二是网络引导。就是通过正确的网络舆论和优秀的网络作品，形成健康向上的网络主流文化，将网络娱乐向健康、正确的大众娱乐方向推进，培养良好的网络行为和高雅的文化风尚，养成良好的网络习惯和网络人格，帮助矫正不良的恶搞心理、另类心理、异样心理等。

三是网络规制。就是通过制定和实施网络法律法规，制止破坏网络社会和谐、侵犯他人知识产权和名誉权、浊化网络空间的恶搞者；对于一些违反有关法律法规的恶搞者和传播者给予经济制裁与必要的法律制裁，让恶搞制造者和传播者失去基本的平台和机会。

（三）网络欺诈与规制方法

网络欺诈是指借助互联网，利用现代高科技手段，通过对网络用户实施欺诈获取不当利益的行为。要有效规制网络欺诈行为，依靠立法通过国家强制力来规制网络欺诈行为是必要的，但还要通过网络监管、技术防控、司法防控等多维度、多方面协同，来规制网络欺诈现象发生和发展。

网络监管和网络服务商的自律是规制网络欺诈的有效方法。有研究表明，

---

①《习近平谈治国理政》第 2 卷，外文出版社 2017 年版，第 337 页。

在整个网络安全工作要素中安全管理的占比高达 60%，实体安全占 20%，法律和技术各占 10%。因此，一是要通过政府部门采取有效方法加大对网络服务商的资格审查和服务过程的监管，建立健全各种监管机制，对监管对象进行动态跟踪监管；二是网络服务商自律是规制网络欺诈最有效的方法。充分发挥网络行业熟悉网络信息传播途径和方法的优势，依靠网络行业组织，按照《中国互联网行业自律公约》，通过自查自纠、自我管理，可以有效防止网络有害信息的传播和网络欺诈。

技术手段是规制网络欺诈的重要方法。网络欺诈之所以发生，重要原因是欺诈者针对网络技术自身的缺陷和漏洞而容易得逞。习近平指出："核心技术是国之重器。要下定决心、保持恒心、找准重心，加速推动信息领域核心技术突破。"[1] 因此，要及时对网络技术暴露出的技术问题采取补救措施，以防止网络不法分子实施网络欺诈活动。常见的措施有以下几种：一是访问安全机制和口令，采用口令机制来控制对系统资源的访问以实现保护。二是信息加密机制。就是共同改变信息的排列方式，使得只有合法的接收方才能读懂，发送方使用某些算法对信息加密后发送，接收方用它的逆方法解密并获得原始信息。三是完善安全认证机制，健全支付工具，使之成为网络交易安全阀。

提高网络用户的网络安全意识和防范能力是有效防止网络欺诈的主要方法。只有用户增强网络行为的安全意识，了解和熟悉网络欺诈的各种方法和手段，并采取切实有效的防范措施，才能真正防止受骗和净化网络环境。同时用户应增强网络自我保护意识，防止自己个人信息在网络泄露，如自己的电子信箱、电话号码、身份证、信用卡密码等，不要在网络虚拟公共领域公布个人的相关信息和资料，以防止他人利用这些信息进行网络欺诈活动。

法律强制力是规制网络欺诈必要的方法。习近平指出："要抓紧制定立法规划，完善互联网信息内容管理、关键信息基础设施保护等法律法规，依法治理网络空间，维护公民合法权益。"[2] 对于网络欺诈规制来说，运用法律强制力防止和打击网络欺诈犯罪具有不可替代的作用。虽然我国还没有专门治理网络

---

[1]《敏锐抓住信息化发展历史机遇　自主创新推进网络强国建设》，《人民日报》2018 年 4 月 22 日。

[2]《习近平谈治国理政》第 1 卷，外文出版社 2018 年版，第 198—199 页。

欺诈的立法，但在我国许多相关法律和文件中都包含了规制网络欺诈的法律条文和内容。

第三节 网络舆情的掌握与引导方法

一、网络舆情的形成及特点

网络舆情，是指网络受众在网络领域通过网络语言和其他方式，围绕社会公共事务的热点或普遍关注的议题所表达的情绪、态度和意见的集合。网络舆情是网络受众对现实生活中存在的问题和现象在网络空间的一种群体性社会心理反映，是网络言论和行为交互作用的产物。网络舆情依据不同标准可以划分为不同的类型：按其内容可以分为政治性网络舆情、经济性网络舆情和社会性网络舆情；按其诉求的目的可以分为利益诉求网络舆情和社会公共事务网络舆情；按其性质可以分为正向网络舆情和负向网络舆情、主流网络舆情和非主流网络舆情；按网络舆情形成的时效可以分为突发性网络舆情和储存性网络舆情；等等。

（一）网络舆情的形成条件

一般来说，网络舆情的形成需要在网络虚拟空间经历议题形成、舆论发展、舆情爆发和舆情衰落四个阶段，同时还需要满足如下三个基本条件。

其一，社会热点、焦点、敏感议题是网络舆情形成的前提条件。一般说来，并不是网络上所有的议题都能发展成网络舆情，只有那些反映社会现实中的热点、焦点、敏感的议题才可能引发广大网络受众关注，吸引广大网络受众参与表达意愿和意见，形成网络舆论，并发展成网络舆情。因此，网络舆情必须有一个网络受众共同关注的议题，如果没有网络受众关注和争议的议题，也就无所谓网络舆论的产生，更不可能发展成网络舆情。网络舆情的议题很大程度上取决于议题的敏感性和活跃性，网络只是为广大网络受众对议题的表达提供了更加通畅和自由的交流空间，议题内容的实质是指向现实生活中的现象和问题。

其二，众多网民参与议题讨论、辩论是网络舆情形成的主要条件。网络舆情是广大网络受众个人态度和意见在网络空间领域中公开表达和讨论后，形成相对稳定的态度和意见的总和。一般来说，网络舆情的形成是一个从由来、酝酿、逐渐发展壮大、达到顶峰、消退的复杂过程，在这个形成过程中始终离不开网络受众之间的交互作用。网络舆情最初总是从某一个或一类网站、论坛上的网络受众在一定促发因素的影响下，对某一特定的议题所表达的意见开始，并围绕某一特定的议题展开讨论、争论，拓展特定议题的内涵与外延，形成这一特定议题的舆论。然后，通过链接、转载、转帖等方式，不断深入挖掘出与这一议题相关的信息资料，形成反馈互动，巩固和推动舆论的发展，进而引起许多网站的受众对某一特定议题高度关注，使得参与表达态度和意见的人数急剧增加，最终形成网络舆情。

其三，网络虚拟空间的自由互动和即时传播是网络舆情形成的重要条件。网络为网络受众充分表达现实社会生活的现象和问题提供了足够的自由交流和传播的场所。一是网上意见表达的匿名性，能够引发更多的网络受众愿意将个人对特定议题比较真实的意见和看法表达出来，与现实社会舆情相比较，更容易导致网络舆情形成。二是网上的开放性和技术的低门槛便利了网络受众发表意见和评论，只要会录入语言文字的网络受众都可以方便快捷地发表自己的意见和见解，在技术上基本没有困难。三是网上所呈现议题相关的意见和建议，往往具有即时性和直观性，方便网络受众及时地了解网上言论的现状和趋向，并参与在线讨论与辩论。

（二）网络舆情的特点

网络舆情除了具有现实社会舆情共有的基本属性外，还具有其自身的特点，主要表现在以下几点。

其一，直接性与客观性。网络的开放性，为网络受众在互联网上发表言论，表达意见，参与社会事务，提供了便利条件。网络受众通过新闻点评、微信、微博和博客等虚拟空间自由和匿名地发表言论，表达自己真实的观点，反映出自己的真实情绪。因而，网络舆情能够比较直接地、客观地反映现实中某些现象和问题的实质，比较真实地体现不同群体的价值诉求和心理状态。

其二，即时性与突发性。网络舆情往往是因为一个社会性热点、焦点或敏感事件的发生得不到及时有效的疏导，在网络上以即时性和突发性的方式形成的。一方面，当一个事件发生时，网民可以立即在网络中进行意见表达，网民个体意见可以迅速地汇聚起来形成公共意见;另一方面,多维网络传播渠道可以迅速形成网上互动以及网上与网下互动,导致网络舆情的突发。

其三,丰富性与多样性。网络舆情的议题很广泛,社会方方面面的问题都可能成为网络议题,议题的确定既有必然性,也有偶然性。一定的社会条件、状况与突出矛盾,是议题产生的基础,任何人都有选择议题、话题的自由,则是议题形成的偶然条件。从网络舆情主体的范围来看,网络受众分布于不同社会、不同领域、不同职业范围;从网络舆情的议题内容来看,可以涉及政治、经济、文化、军事、外交以及社会生活的方方面面;从网络舆情形成引发因素看,网络受众可以随时在网上提出各种问题并以各种方式引发。网络舆情既有积极健康的言论和情绪表达,也有消极、错误的言论及情绪表达,各种文化类型、思想意识、价值观念、生活准则、道德规范都有可能成为网络舆情形成的导火线。

其四,互动性与反馈性。在网络上,网络受众一般表现出强烈的参与意识。在对议题发表言论、表达意见、进行评论的过程中,网络受众之间往往容易形成即时性在线互动交流,赞成方的观点和反对方的观点相互探讨、争论、交汇、碰撞,甚至出现意见交锋。这种在网络受众之间的互动性,使各种观点和意见能够快速地表达与反馈,推进网络舆情发展。

其五,情绪化与偏差性。由于人在网络虚拟空间是以身体缺场、符号在场的方式存在,因而容易导致一些网络受众在网上表达言论时缺乏理性,感性化和情绪化倾向明显,有的人甚至把网络作为发泄情绪的场所。在现实生活中遇到挫折,对社会问题认识片面等,都有可能在网络上借题发挥,进行宣泄,甚至散布攻击言论。"网络往往成为负面舆情发酵、错误思想传播的策源地和放大器,大大增加了舆论引导和内容管理的难度。管好用好互联网,是新形势下掌握新闻舆论阵地的关键。"[1] 在一定程度上说,由于一些人的情绪化言论或舆论掺杂个人主观片面认识,就会出现一定程度的舆论偏差,引发负面或有害舆论,形成具有煽动性和破坏性的网络舆情。

---

[1] 中共中央宣传部:《习近平新时代中国特色社会主义思想三十讲》,学习出版社 2018 年版,第 216 页。

二、网络舆情的掌握方式

习近平指出："我们必须科学认识网络传播规律，提高用网治网水平，使互联网这个最大变量变成事业发展的最大增量。"[①] 通过掌握网络舆情的不同方式，既能对未来事件进行精准的判断与预测，同时也能有效防范与化解思想领域的舆情风险。

第一，网络舆情前期把握方式。网络舆情前期把握方式，就是通过对网络舆情初始信息进行分析、预测的一种方式。运用这种方式，要认真收集和分析能够反映网络受众看法和意见的社会热点议题、焦点新闻、突发事件和疑点问题，把握信息传播的走向，明确需要关注的网站，跟踪关键网络信息，对于不利于社会安定团结和思想发展的不良思潮和消极情绪，要及时引导，并制定有效预防影响扩大的对策。

第二，网络舆情信息收集方式。网络舆情信息收集方式主要包括直接收集、网络媒体收集等。直接收集方式是网络思想政治教育者，通过对网络论坛或新闻跟帖以及其他网络方式，直接从网络受众中获取舆情信息的方式。这样获得的网络舆情信息能直接反映一些网络受众的意愿，具有时效性。教育者也可以在网上公开征求意见，寻求解决问题的办法。网络媒体收集方式是运用网络这一特殊的媒介和网络技术，对海量的网络信息进行归纳、整理和分析，以便准确寻找到网络舆情信息。这样收集的舆情信息具有概括性，为网络思想政治教育把握舆论发展去向提供了依据。

第三，网络舆情分析方式。网络舆情分析是网络舆情掌握过程中最为复杂的环节。首先，要对收集到的网络舆情信息进行梳理，按照信息主题进行分类，细化热点、焦点问题；同时还要对潜在可能会形成舆情的信息进行甄别，并且进行持续动态跟踪，对舆情发展趋势进行预测，以便采用适当的方式进行调控。对已经形成网络舆情的负面信息、热点话题发布预警，探究根源，认清实质，采取对策。

第四，网络舆情处置方式。网络思想政治教育者必须对网络中各种信息源

---

① 《举旗帜聚民心育新人兴文化展形象 更好完成新形势下宣传思想工作使命任务》，《人民日报》2018 年 8 月 23 日。

进行梳理与跟踪，认真区分主流信息和非主流信息，预测网络舆情的发展苗头和趋势，对可以进行引导的信息，使用舆情引导方法进行调控，使之向积极正确的方向发展。对可能形成恶性大规模群体性事件的网络舆情应进行紧急处置，给予及时干预。

网络舆情的掌握过程必须坚持唯物辩证法关于联系、发展和矛盾的观点，运用系统科学方法，全面、动态地把握网络舆论的动向与趋势，适时制定引导、调控与处理对策，保证网络舆论的正确发展。为此，网络思想政治教育者既要掌握一定的网络技术，又要善于把握网络舆情的形成、发展与变化趋势，还要通晓社情民意，具有较高的分析、鉴别能力与引导能力。

三、网络舆情的引导方法

习近平指出："网民来自老百姓，老百姓上了网，民意也就上了网。群众在哪儿，我们的领导干部就要到哪儿去，不然怎么联系群众呢？各级党政机关和领导干部要学会通过网络走群众路线，经常上网看看、潜潜水、聊聊天、发发声，了解群众所思所愿，收集好想法好建议，积极回应网民关切、解疑释惑。"[1] 这就为网络舆情的引导指明了方向，提供了遵循。

（一）调控策略

网络舆情调控策略主要是指对网络舆情形成、发展、爆发和衰落的各个环节，有计划有目的地实施监测、分析、调整和控制等所采取的方略。按照舆情发生的过程以及调控的时空，可以分为网下事前调控、网上调控、网下事后调控三种调控策略。

网下事前调控策略，即防止网络舆情议题、言论进入网络的一种事前预防机制。实际上，网络舆情所表达的情绪、态度、观点，根源在现实社会中的现象和问题。这些现实社会中的现象和问题在进入网络之前，其影响或范围是有限的，比较容易控制和规制。因此，要建立网下社会舆情监控和预防体系，加强对现实社会舆情信息的收集和预测，尽量对有可能形成舆情的现象和问题，通过现实社会中各种有效途径加以引导和解决，让有关人员的诉求、情感、不满能够得到及时的释放，防止不良言论、信息进入网络。因此，网下事前调控

---

①《习近平谈治国理政》第2卷，外文出版社2017年版，第336页。

策略，就是要立足于网下解决问题。

网上调控策略，主要包括：一是及时有效治理有可能形成不良网络舆情的信息，特别是要及时对敏感问题的煽动性、挑拨性错误信息进行有效的治理。二是密切跟踪有关热点、焦点问题信息的转载、传播、扩散，及时把握网络舆情走向。三是主动引导、调控信息，加强对偏激信息的矫正，注重对聚集言论的分析，强化主流信息引导力度，使之形成积极向上的网络舆情。"伴随着信息社会不断发展，新兴媒体影响越来越大。我国网民达到 8.02 亿，其中手机网民占比 98.3%。新闻客户端和各类社交媒体成为很多干部群众特别是年轻人的第一信息源，而且每个人都可能成为信息源。"[①] 对错误网络舆情进行调控，要充分发挥具有影响力的"意见领袖"的作用，引导网络舆论。这里所说的"意见领袖"，也可称为"舆论领袖"，是在网络领域具有舆论、言论、信息影响力的网民。这样的网民，或是专家学者，或是各种明星，往往是名人与社会公众人物。这些"意见领袖"除了他们的知识、地位、名誉、人际交往能力等个人条件外，在网络领域的活动往往较多，影响也较大，因而他们在网络中的言论与行为，容易引起普通受众的关注，具有引领作用。事实上，每个网络论坛都有较为稳定的网民参与，有的网民表达能力强、分析问题深刻、有独特见解与影响他人的能力，就会成为引导、控制整个论坛舆论方向的"意见领袖"。当网络上交汇大量虚假信息和各种言论，网民难以作出判断与选择时，一些网民往往认同"意见领袖"的信息。因此，主动培养一批政治上绝对可靠、知识经验丰富、数量充足并熟悉网络语言特点和规律的网上评论员来充当网络的"意见领袖"，是引导网络舆论方向的有效途径。

网下事后调控策略，即当网络舆情中蕴含的行为倾向已经转化成为现实行动时所采取的调整和控制方式。在网络不断扩展、普及的条件下，人们的学习、工作、生活往往是网下网上联动的方式，通过网络对全局的发展动向、思潮的起伏激荡比较、关注和了解，一些网民对网络舆情也感兴趣，特别是负向或偏激的网络舆情，往往在一些网民中传播较快，如果得不到有效的引导与调控，可能会引起网下行为倾向。因此，对网络舆情即将或已经转化为现实行为时，一定要采取有针对性的网下调控策略，及时监控网络舆情转化为网下行

---

① 习近平：《加快推动媒体融合发展　构建全媒体传播格局》，《求是》2019 年第 6 期。

动的时间、地点、方式、规模和进程信息，采取有效的调控措施，做好善后工作，避免形成新的不良网下舆情。

（二）转化办法

转化办法主要有以下几个方面：

一是情感感化与信息认同的办法。网络受众不同的态度、观点、思想的形成都是以一定认知为基础的。因此，要转化一些网络受众的偏激情绪与思想，需要从情感入手，即接近、亲近网络受众，尽量寻求共识点，增强情感认同，打开思想转化的通道，变消极情绪为积极主动的态度，引导其接受正确的观点和信息。

二是双面说理与促进内化的办法。要转变一些网络受众的偏激、片面态度、思想和行为，关键在于网络受众要接受并内化正确的信息内容，放弃原有的态度、思想和行为，这要在双面说理上下功夫。所谓双面说理，就是从正面、反面两个方面说理，将正反两方面意见同时呈现。传播学研究表明，双面说理与单面说理相比，具有更大的免疫力，即对双面说理的传播具有较强的抵御能力，因而态度的改变更持久。按照美国心理学家卡尔·霍夫兰的实验结果，双面或单面说理的效果，虽无优劣之分，但与受试对象的文化程度有关，对受教育程度较高的知识群体，双面说理比较有效。因此，需要通过信息的传播、摆事实、讲道理，把正确的、错误的观点、做法都摆出来，让网络受众比较、鉴别、选择。要相信网络受众的绝大部分是通情达理的，是有分析辨别能力的，是愿意接受正确思想与信息的。促进内化就是引导网络受众面对复杂的言论与行为，进行分析、比较、思考，理智对待，克服偏激，选择正确，排斥错误，坚持积极、正确的网络舆论取向。马克思曾经指出："理论只要说服人，就能掌握群众；而理论只要彻底，就能说服人。"[1] 因此，要从根本上转化一些网络受众的偏激、片面态度、思想和行为，需要通过双面说理与促进内化的办法，运用思想政治教育辩证法强化教育说服力与影响力。

三是行为规范与加强转化的办法。行为规范也可称为行为控制。按照控制论的说法，控制就是按照给定的条件和预定的目标，对一个过程或一系列实践

---

① 《马克思恩格斯选集》第 1 卷，人民出版社 2012 年版，第 9—10 页。

施加影响的一种活动。^① 由于思想转化并不是一蹴而就的过程，而是一个反复和曲折的过程，因而除了要在情感上感化，在说理上加大力度外，还需要对一些网络教育对象可能出现的偏差行为进行约束。因为思想与行为是相关的，思想指导行为，行为是思想的表现，改变思想可以改变行为，按正确规范约束行为也可以逐步改变思想，形成良好习惯。因而，行为规范是制止错误行为的蔓延的有效方式。这种方式可以增强网络受众的思想转化力度，巩固网络舆情转化成果。

（三）网络舆情的引导方式

网络舆情引导主要有下列方式。

第一，网上引导方式。习近平指出："做好网上舆论工作是一项长期任务，要创新改进网上宣传，运用网络传播规律，弘扬主旋律，激发正能量，大力培育和践行社会主义核心价值观，把握好网上舆论引导的时、度、效，使网络空间清朗起来。"^② 具体而言，网上引导方式主要包括：一是因势引导方式，就是按照网络舆情发展的态势或趋势的方向进行引导，引导目的是使网络舆情在现有的基础上，通过典型宣传、双面说理、网民论坛、信息评论等方式，扩大舆情议题相关信息量，增强网络教育对象对议题的了解程度，聚集和放大有利于网络舆情发展的意见和观点，引导网络舆情进一步向好向善发展。二是造势引导方式，就是有意识有目的地引导网络舆情形成的过程，也就是通过合理科学设置议题，有意识地安排专门人员介入议题的讨论、争论或动员活动，引导广大网络教育对象参与议题的讨论和辩论，使之形成网络舆论，继而发展成一种积极向上的网络舆情。

第二，网下引导方式。就是当网络舆情中所蕴含的行为倾向已经转化为现实群体行动时而采取的引导方式。一般来说，网络舆情议题来源于现实社会中的现象和问题，网络舆情所表达的观点、意见和诉求都需要在网下现实社会中才能得到解决或实现。运用网下引导方式，必须做好正面宣传。习近平在中央政治局常委会研究应对新型冠状病毒肺炎疫情工作时指出，要做好宣传教育和舆论引导工作，统筹网上网下、国内国际、大事小事，更好强信心、暖人心、

---

① 李金松编著：《系统论信息论控制论与教育改革》，湖北教育出版社 1989 年版，第 106 页。
②《习近平谈治国理政》第 1 卷，外文出版社 2018 年版，第 198 页。

聚民心，更好维护社会大局稳定。第一，强化显政，坚定战胜疫情信心。第二，把握主导，壮大网上正能量。第三，占据主动，有效影响国际舆论。[①] 引导网络舆情"要抓住时机、把握节奏、讲究策略，从时度效着力，体现时度效要求"[②]。一方面，根据网络舆情的状态，要尽快通过网络舆情捕获议题发生的时间、地点、路线、方式等相关信息，为网下引导提供信息基础；另一方面，通过网络监控，预测网络舆情议题发生的规模、程度等信息，为进一步加强网络舆情引导提供决策依据。同样，网下引导同样包括了因势引导、造势引导等具体的方式。

第四节　网络思想政治教育方法创新发展

网络思想政治教育方法创新发展是一个立足网络空间，继承传统思想政治教育方法，着眼网络思想政治教育对象思想发展需要，创新发展网络思想政治教育方式和手段的过程。新时代要"建立健全网络综合治理体系，加强和创新互联网内容建设，落实互联网企业信息管理主体责任，全面提高网络治理能力，营造清朗的网络空间"[③]。网络思想政治教育方法创新发展需要在继承传统思想政治教育方法和借鉴吸收相关学科教育教学方法的基础上，基于网络空间开展方式和手段的创新。

一、在推进网络信息技术与传统思想政治教育方法融合中创新

随着网络信息技术，尤其是互联网络平台和大数据的广泛运用，网络信息技术与传统思想政治教育方法的日益有机融合，解决了传统思想政治教育方法想解决而难以解决的思想政治教育难题，实现了传统思想政治教育方法想实现而没有实现的思想政治教育目标。比如传统上因时空限制而难以解决

---

① 习近平：《在中央政治局常委会会议研究应对新型冠状病毒肺炎疫情工作时的讲话》，《求是》2020 年第 4 期。

②《习近平谈治国理政》第 2 卷，外文出版社 2017 年版，第 333 页。

③《中共中央关于坚持和完善中国特色社会主义制度　推进国家治理体系和治理能力现代化若干重大问题的决定》，人民出版社 2019 年版，第 24 页。

的思想政治教育问题，通过网络信息技术与传统思想政治教育方法融合，就可以实现在网络空间对传统思想政治教育方法进行创造性转化和创新性发展。又如在虚拟技术广泛运用之前，思想政治教育一直想解决既突破物理时空，又能在同一时空实施身临其境的思想政治教育活动这一难题。虚拟技术与传统思想政治教育方法融合，就可以实现同一虚拟时空环境下身临其境地开展网络思想政治教育活动。"现在，媒体格局、舆论生态、受众对象、传播技术都在发生深刻变化，特别是互联网正在媒体领域催发一场前所未有的变革。"[1]如何熟悉、关注、驾驭网络信息技术，是时代赋予网络思想政治教育方法创新发展的新课题。

第一，对传统思想政治教育基本方法进行创造性转化。思想政治教育基本方法是反映思想政治教育基本规律的一般方法，是在思想政治教育全过程中起主导作用的、其他方法不可替代的方法，在思想政治教育活动过程中具有普遍性。而网络思想政治教育方法是现代思想政治教育方法的重要组成部分，是传统思想政治教育方法向网络空间延伸、拓展、改造、运用的结果，但不是简单对传统思想政治教育方法复制，也不是对传统思想政治教育方法全盘否定或割裂，而是需要对行之有效的传统思想政治教育方法在继承中转化发展，在转化发展中继承，这既符合思想政治教育方法的一般规律要求，又符合网络思想政治教育特殊规律要求。因此，对传统思想政治教育方法的创造性转化，主要是对在思想政治教育活动中具有普遍性的思想政治教育基本方法的创造性转化。

对传统思想政治教育基本方法进行创造性转化，主要指立足网络空间，依据网络思想政治教育目标、内容的需要，运用网络信息技术对传统思想政治教育基本方法进行创造性转化，生成适应于网络思想政治教育活动需要的网络思想政治教育基本方法。其内容主要包括理论教育方法、实践教育方法和批评与自我批评方法的创造性转化。理论教育方法创造性转化是指根据网络受众阅读习惯，运用微课等相关技术，将思想政治教育基本观点、基本理论和基本知识开发出适合网络理论教育的微课进行教育的方法。实践教育方法创造性转化是指根据网络受众虚拟实践活动的特点，运用虚拟技术等相关技术，将实践教育

---

[1]《坚持军报姓党坚持强军为本坚持创新为要 为实现中国梦强军梦提供思想舆论支持》，《人民日报》2015年12月27日。

方法创造性转化为网络爱国主义教育等一系列虚拟实践教育方法。而批评与自我批评方法的创造性转化是指基于网络 QQ 群、微信群等网络虚拟群体空间，将批评与自我批评方法转化为网络批评与自我批评方法。

第二，对传统思想政治教育具体方法进行创新性发展。传统思想政治教育具体方法主要是指对思想政治教育的具体对象、目标、内容而选择的教育方法。主要包括思想信息收集方法、思想政治教育分析方法、思想政治教育决策方法等思想政治教育的认识方法，以及思想政治教育实施方法、反馈调节方法、总结评估方法、研究方法等。思想政治教育具体方法主要是适应不同的教育目的、内容和不同的教育环节，在实际运用时要根据教育对象、教育环境的具体情况和教育环节的特点进行选择的方法，往往具有针对性和有效性。因此，对传统思想政治教育方法的创造性转化，主要是对在思想政治教育活动不同环境和环节的思想政治教育具体方法的创新性发展。

对传统思想政治教育具体方法进行创新性发展，主要指立足网络空间，依据网络思想政治教育目标、内容和不同环境以及不同教育对象的要求，运用网络信息技术对传统思想政治教育具体方法进行创新性发展，生成适应于网络思想政治教育活动不同环境、不同条件、不同环节和不同教育对象需要的网络思想政治教育具体方法。其内容主要包括疏导教育方法、比较教育方法和典型教育方法等方法创新性发展。疏导教育方法创新性发展是指根据网络思想政治教育对象在网络空间的思想和行为特征，在继承传统思想政治教育疏导教育方法优势基础上，有针对性地运用网络匿名性等相关技术对网络思想政治教育对象的思想进行疏通引导，创新性发展生成网络思想政治教育顺势引导方法、造势引导方法和逆势引导方法等。比较教育方法创新性发展是指根据不同网络思想政治教育内容性质和特点，运用网络多媒体技术，将比较教育方法创新性发展为直观形象多维的比较教育方法。而典型教育方法的创新性发展是指基于网络空间，运用网络 3D 等相关技术，将典型教育方法创新性地发展为网络生动形象的典型教育方法。

二、在借鉴相关学科方法中移植再生创新

网络思想政治教育方法创新发展，既表现为对传统思想政治教育方法的创造性转化和创新性发展，也表现在基于网络空间本质特点对相关学科方法的借

鉴、移植、再生的过程。"不同学科有自己的知识体系和研究方法。对一切有益的知识体系和研究方法，我们都要研究借鉴，不能采取不加分析、一概排斥的态度。"[①]网络思想政治教育内容是综合性的，与一些学科有交叉，因而网络思想政治教育方法也会与其他学科方法有联系与交叉。因此，创新发展网络思想政治教育方法可以借鉴、移植相关学科方法，通过再生创新的方式，形成网络思想政治教育新的方法。尤其可以对心理学、教育学、社会学、新闻传播学、交往行为学、伦理学、法学等相关学科方法通过借鉴、移植、再生方式，创新发展网络思想政治教育方法。

第一，对心理学方法的移植再生创新。网络思想政治教育与心理学有着密切的关系，在网络空间中人的心理和思想问题往往是交织在一起表现出来的。因此，在网络思想政治教育过程中往往需要了解和掌握网络受众的心理特点和心理需要，这是开展网络思想政治教育的前提和基础。同时，在网络思想政治教育实施中也往往将网络心理健康教育问题纳入网络思想政治教育范畴之中，这就很自然地将心理学中一些基本方法，依托网络空间的技术特性，结合网络思想政治教育内容需要和要求，通过移植再生的方式，创新发展适应网络思想政治教育的方法，主要包括对心理学中常见的心理咨询、心理辅导等基本方法的移植再生，创新发展为网络咨询教育方法、网络辅导教育法等。

网络咨询教育方法是对心理咨询方法移植再生创新的一种网络思想政治教育具体方法。它依托网络空间（QQ群、微信、主题教育网站、慕课、微课、微博等互联网络空间平台），运用网络信息技术，对心理咨询方法的基本理念、基本内容、基本要求以及具体操作程序进行借鉴移植，然后通过创新等手段再生成出适应网络思想政治教育需要的一种新方式。网络咨询教育方法既克服了传统思想政治教育中面对面的咨询教育方法难以突破时空的局限，又有效克服了咨询教育过程因面对面带来的难以构建起良好咨询关系的不足，更重要的是还实现了远程即时互动咨询，大大提高了咨询教育的时效性和实效性。

网络辅导教育法也是对心理辅导方法移植再生创新的一种网络思想政治教育具体方法。它依托网络空间（QQ群、微信、主题教育网站、慕课、微课、微博等互联网络空间平台），运用网络信息技术，对心理辅导方法的基本理念、

①《习近平谈治国理政》第2卷，外文出版社2017年版，第341页。

基本内容、基本要求以及具体操作程序进行借鉴移植，然后通过创新等手段再生成出适应网络思想政治教育需要的一种新方式。网络辅导教育方法创新发展为网络思想政治教育远程时时互动辅导提供了可能，尤其为在远程动态答疑辅导和咨询辅导等方面提供了便捷的方式，有利于开展远程思想政治教育活动，提高了思想政治教育的针对性和实效性。

第二，对教育学方法的移植再生创新。网络思想政治教育与教育学有着直接的关系，从教育学的视角来看，在网络思想政治教育过程中对教育学的一般教育方法可以直接移植运用，也可对教育学的一些具体方法进行移植再生，创新发展网络思想政治教育方法。因此，在网络思想政治教育过程中要遵循教育学方法的基本规律，这是开展网络思想政治教育活动的基础。同时，在网络思想政治教育实践中也借鉴移植网络教育方法，应用于网络思想政治教育活动，如教育学中讲授法、谈话法、讨论法、体验式教学法和启发式教学法等教育学方法可以通过网络空间，结合网络思想政治教育内容需要和要求，运用网络技术进行移植再生，创新发展为适应网络思想政治教育的具体方法，比如将教育学中常见的讲授法、讨论法等基本方法创新发展为微课讲授方法、网络谈话法、网络研讨会、网络虚拟体验方法、网络引导方法等系列网络思想政治教育方法。

其中，网络微课讲授方法，是对教育学中的讲授方法通过互联网技术进行移植再生的一种网络思想政治教育具体方法，它是基于网络空间人们碎片化学习方式，在网络空间以短小精的生动形象的讲授方式对思想政治教育基本知识、观点、理论等进行讲授的一种网络思想政治教育具体方法。它能有效地满足网络思想政治教育对象网络碎片化学习的需要。网络微课讲授教学方法可以有效地实现时时开展思想政治学习，呈现出主题鲜明、知识聚焦、讲解透彻、形式生动、方式灵活等特点，便于网络思想政治教育对象学习思考和掌握基本知识理论。

网络谈话方法，是对教育学中的谈话法的移植再生。它是基于互联网络空间一种符号化的交流对话方式，来实现网络思想政治教育目的和任务的一种具体教育方法。网络谈话方法较传统线下面对面直接谈话教育方法更能开展深层次互动交流，更有利于教育对象敞开心扉进行交流，更能深层次交流思想认识，更易于接受教育。

第三，对社会学方法的移植再生创新。网络思想政治教育与社会学也有着密切的关系，网络空间已经发展成为人化的社会空间和场域，人们的思想与行为在网络空间总是交织在一起，网络空间行为总是在一定思想观念指导下进行，网络空间成为各种思想观念交流碰撞的"集散地"。因此，在网络思想政治教育过程中往往需要了解和掌握网络空间的舆情动态，运用网络思想政治教育网络舆情引导方法，有针对性地引导网络舆情发展，是提升网络思想政治教育针对性的需要。

网络思想政治教育方法创新性发展还可以借鉴、移植新闻传播学、交往行为学、伦理学、法学等相关学科的方法，通过运用网络信息技术改造创新再生为网络思想政治教育具体方法。

▶ 思考题

1. 如何理解网络思想政治教育方法?
2. 网络思想政治教育方法的特点是什么?
3. 网络思想政治教育的具体方式有哪些?
4. 网络舆情的引导方法有哪些?

▶思考题
答案要点

第十一章　思想政治教育的特殊方法

在思想政治教育过程中，可能遇到某些特殊的或突出的思想问题和行为表现，如可能发生的思想问题与心理危机、顽固的思想障碍、剧烈的思想和行为冲突等密切联系。针对这些情况，仅使用一般的教育方法是不够的，还需要运用特殊的教育方法。

第一节　预防教育法

一、预防教育的重要性

所谓预防教育，就是针对人们可能或将要发生的思想问题与行为偏向，事先进行教育，防止思想问题与行为偏向发生，或者将思想问题与行为偏向进行引导与转化。预防教育包含两方面的意思：一是在不良思想和错误行为刚刚冒头时，就及时采取相应的防范措施，阻止其蔓延，或者将其消灭在萌芽状态，这就是所谓的"防微杜渐"。二是在不良思想和错误行为发生之前，就采取有效的防范措施，避免不良思想和错误行为发生，这就是所谓的"防患于未然"。进行预测预防，古已有之，《周易》的要义之一就是预测预防，先秦儒家所著的《礼记·学记》也谈到过预防教育，《礼记·学记》上说："禁于未发之谓豫（预）"。其意思就是要预先作好准备，要求教师对教育有预见性，防止可能发生的问题。如果学生形成一定成见与不良习惯之后，再教育就很麻烦。在现代社会条件下，社会因素越来越复杂，变化频率加快，人们为了减少工作的风险，争取主动，几乎在各个领域广泛采用了预测预防措施。经济预测、市场预测早已成为经济实体生存与发展的先决条件；军事预测在现代战争中是绝对不可缺少的；科学技术预测，是组织、动员科技队伍攻关取胜的保证。"做好预防化解社会矛盾工作，从制度、机制、政策、工作上积极推动社会矛盾预防化解工作。"① 思想政治教育，作为一项面向新时代培养德才兼备、全面发展的人才的基础工程，更需要进行预测和预防教育。

首先，预防教育能增强思想政治教育的先导性。"'凡事预则立，不预则废'，没有事先的计划和准备，就不能获得战争的胜利。"② 所谓"预"，就是预测、预防，例如，下棋要多看几步，才有取得胜利的把握，这多看几步棋，就是"预"。战争、下棋是这样，思想政治教育更是如此。因为思想政治教育所要解决的是人们的指导思想问题，指导思想正确与否，直接关系到行动的结果和事业的成败。所以思想政治教育具有对人们行为的指导作用，具有为人们确立正确思想，防止错误思想发生的先导作用。因此，思想政治教育工作者需要勤于观察、敏于发现教育对象的思想、行为变化，善于把握思想发展变化的规律性，有效防范思想问题的发生，努力把人们的思想导向正确方向。"高校教师要坚持教育者先受教育，努力成为先进思想文化的传播者、党执政的坚定支持者，更好担起学生健康成长指导者和引路人的责任。"③ 只有这样，才能充分发挥正确思想的先导作用和思想政治教育的导向作用。

其次，预防教育能提高思想政治教育的主动性。在思想政治教育过程中，批评和惩处是必要的。但是，如果思想政治教育滞后，批评过多，导向性正面教育少，就会削弱思想政治教育的正面引导作用和激励鼓舞作用，陷于消极被动状态。为了避免这种状况，思想政治教育者必须坚持正面教育为主的原则，注重预防教育，尽力避免或减少思想问题的发生，努力引导人们不犯错误或少犯错误。即使对于那些犯了错误需要批评和惩处的人，也还有一个热情帮助、正面引导、防止犯更大错误的问题。要"加强预防和化解社会矛盾机制建设，正确处理人民内部矛盾"④。而正面教育本身就具有预防作用，具有思想形成过程中的"首因效应"。其原因在于，正面教育实际上是打基础的教育，是增强人们思想上的"免疫力"、抵抗错误思想能力的教育，是治本的教育。同时，正面教育容易为人接受，更能够鼓舞人、教育人，其效果积极、正面。通过正

---

①《习近平谈治国理政》第 1 卷，外文出版社 2018 年版，第 203—204 页。

②《毛泽东选集》第 2 卷，人民出版社 1991 年版，第 495 页。

③《习近平谈治国理政》第 2 卷，外文出版社 2017 年版，第 379 页。

④ 习近平：《决胜全面建成小康社会 夺取新时代中国特色社会主义伟大胜利——在中国共产党第十九次全国代表大会上的报告》，人民出版社 2017 年版，第 49 页。

面教育，受教育者接受了正确的思想，就能够有效地抵御错误思想的侵蚀，就能够在错误思潮面前分清是非，自觉地用正确思想战胜错误思想。

最后，预防教育能强化思想政治教育的有效性。我们进行思想政治教育的目的，就是要推动本单位的事业发展，促进各项工作的顺利进行，营造本单位生动活泼的良好局面。同时，要有效防止和控制群体和个体可能发生的错误思想和错误行为，努力避免不必要的损失。只有这样，单位良好局面才能形成，思想政治教育才称得上良性发展。如果思想政治教育仅囿于头痛医头，脚痛医脚，缺乏实效，疲于应付，以至于这里"烟"未散，那里"火"又起，积重难返，势必造成恶性循环。要真正变恶性循环为良性发展，必须着力于预防教育，把工作做在前头，增强思想政治教育的有效性。

二、预防教育的具体方法

所谓预防教育法，就是预测人们可能或将要发生的思想问题，事先进行思想政治教育，防止和避免错误思想与行为产生的方法。预防教育的方式方法是多种多样的，其中常用的主要有以下方法：

（一）普遍预防与重点预防

这是通常运用的两种预防形式。所谓普遍预防，就是根据客观情况的重大变化，针对大多数人可能出现的思想问题，事先进行教育，避免错误思想与行为倾向大面积产生的预防。人们产生共性的思想问题，一般是在社会发生转折，体制进行转变，政策开始调整，舆论发生变化，以及出现重大事件的时候，由"热门话题""思想热点"开始，提出许多问题，引发许多议论。这时，必须及时针对刚刚出现的问题和可能发生的不良倾向进行解释、引导，把人们的思想、议论导向正确的方向。因而，普遍预防是十分重要的，运用得好，能有效保证单位和社会的平稳发展，避免不必要的曲折和损失。进行普遍预防，要关心群众利益，掌握社会心理，坚持正面引导，注意化解矛盾，努力避免思想积怨和矛盾激化。

所谓重点预防，就是对突出的人和事以及关键时期可能出现的问题，及时进行事先疏导，防患于未然。在社会上，在各个单位，人们的年龄、经历、性格、爱好、工作、学习、生活以及经济情况、家庭情况是不同的，思想状况千差万别、千变万化，我们要善于根据客观环境和人们情绪、言行的变化情况，判断可能发生的问题，把教育工作做在前面。我们不可能，也不需要对每一个人、每一件事进行分析和判断，只能抓住关键的人、关键的事、关键岗位、关键时刻进行重点预防。社会的关键时刻一般称"敏感时期"，单位的关键时刻一般是单位发生重大事情的时候。关键时刻会有关键的事，关键的事涉及关键岗位，关键岗位必有起关键作用的人。"思想政治工作从根本上说是做人的工作"[①]，所以思想政治教育要重点抓人，关注思想上后进的人、纪律上松散的人、生活上困难的人，有针对性地做好重点预防工作，防止发生意外，保证社会的稳定和单位各项工作的顺利进行。

普遍预防和重点预防是一般和个别、普遍性与特殊性的关系，一定要结合起来进行。普遍预防解决共性问题，重点预防解决特殊问题，共性问题解决不好，容易转化为特殊问题，特殊问题解决不好，可能导致共性问题。只有把普遍预防和重点预防结合起来，才有利于倾向性问题和特殊问题的预防。

（二）明示与暗示

这是预防教育经常使用的两种方式。明示是指教育者以正面直接的方式，明确地向教育对象阐明道理，提出要求，主动设防的方法。这种方法一般是在错误倾向的苗头开始出现并有所发展，或情势比较紧迫的情况下采用。例如，某种不安定事件刚露头，某种不良情绪被误导，某种错误的从众行为出现扩展趋势，某种冒险行为可能产生严重后果，等等。面对这些情况，必须及时明示，讲清道理，晓以利害，主动防范。

明示有两种方式，即书面明示和口头明示。所谓书面明示，就是以文件、条例、通知、告示、网络等书面形式，提出思想和行为要求，明确应遵循的准则与方式。书面明示的要点是，重申政治纪律，严格规章制度，公开奖惩条例，明令禁止行为，具有清楚明了，条理规范，便于掌握的特点，一般是针对可能发生的错误思想倾向和危害性行为而采用的一种预防方法。所谓口头明示，是通过会议、谈话、交往等形式，以口头方式提前向教育对象讲明道理，提出要求，即常说的"打招呼"，防止出现错误思想与不良行为。口头明示的特点是迅速直接，灵活方便。它可以用于群体预防，如召开会议，通报情况，分析形势，针对可能发生的错误思想倾向和行为偏向，有言在先，表明态度。

---

①《习近平谈治国理政》第 2 卷，外文出版社 2017 年版，第 377 页。

它也可以用于个体预防，如通过谈话，进行提示，使受教育者意识到可能发生的思想问题，有针对性地做好预防工作。书面明示和口头明示各有特点，各有运用的范围和条件，要根据实际情况加以采用，有时二者也可以结合起来同时使用。

暗示和明示正好相反，它是以委婉含蓄的方式对受教育者施加影响，进行引导，使受教育者自觉或不自觉地避免错误思想倾向和行为偏向的发生。暗示的方法一般是在情况比较复杂，错误倾向隐约可见但发展动向尚不清楚，或思想行为表现异常的情况下采用。如集体内部因关系复杂而影响团结的苗头露头时，有的人思想和行为异常但问题尚未全部显露时，影响稳定的敏感事件可能扩散时等，需要用暗示方法，有针对性地正面阐述道理，启发自觉，引而不发，避免错误倾向发展。如果有针对性地采用明示法，则可能把事情挑明之后反而把矛盾激化，把影响扩大。如果不加以必要的预防，则可能使错误倾向蔓延开来，不可收拾。

常用的暗示方法有目标暗示、舆论暗示。所谓目标暗示，即通过确立一定的目标，以正确的目标暗示错误思想与目标的背离，引导受教育者避免思想出错，行为出偏。所谓舆论暗示，就是通过会议、讨论、宣传等各种形式，制造正确舆论，抑制消极因素，使受教育者的思想和行为潜移默化地受到舆论的影响。例如，当有各种意见纷争，甚至不健康的思想有所抬头时，组织受教育者进行座谈讨论，让正确主张与错误意见展开交锋，并引导正确主张居于主导地位，使受教育者接受正确舆论的影响。

明示法和暗示法，都是有局限性的，在使用过程中，一定要注意教育的对象和条件，而且目的一定要正确，态度要诚恳，切不可不讲条件地乱用。否则，可能引起猜测、反感，造成思想混乱。

（三）启示与警示

所谓启示，是指教育者针对可能发生的问题，以侧面间接的方式启发受教育者思考和觉悟，提示受教育者避免错误的方法。这种方法，就是以众所周知的事实，用简单易懂的推论或恰当的例子，来说明或论述应当得出的结论，启导受教育者思考更深层次的问题。它一般是在事态比较明了或教育对象思想状况良好时采用。

启示方式主要有以下几种：

一是提问设悬式。这种方式是以提问的方式给受教育者故设悬念，从而使受教育者思想高度集中，迅速作出反应。提问设悬，有时是为了探明受教育者心中的"密码"；有时是为了启动其思索的"齿轮"；有时是为了打开其无言的"话闸"；有时是为了使受教育者想到可能产生的后果；有时是为了引导人们在正反两方面的对比中找到答案。根据不同的情况，可以提出不同的问题和假设，以达到启发、预防的目的。

二是旁敲侧引式。毛泽东在论述军事运动时曾经指出："为了进攻而防御，为了前进而后退，为了向正面而向侧面，为了走直路而走弯路，是许多事物在发展过程中所不可避免的现象。"[1] 在思想政治教育中，有时会遇到一些困境，如有的人思想固执，有的人性格怪僻，有的人心理逆反，等等，正面教育很难奏效。针对这样的情况，教育者不妨采用旁敲侧引的方式：正面教育不灵而转向侧面引导，直接教育无效而转向间接劝导，一时解决不了而采取耐心等待。这样，可以避免教育者与受教育者的直接冲突，防止思想矛盾加剧和激化。

三是投石问路式。在受教育者的思想问题尚未显露出来，教育者对受教育者的情况没有全面掌握的时候，急于发表意见，提出要求，常常事与愿违，甚至适得其反。这时，教育者不妨与受教育者谈天说地，试探对方的情况，摸清对方的心理，创造启发引导的条件。一旦对受教育者的情况有了较为全面准确的了解，就能够有的放矢地提出要求，给受教育者以有效的启示和引导。

所谓警示，就是对可能出现的、危害严重的思想和行为提出警告，明令禁止。如果启示是通过启发受教育者自觉预防的话，警示则是教育者强制设防。警示一般用于可能造成恶劣后果，群众极力反对的思想和行为，如破坏安全的思想和行为，导致动乱的思想和行为，吸毒、嫖赌等行为。对这些思想和行为，必须事先明令禁绝，不可有犯，一旦有人违反，必须进行处理。如果事先不予警示，晓以利害，就有可能打开缺口，造成危害。

---

① 《毛泽东选集》第 1 卷，人民出版社 1991 年版，第 196 页。

第二节　心理疏导与心理危机干预

现代社会，是一个复杂而又多变的社会，影响人们思想和行为的因素越来越多，变化的节奏也越来越快，社会竞争不断加强。人们的主观认识要适应客观社会的发展，必须提高思想政治素质和心理承受能力。"青少年阶段是人生的'拔节孕穗期'，最需要精心引导和栽培。"[1] 特别是作为处在人生关键阶段的青年，思维活跃，感受敏锐，情感丰富，行为易变，正在形成而又尚未定型的世界观与人生观，不断受到社会变革、社会信息的冲击，纷繁复杂的世界、五花八门的思潮、千奇百怪的现象，令一些青年时而清晰，时而模糊，时而亢奋，时而消沉。对于社会变化和社会生活某些方面的不理解、不适应，是青年心理问题产生的主要原因。

一、心理问题及其疏导

心理问题，按层次划分，主要有相互联系的几个方面。一般说来，健康心理与不健康心理的界限从来都不是绝对的。心理困惑、心理矛盾对每一个人来说都有不同程度的表现。当这些现象朝着错误的方向加剧和发展而又得不到及时解决时，就会形成心理失衡、心理障碍甚至心理疾病。心理失衡是指人们对于自我与超我、自我与自然、自我与社会的关系缺乏明确的认识与把握，导致思想情绪上下波动的心理状态。具有这种状态的个体，常常左右摇摆，捉摸不定，表现为对社会的聚集与游离，对自我的肯定与怀疑，对真理的顾盼与排斥，对人生的向往与忧郁等心理失衡现象。心理失衡是不健康心理的一般表现。心理障碍是心理失衡的进一步发展，具体表现为孤独、压抑、嫉妒、恐惧、忧郁等。心理障碍既可能由某些人的身体病患引起，也可能是一些人不能积极适应社会环境的反映，如果不及时消除，就会发展成心理疾病。心理疾病按其轻重程度一般可划分为三类：第一类是神经性心理疾病，如神经衰弱、神

---

①《用新时代中国特色社会主义思想铸魂育人　贯彻党的教育方针落实立德树人根本任务》，《人民日报》2019 年 3 月 19 日。

经性恐惧等；第二类是精神性心理疾病，如妄想、幻想、精神分裂症等；第三类是人格性心理疾病，如自卑人格、怀疑人格、偏执狂人格、反社会人格、性变态人格等。心理困惑、心理失衡、心理障碍、心理疾病，是程度不同的心理问题。这些心理问题与思想认识问题，并没有严格的区分，其形成往往与对客观和主观、社会和个体、眼前与长远关系认识、处理不当有关。因而，思想政治教育可以运用思想认识、人际关系、情绪调节等方法，进行引导和解决。对因生理问题引起的心理疾病和某些严重的心理问题，运用思想政治教育方法是不够的，必须依靠心理医生运用心理治疗的方法来解决。

在国外，心理学的流派、理论、方法很多，不同的国家有不同的理论和方法。发达国家的心理咨询或心理治疗方法经历了由传统到现代的发展，现在影响比较大、运用比较多的心理咨询或心理治疗方法主要有分析治疗法、行为治疗法、人本主义治疗法等。这些方法是以西方心理学理论为基础的，其运用也要受到范围和条件制约。我们可以移植、借鉴这些方法，但不能不讲条件地照搬照套这些方法。

我国古代社会，有讲道德、重教育的传统，形成了一系列教育和修养的方法。对这些教育和修养方法，我们党进行了继承和改造，并在新的历史条件下创造了一系列新的方法，如民主讨论的方法，疏导方法，批评与自我批评的方法，关心群众的方法，自我教育的方法，谈心交心的方法，等等。这些方法，强调受教育者的积极性和主动性，强调教育的内化过程，强调自我教育，因而这些方法也同样具有调适心理、排除思想障碍、消除内心疾苦的功能。因此，我们应当充分发挥我国思想政治教育的传统和优势，从我国的实际出发，总结、探索适应我国社会与人的发展需要的方法。

二、心理疏导的主要方法

（一）心理疏通与引导

所谓心理疏通与引导，就是教育者与受教育者在建立良好关系的基础上，围绕心理问题，相互理解、沟通、引导，达到消除心理障碍，促进身心健康的一种方式。因此，运用这一方式，教育者要从关心、爱护、尊重受教育者出发，细心了解受教育者的心理状况与心理问题，与受教育者共同分析心理障碍的形成过程及其产生的根源，并激励受教育者战胜心理障碍，教给他们克服心理障碍的方法。

运用心理疏通与引导方法，要掌握如下要点：一是教育者与受教育者要建立良好的关系，创造和谐轻松、畅所欲言的气氛。让受教育者将心中积郁的苦闷和内心困惑宣泄出来，减轻心理负荷，掌握受教育者心理症结所在，这是咨询的前提。二是要通过分析心理障碍形成的原因和过程，开导受教育者，激发其领悟，促使受教育者心理冲突调解、转化，这是咨询的关键。三是要调动受教育者的能动性，使其树立克服心理障碍的决心和信心，这是咨询的重要保证。四是要培养受教育者自我认知、自我矫正、自我调控的能力，教给其具体方法，不断巩固效果，这是咨询的重要措施。

心理疏通与引导方法在我国古代就有记载，《黄帝内经》的《灵枢·师传篇》中称："人之情，莫不恶死而乐生。告之以其败，语之以其善，导之以其所便，开之以其所苦。虽有无道之人，恶有不听者乎？"意思是说，人都是向往美好前程的，告诉人们危害所在，以好言相劝，引导其进行调养治疗，解除精神痛苦，人们是会听从的。西方精神分析学派所提出的分析治疗方法，也把诉说宣泄、开导领悟、暗示引导作为咨询的主要办法，同心理疏导有些相近。因此，心理疏导，适用于解除人们的多种心理障碍，是运用较多的一种心理咨询方法。

（二）交友谈心

所谓交友谈心，就是为受教育者创造良好的人际关系来解除其心理不平衡和心理障碍的方法。这一方法，要求教育者充分关心、理解、信任受教育者，帮助其建立良好的人际关系，使受教育者消除与人际环境的障碍与隔阂。运用这一方法的要点是：首先，教育者本人和受教育者所在的集体，要给予受教育者关怀、鼓励和信任，使之感到朋友的情谊和集体的温暖，为交往、交流创造前提条件。其次，创造接纳、真诚、友爱的人际关系，这是交友谈心的关键。人们产生心理不平衡和心理障碍，主要原因是主观认识同环境不适应，而不适应的环境因素中，最重要的是人际关系，所以交友谈心的关键是为受教育者提供良好的人际关系。要建立良好的人际关系，一是要耐心倾听受教育者的诉说，给予接纳和理解；二是要待以真诚，给予友爱。只要受教育者感受到友情与温暖，就会将积郁的内心痛苦吐露出来而感到轻松愉快。

交友谈心方法是我们党思想政治教育的传统方法，这一方法对沟通情感，消除隔阂，化解矛盾，转化冲突，形成良好的人际环境和健康的心理状况，具有重要作用。在新形势下，随着人们自主意识、竞争意识的不断增强，在人际关系和社会心理方面，还会出现一些新问题，特别是利益方面的冲突和经济收入上的差别，容易导致人际矛盾，也容易导致心理不平衡和心理障碍，因而交友谈心方法在新形势下仍然是心理疏导的重要方法。事实上，在西方心理学中，也有"关系疗法""团体疗法"和"交朋友小组"疗法，这也是借助良好人际关系来进行心理咨询的。

三、心理危机及其干预

在当今世界深刻复杂变化的背景下，社会流动频繁、经济快速发展、多样文化等因素，在推进社会文明发展的同时，也催生了接连不断的风险或危机。因而有学者称当代社会是风险社会，危机也成为广泛使用的概念。在《现代汉语词典》中，危机被界定为"潜伏的危险"和"严重困难的关头"。具体而言，就是当人们感觉到外界环境或某一具体事件存在着威胁，仅仅依靠自身的资源和应对方式无法解决时，就产生了危机。危机通常可分为突发性灾害型危机与重大社会危机，灾害型危机分为自然灾害与事故型灾害，社会危机分为国内危机与国际危机；按照危机的结构和性质，可划分为结构不良性与非不良性危机；按照影响范围与程度，可划分为局部危机、地区危机和全国性危机；按照危机烈度，可划分为一般性危机和社会总危机。

心理危机有社会心理危机与个体心理危机。个体心理危机，是指当事人认知、情感和行为的失调，诸如痛苦、不安、绝望、麻木不仁、焦虑和行为障碍等。社会心理危机是指社会思想文化、社会行为失调，诸如信仰危机、社会焦虑、社会恐慌、社会价值失衡、行为规范紊乱、偏执行为猖獗等。具有某种心理危机倾向的个人明显增加，就会演化为社会心理危机。在人的一生中，会遇到不同的心理危机。青年人一般会遇到恋爱和学业等方面的危机，中年人一般会遇到职务升降和社会关系等方面的危机，而老年人则会出现以精神和身体疾病为主的危机。心理危机有几种主要类型：

一是发展性危机，指在正常成长和发展过程中，急剧的变化或转变所导致的异常反应。不同个体，当遇到发展中的困惑或阻滞时，便会产生压力，并逐渐转化为危机。如青春期的个体，处于生理和心理发生急剧变化、从幼稚走向成熟、从家庭步入社会的重要转折时期，往往面临着自我同一性迷惘、性成熟过程、快速发育冲突与应激能力低下的矛盾，当他们遇到发展中的困难或阻滞时，容易陷入心理失衡状态，导致各种心理危机。这种危机是正常的，但每个人所面临的具体情况是独特的，因此必须以独特的方式进行评价和处理。二是境遇性危机，是指当出现罕见、超常事件，且个人无法预测和控制时所产生的心理危机，如交通意外、亲人病残、突然失业、突发疾病等，都可以导致境遇性危机，它具有随机性、突然性、震撼性和灾难性等特点。三是存在性危机，指伴随着重要的人生问题，如关于人生目的、责任、独立性、自由和承诺等出现的内部冲突和焦虑。这种危机可能是基于现实的，也可能基于后悔，还可能基于一种压倒性的、持续的感觉。

引发心理危机的主观因素主要有：自我认知与思维模式错位；因个性缺陷，在需要、动机、情绪、角色行为、态度、价值观等方面出现偏差，表现出人格偏执；对困难、挫折的承受能力差。引发心理危机的客观原因有：社会现实中的矛盾、冲突，社会竞争压力与工作压力，人际关系不和谐等。

危机干预又称危机调停，是指对处于困境和挫折中的个体予以关怀和支持，使之恢复心理平衡的过程。危机干预是一种心理救助措施，主要针对心理陷入危机状态者，给予适时救援，助其度过危机，因而危机干预是一种短期的帮助过程。危机干预的目的是通过一定的方式促使当事人适当地释放蓄积的情绪，改变对危机事件的认识态度，结合适当的社会支持和环境资源，帮助当事人获得对生活的自主控制，预防发生更严重与持久的心理创伤，恢复心理平衡。

心理危机干预，首先要坚持立足教育、预防为主的原则。积极开展富有实效的心理健康教育，是预防和化解心理危机的基础，也是心理危机干预的重要途径；举办心理健康讲座、普及心理健康知识、开展有利于心理健康的活动、进行心理咨询，都是立足教育、预防为主的有效方式。其次要坚持关注全体、重点干预的方向。心理危机干预，既要以提高全体成员的心理素质为出发点，又要重点干预存在心理危机倾向的个体，特别是对有明显心理障碍、心理疾病的个体，以及遭受挫折、面临危机、有自杀倾向的高危对象，要给予特别的关注和干预。最后要注重干预方式、讲究干预策略。危机干预可以分成危机前、危机中与危机后三个阶段的干预，各个阶段应采用不同的干预方式。危机前要有心理测试、行为观察、背景了解的准备；危机中应有针对性地采用切实可行的干预方法；危机后还要适当做好抚慰、稳定工作，使当事人从危机中掌握自我调控方法。因而，坚持心理测试、筛查心理问题、建立心理档案、进行心理鉴别、开展心理咨询、及时危机干预、评估干预成效等一套方法，思想政治教育工作者在新的历史条件下应当学习和运用。同时，危机干预往往是一项紧急而复杂的活动，需要教育者讲究人文性、即时性、灵活性、创造性的干预策略，尽量避免因主观态度、时间延误、方法不当而造成的损失与严重后果。

第三节　思想转化方法

在集体中，人群总是相对地存在着先进、中间、后进三个部分，个别或极少数人由于种种原因，由片面认识开始，逐步形成了比较系统的错误观点，有时甚至达到固执的程度，不仅有碍于本人的进步和作用的发挥，而且影响其他人的思想政治倾向。因而，有效解决顽固错误思想问题，需要采用思想转化方法。

这里所说的思想转化，是指在思想政治教育过程中，教育者帮助受教育者，将思想由错误转化为正确，由消极转化为积极，由后进转化为先进的方式，是用于解决个别或极少数人错误思想观念的方法。

一、思想转化法运用的要求

一个人，特别是成年人，一旦形成某种固有观念或产生不正确行为后，容易产生一种思维定式和行为习惯，不大容易改变。个别持有错误观点的人，还可能对思想政治教育存在抵触反感情绪，甚至产生厌烦抗拒心理，公开散布错误观点，影响他人。面对这种情况，教育者一定要冷静分析，正确对待，掌握思想转化的基本要求。

第一，正确对待，积极引导。人也是矛盾的统一体，其思想既有积极因素，也有消极因素。先进者积极因素突出一些或者处于主导地位，后进者可能某些消极因素突出一些。因此，对任何人特别是后进者，一定要全面了解各方面的情况，倾听多方面的意见，切忌偏听偏信，片面对待。既要看到后进者的缺点和短处，更要看到他们的优点与长处，以便扬长避短，因势利导，促进他们向好的方面发展。事实上，即使是后进者，也只不过是消极因素明显和突出一些，不是不存在积极因素，这正是能够实现思想转化的根据所在。只要抓住受教育者的积极因素，点燃其内心的闪光点，坚持下去，后进者是可能转化的。因此，教育者要树立转化后进者的信心和决心，相信后进者终究是能够转化的，而不能片面地、固定地对待后进者或持有错误观点的人。

第二，摸清情况，对症下药。摸清情况，实际上是三个方面的内容：一是要查清产生错误思想观点和不良行为的主要原因，然后对症下药。二是要掌握每个人的性格特点，因人制宜进行转化教育。有的人性格直率，可以直截了当；有的人性格内向，适于循循善诱，要根据不同的性格特点采用不同的方式。三是要注意教育分寸，做到教育适度，就像医生用药要适中一样，既不要过重，加剧矛盾，形成对立；也不要过轻，就事论事，不触及深层次的思想问题，成效甚微。

第三，耐心等待，持之以恒。毛泽东曾指出："一个正确的认识，往往需要经过由物质到精神，由精神到物质，即由实践到认识，由认识到实践这样多次的反复，才能够完成。"[①] 人们的思想转化，特别是后进者的思想转化，也不是一次就能够完成的。有时后进者接受了教育，转变了，进步了，有时又可能会出现反复，甚至重犯错误。因此，一定要耐心坚持，持之以恒，不怕反复，多做工作。

二、实施思想转化的具体途径

实施思想转化的途径很多，其中主要的途径有几个方面。

第一，情感融化，打开思想转化的通道。情，是人们在社会生活中相互之间形成的一种心理反应。人都是有感情的，"没有'人的感情'，就从来没有也不可能有人对于真理的追求"[②]。在思想政治教育过程中，我们常常会遇到这样的情况：同样是讲道理，有的人讲，群众爱听，乐于接受；而有的人讲，群众就不爱听，不乐于接受，甚至很反感，其中的重要原因就是没有与群众建立感

---

①《毛泽东文集》第8卷，人民出版社1999年版，第321页。
②《列宁全集》第25卷，人民出版社2017年版，第117页。

情，群众不信任。同样，在思想转化过程中，如果缺乏感情或感情对立，受教育者就会产生"抗药性"，难以收到应有的教育效果。所以，实施思想转化的第一步，就是用情感去融化教育对象，为思想转化消除障碍，打开通道。要做到情感融化，第一是要热爱转化对象，真诚地亲近他们，以消除对方的提防心理和反感情绪。第二是从工作、学习、生活诸方面关心转化对象，做他们的知心朋友，以诚相待，推心置腹，用自己一颗火热的心去温暖他们，取得信任。高校教师"要有堂堂正正的人格，用高尚的人格感染学生、赢得学生，用真理的力量感召学生，以深厚的理论功底赢得学生，自觉做为学为人的表率，做让学生喜爱的人"[①]。只有在教育者与受教育者之间架起一道感情的桥梁，才可能减少以至消除思想转化过程中的阻力，为下一步工作打下牢固的基础。

第二，事理说服，提高思想转化的效果。所谓事理说服，就是通过摆事实，讲道理，说真话，道实情，达到教育的目的。在思想政治教育过程中，事实教育是具有强大说服力的教育方式，其特点在于它的简捷性、直观性和无可争辩性，在证实、辨伪和释疑等方面具有突出的作用。毛泽东在总结第二次国内革命战争的经验时曾说过："中国共产党以自己艰苦奋斗的经历，以几十万英勇党员和几万英勇干部的流血牺牲，在全民族几万万人中间起了伟大的教育作用。"[②] 这种教育，就是一种事实教育。人们之所以形成这样或那样的糊涂认识和思想问题，很重要的原因是由于有的人盲目逆反，固执己见；或不明真相，上当受骗。对此，运用大量而确凿的事实，对转化对象进行耐心反复的说服，最终是可以促使其思想实现转化的。同样，凡事都有个理，做思想转化工作时，如果讲不出一定的道理，是难以服人的，被转化者不会从内心深处接受教育者的看法和主张，更谈不上改变和放弃原有的错误观点。因为"理论只要说服人，就能掌握群众；而理论只要彻底，就能说服人。所谓彻底，就是抓住事物的根本。"[③] 所以，做好思想转化工作的关键，要在说理上下功夫。说理的基本要求是：一是说理要"透"，只要把道理说透了，人莫不服；二是说理要"真"，要讲真话，不讲假话，理不怕真，理真人服；三是说理要"实"，要根

①《用新时代中国特色社会主义思想铸魂育人　贯彻党的教育方针落实立德树人根本任务》，《人民日报》2019 年 3 月 19 日。

②《毛泽东选集》第 1 卷，人民出版社 1991 年版，第 184—185 页。

③《马克思恩格斯选集》第 1 卷，人民出版社 2012 年版，第 9—10 页。

据事实，不能离开事实，只有实事求是，实实在在，不尚空谈，以事论理，说理才有基础，才有力量；四是说理要"新"，要适应新的时代、新的对象、新的特点，切忌回避现实，陈旧僵化。另外，说理时要注意讲好大道理，用大道理统领小道理。讲大道理并不等于空洞的说教，而是要联系实际，由近及远，由小见大，由具体到抽象，融化于人们的日常生活之中。

第三，行为约束，增强思想转化的力度。通过情感融化和事理说服，很多转化对象的思想是会有转变的。但转变不是一下子可以完成的，会有一个过程，甚至可能出现曲折和反复。针对这种情况，除了反复教育外，还要进行相应的行为约束，让转化对象按一定的纪律、规章制度规范自己的行为，在行动中进行思想体验，巩固教育效果。同时，在现实生活中，确有极少数人，觉悟低，私心重，自身又缺乏思想上的免疫力，因而在行动上往往容易做出许多错事来，甚至屡教不改。对于这样的人，仅靠情感融化和事理说服是不能完全解决问题的，必须借助规章制度、纪律法规去约束行为，通过外力的推动去启发他们内在的觉悟，制止其错误思想的发展和错误行为的发生。行为约束是制止、纠正违反最基本的社会道德、行为准则的条件，是终止某项错误行为，以达到提高思想转化效果的保证。因此，对用其他办法教育仍不见效者，要加强对其行为的约束，以提高在错误思想和不良行为面前的抗干扰能力，巩固和扩大思想转化的成果。

第四节　冲突调解法

现实生活中的冲突是经常发生的，小到夫妻争吵、口角斗殴和上下级的对立，大到群体械斗、游行示威甚至打砸抢烧。这些冲突往往给正常的生产和生活秩序造成不同程度的危害，给思想政治教育带来不良影响。

这里所讲的冲突，主要不是指阶级、国家间的对立和对抗，也不是指心理学上的心理冲突，而是指人们在利益、意见、态度和行为方式诸方面不一致和不协调，相互之间发生的矛盾激化状态。冲突调解法就是针对人们的思想矛盾和行为激化状态，通过建立健全制约机制和宣泄渠道，调解冲突产生的条件，减少和削弱冲突导致的震荡和破坏而采取的一种应急方法。

一、思想与行为冲突的类型及其产生的条件

在现实生活中，人们都要在一定的社会组织制约下，遵循社会公认的准则，规范自己的行为。为什么会出现冲突呢？一般来说，多数人不会有意寻求冲突，而会在某种程度上力求息事宁人，尽量避免各方面关系的复杂化。但是，生活中的矛盾总是难免的，当人们相互之间的矛盾积累到一定的限度，不发生冲突就无法解决激化的矛盾并改变自己的处境，这时冲突就无法避免。

（一）思想与行为冲突的基本类型

冲突涉及社会生活的各个方面，我们仅从不同角度，按不同标准把冲突划分为若干类型。一般来说，冲突主要有以下基本类型。

其一，按冲突的形式，分为自我冲突和自我与环境的冲突。自我冲突是指一个人内心世界的矛盾激化而不能进行自我调节的状态。自我冲突表现为心理严重障碍、思想困惑不解甚至人格发生分裂。心理崩溃、自杀是自我冲突无法解决的结果。自我与环境的冲突是指一个人在利益、价值、需要等方面与他人、集体和社会不协调、不一致甚至格格不入的状况。

其二，按冲突的程度，分为一般性冲突和剧烈性冲突。日常生活中发生的口角、争吵、摩擦等，是轻微的冲突。这种冲突或因利益受损，或因意见分歧，或因感情不和而引起，涉及的范围小，层次浅，影响不大，比较容易调解。剧烈冲突是一种严重的抗争、暴力状况，如群体械斗、局部动乱、打砸抢烧等情况。这种冲突，主要是由政治利益或经济利益的对立而引起的，波及的范围大，涉及深层次的问题，给个人和社会造成的危害和影响严重。

其三，按冲突的时间，分为暂时冲突、阶段冲突和长期冲突。暂时冲突是指偶尔发生，可以很快调解的冲突，如因一时感情冲动而导致的冲突；由不明真相引发误会而引起的冲突；受人挑唆而卷入的冲突等。这种冲突一般不会持久，只要参与冲突的人明确了冲突的原因，认识了冲突的不良影响，冲突就会很快消解。阶段冲突是指在一段时间内发生的冲突，如有官僚主义作风的领导在任职期间同群众的冲突，学生后进小团伙在学校期间同班集体的冲突等。一旦某一生活、学习、工作阶段结束，发生在这一阶段的冲突也会随之消解或者转移。长期冲突是指在相当长的时间内不可避免的冲突，这类冲突有着深刻的社会政治、经济原因，如坚持四项基本原则同资产阶级自由化的矛盾与冲突将长期存在。调解长期冲突，要创造一定的社会政治、经济条件，维护社会稳定。

其四，按冲突的原因，分为直接冲突与转移冲突。直接冲突是冲突双方因矛盾激化而产生的面对面的冲突。这种冲突的主要原因由冲突双方引起，冲突的后果由冲突双方承担。直接冲突的双方一般都有明显的矛盾积累过程，冲突只不过是矛盾激化的表现。转移冲突是冲突中的一方将矛盾转嫁到他人身上而引发的冲突，冲突双方并没有矛盾积累过程，冲突的主要原因不由冲突双方引起，而是在另外的冲突和场合之中。这种冲突在现实生活中还是经常发生的。例如，有的人在工作岗位上不顺心，回到家里向家人出气；有的人同当事人发生冲突不利，寻找当事人的亲属进行报复；有的人受到惩罚后到社会上乱害无辜；等等。因此，转移冲突看起来是莫名其妙的，但实质上是矛盾的转移，在分析这种冲突的原因与责任时，应当在挑起冲突的一方中寻找。

其五，按冲突的内容，分为政治性冲突和非政治性冲突。生活中大量的冲突是非政治性冲突，如经济冲突、文化冲突、道德冲突、情感冲突等。政治性冲突是以国家的政治制度和大政方针为焦点的冲突，如四项基本原则与资产阶级自由化的对立就是政治性冲突。非政治性冲突和政治性冲突是相互联系并可以相互转化的。非政治性冲突的发展、失控，可以导致政治性冲突；政治性冲突的出现，可以激化非政治性冲突。政治性冲突比非政治性冲突对社会的影响更深刻、更重要。

（二）思想与行为冲突产生的条件

如果我们撇开各种类型冲突的内容和形式，仅就冲突产生的一般条件进行分析，就不难发现导致冲突最主要、最直接的条件是矛盾积累和偶发事件。矛盾积累是冲突产生的根本条件。人们相互之间大大小小的矛盾总是经常而大量存在的，旧的矛盾解决了，新的矛盾又产生；有的矛盾表面上好像解决了，但实际上却潜伏下来；有的矛盾不仅没有解决，而且有发展或激化的趋势。当矛盾积累到一定程度的时候，已经为冲突的发生提供了土壤、气氛和条件，这时如有某种事件引发，冲突就会发生。例如，个人与个人之间的冲突不是无缘无故发生的，开始，相互之间可能只是隔阂与不满，如果这种一般性矛盾不断积累而不能化解，就会逐步发展到蔑视、敌意、嘲讽的激化状态。这种状态只要有某种事情引发，就会出现争吵、斗殴的冲突，甚至导致故意伤害他人的侵犯行为。因此，冲突的产生是已有矛盾不断积累、加剧、激化的结果。

矛盾积累虽然是冲突产生的根本条件，但光有矛盾积累，冲突不一定发生。冲突的现实产生，必然是偶发事件对矛盾积累的引发，从而使矛盾激化。所谓偶发事件，是指人们没有足够的准备，用已有的经验和正常的规则又不足以应付的事件。偶发事件尽管种类繁多，情况各异，但基本特点是事起突然，发展迅速，出乎意料。当这种偶发事件同已经积累的矛盾相联系并对积累的矛盾产生强烈激化作用时，偶发事件就成为冲突的导火线和诱因，冲突就不可避免。这种情况和手榴弹爆炸的道理相似，矛盾积累好比炸药，偶发事件好比导火索，只有炸药和导火索同时发挥作用，手榴弹才会爆炸。冲突也一样，当矛盾积累到一定程度，偶发事件就会引起冲突。因此，偶发事件是冲突产生的必要条件或直接原因。没有激化矛盾的导火索，冲突不会发生。所以，有些个体之间或群体之间，虽然矛盾积累时间较长，对立情绪很大，也不一定出现激化状态，产生冲突，原因就是没有偶发事件足以引发积累的矛盾。

必须明确，冲突产生的主要原因是矛盾积累，偶发事件只不过是矛盾积累的引爆点。因为生活中大大小小的偶然事件经常发生，令人防不胜防，而并不是所有的偶发事件都会引起冲突。同时，偶发事件只要处置得当，完全可以避免冲突的发生。所以，冲突调解的立足点首先在于积极调解矛盾，防止矛盾激化。

上面分析冲突产生的主要条件，是从冲突是否可能发生的角度来讲的。至于冲突产生的密度（即多少）和程度（即强弱），还与其他条件相关。如环境条件，包括生活环境、社会风气、人际关系等因素，直接影响冲突的密度和程度。优美、宜人的生活环境，可以调节人们的心境，陶冶人们的情操。居住条件的改善，安全感的增强，生活水平的提高，是形成安定、和谐生活气氛的起码条件。社会风气是一定时期社会政治经济状况的反映，社会稳定、政治清明、经济繁荣、法制健全和道德舆论的正确导向，就会形成政通人和的景象，营造出立足本职、积极奉献、相互帮助、同甘共苦的良好风尚，从而大大减少不满与对立情绪。人际关系是人们在社会生活中建立起来的人与人之间的关系，具有人际协调、沟通的功能。人际关系协调，人际沟通正常，就可以消除很多误解与偏见，增强人们之间的相互理解，也就能够化解某些冲突。相反，人与人之间关系紧张，就会使某些不该发生的冲突也在所难免。日常生活中的冲突以人际关系冲突居多，足见人际关系条件的重要性。另外，人的个性特点对冲突发生的密度和程度也有一定的影响。对于一些觉悟较高、素质较好的人来说，在社会生活、为人处世中就会更多地顾全大局，与人为善，即使置身于某些不可避免的冲突如口角、争执等，也较多地表现出讲道理，有理智，求大同，存小异，尽可能地忍耐谦让，防止事态扩大和冲突激化。但是，生活中有的人采取相反的态度，则不利于冲突的调解，甚至会引起更大的冲突。总之，冲突产生的原因是复杂的，它是许多条件交错作用的结果，必须具体问题具体分析。

二、思想与行为冲突调解的具体实施

冲突调解是有待深入研究的一个应急方法，根据实际情况，实施冲突调解可分为调解矛盾和处理冲突两个方面。

（一）调解矛盾，防止激化

要真正有效地调解冲突，必须根据冲突产生的条件，积极调解矛盾，防止矛盾激化。

一是要瞄准矛盾焦点，及时疏导分流。不管是个人还是群体之间，在冲突尚未发生之前，总是会比较集中地围绕着某一问题积累矛盾，成为双方关注、争执、互不相让的焦点。政治方面的某个观点或某一事件；切身利益方面的某一具体项目，如住房、工资、职称等；道德方面的某一行为倾向；情感方面的某一隔阂等，都有可能成为双方关注的热点和争执的焦点。如果双方继续在某个焦点上积聚矛盾，发展到一定程度，就会围绕这一焦点形成冲突。如果针对矛盾焦点，导向得力，分流及时，能够迅速超前调解，可能避免冲突。因此，及时、准确地摸清人们共同关注和议论的问题，采取疏导方法，积极组织分流，以防矛盾焦点、热点升温，对于冲突的调解具有重要作用。疏导分流的方式要具体问题具体对待，如实际问题的解决、思想问题的疏导、情感问题的化解、政治问题的引导，都需要采取不同的方式，其中最基本的还是劝导、疏通、宣泄和转移等方式。

二是要针对大众心理，理顺对立情绪。大众心理，就是社会民众的心理。这种心理往往比较集中地对人们普遍关心的问题作出反应，并通过人们的情绪相互传递和感染。当社会存在着不安定的因素时，这些因素就会渗入一些人的思想情绪中去，这种不安定思想情绪的发展和积累，便成为冲突发生的土壤和气氛。大众心理有一个特点，就是情绪色彩浓厚，相互传染快。特别是当一部分人的需要得不到满足，利益受到影响，声誉遭到损害时，这一特点便更加明显。如果不及时加以引导和理顺，情绪对立就会引出事端。因此，要防止冲突发生，必须从理顺人们的情绪入手。一是调整利益关系。在人们的日常生活冲突中，利益冲突的比重较大。而人们的利益关系往往是按照一定的群体类型分布的，各个群体的利益既不可能完全一致，也不允许差距过大，矛盾总是客观存在的。例如，在一个单位中的利益矛盾可能有干部与职工的利益矛盾、男职工与女职工的利益矛盾、年长者与年轻者的利益矛盾、各班组之间或科室之间的利益矛盾等。这些矛盾，有时缓和一些，有时激烈一些，要根据有关政策，遵循按劳分配和平等互利的原则，不断调整利益关系，防止出现分配不公。这样，即使有些矛盾，也不至于酿成危害较大的冲突。二是改善生活环境。人们的生活环境，包括自然环境、物质生活环境和文化生活环境。如果这些环境条件可以得到保证，就可以为思想政治教育创造良好的条件。因此，要经常观察和分析生活环境的变化，及时改变不利条件，不断优化文化环境，稳定生活秩序，尽可能消除引发冲突的客观因素。三是增进人际沟通。很多情况表明，日常生活中发生的许多冲突，很大程度上是由于缺乏良好的人际沟通引起的。特别是在当代社会条件下，人们自主性增强，自由性加大，分散活动增多，缺乏必要的交流与沟通，相互之间不了解、不理解就会导致误解、隔阂或偏见，如果得不到化解，就会引起冲突。因此，改善人际交往，协调人际关系，增进人际沟通，有利于调解冲突。四是疏通宣泄渠道，及时晓之以理，导之以行。矛盾不断积累和激化的一个重要原因，可能与人们的情绪、意见和要求缺乏宣泄的渠道有关。经验表明，"有'小广播'，是因为'大广播'不发达。只要民主生活充分，当面揭了疮疤，让人家'小广播'，他还会说没时间，要休息了。"[1] 要通过疏通宣泄渠道，让人们的意见、问题有地方发表、交流、争论，及时进行引导，使矛盾得到消化，使群体或单位更富有调解矛盾、增强活力的弹性。

　　三是要强化积极因素，抑制消极因素。人们的思想总是这样或那样地受社

---

　　①《毛泽东文集》第 6 卷，人民出版社 1999 年版，第 280 页。

会环境的影响。社会环境的因素十分广泛，但就其对人们思想影响的性质和方向看，可分为积极因素和消极因素两大类。当人们较多地受到积极因素影响时，就会出现良好的精神状态与和谐的人际关系，冲突就会大大减少；相反，当消极因素占主导地位，或一个单位不正之风盛行，消极情绪弥漫，人心浮动，纪律涣散，就容易出现各种各样的矛盾，也容易产生冲突。应当看到，积极因素和消极因素在任何一个社会，任何一个时期都是并存的，我们只能优化，而不能纯化。这就要求：第一，经常引进社会上的积极因素，通过思想政治教育强化积极因素的影响，减少人们接受社会影响的盲目性，增强接受社会正面教育的自觉性；第二，针对社会上刚刚产生、尚未对人们产生影响的消极因素，应抓紧教育，抢先"打预防针"，增强人们的免疫力，使人们少受社会消极因素的影响；第三，针对拨弄是非，挑起冲突的情况，要讲明是非，澄清事实，团结群众。

总之，调解矛盾，目的是为了防止矛盾的激化，最大限度地消除和减少冲突发生的土壤和条件。对于已经发生、不可避免的冲突，则应寻求有效的方法，妥善地予以处理。

（二）寻求有效方法，妥善处理冲突

如果一个地方出现冲突，惊慌失措、撒手不管或急躁简单都是不可取的，而必须根据冲突的不同性质、不同程度予以妥善处理。实际工作中经常采取的方式主要有以下几种：

一是"热处理"方式。所谓"热处理"，就是面对冲突，果断处置，迅速控制事态，最大限度地减少冲突导致的影响和破坏。其基本原则是旗帜鲜明地表明立场和态度，提倡什么，反对什么，泾渭分明，毫不含糊。例如，对某些违背四项基本原则或损害社会秩序的冲突，应坚决反对，立即制止。如果态度暧昧，优柔寡断，就会导致不堪设想的后果。又如，对于因报复、虐待、违法乱纪等情况引起的冲突，必须迅速处理，一味调解，非但不解决问题，反而会造成当事人更大的痛苦，使冲突不断加剧。

"热处理"方式的特点是是非清楚，果断迅速，适用于那些性质比较恶劣，危害比较严重的冲突，对于这类冲突所作的"热处理"，有时难免带来某些副作用，这些可以事后采取措施，逐步补救。

二是"冷处理"方式。"冷处理"是相对"热处理"而言的，就是在情况不明、是非不清而又矛盾激化在即时，先暂时"冷却"，"降温"调解，避免事态扩大，然后通过细致的工作和有效的策略，妥善解决冲突。"冷处理"一般适用于因感情不和、情绪对立、相互纠缠以及道德关系等情况引起的冲突。这类冲突情绪化的因素大，是非不是很清楚，只能等冲突双方冷静下来之后才可能得到妥善处理。如果操之过急，处理不当，可能更加激化对立情绪，甚至会发生意想不到的事情。"冷处理"的具体方式是：第一，侧面引导，避免正面交锋。处理这类冲突时，操作上要冷静，切忌匆忙下结论，随便乱允诺，应先从侧面了解情况，然后加以正确引导。第二，权威调停，控制事态发展。为了避免事态扩大，防止出现意想不到的严重后果，不妨推出受人们敬重的权威人士出面做工作。如在情况复杂、意见纷争时，为避免出现不必要的损失，可请权威人士出面调解，发挥权威人士对局面的影响力和控制力。第三，妥协让步，缓和偏激情绪。面对愈益激化的局面，在不违背重大原则的前提下，作出某种妥协和让步，尽量满足当事人提出的合理要求，或限期解决问题，或指出有效的解决途径，使大的潜在的危险化解为小的震动。第四，亲友出面，增强处理效果。当冲突中的人们面临的实际问题和心理压力没有得到解决时，善意的劝阻、耐心的说服往往作用不大。为了控制事态，应当约请当事人的亲友出面，利用血缘关系、莫逆之交、师生往来、亲友恋人等人际关系条件，发挥其对冲突主体行为的指令性和情感性的约束作用，使扩大的事态及时得到控制。

"热处理"和"冷处理"是两种常用的方法，因事态的具体情况不同应采取不同的方法。在实际工作中，需要"热处理"而作了"冷处理"，或需要"冷处理"而作了"热处理"，都会对冲突的调解造成不利的后果。不过，需要指出的是，现实生活中的冲突是复杂的，这两种方法的界限也不是绝对的。事实上，"热处理"中有"冷处理"，"冷处理"中有"热处理"，这种方法上的交替使用往往经常出现，这是我们应该注意的。

三是隔离方式。所谓隔离，就是将与冲突有关的人员、消息，特别是冲突主体"隔离"起来，然后慢慢做工作，以逐步调解矛盾的方法。这种方法是在卷入冲突的人员可能增加、冲突主体情绪偏激、不健康的舆论可能蔓延等情况下采用。具体做法是：

首先，控制消息，防止人心浮动。冲突发生时，各种议论、传闻都会出现，容易造成人们心理上的波动。例如，局部出现的不安定事件，某人与领导的冲突及夫妻矛盾等，如果弄得尽人皆知，议论纷纷，不仅影响正常的秩序，而且可能波及与冲突有关人员，使其卷入其中，扩大冲突范围，不利于冲突的解决。正确的做法是将冲突的消息限于一定的范围，做好与冲突相关人员的工作，防止冲突扩大。其次，迅速补救，尽力恢复常态。对于因某些突发事件所引起的冲突，在其萌芽阶段，应立即予以补救，至少不致使事态恶化。最后，多方配合，牵制冲突主体。对一般性的冲突，如夫妻冲突等，应将其一方暂时隔离起来，这对缓和情绪很有帮助。对于某些规模较大的社会冲突，将其中真正起作用的关键人物牵制和制约了，冲突局面的控制也就变得比较容易。可针对冲突主体的特点，进一步做工作，起到"隔离"作用，从而减少和削弱其在冲突中的影响。

四是转移方式。所谓转移，就是在冲突中，通过各种有效的措施，促使冲突参与者的注意力、情绪和活动内容实现转移，从而使冲突得以调解。其具体做法，一是转移注意力。冲突在即特别是冲突期间，人们的注意力往往高度集中在与冲突有关的问题上，不断的聚集就会造成不断的升温，对此，应将人们注意的视线转移，以分散其注意力。二是转移情绪。冲突中人们容易情绪化，即情绪化的思想和情绪化的行动，进而表现为偏激与冲动。这时，可通过调整情绪结构或采取以情胜情的方式，努力将冲突参与者的情绪由偏激转移到理智上来，以增强其对自己行为的责任感。三是转移活动内容。转移情绪，在很大程度上得借助转移活动内容去实现，如转移话题，避开相互间的语言刺激；转移场所，改变环境和条件抑制冲突的强度；转移关注内容，引开冲突双方的注意对象等。

五是调解和限制。所谓调解，就是向冲突双方或当事各方晓以大义，陈述利害，在双方或各方达成谅解或忍让的基础上，化干戈为玉帛，或促使双方暂时偃旗息鼓，不扩大事态。

调解一般用于非原则性冲突，调解的后果是没有输方也没有赢方，或者说，双方有输有赢，双方都不会完全满意但也不会一无所获。调解可以由第三方，如领导、权威人士、律师等人承担，也可以由冲突的某一方主动进行。调解的主要手段是劝告、说服，有时也可以对冲突双方进行必要的警告，让冲突双方认识冲突的危害与后果而自动妥协。所谓限制，是根据一定的规章和要求，制约、削弱冲突一方或各方的活动与力量，缓解或消除冲突。如果调解侧重于说服的话，限制则有一定的强制性，如限制容易引起冲突的活动范围与规模，进行必要的纪律约束，采取一定的检查、监督手段等，从而使冲突一方或各方让步和收敛，达到调解和消除冲突的目的。

▶ 思考题

1. 预防教育的具体方法有哪些？
2. 心理疏导的主要方法有哪些？
3. 思想转化的具体途径有哪些？
4. 妥善处理冲突的主要方式有哪些？

▶思考题
答案要点

第十二章　思想政治教育的综合方法

　　随着我国改革开放的深化与社会的发展，随着现代科学技术的广泛运用与社会信息化发展，各个学科领域和各项工作都呈现出多样性与综合化的发展趋势。思想政治教育也出现了内部协调综合，外部拓展渗透的新特点，教育目标、内容、方式综合发展迅速，综合教育方法发挥着越来越重要的作用。

第一节　综合教育的必要性和作用

一、综合教育和综合教育方法

　　所谓思想政治方面的综合教育，就是以唯物辩证法关于全面的观点、联系的观点和发展的观点为指导，运用系统论的方法，把各个方面或各种方法的思想政治教育进行有机整合，使之成为具有最大教育合力与最佳教育效果的教育体系。这里所说的综合教育，是一个具有一定系统结构，并能发挥最好教育作用的综合体系，或称综合教育过程，而不是各项教育方法的简单加和，也不是各种教育内容和教育方法的总称。

　　综合教育是具有全面性特点的教育体系。这个体系是一个由多因素、多层次、多目标组成的复杂动态系统。在系统进展过程中，经常受到社会环境、社会信息和主观因素的影响，并要根据形势的发展和情况的变化进行选择和调整。综合教育要正确处理教育系统的空间结构和时间结构，超越从单一目标出发、从单一因素考虑、从单一方法解决问题的传统方式，坚持教育的全面性特点。

　　综合教育是具有协调性特点的教育过程。所谓协调性，一方面就是各项教育都能围绕着统一目标，和谐配合，协调同步，整体推进。思想政治教育的各职能机构和工作人员都既明了教育的整体结构，又明确自身工作所承担的责任和所起的作用，能按计划、分层次、有效率地完成教育任务。协调性的另一方面表现是，教育的时间演化状态具有顺序性（或有序性）。所谓顺序性，就是各项教育能按照一定的方向和程序，交错配置，有先有后，首尾衔接，承前启后，成为连续性的教育序列，使教育像"滚雪球"一样地向前拓展。以上两方面纵横交织，相互促进，构成综合教育的动态结构。总之，思想政治方面的综合教育，说到底就是思想政治教育上的科学时空运筹。

所谓综合教育方法，是教育主体在把握各种教育方法各自特点和共同取向的基础上，通过协调整合，形成为共同目标服务，同时或先后运用多种方法进行教育的措施和手段。建立综合教育方法系列，首先要分别考察综合教育的单个方法，把握每个方法的实质与特点，综合分析各个方法的异同点，使相互联系的部分交汇、融合，使不同的部分钝化。然后，根据教育需要，选择结合点，把握结合度，创造条件，运用综合方法。因而，综合教育方法从本质上讲，是一种创新性方法。一是方法的选择、结合、构建本身就是一种创新，二是方法的综合运用可以创造新的教育合力和新的教育局面。应当看到，综合教育方法和所有方法一样，其运用是有条件的，不是万能的。它在思想政治教育的某些方面、某些结合部是适用的，不可能适用于思想政治教育的所有方面；同时，在运用过程中也要有相应的条件保证，否则，综合教育不仅不能发挥作用，甚至可能相互抵消。

二、综合教育的必要性

古今中外的教育家都很重视思想政治教育的内容与方式综合。孔子主张"文、行、忠、信"四教，其中后三教属于思想道德范围，也就是用于思想道德教育的内容不是单一的，而是综合的。除了要以《诗》和《书》为教材来培养奴隶主阶级的道德和灌输奴隶主阶级的政治思想外，还把礼教和乐教作为思想道德教育的重要方式。礼的作用是从行为上规范人，乐的作用是从感情上陶冶人。这就是孔子所说的"乐所以修内""礼所以修外"的内外交相作用的综合教育。德国教育家赫尔巴特认为，只有综合教育才能"建立教育所要求的那种严格的思想体系"。毛泽东在他所写的《关于纠正党内的错误思想》一文中，对每种错误思想不仅指出了其产生的多方面原因，而且提出了综合解决方法。

思想政治方面的综合教育，在现代社会条件下，更加重要和必要。首先，人们的思想和行为是在相互联系、相互制约的主客观条件和各种复杂因素影响下产生和发展的，只有采取综合教育，才能使正确的思想和行为得以形成、发展和巩固，使不正确的思想和行为得到预防、抑制和纠正。特别是我们所教育的主要对象是青年学生，他们正处在世界观、人生观、价值观形成和发展的阶段，思想可塑性大，容易接受正面的影响和教育，也容易受到不良倾向的干扰和感染。习近平指出："当代青年是同新时代共同前进的一代。广大青年既拥有广阔发展空间，也承载着伟大时代使命。每一个青年都应该成为社会主义建设者和接班人，不辱时代使命，不负人民期望。"① 为了帮助他们确立正确的理想信念，就需要进行各种内容和各种形式的综合教育。马克思主义的世界观、人生观、价值观，是全面、系统的科学思想体系，所包含的内容、涉及的范围，是极其广泛而深刻的。它既不可能自发产生，也不可能通过内容和方式单一的教育来完成，而需要通过长期的从实践到理论，从感性到理性的多途径、多方式综合教育才能实现。

其次，人们生活在社会之中，思想和行为总是与社会生活息息相关，鲜明地打上时代烙印。特别是在当前历史条件下，对外开放的扩大，使人们随时可以耳闻目睹世界潮流的变化；互联网络的普及与发展，及时为人们提供了各种各样的社会信息；物质条件和文化产业的迅速发展，不断改变着人们的生活方式和思维方式；多元文化交汇、交流、交锋，要求人们按照社会主义主流意识形态作出判断与选择；人们参与社会活动的范围比以往拓宽，人们所处的环境更加多样与复杂。社会是人生最大的课堂。在这个课堂里，各种现象、事件千差万别，千变万化；各种信息和网络、电影、电视等大众传媒提供的知识，极为丰富。所有这些，都会通过各种方式和渠道对人们产生广泛的影响。我们相信，在进行社会主义现代化建设的过程中，社会的积极影响总是占主导地位的，教育者要把积极的影响尽可能综合地加以组织规划，开发利用，使之更有教育性。同时，来自社会的消极因素，对人们的影响也是难以避免的。

最后，随着现代科学技术的迅速发展和我国社会的全面进步，各项工作、各个学科领域都出现了综合化的新趋势。为了适应现代社会的这一发展趋势，思想政治教育要向微观领域和宏观领域拓展，要向相关领域与交叉领域渗透，

---

①《抓住培养社会主义建设者和接班人根本任务 努力建设中国特色世界一流大学》,《人民日报》2018 年 5 月 3 日。

要与现代科学技术相结合，改变传统教育的分散状况，实现各项教育的协调与综合，使思想政治教育更具有系统性和有效性。"要以培养担当民族复兴大任的时代新人为着眼点，强化教育引导、实践养成、制度保障，发挥社会主义核心价值观对国民教育、精神文明创建、精神文化产品创作生产传播的引领作用，把社会主义核心价值观融入社会发展各方面、转化为人们的情感认同和行为习惯。"① 单一目标的教育、单一方式的教育、孤立分割的教育，在现代社会条件下，既缺乏时代气息，又缺少教育强度，不适应现代社会发展要求。

总之，综合教育是人们思想不断发展提高的需要，是综合利用、处理社会各种复杂因素的需要，也是现代社会发展的需要。

三、综合教育的作用与条件

思想政治方面的综合教育，不仅超越了单项教育的作用，而且还具有单项教育所缺乏的特殊作用。这种作用主要有两个方面。

第一，形成教育合力。所谓教育合力，就是在一定的时间内和一定的条件下，实施综合教育所产生的综合作用。这种综合作用，并不是综合教育中各个单项教育作用的加和，而是比单项教育作用大得多的新的教育力量。古希腊思想家亚里士多德曾说过这样一句话："整体大于它的各部分总和。"这句话至今仍然是系统观点的一种代表性表述，就是系统遵循整体性或非加和性原则。这个原则，在科学技术领域和日常生活中到处得到体现。在各种体育比赛场上，教练员和运动员要运用这个原则提高竞赛水平。科研人员要运用这个原则进行综合研究，发展新的交叉学科，发现多功能新技术。恩格斯在《反杜林论》一书中曾经阐述了这个原则。他说："许多人协作，许多力量融合为一个总的力量，用马克思的话来说，就产生'新力量'，这种力量和它的单个力量的总和有本质的差别。"② 这些说明，构成总体的各部分要素，可以通过相互之间的某种特殊的联系和作用，间接地、综合地决定整体，部分的量变可以导致整体的质变，产生新质。这些新质不仅在量上大于各要素量的总和，而且在质上具有

---

① 习近平：《决胜全面建成小康社会 夺取新时代中国特色社会主义伟大胜利——在中国共产党第十九次全国代表大会上的报告》，人民出版社 2017 年版，第 42 页。

②《马克思恩格斯选集》第 3 卷，人民出版社 2012 年版，第 505 页。

与各要素截然不同的新性质。思想政治教育系统和其他系统一样，各项教育的相互联系与相互作用也能产生新的教育力量，即教育合力。这种教育合力不仅超出单项教育的效果，而且是单项教育所无法达到的。例如，一个学校或一个班级，通过综合教育之后，就会形成良好的校风和学风，这种良好的校风和学风就是各项教育相互配合、综合作用的结果。它虽然听之无声，望之无形，却是学校或班级内人人都可以感受到的一种教育力量，它可以激扬先进，改造落后，有力地推动集体和个人的健康发展。显然，良好的校风和学风绝不是某一项教育活动的结果，而是综合教育所形成的一种新的教育力量。

第二，产生综合教育效果。综合教育所产生的综合教育效果，不仅能达到效果最佳，而且能产生单项教育无法达到的效果。这种综合教育效果，是由综合教育的系统结构所决定的。做任何事情，都要按先后次序，分轻重缓急进行，也就是要注意所做事情的系统结构。系统结构好，其作用或功能才能发挥好。比如，在军事上，战争双方，谁的兵力部署合理，阵势摆得对头，谁就可能争取主动，夺取胜利。临战之前和战争之中，紧张筹划，认真指挥，实际上是在进行战争结构的布局。结构布局好，弱者可以战胜强者，少者可以击败多者。下棋也是如此，一着不慎，满盘皆输。这些说明，主要不是构成军事、对弈等各个系统的要素决定系统的功能与行为，而是构成系统的各要素之间的相互联系、相互作用的方式，即系统结构决定系统的功能与行为。这就告诉我们，合理巧妙地安排这些要素的顺序与结构，就能直接改变系统的功能与行为。安排得合理、科学，就会效果突出；安排得不好，就会效果甚微。

结构决定功能的原理在思想政治教育上同样适用。这是因为，思想政治教育作为一个系统，同样有横向结构和纵向结构。所谓横向结构合理，就是各项教育的方向、地位、相互之间的关系要配置恰当，层次分明，主次清楚，关系协调。横向教育结构混乱，不可避免地会导致效果差，甚至可能造成相互矛盾、思想混乱。所谓纵向结构合理，就是各项教育的先后次序要安排恰当，要尽可能按照思想发展变化的规律和特点，有秩序地展开教育，不可失去良机而拖后，也不可操之过急而提前。教育上先后次序的混乱，也会导致教育功能的削弱。

显然，思想政治教育的横向结构和纵向结构不同，教育的效果是不同的。综合教育强调优化教育的系统结构，因而能够取得综合效应，即教育辐射广泛、教育影响深远、教育效果突出，其作用不仅表现在政治思想、道德品质方面，而且对工作、学习也能直接产生积极的推动。所以，我们可以看到，有些单位由于综合教育设计得好，综合教育方法使用得当，教育结构合理，教育时机恰当，教育效果良好，单位各方面工作进展顺利，局面可喜。相反，有些单位虽然教育活动很多，花的时间也不少，某些单项教育活动的质量也较高，但由于教育系统结构不好，火候没抓住，教育综合效果不好，单位的局面没有明显改变。

综上所述，综合教育不仅具有单项教育的功能，而且具有形成教育合力，产生综合教育效果的作用，这是单项教育无法比拟的。习近平在全国高校思想政治工作会议上指出："要用好课堂教学这个主渠道，思想政治理论课要坚持在改进中加强，提升思想政治教育亲和力和针对性，满足学生成长发展需求和期待，其他各门课都要守好一段渠、种好责任田，使各类课程与思想政治理论课同向同行，形成协同效应。"①综合教育要充分发挥作用，必须具备一定条件。首先，综合教育中的各个单项教育的总体目标要一致。目标一致，可以产生最大的教育合力；目标有偏差，教育合力就会减少；如果目标相反，还可能导致相互抵消，甚至可能产生教育的负合力。其次，综合教育中的各个单项教育之间要协调。教育目标一致，但不能协调进行，也不能形成教育合力。各个单项教育之间的协调，如前所述，其一是要在空间结构上有层次性，其二是在时间结构上有顺序性，努力避免教育在内容、方法、时间、人员上的矛盾与冲突。

第二节　综合教育的主要方式

综合教育有不同的内容、范围和层次，具有多样性，适用于综合教育的方法也是多种多样的。按不同的综合方法，可以把综合教育方法划分为以下方式。

---

① 《习近平谈治国理政》第2卷，外文出版社2017年版，第378页。

一、主从式综合方式与并列式综合方式

这两种综合方式，是按综合后单个方法在综合体中所处的地位来划分的，是比较简单的综合方式，也是思想政治教育经常使用的综合方式。这两种综合方式，都没有改变单个方法的性质和独立性，只是确定了综合体中单个方法之间的某种关系，即主从关系和并列关系。

（一）主从式综合方式

在这种综合方式中，单个方法各自保持相对独立性，各自在综合教育中发挥自己的作用。但各个方面在综合体中的地位是不同的，有的居于主导地位，起主导作用，制约着另外方法的存在和发展；有的居于从属地位，起辅助作用，促进主导性方法的完善和发展。两种方法虽有主从之分，但又不能互相代替，只能依照主从关系，相互制约，相互促进。

主从式综合方式包括教育与自我教育，现实方法与虚拟方法，表扬与批评，精神鼓励与物质鼓励，思想教育与解决实际问题相结合等综合方法。在这些综合方法中，前者是为主的，居于主导地位，并对后者起指导、制约作用，但又不能代替后者。前者作用发挥得好，后者作用也会发挥好；后者作用发挥得好，也有利于前者作用的发挥。这里讲两种主从式综合方式。

一是教育与自我教育的综合。这是思想政治教育最普遍、最重要的综合。思想政治教育的过程是教育者和受教育者共同活动的过程，它一方面包括教育者的教育活动，另一方面也包括受教育者的自我教育活动。教育与自我教育有不同的使命和作用。教育不是目的，教育的目的是为了实现受教育者的自我教育；而自我教育又不是自发形成和发展的，它需要教育的指导。在教育与自我教育的矛盾统一体中，教育者的教育和受教育者的自我教育的作用并不是等同的，各自所处的地位也不一样。担任教育职责的教育者，肩负着用马克思主义教育人、培养人的任务，担负着整个思想政治教育的计划、组织工作，在教育过程中是矛盾的主要方面，起着主导作用。而受教育者的自我教育则居于受指导地位。这就是说，在教育过程中，决定教什么和如何教，决定教育的性质与目标的，是教育者。当然，我们说教育者在整个教育过程中起主导作用，既不是说教育者的教育可以包办代替一切，也不是说受教育者的自我教育处于消极被动状态。就受教育者接受教育的过程来说，受教育者是自我教育的主体，教

育者的教育是外因，受教育者的自我教育是内因。受教育者对教育是否接受，接受的程度如何，则取决于受教育者能否将教育转化为自我教育。如果受教育者拒绝接受教育，不愿意进行自我教育，教育就会失去作用而达不到预期效果。因而，教育者的主导作用与受教育者的主动性相结合，教育与自我教育的结合，是思想政治教育最普遍、最重要的综合，是教育有效的基本条件。

二是现实方法与虚拟方法的综合。随着互联网络的发展，人们的社会实践从现实空间进入虚拟领域，"原子式"的现实领域和"数字化"的虚拟领域相互联系与渗透，不仅拓展了人们的活动范围，而且促进人的发展方式、思维方式、思想观念发生了深刻变化。这里所说的虚拟，是指数字化虚拟，特别是网络虚拟。虚拟既包括对现实事物的虚拟，也包括对可能事物与不可能事物的虚拟；既是对现实事物的反映，也是对现实事物的超越。这里所说的现实，是指客观存在的现实，是"历史的每一阶段都遇到一定的物质结果，一定的生产力总和，人对自然以及个人之间历史地形成的关系，都遇到前一代传给后一代的大量生产力、资金和环境，尽管一方面这些生产力、资金和环境为新的一代所改变，但另一方面，它们也预先规定新的一代本身的生活条件，使它得到一定的发展和具有特殊的性质"①。也就是说，现实是包括不能任意改变的社会环境、社会关系、社会条件的客观存在，是人们认识和改造客观对象的基础。

虚拟领域是一个不同于现实领域的新型空间。现实领域是物理世界，虚拟领域是网络世界；现实领域是有形的世界，虚拟领域是无形的世界；现实领域是客观事物的世界，虚拟领域是信息流变的世界。然而，现实领域与虚拟领域又具有内在联系性，这种联系性的主要表现，一是两者都是人创造的，都是人的本质力量的体现；二是虚拟领域是从现实领域发展而来的，虚拟领域的源头在现实领域；三是虚拟性（即数字性、形式性）和现实性（即客观性、实在性）都是事物的属性，这两种属性只不过在不同领域表现不同而已。

在现实领域，思想政治教育经历了从古代到现代的发展，形成了不同时代、不同国家的思想政治教育目标、内容与方法。思想政治教育的现实方法，是指在现实领域开展思想政治教育的原则、途径、方式与手段的总称，本教材的主要内容是思想政治教育的现实方法。虚拟领域形成后，网络思想政治教育

---

①《马克思恩格斯选集》第 1 卷，人民出版社 2012 年版，第 172 页。

迅速发展，形成了思想政治教育的虚拟方法，或称为网络思想政治教育方法。思想政治教育的虚拟方法，是指在网络领域，运用网络技术开展思想政治教育的原则、途径、方式与手段，本教材有一章专门写网络思想政治教育方法，这里就不具体阐述了。

正确认识虚拟与现实、网络思想政治教育与现实思想政治教育的关系，是进行思想政治教育的虚拟方法与现实方法综合的关键。首先，现实思想政治教育与网络思想政治教育，是有着内在联系的两种教育形态，两者不仅在教育目的、教育功能、教育内容上基本相同，而且现实思想政治教育是网络思想政治教育的基础，网络思想政治教育是现实思想政治教育在网络上的延伸和发展，两者只是所处领域、表现形式、运用载体、互动方式等方面不同而已。因此，思想政治教育的现实方法与虚拟方法的综合，首先在目的上要一致，即综合的目标是要形成适应现代思想政治教育的方法体系，为完成现代思想政治教育任务、提高教育有效性、实现教育目的、促进人的全面发展服务。其次要遵循综合的准则，即要以思想政治教育的现实方法为基础，发展思想政治教育的虚拟方法。因为思想政治教育的现实方法，是在长期思想政治教育的实践中总结、创造出来的，是符合思想形成与发展规律和思想政治教育需要的，是经过实践检验证明是行之有效的。所以，不能因为创造了思想政治教育的虚拟方法，就忽视甚至否定思想政治教育的现实方法，否则，虚拟方法就失去了现实根基。同样，随着网络的迅速发展和网民的大量增加，思想政治教育必须迅速向网络领域发展，探索、创造适应网络领域的虚拟方法，才能有效引导人们的网络行为，解决网络领域的认识、交往、实践等方面的问题。所以，也不能因为强调思想政治教育现实方法的基础性，就忽视甚至否定思想政治教育的虚拟方法，否则，思想政治教育就会丧失网络领域而跟不上时代发展。最后要形成综合的体系，即根据现实思想政治教育和网络思想政治教育的特点与优势，将不同教育任务、内容，在现实空间与网络领域进行合理分布，采取"网上"与"网下"结合的方式开展思想政治教育，逐步形成覆盖广、虚实互补的方法体系。

（二）并列式综合方式

在这种综合方式中，各单个方法仍然保持各自相对独立性，并且在地位上平等，难以分出主次。一种方法发挥了作用，另一种方法也随之发挥作用；一种方法作用过头了，另一种方法的作用发挥就会受到阻碍。单个方法只能在交互作用中协调、兼顾，在协调、兼顾中实现最佳结合。既不能用一种方法代替另一种方法，也不能用一种方法支配、制约另一种方法。并列式综合方式包括教育与管理相结合，说服教育与纪律约束相结合，学校教育、社会教育、家庭教育相结合等。这里讲两种并列式综合方式。

一是教育与管理的综合。这是运用最多的一种综合方法。教育方法与管理方法在使用过程中是不分彼此的，但又不能用一个代替另一个，它们是互为条件的，必须把教育方法与管理方法有机结合起来。人们正确的世界观和人生观的形成，良好思想品德和行为习惯的养成，既要依靠长期的思想政治教育，也要遵循行之有效的管理。在建立、健全必要的规章制度和实施管理的过程中，必须伴之以深入细致的思想政治教育。只有把教育和管理有机地结合起来，把思想政治教育渗透、贯穿于管理的全过程，才能使各项规章制度的执行转化为人们的自觉行动，同时又用管理来巩固思想政治教育的成果，促使人们逐步养成良好的行为习惯。因而，在一定的意义上，可以说管理也是教育。离开思想政治教育的管理，或离开管理的思想政治教育，都难以收到良好的效果。

二是家庭教育、社会教育和学校教育的相互配合。这也是广泛运用的一种综合方法。因为每个人都在事实上以不同的方式接受着这三方面的教育或影响，而这三方面的教育既并列、独立地存在，不可能相互取代，又总是相互联系、相互影响。

家庭教育是建立在血缘关系、经济关系和感情联系基础上的。它的最大特点，就是父母的思想、品德、习惯对子女潜移默化的影响。这种影响不是像学校（或单位）教育那样正规开展的，而是主要通过日常生活中的言谈举止，不知不觉传感的。许多青年参加工作或上学之后，离开家庭，走上了独立生活的道路，他们不能直接受到父母的影响了。但是，子女离开父母的时候，父母免不了要进行嘱告。随后，电话沟通，节假日接触，父母都会明确地向子女提出自己的愿望和要求。这些愿望和要求，集中反映了父母的思想、品德和习惯，往往比青年离开家庭前所受的影响更富有教育性。因而，对青年来说，家庭教育仍然是思想政治教育的重要组成部分。

社会教育就是人们通过社会舆论、社会交往、社会活动等途径接受的教育。社会舆论是一种无形的精神力量，它是党的思想政治教育工作者、理论工作者、宣传工作者、文艺工作者、教育工作者以及党政部门和群众组织的广大干部，通过报纸、杂志、广播、电影、电视等宣传工具和各种形式的报告会、纪念会等，形成的一种富有教育意义的舆论。积极的、健康的社会舆论是广大群众不可缺少的精神食粮。在广泛的社会交往和社会活动中，人们可以结交朋友，联络感情，相互比较和促进，受到启发、激励和鞭策。因而，社会教育是一项广泛而有影响力的教育。

学校教育是学校按照党和国家的教育方针和教育计划，对学生进行的有目的、有计划的正规教育。学生在校主要接受学校教育，学校教育对学生的全面成长起着主导作用。

家庭教育、社会教育和学校教育各自有其产生的基础，各自有其地位、作用和特点，因而不可能互相代替或相互支配，只会以不同的方式对人们产生影响。同时，家庭教育、社会教育、学校教育也总是相互联系在一起的。家庭是社会的细胞，不能脱离社会而孤立存在。家庭教育的指导思想、培养目标、教育内容和方式，都来自社会，为一定的政治经济服务。从这个意义上讲，家庭教育实质上是社会教育的一部分。至于学校教育，也必须同社会的需要相一致，同国内外的形势和党的方针、政策相协调，把学生培养成为全面发展的、适应社会发展需要的人才。学校教育离不开社会教育的支持和配合，否则，学校教育就会失去它对社会的积极作用，成为一种学究式教育而没有生命力。因此，家庭教育、社会教育、学校教育连成了一个"教育环"或教育网，三方面结合起来，形成了综合教育的方式。

家庭、社会、学校三方面的教育虽然是并列存在的，但对不同的人，其作用是不同的。人们由于经历不同、处境不同以及所形成的观点、信念、爱好、习惯等个性特点不同，接受这三方面教育的态度和基础是不同的。如有的人同家庭关系密切，受家庭影响较大；有的人同家庭关系疏远，对家庭的教育反应冷淡，甚至反感抵触。又如，人们对社会的观察不同，看法不同，接受社会教育的态度也会不同。能够全面、辩证地观察社会，正确对待社会上的积极因素和消极干扰的人，往往能够比较自觉地接受社会教育；而对社会观察片面，过分夸大社会阴暗面的人，常常不容易接受社会教育。因此，家庭、社会、学校三个方面的教育，在不同的人身上或不同情况下，可能产生不同的甚至相反的效果。为此，要针对不同的教育对象，综合运用家庭、社会、学校三方面教育。

家庭教育、社会教育和学校教育的相互配合，综合实施，首先目标要一致，即都应该按照党和国家的方针、政策和有理想、有文化、有知识、有纪律的要求，教育人、培养人。只有思想统一，目标一致，要求相同，才能形成教育合力。习近平指出："办好教育事业，家庭、学校、政府、社会都有责任。家庭是人生的第一所学校，家长是孩子的第一任老师，要给孩子讲好'人生第一课'，帮助扣好人生第一粒扣子。教育、妇联等部门要统筹协调社会资源支持服务家庭教育。全社会要担负起青少年成长成才的责任。各级党委和政府要为学校办学安全托底，解决学校后顾之忧，维护老师和学校应有的尊严，保护学生生命安全。"① 如果相互之间发生矛盾，其教育作用就会受到削弱甚至抵消。如果三方面教育发生矛盾，学校要主动采取措施，进行调节和改善，坚持正确的目标和要求。其次，家庭、社会、学校要加强联系，形成"教育环"。学校与家庭联系的主要方式有家访和日常联系沟通两种，后者运用较多。一般是学校主动把学生在校的学习情况、思想品德情况以及突出的成绩或问题，以口头或书面形式告诉家长，取得家长的配合，共同进行教育。学校教育同社会教育的联系也主要有两种方式，一是走出去，通过参观、调查、劳动，接受社会教育；二是请进来，邀请社会上的先进模范人物或有关人员作报告、讲课，把社会教育纳入学校教育之中。

二、协调式综合方式与交替式综合方式

这两种综合方式，是按单个教育方法在综合方法中的关系来划分的。各种单个教育方法综合在一起之后，相互之间就会发生关系，或者是横向联系、制约的关系，或者是纵向联系、制约的关系。处理各个方法关系的方式主要有两种。

（一）协调式综合方式

这种综合方式中的各个单项教育方法，既不能各自为政，孤立进行，又不能互相推诿，不负责任，需要协调才能有效发挥作用。否则，就会发生矛盾，

①《坚持中国特色社会主义教育发展道路　培养德智体美劳全面发展的社会主义建设者和接班人》，《人民日报》，2018 年 9 月 11 日。

互相牵制，抵消力量，妨碍整体效果。采用这种综合方式时，要进行必要的制约、调整，合理搭配，有主次序列，有轻重缓急。

学校、部队、企业等单位的职能部门各负其责，齐抓共管，相互配合开展思想政治教育的方式，就是协调式综合方式。例如对于学校的思想政治教育，毛泽东就说过："思想政治工作，各个部门都要负责任。共产党应该管，青年团应该管，政府主管部门应该管，学校的校长教师更应该管。"[①] 这就是说，学校的思想政治教育，是全校各个部门的事情，是大家的事情，不能只靠思想政治教育部门去做。同样的道理，企业、农村、机关、部队的思想政治教育，也要依靠这些单位和部门的党组织、行政部门以及共青团、工会、妇联等群众团体和广大群众，建立思想政治教育的综合体系，相互配合，协调努力，一起来做，充分发挥各个单位的党组织、行政部门和群众组织开展思想政治教育的特长与优势。

单位的党组织，在整个思想政治教育中居于主导地位，起着领导作用，它不仅要组织、指导、协调行政管理系统和群众组织的思想政治教育，还要直接面向群众进行思想政治教育。党组织的思想政治教育，一是通过党组织的政治核心作用和战斗堡垒作用，团结群众，组织群众；二是通过党员的先锋模范作用影响群众，带动群众；三是运用党的路线和方针政策教育群众、宣传群众。

单位的行政管理系统，涉及面广，人数众多，主要通过各种条例、规章制度和具体要求来组织、协调人们的行为，调节人们之间的各种关系。人们往往在业务活动中，在日常生活中，在涉及自己和周围群众的切身利益时，产生思想活动和思想问题，而行政管理人员对人们的思想情况也是最了解的。因此，行政管理人员结合各项管理工作开展思想政治教育，同群众有共同语言，容易做到点子上，并且可以把思想政治教育和业务工作、管理工作有机结合起来，克服思想政治教育与业务工作相脱节的现象。

单位的群团组织，如工会、共青团、妇联等，虽然任务、性质各有不同，但它们都是党联系群众的桥梁和纽带，都承担一定的教育职责。这些群团组织，维护本组织成员的正当权利，并能根据各自不同的特点，开展群众性的思想政治教育，即由群众组织发起，动员群众自愿参加，可以做得丰富多彩，生

[①]《毛泽东文集》第7卷，人民出版社1999年版，第226页。

动活泼，扎实有效，有利于形成群众性的自我教育局面。

要把以上各个组织、各个部门的优势充分发挥出来，形成思想政治教育的综合体系，必须运用系统论关于整体性和相关性原则，把担负思想政治教育的各方面力量组织好、协调好，形成目标统一，步调一致的教育体系，发挥各方面的教育作用，形成教育合力。

（二）交替式综合方式

所谓交替式综合方式，就是在教育过程中同时或先后综合运用各种不同的教育方法，以达到最好教育效果的方式。在进行教育的动态过程中，在开展大型教育活动中，需要交替运用多种教育方法，使教育丰富多彩和教育效果强化。如果只使用一种方法，教育就会显得单调、枯燥、力量不足。

交替式综合方式，也可以称之为多角度、多侧面教育方法的结合。它在大的教育活动中是经常用到的。例如，组织一项大型教育活动，需要交替运用形象教育法、宣传鼓动法、典型示范法、实践活动法等；在学校里进行思想政治教育，需要交替运用理论教育、党团教育、活动教育等方式；对一个人错误思想的转化，需要交替采用情感教育、说理教育以及批评等方法。只有多角度、多侧面进行综合教育，教育才有力度。

多角度、多侧面教育的作用主要表现在两个方面：其一是教育所产生的合力可以加快正确思想的形成或错误思想的克服，具有加速性。其二是教育可以从各个方面为正确思想的形成或错误思想的克服作出论证、铺垫基础，使正确思想得以巩固，错误思想难以反复，具有稳定性。

多角度、多侧面教育的方式是多种多样的。经常运用的主要是两种：第一，围绕中心内容和同一目标，各项教育从自己不同的角度，运用不同的方式加以综合实施，促使正确的思想观点尽快确立起来。第二，综合运用各种教育和管理手段，即除了运用教育手段以外，还要运用经济、行政、组织、法律手段实施管理。

多角度、多侧面教育的综合实施，是有层次、有重点、有顺序的。因为不同的人，不同的思想情况，在不同的条件下，对各项教育的接受和反应不尽相同，效果也会有差别。例如，有些持错误观点的人，一时难以接受道理，但容易受到情感的感化；有的可能对苦口婆心的劝说无动于衷，但组织、指导其参与实践，问题则可以迎刃而解；有的可能自觉性较差，一时对其教育很难奏效，但采取又管又导的方式进行启发，可能效果会逐渐显现。这些情况，犹如登山，正面上不去，可以绕道而行。这就叫思想政治教育上的"殊途同归"。因而，在实施多渠道、多角度、多侧面教育的过程中，要明确不同的人、不同的思想问题对各项教育选择的情况，分清层次，掌握重点，调整顺序，不能眉毛胡子一把抓，平均使用力量，更不能层次不分，主次颠倒，序列混乱，搞"一窝蜂式"的教育。

三、渗透式综合方式与融合式综合方式

这两种综合方式，是按综合后各个单项方法在综合体中的状态来划分的。这两种综合方式的程度比前面提到的方式高，综合方式所表现出来的作用也更强。

（一）渗透式综合方式

在该综合方式中，各个单项方法还保持相对独立性，其本质未发生明显变化，但方法之间已相互渗透、相互包容，发生了局部融合。如思想政治教育向经济、业务工作的渗透，学校德育与智育的结合，寓教于文、寓教于乐、寓教于行，以及教书育人、管理育人、服务育人等，都是渗透式综合方式。这类综合方式，基本上保留了业务、文化教育、智育、娱乐活动的相对独立性，但思想政治教育有部分向以上的活动渗透，乃至重合，使之不仅具有物质生产、专业知识传授的功能，同时具有思想政治教育的作用，这就是综合之后所产生的新的功能作用和综合性效果。

思想政治教育同业务活动的结合与渗透，是思想政治教育最主要的综合方式。因为人们所从事的业务工作，是人们经常的主要活动。人们的思想活动，同他们的工作岗位和业务工作有着直接联系，价值取向与思想问题常常产生于业务工作过程中并通过业务工作反映出来。因此，思想政治教育系统同业务工作系统往往不可分割地联系在一起。

思想政治教育同业务学习、业务工作相结合，历来受到教育家的重视。早在古代社会，有教育家就提出了"文以载道"的说法，文章是用来说明道理、表达思想的，就是要把知识学习与思想道德教育结合起来。孔子主张学校在"博学于文"的同时，还要"约之以礼"，即在涉猎文化知识的同时，要用当时统治阶级的政治思想约束学生。古代学者认为，"德"（道德品质）、"识"（远

见卓识）、"才"（聪明才智）、"学"（知识技能）四者具备的人，才能称为"人才"。要培养这种人才，就要把传授知识、锻炼能力与培养良好的道德品质结合起来。清代学者章学诚主张，学习和研究历史的人，不仅要有"史学""史才""史识"，还要有"史德"。"才、学、识三者，得一不易，而兼三尤难……能具史识者，必知史德。德者何？谓著书者之心术也。"章学诚从研究历史的角度，提出了思想品德方面的要求。

在社会主义制度下，思想政治教育同业务学习、业务工作的结合，是以政治与业务、红与专的辩证统一关系为指导的。政治与业务、红与专，是两个具有不同质的规定性的概念。所谓红，就是热爱我们社会主义祖国，自觉自愿地为社会主义服务，为人民服务，初步确立无产阶级世界观。所谓专，最主要的就是要有建设社会主义现代化祖国的真才实学与本领。政治与业务、红与专又是具有内在联系的两个概念。红规定着专的性质和方向，是专的强大动力，而专则是红得到进一步充实、发展和提高的基础。红与专的辩证统一关系说明，政治与业务是互相联系、互相渗透的，脱离政治的业务和脱离业务的政治是不存在的。政治要落实到业务上，业务要成为政治的出发点和落脚点。政治与业务的这种关系，决定了思想政治教育必须和业务工作相互结合、相互渗透，要求思想政治教育根据业务工作的性质、任务和特点来确定教育内容，寻求渗透的具体途径和方式。

实现思想政治教育同业务工作的有机结合，应主要从以下几个方面入手：

其一，抓住业务工作过程中带共性的思想问题进行教育。所谓业务工作过程中带共性的思想问题，就是从事不同职业、不同学科的人们在工作和学习过程中必定反映出来的思想问题，如工作和学习的目的和态度，工作作风和学风以及职业责任、职业道德、职业纪律等。这些问题虽不同于具体的业务内容，却来源于业务工作和业务学习的过程，是人们对职业的态度、观点。人们对待职业的态度、观点是人们世界观、人生观、道德观的重要表现。因此，在各种业务工作展开的同时，要善于透过业务工作表现出来的价值取向与思想问题，有针对性地结合业务工作进行思想引导，肯定正确的价值取向与积极的思想倾向，把工作做到实处，以促进各项工作的开展。

其二，要以业务活动、业务知识为载体，坚持按思想性、知识性和趣味性有机统一的原则实施思想政治教育。所谓思想性，是指思想政治教育要坚持以马克思列宁主义、毛泽东思想、邓小平理论、"三个代表"重要思想、科学发展观、习近平新时代中国特色社会主义思想为指导；所谓知识性，是指进行思想政治教育要与传授科学文化知识、生产技术结合起来，形成某种能力；所谓趣味性，是指思想政治教育要引起人们的兴趣，激发人们接受教育的积极性主动性。思想政治教育结合业务知识、业务活动进行，就是使人们在相互渗透的活动中提高思想认识，增强实际能力，掌握科技知识。

其三，发动业务工作者结合实际开展思想政治教育。业务工作者熟悉业务工作的内容和特点，也比较了解人们在业务工作中的思想活动，知道什么工作环节上的思想问题该用什么方法解决，发动他们结合业务工作开展思想政治教育，更有针对性，更有说服力。

（二）融合式综合方式

在这种综合方式中，各个单项教育方法相互吸引、相互结合、相互渗透、融为一体后，性质发生了变化，产生了一种新的教育方式，如企业文化建设、校园文化建设、军营文化建设以及环境选择优化方法等，是多种教育方法和手段综合所创造的一种新的教育方式。这种教育方式具有高度的综合性和创造性，对人的思想、行为、情趣、能力、知识等产生综合作用，发挥综合效应，因而越来越受到重视并被广泛采用。

校园文化建设，是包括思想建设在内的一项综合性建设，是学校社会主义精神文明建设的重要内容，也是校园环境建设的重要组成部分。如何建设一个富有时代特点的文化环境，如何设计发挥校园文化的综合作用，这是一个新问题。校园文化建设，其内容和层次是多方面的，有政治环境、道德环境、学习环境、生活环境等不同内容，有学风、校风等不同层次。学校的理想目标是要在学校建设一个这样的环境：安定团结的政治环境、宽松和谐的人际环境、诚实勤奋的学习环境、丰富多彩的文化环境、积极向上的竞争环境。达到这样理想的环境状态，既要有一个长时间的建设过程，又要从各个方面进行努力。特别是要适应经济全球化和面向世界培养人才的新形势，适应社会主义市场经济体制和激烈竞争的新要求，适应社会信息化发展和多元文化交汇的新格局，不仅要对旧的环境因素，包括过时的风气、习惯、思维方式等进行改造，而且要紧跟时代步伐，不断探索、建设新的环境内容。

校园文化建设，在做法上主要从以下几方面着手：一是进行学校文化环境建设。学校文化环境是指学校的文化氛围与文化布置，既包括学校的学风、校风、学术气氛、精神面貌等"软"环境内容，也包括校园景观、建筑风格、校园秩序等"硬"环境内容。建设学校文化环境，必须综合考虑，从多方面入手进行。二是进行文化场所建设。学校文化场所，主要指学生活动的公共场所，包括活动中心、课室等，这些场所是学生经常组织、参与各种活动的地方，把它建设成为设施先进、功能多样、吸引力大的阵地，有利于思想教育、知识传播和文化熏陶。三是进行文化活动建设。学校的文化活动，是以学生为主体，以文化场所为阵地的群众文化活动，包括社团活动、文体活动、政治活动、科技活动等。这些活动，以正确的思想为指导，以知识、科技、文化为载体，通过学生自己组织、自己参与、自己评价的方式，达到学习知识、锻炼能力、提高思想、陶冶情操的目的。总之，校园文化建设，是融思想、知识、技能于一体，采用多种教育、管理方法相结合的综合方式。

第三节 思想政治教育的纵向综合与良性循环

在前一节里，本书主要从教育的横向结构分析了教育合力的形成和产生教育合力的方式。在这一节里，将主要从教育的纵向序列，分析教育的纵向综合和形成良性循环的基本条件。

一、思想政治教育的连续性和阶段性

一个系统在其发展变化过程中，既是首尾连贯的，又是层次分明的，就像由一个个环节组成的链条。没有连贯性，谈不上系统性；没有层次性，谈不上系统的结构，也谈不上系统性。思想政治教育也是连续性和阶段性的统一。

第一，思想发展是连续性和阶段性的统一。前面已经讲过，人的思想发展变化是有规律性的。这种规律性之所以能被认识和掌握，就在于它是通过联系性（或连续性）和有序性（或阶段性）表现出来的。

所谓思想的联系性，就是各个阶段、各个环节上的思想总是相互联系、相互渗透着的，前一阶段或环节上的思想总会或多或少地渗透到下一个环节上，一些主导性的思想或倾向性的思想问题，只是在不同的阶段和不同的环节上，

有着不同的表现形式和特点。没有任何思想是来无影、去无踪的。所谓思想的有序性，就是人的思想是按阶段或环节的排列，循序反映出来的，每一个阶段或环节上的思想都有别于其他阶段或环节上的思想，而且各阶段或环节上的思想既不会前后颠倒，也不会凭空产生，只会依次连续发展。所以，人的思想是既连续又分阶段地向前发展变化的，是连续性和阶段性的统一。

思想发展变化的连续性与阶段性，与客观外界诸多因素的影响有关，更与人们所从事的本职工作的发展阶段和环节直接相关。例如，科学技术研究环节的顺序，是按照任务落实、方案论证、初步设计、设计试制、成果鉴定依次排列、循序前进的。科技人员的思想活动，往往也是按照环节的排列循序反映出来的。任务尚未落实，就谈不上成果鉴定环节中的思想。又如，大学生在不同的学习阶段所表现的思想，同学习活动息息相关，与学习环节紧密联系在一起。如果按时间来划分，学生在校几年可分为大小不同的许多阶段，每学年可分为一个阶段，每学年中的每个学期又可分为一个阶段，每学期还可分为开学阶段、期中阶段和复习考试阶段。学生在不同的阶段，思想有着不同的表现形式，或在不同的阶段表现出不同的程度。例如，学生的学习目的和学习态度，是贯穿学习全过程的思想问题，这一思想问题会在不同的学习阶段以不同的方式和不同的程度表现出来。因此，这就要求我们在进行思想政治教育的过程中，既要把握思想发展的连续性，又要把握思想变化的阶段性。

第二，坚持思想政治教育连续性和阶段性的统一。思想发展的连续性和阶段性的统一，要求思想政治教育也必须坚持连续性和阶段性的统一，这是思想发展变化规律向思想政治教育提出的针对性要求。

坚持教育的连续性，就是按照思想发展趋势，有计划地、坚持不断地进行思想政治教育，使教育保持连贯性。不能三天打鱼、两天晒网，随意中断教育，不能出现问题就教育，没有问题就撒手，不能盲目地、无计划地实施教育，也不能首尾矛盾、前后撞车，使教育相互抵消。

坚持教育的阶段性，就是要按照思想发展的层次，有重点、有步骤地进行思想政治教育，使思想教育保持有序性。既不可忽视思想基础，超越必要的教育阶段，拔苗助长，也不能放弃某一阶段的教育而使问题成堆。

因此，坚持思想政治教育连续性和阶段性的统一，就是要按照思想发展的规律，确立思想政治教育的内在逻辑系统，连贯地、循序渐进地实施教育，使前一阶段的教育成为后一阶段教育的基础，后一阶段的教育成为前一阶段教育的发展。这样，教育的作用就会通过不断积累而显示出越来越大的力量，使人们的思想觉悟逐步得到提高，这就是思想政治教育良性循环的发展趋势。如果破坏了教育的连续性和阶段性的统一，可能造成恶性发展的趋势。恶性发展的趋势，主要有两方面的表现：一方面是由否定教育的连续性而引起的。这种表现，只知道孤立地抓教育，忽视了前后各项教育目标的一致性和首尾的连贯性，或朝令夕改，或自相矛盾，或含混不清，使得受教育者无所适从，进而失去受教育者的信任。在这种情况下，思想政治教育的声誉势必每况愈下，消极情绪可能不断产生。另一方面是由否定教育的阶段性而引起的。这种表现，只知道盲目地抓教育，不知道有节奏、有步骤地抓教育。要么使本来应当在这一阶段解决的思想问题，拖到下一阶段，使下一阶段的思想问题成堆，积重难返，造成被动；要么超越教育阶段，把本来尚未出现的思想问题提前解决，教育无的放矢，空话、大话连篇，从而导致虚假现象出现，败坏思想政治教育的声誉。因此，自觉坚持思想政治教育连续性和阶段性的统一，对于保证形成良性循环，防止和克服恶性循环是十分重要的。

二、形成良性循环的综合方式

形成思想政治教育的良性循环，这自然是一个十分复杂而艰难的问题。形成良性循环，离不开必要的前提条件，如社会稳定发展，教育系统基本健全和工作秩序正常，思想政治教育的各个部门和各方面力量基本上能够协调一致，等等。我们的任务是要探索良性循环形成的途径和方式，努力避免低效甚至无效的一般性循环和恶性循环。

第一，循序渐进地实施教育。循序渐进作为教育的一条重要原则，不仅适用于智育，同样也适用于德育。古今中外，许多教育家对此作过不少有益的论述。战国时期的教育家孟子特别强调教育要循序渐进。他认为，流水"不盈科不行"，而学道则"不成章不达"。就是说，"学道"（也就是接受伦理道德教育）要像流水那样按顺序进行。如果不按一定顺序接受教育，企图一步登天，必然导致"其进锐者，其退速"，即进步过快的人，退步也快。他还以宋国人"揠苗助长"的故事为例，生动形象地说明了教育要循序渐进的道理。南宋时期的教育家朱熹明确提出了"教育有序"，即教育要循序渐进的原则。"君子教人有序，先传以小者近者，而后教以大者远者。""未得乎前，则不敢求其后；未通乎此，则不敢志乎彼。如是循序而渐进焉，则意定理明，而无疏易凌躐之患矣。"朱熹十分清楚地说明，教育要按由小及大、由近及远的顺序进行，不可前后颠倒，越级冒进。只有循序渐进地进行教育，方能"意定理明"地掌握思想观念。捷克教育家夸美纽斯提出"应当循序渐进地来学习一切"，"使今天所学的能够巩固昨天所学的，并为明天所学的开辟道路"的主张。瑞士教育家裴斯泰洛齐从"遵循自然"的教育原则出发，提出教育过程要从一些最简单的因素开始，逐渐转到日益复杂的因素。德国教育家第斯多惠则明确提出教育要遵循四原则，即：由近及远，由简到繁，由易到难，由已知到未知。

循序渐进地进行教育，实际上是一种综合教育，它要求综合考虑人们的思想基础、知识水平和接受能力，适时、适度地实施教育，使教育有最好的可接受性。这里首先要看思想基础，基础不好，教育要求过高；或基础好，教育要求太低，都不是循序渐进。循序渐进地实施教育除了要看思想基础外，还要适时适度。所谓适时，就是要选择教育的适当时机，择机而发，随机而变，因势利导。该缓要行"缓兵之策"，该急则应当机立断，该"热处理"就要趁热打铁，该"冷处理"就要冷静对待。因此，"做好高校思想政治工作，要因事而化、因时而进、因势而新。要遵循思想政治工作规律，遵循教书育人规律，遵循学生成长规律，不断提高工作能力和水平"[1]。只有掌握火候，恰到好处，方能巧夺胜局。所谓适度，就是在教育时掌握分寸，注意量的界限。有时一语中的，便能拨动心弦；有时反复强调，方可扣动心扉；有时一句风趣话，或唱一支歌，可以振作精神，活跃气氛；有时一席话才能提高情绪；有时要长话短说；有时需多费口舌。该讲的不讲，分量不足，功夫不到；不该讲的硬去讲，显得啰嗦，容易引起反感。所以，适时、适度地实施教育，就是要保持教育的弹性，这是坚持循序渐进原则的关键。

循序渐进地实施教育，既要反对"急性病"，又要反对"慢性病"。教育上的"急性病"，不懂得欲速则不达的道理，不切实际地过急过高要求受教育者，缺乏长期耐心进行教育的思想准备，期望一次教育就解决所有思想问题。过去，我们曾一度搞过所谓"雷厉风行""立竿见影"的蠢事，教训是十分深

---

[1] 《习近平谈治国理政》第2卷，外文出版社2017年版，第378页。

刻的。教育上的"慢性病"，不懂得思想领先的道理，常常落在形势发展的后面，做群众的尾巴，不能把思想教育做在前面，总是等问题成堆，矛盾激化，再来加以解决，结果陷于消极被动状态，不能起到思想政治教育应有的作用。这两种倾向都违反思想政治教育循序渐进的原则，都不可能形成教育的良性循环。

第二，抓好教育阶段的衔接与转变。恩格斯曾经说过："历史常常是跳跃式地和曲折地前进的。"①同样，人的思想在发展过程中也会产生飞跃或出现曲折。思想的飞跃或曲折是通过阶段性表现出来的。思想由一个阶段向另一个阶段的飞跃，是思想发生显著变化的时候，是思想发展的关节点。这种变化，常常是社会和客观物质生活条件发生阶段性转变所引起的。例如，党的十一届三中全会实现了全党的工作重点转移，我们进入了一个新的历史时期。这一重大的转折，带来了整个社会思想观念的巨大变化。当然，思想的飞跃虽然并不完全与社会和客观物质生活条件阶段性的转变同步发生，但社会和客观物质生活条件的阶段性转变总是或迟或早地引起思想的飞跃。要使思想的飞跃尽早实现，让新的思想尽快产生，旧的观念尽早克服，从而对客观物质生活条件的阶段性转变产生积极的推动作用，就要根据客观实际的需要，认真抓好教育阶段的衔接与转变。这是促进思想飞跃，形成良性循环的关键。社会发生阶段性转折的时候，人们的工作、学习发生阶段性转变的时候，各种思想问题常常反映较多。这些思想问题能否有效解决，直接影响着阶段的转变和人们思想的飞跃。

抓好教育阶段的衔接与转变，首先要不失时机地解决每一个阶段上应当解决的主要问题。人们思想上的表现是多方面的，不同的阶段常常反映出不同的思想问题。不失时机地抓住前一阶段的主要思想问题进行教育，加以解决，就为后一阶段的教育提供了良好的条件。否则，思想问题就会延续到下一阶段而造成被动。思想政治教育就像转动着的链条，一环脱节，整个教育系统都会受到波及和影响。

其次，每一阶段的教育要有始有终，有一定的程序，真正构成一个有结构的教育环节。如果教育活动莫名其妙地开始，不了了之地完结，或是虎头蛇

①《马克思恩格斯选集》第2卷，人民出版社2012年版，第13页。

尾，程序错乱，就会因教育环节的残缺不全而导致阶段教育的作用不良，还会给后续阶段的教育带来困难。

最后，既要找出前后相邻两个教育阶段在内容上和方式上的联系与贯通，使之能够承上启下，合乎逻辑地发展，又要找出前后阶段在内容上和方式上的不同特点和要求，使之有所比较，有所区别，并在比较中掌握新的思想观点，形成新的认识。不能割断前后两个教育阶段的联系而使之相互冲突、相互抵消，也不能使前后两个教育阶段没有区别而循环往复，毫无新意。

第三，加强预防教育与反复教育。所谓预防教育，前面已作说明，这里不再重复。预防教育能够有效防止矛盾的激化，把消极影响减少到最小程度，把积极作用扩大到最大程度，是一种事半功倍的教育。实施预防教育，可以不断为教育的后续阶段扫清思想障碍，奠定思想基础，争取教育主动，顺利地推动教育按照良性循环的趋势发展。如果忽视预防教育，错误思想势力不断袭来，侵蚀人们的心灵，支配人们的行为，甚至积习成性，再行教育，便无从下手。这样下去，必定事倍功半，陷于被动，形成防不胜防的恶性循环趋势。

预防教育是一种事前教育。但光有事前教育不行，还要有事后教育，即反复教育。前者是建立在思想可作前导，思想能够领先基础上的，后者是以思想可承续传导，思想会有曲折、反复为根据的。两者都是思想意识的相对独立性、能动性对教育提出的客观要求。

所谓反复教育，就是要根据人们的思想品德，特别是世界观、人生观、价值观在形成过程中，具有曲折性、反复性的特点，反复抓，抓反复，长期地、耐心地进行思想教育。毛泽东说过，革命的道路，同世界上一切事物活动的道路一样，总是曲折的，不是笔直的。思想发展更是如此，其曲折性和反复性尤为突出。这是因为，人们思想品德和世界观、人生观、价值观的形成，不可能一蹴而就，不可能上一次课，作一次报告，谈一次话就能解决所有的问题，必须考虑人们原有的思想基础，反复进行细致的思想政治教育，不断促进人们的思想向前发展。同时，人们新的思想观念的形成，旧的思想观念的克服，绝不会是直线式的，有时出现思想反复，甚至暂时倒退也在所难免。要善于抓反复，看到人们在反复中的细微进步，耐心等待，循循诱导，尽可能减轻反复的程度。只要反复抓、抓反复，锲而不舍地坚持教育，同样可以争取教育的主动性。

进行反复教育，就要正视过去，立足当前，着眼未来。正视过去，就是要顾及人们已有的思想基础，即过去阶段形成的思想主流是什么，遗留下来的思想问题是什么。立足当前，就是要综合考虑现实的思想状况，区别哪些是过去思想问题的延续，哪些是新产生的思想问题。或过去遗留的思想问题，现在有什么新的表现形式。着眼未来，就是对在当前尚不能完全解决的思想问题，进行反复教育和预防教育。反复教育和预防教育是相互联系、相辅相成的。虽然预防教育侧重于解决刚刚或将要产生的思想问题，反复教育侧重于解决过去遗留下来的思想问题，但人们的各种思想观念以及过去、现在和将来的思想，都是纵横联系的。反复教育抓得好，可为预防教育奠定必要的基础；预防教育抓得好，又可成为后一阶段反复教育的条件，二者彼此交错，联为一体，常常要在综合教育中交替使用。

▶ 思考题

1. 如何理解综合教育方法？
2. 在现代社会条件下，如何理解思想政治综合教育的必要性？
3. 综合教育的主要方式有哪些？
4. 如何理解融合式思想政治教育综合方式？

▶ 思考题
答案要点

第十三章　思想政治教育的反馈调节方法

反馈调节是思想政治教育实施过程管理的重要手段。在现代社会，影响人们思想、政治、道德观念发展的因素不断增多、变化加快，思想政治教育的输入信息滞后、缺乏全面性等，导致与输出结果往往不协调，因而反馈调节就显得尤为重要。反馈调节方法对于及时有效地掌握思想动态，驾驭教育过程，修正实施方案，保证教育目标的实现，具有十分重要的作用。

第一节　思想政治教育反馈调节的基本理论

一、思想政治教育反馈调节的理论分析

思想政治教育的反馈调节，就是以信息反馈为手段，调节思想活动机制，修正思想动机，进而引导人的行为，以实现思想政治教育目标的活动。

根据辩证唯物主义的认识论，人的思想观念是相对于感觉、印象等感性认识而言的一种较为稳定的认识成果。思想观念的形成，实际上就是认识不断深化的过程，是人们心理活动和外在社会作用的结果。所以，思想是可以教化、可以调整、可以改造的，这就为思想政治教育的反馈调节提供了基础。

人的行为是受思想支配的，思想是行为的内部动因，行为是思想的外在表现。人的行为不是无缘无故的，人的思想形成发展也是有规律可循的。人的思想和行为的调节过程，就是依据人的思想形成和发展规律进行正确引导的过程。

人的思想是隐蔽的，而人的行为是外显的。从人的某些行为可以寻找到其内心想法，只要具备一定的外部条件，人的思想就会表现出相应的行为。所以，思想政治教育的反馈调节就是通过人的行为来掌握其思想，并通过思想政治教育来影响、改变人的思想动机，达到引导人的行为之目的。

思想政治教育反馈调节的基本原理，还可通过深度分析人的思想和行为的

关系而反映出来：其一，思想虽然支配人的行为，但它不是产生行为的直接原因，动机才是产生行为的直接动因。由于"动机"源于"需要"，"需要"来自"社会实践"。因此，要实现思想政治教育的反馈调节，就必须研究人的动机——人的需要乃至产生需要的社会实践活动的关系。其二，人的思想形成与发展的基础是社会实践活动，由于社会实践活动是实现主观与客观两种因素统一的基础，因而，思想政治教育的反馈调节最终必须通过社会实践活动来实施，并抓住"外在环境"和"内在心态"两个着力点展开。其三，动机由需要引起，是个人内在的需求，是一种因客观因素激发而产生的精神状态。需要一旦被意识到，并辅以一定的条件，就以动机的形式表现出来。人总是有需要的，没有需要的人，生活就会变得毫无意义。"人民美好生活需要日益广泛，不仅对物质文化生活提出了更高要求，而且在民主、法治、公平、正义、安全、环境等方面的要求日益增长。"[①]因此，对个人的合理需要，思想政治教育从来都是十分关心的。强调树立远大的理想信念，就是为了满足人的精神与发展需要。因此，研究和解决人们的需要，是思想政治教育反馈调节的一个重要环节。其四，人的需要是在社会实践活动中形成的。马克思主义认为，需要的形成，是由于在人类社会中生产着需要的对象，而因此就产生需要本身。人在社会活动中产生需要，人由于需要而进行社会活动。因此，创造一定的客观条件，使人得以充分发挥自己的才能，是使人的心理处于最佳状态所不可缺少的。所以，思想政治教育反馈调节的一个重要基础，就是要努力创造条件，满足人们的正常的、合理的、能够实现的需要，把工作目标的要求和实际问题的解决结合起来。其五，由于动机是人们采取行动的直接动因，思想可通过指导人的行为融入实践活动。因此，思想政治教育反馈调节应该研究思想动机的功能和形成过程。事实上，思想动机形成过程是引起行为、维持行为，并把该行为导向某一目标的过程。其间，动机对行为具有三个功能：一是引发功能，即动机能够引发行为；二是选择功能，即动机能使行动指向一定方向，选择特定目标；三是强化功能，即动机对行为的持续具有强化或减弱作用。思想政治教育对人的思想动机的调控，其关键就是利用动机的引发功能和选择功能，设立

---

① 习近平：《决胜全面建成小康社会　夺取新时代中国特色社会主义伟大胜利——在中国共产党第十九次全国代表大会上的讲话》，人民出版社 2017 年版，第 11 页。

恰当的目标，引导个体的行为指向目标。

动机是受目标影响的，受目标影响最大的动机叫优势动机。由优势动机引发的行为分为目标导向行动和目标行动两种。目标导向行动是指受到激励的动机在达到某一目标的过程中所发生的行为，目标行动则是指从事目标本身的行为。例如，在为实现共产主义理想这一宏伟目标的整个过程中所发生的行为，都称为目标导向行动，而创造和享用社会主义现代化建设的成果则是目标行动。目标导向行动和目标行动两者是不可分割的，只进行任何一种行动都会出问题。如某人只从事目标行动，而这个目标并不具有挑战性，那么，没兴趣及冷漠便会由此而生，激励因此而减少。反之，如某人只从事目标导向行动，长期未能成为目标行动，疑问和挫折便会由此而生，就可能使人放弃目标。"青年的人生目标会有不同，职业选择也有差异，但只有把自己的小我融入祖国的大我、人民的大我之中，与时代同步伐、与人民共命运，才能更好实现人生价值、升华人生境界。离开了祖国需要、人民利益，任何孤芳自赏都会陷入越走越窄的狭小天地。"[①] 如我们进行共产主义教育，若只讲共产主义的前景如何美好，不讲当前身边的共产主义因素，一些人就会对共产主义社会失去信心。只有结合身边的共产主义因素进行教育，使人们看到共产主义的某些方面已成为现实，使人们感到自己的行动有些是目标导向行动，有些已成为目标行动，才会不断感到目标的激励而信心十足。关心青年的成长也是一样。习近平指出："思想政治工作从根本上说是做人的工作，必须围绕学生、关照学生、服务学生，不断提高学生思想水平、政治觉悟、道德品质、文化素养，让学生成为德才兼备、全面发展的人才。"[②] 因此，要实现对思想动机的有效调控，就必须正确处理目标导向行动与目标行动的关系，指导和帮助人们不断修正、提高自己的目标，不断调整个体与环境之间的关系，确保人们朝着特定的方向和目标前进。

[①] 习近平：《在纪念五四运动 100 周年大会上的讲话》，人民出版社 2019 年版，第 7 页。

[②]《把思想政治工作贯穿教育教学全过程　开创我国高等教育事业发展新局面》，《人民日报》2016 年 12 月 9 日。

二、思想政治教育反馈调节的机理分析

现代控制论、信息论和系统论的引入，极大地推动了思想政治教育反馈调节内部机理的研究，使思想政治教育的调控跃升到了一个新高度，大大提高了其反馈调节水平。

思想政治教育的反馈调节系统，是由思想政治教育机构和人员与思想政治教育对象共存一体而组成的统一整体。在该系统中，教育者与教育对象通过双向信息交流而形成闭合回路。既有教育者与环境发出的信息向教育对象输入，也有教育对象发出的反映信息反馈到教育机构与教育者，从而形成双向互动与影响。正是从这个角度上说，思想政治教育的反馈调节过程，就是教育者和教育对象之间进行各种信息交流和行为演化的过程。其运作机理可简述如下。

一是输入思想信息。该思想信息是指影响和支配人的行为的各种思想信息，输入是指思想政治教育机构和教育者对思想信息的掌握。依据教育者与教育对象之间的作用方式，可把输入思想信息分为直接输入和间接输入两种方式。直接输入就是教育对象的情绪、态度、行为表现直接投向教育机构和教育者。教育机构和教育者可通过人的情绪、态度、行为表现的变化，发现人的思想信息的变化，进而由表及里，掌握人的真实思想。间接输入就是通过第三者将教育对象的思想情况反映到教育机构和教育者，如群众反映、各种调查等都属于间接输入。对间接输入的思想信息，教育机构和教育者首先要对其进行检核，确定某一特定信息的可信度如何（诸如来源的可靠性、数据的准确性和有效性等因素），然后再进行提炼，把输入的信息和数据加以整理。

二是发出调控信息。调控信息是指教育机构和教育者，在教育过程中所遵循的方针、政策、原则以及所运用的内容与方式。一般说来，教育机构和教育者掌握思想信息后，经过分析、决策和调整，就要及时、适当地发出调控信息。在思想政治教育反馈调节系统中，教育机构和教育者的职能是根据社会发展要求和人的全面发展需要，对掌握的思想信息进行筛选、分类、判断、选择后作出相应的决策和调整，并及时、适当地发出调控信息。

三是输出反映信息。教育机构和教育者发出调控信息作用于教育对象，必然引起教育对象的相应反响。这种反响，就是反映信息。来自教育对象的这种反映信息不论大小，都要向外界输出。在思想政治教育反馈调节过程中，因为

教育对象的各种反映信息主要体现在人的行为中，所以反映信息的输出形式主要是人的行为。其行为有正向效应的，是积极的教育效果；有负向效应的，是消极的教育效果。因此，思想政治教育反馈调节系统应当及时、善于关注反映信息中的信息反馈，并及时加以引导。

四是处理反馈信息。反映信息中必然有一部分或全部返回到教育机构和教育者那里。如果是思想政治教育对象反馈回来的信息，就称为直接反馈信息；如果是通过社会、家庭、亲友、群众或其他载体反馈回来的信息，就称为间接反馈信息。若反馈信息的作用与控制信息的作用相一致，就叫作正反馈信息；若反馈信息的作用与控制信息的作用相反，则叫作负反馈信息。正反馈信息的功能是强化正向控制，扩大思想政治教育的成效，推动其正向发展，以求得更好的效益。负反馈信息的功能是通过可逆过程，削弱控制信息，以维持系统的相对稳态，如缓解矛盾冲突、抑制错误决策、反思吸取教训等。总之，反馈信息对教育对象来说，可以使其强化正确的思想行为，并寻找差距矫正错误思想行为。对教育机构和教育者来说，反馈信息可使其掌握情况，总结经验教训，不断增强调控效果。当然，在这个过程中，自始至终都要注意对反馈信息作及时、正确的处理。如对正反馈信息，要考虑"过犹不及""物极必反"的道理，防止将一些本来行之有效的东西运用过头，反而有损于思想调控的效果；对负反馈信息，应及时调整、修正控制信息，以免造成控制系统内矛盾加剧，影响调控效果。

五是控制干扰信息。干扰信息是指对教育者和教育对象的思想产生影响的新情况，如某种思潮的侵袭、某个突出事件的影响等。其效应可分为"正干扰"和"负干扰"两种。"正干扰"是对思想政治教育产生良好影响的"干扰"，如合理的社会改革措施出台和经济的快速发展，无疑会对思想政治教育有利。"要抓住青少年价值观形成和确定的关键时期，引导青少年扣好人生第一粒扣子。要广泛开展先进模范学习宣传活动，营造崇尚英雄、学习英雄、捍卫英雄、关爱英雄的浓厚氛围。要大力弘扬时代新风，加强思想道德建设，深入实施公民道德建设工程，加强和改进思想政治工作，推进新时代文明实践中心建设，不断提升人民思想觉悟、道德水准、文明素养和全社会文明程度。要弘扬新风正气，推进移风易俗，培育文明乡风、良好家风、淳朴民风，焕发乡村文明新气象。"① "负干扰"是指对思想政治教育产生不利影响的"干扰"，如无政府主义思潮的侵袭和不稳定社会因素的冲击等。此外，社区之间、单位之间、个人之间，都存在着干扰信息；"近朱者赤、近墨者黑"的现象，也可用来形象地描述思想政治教育中"正""负"干扰的情况。所谓控制干扰信息，就是要通过思想政治教育，强化"正干扰"，转化、消除"负干扰"，使教育效果始终朝着正确的方向良性发展。

三、思想政治教育反馈调节的基本程序

根据思想政治教育反馈调节的内部运行机理，可将其过程分解成若干程序，每一程序都有自身特定的任务和内容。

第一，信息整合。信息整合是指将思想信息系统地汇集、整理和分析处理。它是进行思想政治教育反馈调节决策的重要依据。思想信息是支配和影响人们行为的思想因素的表现，是人们在社会活动中产生出来的感觉、思想、情绪、愿望、呼声等心理活动的表象，分散于人们的日常工作和社会生活之中。思想政治教育不能采取头痛医头、脚痛医脚的方式，更不能凭一鳞半爪的思想表象就草率决策。因此，必须首先进行思想信息的科学整合，即经过信息收集、信息分析和整理，其具体方法按照前面所讲的思想政治教育信息获取方法与分析方法进行。

第二，方案调整。方案调整是思想政治教育反馈调节程序中的关键环节。它是在信息整合的基础上，根据教育的状况与效果，对思想政治教育的目标、内容、计划和方法进行适当调整，以期更好实现教育目标。其基本步骤是：首先，根据信息材料和教育目标的修订方案，拟订出能更好地反映思想政治教育总体目标的修订计划，确保思想政治教育的总体方向正确。其次，拟订出具体目标的修订计划，把总体计划的修订进行合理地分解，使之具体化，便于实施。最后，根据具体计划和要求，拟订出修订调控的操作执行方案，并制定出切实可行的措施和方法。

第三，实施调节。实施调节是在方案调整的基础上，为实现调控方案的

①《举旗帜聚民心育新人兴文化展形象　更好完成新形势下宣传思想工作使命任务》，《人民日报》2018年8月23日。

有序运行、达到预定目标而进行的活动。这里包含着一系列创造条件、协调关系的组织工作。首先是管理环境的组织与协调，包括内部心理环境和外部客观环境的优化，使环境诸要素的影响保持一致性，推进合力形成。其次是资源的组织和投入，包括人力、物力、财力的投放比例、到位程度等的调控。三是途径和方式方法的调整，从手段上保证调控计划的实现。新时代"要更加注重以文化人以文育人，广泛开展文明校园创建，开展形式多样、健康向上、格调高雅的校园文化活动，广泛开展各类社会实践。要运用新媒体新技术使工作活起来，推动思想政治工作传统优势同信息技术高度融合，增强时代感和吸引力。"①

第四，调节校正。在实施调节的过程中，随时都有可能发生这样或那样与目标偏离的情况，因此，必须通过调节校正程序，随时纠正偏差。调节校正是贯穿思想政治教育反馈调节过程始终的重要环节。它包括督促检查、反馈调节两个基本步骤。督促检查是调节校正的基础，反馈调节是调节校正的手段。通过督促检查，既可以加速思想政治教育计划的正向运行，又可以发现计划中的漏洞和实施过程中所出现的新问题，从而及时采取措施，充实和完善计划的内容，修正实施过程中的偏差。而反馈调节则是根据反馈信息，采取相应措施，以增强思想政治教育效果的活动。反馈调节的过程，实质是收集反馈信息、作出跟踪决策、调整教育运行的过程。因此，其关键是要做好实施过程中的信息反馈工作。应通过教育机构的纵向职能反馈、横向大众反馈、对象直接反馈等多种方式，及时掌握教育方案运行的程度和人们的思想反应，及时作出有针对性的调节，以达到提高教育效果的目的。

第五，总结评估。总结评估是思想政治教育反馈调节过程中的最后一个环节，它是在思想政治教育实施调节告一段落时，对其效果所作的定性、定量的价值评判。通过总结评估，肯定成绩，找出差距。其评估的具体指标本身，特别是肯定什么、否定什么，均具有很强的"指挥棒"作用，对下一阶段的工作具有重要的导向、调控作用。

---

① 《把思想政治工作贯穿教育教学全过程　开创我国高等教育事业发展新局面》，《人民日报》2016 年 12 月 9 日。

第二节　思想政治教育的信息反馈方法

一、信息反馈的作用与要求

反馈是控制论中的一个基本概念，是指系统输出的全部或一部分信息通过一定的通道返送到输入端，从而对系统的输入和再输出施加影响的过程。信息反馈方法作为现代管理方法之一，是一种在各类系统实施调控中均行之有效的科学方法。对思想政治教育过程实施调控，同样需要信息反馈方法。

在思想政治教育的过程中，施控系统是教育者，受控系统是教育对象，两方面不断发生作用，就是教育互动。伴随其教育作用的发生，教育对象必定产生对教育者所实施教育的反映信息。这种反映信息可能是积极的，也可能是消极的，还可能是"无反应"的，即受教育者对教育无动于衷，"无反应"也是一种信息反应。这些不同的反映信息可通过各种反馈通道，部分或全部返送到教育者那里，从而影响其对教育过程的调控或再决策，以实现思想政治教育特定的目的。这种基于教育作用又返回来影响教育再决策的反映信息就称为思想政治教育的反馈信息。这种反馈信息自产生到被教育者所掌握的全过程，就叫作思想政治教育的信息反馈。

从现代信息论角度看，思想政治教育的过程，就是其教育者与教育对象之间的双向信息交流过程。思想政治教育信息反馈，是指教育对象向教育者作出反映信息传递的过程，也是思想政治教育者收集实施教育后的反映信息的过程。思想政治教育信息反馈的过程，也是一种对教育情况进行检查和管理调控的过程。通过其信息反馈，了解究竟教育起到了什么作用，取得了哪些成效，尚存在哪些问题。因此，思想政治教育信息反馈不仅是教育对象的"反映"行为，也是教育系统进行思想政治教育调控的行为。

（一）信息反馈在思想政治教育调控过程中的作用

其一，监测教育决策的执行，以利修正、调节原决策方案。思想政治教育决策正确与否，必须由教育实践来检验。切忌订出计划，提出方案，就以为完成任务，就可以取得成效。必须随时收集关于决策执行的情况反映，及时作出相应的调节。正如毛泽东所指出的："一般地说来，不论在变革自然或变革社会的实践中，人们原定的思想、理论、计划、方案，毫无改变地实现出来的事，是很少的……在这种情形之下，由于实践中发现前所未料的情况，因而部分地改变思想、理论、计划、方案的事是常有的，全部地改变的事也是有的。"[①] 在思想政治教育过程中，当发现受教育者不理解时，应当及时加以解释；当发现决策不甚合理，应当及时修正；当实践证明决策失误时，则应当及时作出新的决策。

其二，保障教育系统的协调发展和决策的正确执行。思想政治教育系统的运行，始终伴随着矛盾与和谐的对立统一。系统内各子系统之间、本系统与他系统之间，任何一种随机矛盾冲突若不能及时掌握和解决，思想政治教育便无法顺利推进。只有通过信息反馈，才能保障系统的协调运行和决策的顺利实施。一旦掌握本系统与其他系统的矛盾信息，教育管理部门和教育者应能迅即加以疏导和协调；当教育者的讲演难以被教育对象接受时，教育者得到信息后即可及时改进。因此，信息反馈也是思想政治教育顺利进行的保证。

其三，掌握教育对象的思想动向，为正确追踪决策提供科学依据。追踪决策是在教育实施过程中，根据实际运行的需要，对原决策方案的补充、修正或更新。因为任何一项思想政治教育活动都是在一定教育基础上进行的。前面已经或正在进行教育的结果和反映，总是同环境因素和人们新的思想情况结合在一起，成为确立新的教育方案的根据。所以，离开信息反馈，就无从知道发现了什么问题，确立的目标是否可行，价值选择是否适当，整个思想政治教育就会成为"瞎子摸鱼""聋人听戏"，失明加失聪，无从做跟踪决策，也无法实现对过程的调控。更何况思想政治教育是做人的工作，教育对象是有情感、有思想的人，其动态性、复杂性非其他工作可比，各种因素都可能会产生影响，瞬息之间可能发生很大的变化。因此，在教育追踪决策时，必须通过信息反馈，认真研究反馈信息，抓住思想问题，把握思想动向，进行调查研究。"指挥员的正确的部署来源于正确的决心，正确的决心来源于正确的判断，正确的判断来源于周到的和必要的侦察，和对于各种侦察材料的联贯起来的思索。"[②] 习近

①《毛泽东选集》第 1 卷，人民出版社 1991 年版，第 293—294 页。

②《毛泽东选集》第 1 卷，人民出版社 1991 年版，第 179 页。

平指出：“调查研究是谋事之基、成事之道。没有调查，就没有发言权，更没有决策权。”① 总之，没有信息反馈，就不会有正确的追踪决策和调控。

（二）思想政治教育的信息反馈要求

其一，要有一定信息量。在思想政治教育过程中，将产生大量信息，要将这些信息全部反馈到思想政治教育决策部门和教育者，既难以做到，也没有必要。思想政治教育的反馈信息主要包括：一是关于思想政治教育决策方案的执行情况。如是否执行了，采取什么方式执行的，是立即执行、暂不执行还是变通执行的；在执行过程中对决策方案的认识态度，有什么问题被提出，是主动执行还是被动执行。二是关于执行思想政治教育决策方案的效果。包括产生了什么样的教育效果，带来了什么副作用，正面、积极效果的程度，消极效应的影响范围等。三是行动效果与决策目标的比较分析。要求反馈信息既不是单纯的材料堆积，也不能用主观判断代替客观效果，而是要在客观反映情况的同时，附上反馈者对问题的分析、处理意见，供教育决策者参考。

其二，要有一定质的要求。思想政治教育信息反馈对信息质的要求高，基本的要求是：一要准确，二要及时。这是教育者能否掌握教育实施的实情、透析问题的本质，能否有效地解决思想问题、真正提高实效的两个关键性因素。

准确，就是要求思想政治教育反馈的信息既要真实可靠，又要恰如其分。只有准确的信息，才会有真正的价值。准确的信息反馈，是保证思想政治教育正确、实效的重要条件。然而，要使信息准确无误，并非易事。思想政治教育面对千差万别的群体和个人，面对纷繁复杂的社会现象，任何人的认识都是有限的，任何人所了解的情况都不可能十分完全。这就要求必须尽可能把握事物的本质，实事求是，恰如其分地进行信息反馈。为此，要对所了解的情况进行分析，认真核实，不能见风就是雨，更不能以讹传讹；要认真对所掌握的材料进行筛选，经过一个去粗取精、去伪存真、由此及彼、由表及里的加工过程，决不能事无巨细都往上汇报。

及时，即要高度重视思想政治教育信息反馈的时间和速度。发现问题要及时汇报，不能拖一拖、压一压再说。信息社会，时不我待；信息过了一定的时

---

① 《加强对改革重大问题调查研究 提高全面深化改革决策科学性》，《人民日报》2013 年 7 月 25 日。

间，其质的稳定性就会发生变化，或被人为掩饰，乃至发生演变，这样就失去了其质的价值性。思想政治教育的反馈信息尤其要及时。只有及时，才能迅速地发现问题和解决问题。

一要准确，二要及时，两者的统一才符合思想政治教育信息反馈的要求。通俗地说，就是又好又快，缺一不可。不能因为强调准确就忽视及时，发现问题，犹豫再三，不敢反映；也不能因为及时而忽视准确，捕风捉影，主观臆断。前者将导致贻误时机，后者将导致决策失误。只有及时而准确的信息反馈，才能对问题有真实的了解和正确的解决，可以花较小的代价去解决问题，收到事半功倍的效果。因此，及时而准确的信息反馈，既反映了思想政治教育的特征，也是思想政治教育增强实效的要求。

其三，讲究反馈方式。思想政治教育信息反馈要讲究方式，不能将思想政治教育的情况，毫无目的地到处反映，而是要把反馈信息反映给思想政治教育的决策机关和教育者。由于思想政治教育的决策机关是多层次或多机构的，一般说来，对哪一级决策机关所作决策的反映，应当反馈到哪一级机关去。切忌中层断线，使反馈信息反映不到决策机关和教育者那里。更不能"报喜不报忧"，造成反馈信息残缺。这些都会对再决策造成不良的影响。讲究反馈方式还包括讲究信息反馈的时间与场合。前者是指把握时机，如一次报告、一堂党课，在刚刚听完的一段时间内，大家议论较多，若抓住有利时机开展信息反馈，往往可获得较多、较真实的信息。后者是指选择信息反馈的场合，一般应选择教育对象思想容易表露的场合。

二、信息反馈的主要方法

思想政治教育信息反馈方法，就是思想政治教育信息反馈方式、渠道和手段的总称。思想政治教育信息反馈的方法很多，且将随着思想政治教育的改革不断发展。这里介绍几种方法。

（一）纵向职能反馈

思想政治教育信息的纵向职能反馈，是指思想政治教育系统内决策系统与子系统之间，根据各级组织职能分工所进行的纵向信息反馈。这种反馈类型有以下具体方法：

一是汇报式反馈。是指思想政治教育系统内各级子系统，向上级或教育决策系统全面反馈教育实施的有关信息，即由下级向上级汇报思想政治教育的实施情况。这种反馈方法是涉及所有子系统的信息反馈方法，故可称之为"面反馈"。其形式可以是书面的，也可以是口头的；可以召开汇报会，也可以个别进行。其汇报一般都有数据、有事例、有分析、有解决问题的建议和措施。这种反馈方法所反馈的信息面广，便于决策系统全面掌握情况。但无论何种形式的汇报都不宜过多，多则容易使下级为应付差事而粗制滥造，使汇报形式化，甚至可能胡编乱造，消极应付。

二是抽查式反馈。抽查式反馈就是由决策系统选择部分子系统了解思想政治教育的实施情况，并将反馈信息的结论类推到全系统。这种反馈方法要求在全系统内的各个层面中去选取反馈对象，构成反馈网，故可称之为"网反馈"。其方式既可听取下级汇报，也可主题询问，还可将听取汇报与实地观察相结合。它较汇报式灵活，且较详细深入，并能节约时间、人力和资金。特别是在全国贯彻党和国家的路线、方针、政策后要收集群众反映，不容易及时而准确地获得全面的思想反馈信息时，采用抽查式反馈就可较好地得到了解全体的效果。这种方法的关键，是选择的反馈对象一定要有代表性。否则，反馈信息的类推会与实际状况发生误差，影响对全局的正确判断。因此，要特别注意抽样的具体操作方法。抽查式反馈一般采取随机抽样，即按概率论的一般要求，在系统内随机选择子系统作为信息反馈对象。

三是定点式反馈。定点式反馈就是有目的地专门选定某些子系统作为信息反馈"基地"，明确其信息反馈职能，以求比较深入、具体地了解思想政治教育的情况。定点式反馈法亦称"基地"法、选点法，类似于在系统中配置信息反馈的"电子眼"。由于定点式反馈是固定的单位所进行的信息反馈，故又称为"点反馈"。它是通过"基地"的信息反馈职能，使思想政治教育的反馈信息源源不断地传来，便于专项思想政治教育的跟踪反馈，以利透析思想反馈信息的实质，较深入地把握教育过程中思想动态的发展趋势，为跟踪决策服务。定点式反馈在思想政治教育中运用较广，如中央某些机关，为了掌握思想动态，了解党的方针政策执行的情况，常常在全国各地选取一些部门、地区、单位作为反馈调查点和信息联系点。通过这些点上的信息，来了解全局的情况。

在纵向职能反馈中，定点式反馈（点反馈）是汇报式反馈（面反馈）和抽查式反馈（网反馈）的重要补充。它的最大优势，是能较深入地了解思想政治教育情况。而汇报式面反馈虽有反馈信息广而全的优势，但是，广而全容易流于一般化。抽查式网反馈的优势则是便于大面积的快速信息反馈，且有效地避免了汇报式反馈的某些主观因素的影响。当然，抽查式网反馈也有其缺陷，就是局部抽查的反馈信息，向现实全局推论总是会有一定差距。只有把面、网、点三种纵向职能反馈有机结合起来，相互补充，才能使思想政治教育的信息反馈渠道畅通、张弛有序、运转自如。

（二）横向大众反馈

思想政治教育的横向大众反馈是相对纵向职能反馈而言，不是凭借纵向组织的信息反馈职能，而是依托社区、单位的大众信息渠道进行的信息反馈方法。由于是横向的自然式反馈，无组织职能任务，因而所反馈的思想政治教育的信息更真实、更准确。这种信息反馈的具体方法有以下两方面。

一是大众传媒反馈。大众传媒反馈即指通过大众传播媒介进行思想政治教育的信息反馈。大众传播媒介是现代科学技术的产物，是专门负责社会大众传播信息的机构及其产品，包括报纸、杂志、广播、电视、电影、图书、网络出版物等。人民群众对思想政治教育的反馈非常敏感，仅仅通过组织职能反馈已经不能适应其需要。在传统的反馈通道里，人民群众往往难以表达自己在思想政治教育方面的意见和建议，实际上一个普通人的思想反应往往很难反馈到思想政治教育决策系统的高层。因此，大众传媒反馈应运而生。由于大众传播媒介的覆盖面广，空间跨度大，传播速度快，因此，大众传媒反馈的透射性强，信息面广，显真性强，反馈速度快。它能在思想政治教育过程中，全面、及时地反馈出人民群众的思想反应及其发展动向，能适应思想反应敏感、变化性强的特殊要求。"对网上那些出于善意的批评，对互联网监督，不论是对党和政府工作提的还是对领导干部个人提的，不论是和风细雨的还是忠言逆耳的，我们不仅要欢迎，而且要认真研究和吸取。"[1] 所以，应该注意新时代网络信息反馈的收集。正因为如此，大众传媒反馈在思想政治教育信息反馈中的使用日益广泛，人民群众已普遍通过大众传媒，特别是网络来反映思想政治教育的情况和自己的评价、态度等。随着科学技术的进一步发展，大众传媒反馈法在思想政治教育信息反馈中的应用将不断扩大。如网络上的"热点在线"，电视上的

---

[1] 习近平：《在网络安全和信息化工作座谈会上的讲话》，《人民日报》2016年4月26日。

"焦点访谈"，报纸上的"读者来信"，电台里的"时事经纬"等都是大众传媒反馈的稳定方式。

二是民意测验反馈。民意测验反馈是指人民群众通过民意测验的渠道所进行的信息反馈。民意测验在西方国家的政治生活中应用比较广，在我国政界的干部考核、思想政治教育的效果检测中，都得到了非常成功的运用。它的实质是搜集人民群众对某人的所作所为、某事的发生乃至某种思想政治教育后的意见、态度和评价。这是思想政治教育反馈的一种行之有效的重要方法。由于这种信息反馈一般采取书面不记名、自己单个填写的方式，人们可以在不受任何压力和干扰的情况下，充分自由地反映自己的意见和观点。因此，民意测验反馈法能够比较真实地反映思想政治教育的效果，比较确切地反映大众对思想政治教育活动的认同度和支持率。

民意测验反馈需要教育者策划方案并设计信息反馈表。如思想政治教育活动效果的评价反馈表，可简示如下：

思想政治教育活动效果评价反馈表

（请您对下列思想政治教育活动评价打勾）

评价	名称			
	理论学习	党团教育	文化活动	社会服务
好				
一般				
没效果				
不好				

信息反馈表的设计，要求问题清楚明了，文字明晰易懂，概念具体明确，反馈的信息便于统计、便于区分、便于登条编码，以便计算机处理。表格内容不要有某种暗示、影射作用，不要涉及社会禁忌和某些敏感性问题，力戒误导。

民意测验反馈在横向大众反馈中，既是对大众传媒反馈方法的拓展，又是对大众传媒反馈功能的重要补充。如在网络上进行民意测验，其方式十分简便易行。就反馈功能而言，由于种种原因，有些人对思想政治教育漠不关心，并不主动参与大众传媒反馈，往往认为是分外之事。但他们中的相当一部分人对参与民意测验有较大兴趣。需要注意的是，由于个人情绪、心理状态、对问题的认识和理解能力不同，民意测验反馈同样带有较大主观性。因此，民意测验反馈也必须与大众传媒反馈以及其他反馈方法结合运用，其反馈信息的选用也应与其他反馈方法所得的信息综合处理。

（三）对象直接反馈

思想政治教育的对象直接反馈，是指教育对象直接面向教育决策系统反映思想政治教育的实施情况。它不同于纵向职能反馈中的逐层逐级反馈，也不同于横向大众反馈主要面向社会反馈，它是由思想政治教育系统中的教育对象直接面向教育决策系统与教育者进行的信息反馈。其具体方法有：

一是恳谈式反馈。恳谈，既是思想政治教育的方法，也是思想政治教育信息反馈的方法。教育者与教育对象面对面交谈思想政治教育的效果，就是恳谈式反馈。恳谈氛围较好，反馈者能够畅所欲言，对思想政治教育的内容、观点、方法、效果等充分发表自己的看法和建议。既可作全面评价，也可就某一方面发表意见。因此，恳谈式反馈的信息比较现实、生动，且比较深刻。恳谈式反馈也有一定局限，如反馈的信息易受反馈者的身份、地位、素质所左右；而且由于参加恳谈会的人数有限，代表性往往不充分。因此，反馈者和信息处理者都应注意实事求是，加强分析，辩证把握。

二是访问式反馈。访问式反馈就是指通过访问（口头或书面）来实现思想政治教育的直接信息反馈，主要有上访、下访和信访三种反馈方式。上访式反馈是找思想政治教育决策机关直接表达意见和态度。上访式反馈又分为个别上访和群体上访。下访式反馈是利用决策机关的代表深入群众之中的机会，教育对象直接向其反映思想政治教育的实施情况以及自己的评价意见。信访式反馈是指利用通信工具（书信、电话、传真、网络等），直接向决策机关进行思想政治教育的信息反馈。

访问式反馈多用于思想政治教育中的敏感性问题、不便公开反馈的问题以及与群众利益密切相关的重大方针、政策教育的信息反馈。这种反馈减少了群体压力，也没有相互间的牵制，反馈者易讲真话，也便于进行问题的讨论。访问式反馈又有结构式访问和无结构式访问之分。上访式和信访式反馈属于前者，是预先做好准备，有目的有序列地进行信息反馈。下访式反馈属于后者，反馈者预先缺乏准备，反馈信息的内容较松散，且易受访问的具体情况影响。

第三节 思想政治教育的调节方法

思想政治教育信息反馈的目的，在于对教育活动进行调节。反馈是调节的依据。没有灵敏、畅通的信息反馈，就不可能进行及时、有效的调节。信息反馈越灵敏、畅通，调节就越及时、有效。

所谓思想政治教育的调节，是指在思想政治教育的实施过程中，依据反馈信息，采取相应措施，以增强教育效果的活动。调节的过程表现为围绕教育目标，结合反馈信息进行分析研究，进而采取跟踪决策措施，对教育行为作出调整或改变，以达到增强教育效果的目的。这些措施，包括强化、修正、终止或更改原决策，可能涉及教育目标或教育内容；也可能涉及教育政策、方法或人事、制度；还可能涉及其他问题。

调节是思想政治教育过程中不可或缺的环节。世上任何事物的发展都不可能一帆风顺、一蹴而就，思想政治教育也是一样。由于教育主体、教育对象的能动作用，教育环境的客观因素，经常影响着思想政治教育的方向和效率。因而必须通过及时、有效的调节，强化积极作用，消除消极影响，始终掌握教育活动的节奏和方向，使思想政治教育活动健康高效向前发展。因此，调节是推动思想政治教育有效进行的重要手段，是保证教育目标顺利实现的必要环节。作为教育者，必须认真把握这一环节，运用科学的调节方法，善于做好调节工作。调节思想政治教育活动的基本方法，主要有以下几种。

一、正反馈调节与负反馈调节

这是依据反馈调节效能的差异而分类的两种调节方法。正反馈调节是指将系统运动的反馈信息返送回来，加强再输出信息，以扩大系统运动的正效应。负反馈调节是指将反馈信息对再输出信息起抑制和削弱作用，从而使整个系统趋于稳定状态。

思想政治教育的正反馈调节，是指反馈信息显示思想政治教育效果好，采取措施加以强化，使之得以巩固和发展，以取得更佳的效果。一般说来，表扬、鼓动、激励、竞争、树立典型等措施，就是通过扩大思想政治教育的正反馈效应，来推动教育的正向发展，以求更好的教育效益。正反馈调节所起的作用是"锦上添花"。当然，在进行正反馈调节时，也要考虑"过犹不及""物极必反"的道理，防止将一些本来行之有效的东西运用过头，反而有损思想政治教育的效果。

思想政治教育的负反馈调节，是指当反馈信息显示思想政治教育的实际效果与应有效果之间存在着偏差、教育效果不好时，采取措施纠正偏差，以求系统的稳步发展，为取得较好效果的努力。如缓解矛盾冲突，批评并抑制错误倾向，反思并吸取经验教训等，都可起到负反馈调节效应。负反馈调节可以及时纠正思想政治教育的偏差，保证其向正确的目标运行。当发现思想政治教育无效或有害时，能立即中止原方案的实施。

在思想政治教育实践中，正、负反馈调节可以交替使用。当通过负反馈调节取得了较好的效果时，应随之采取正反馈调节以加强和扩大；当此后遇到新的问题，影响了教育的效果时，又需进行负反馈调节。如此循环往复，使思想政治教育的效果不断增强。

二、目标调节与手段调节

这是因调节内容的差异而分类的两种方法。

目标调节是指放弃原目标，代之以新的目标，并对原有教育目标进行矫正或补充。当国内外局势发生重大变化，思想政治教育的任务相对发生重大变化，教育目标就必须进行调整。当思想政治教育的目标脱离了教育对象的思想实际，或者不符合社会发展的需要，均需实施目标调节。

手段调节是指对教育内容、教育方法、制度和人事等方面进行的调整。既包括软手段的调节，如更新或增删教育内容、修改教育政策和制度等；也包含硬手段的调节，如进行必要的人员调整，改进教育方法乃至更新教育设备等。

手段调节的使用必须符合教育目标的要求。手段调节既要服务于目标调节；又可相对独立于目标调节之外，直接为更好地实现既定的教育目标服务。一般说来，当目标发生了变更，手段必须作出相应变更，以利新的目标的实现。但在很多情况下，目标并未变更，也需要变更手段，以利既定正确目标的实现。

三、主体调节与环境调节

这是针对两种不同调节对象而分别施用的调节方法。

思想政治教育的主体调节，是指通过对思想政治教育主体的心态、能力等基本素质的调节，以实现对思想政治教育过程的有效调控。思想政治教育的主体包括参与思想政治教育活动的教育者和受教育者。他们是思想政治教育活动的传授者和承受者。长期的教育实践表明，思想政治教育的主体性很强。若教育者缺乏主观能动性，没有搞好思想政治教育的满腔热忱和高度责任心，其教育效果则可想而知。纵有满腔热情，若缺乏应有的思想政治教育水平，其教育的吸引力、说服力和感染力不强，同样无法驾驭思想政治教育过程，效果也不会好。同理，若受教育者对思想政治教育活动的认识偏颇、态度冷漠甚至抵触，教育过程则很难顺利发展。一旦逆反作用大于正面教育的能量，教育过程甚至将出现负效应。由此可见，主体调节是思想政治教育过程中的重要环节。

就主体调节的内容而言，既包括对思想政治教育者的心态、能力等素质的调整，也包括对受教育者的态度和心理等素质的调控。其具体办法很多，如可通过骨干培训、集体研讨等办法来提高教育者的水平，增强对教育过程调控的力度；也可通过有针对性的疏导活动，端正受教育者对思想政治教育活动本身的态度，以利认同、支持并形成调控教育活动的合力。

思想政治教育的环境，是指教育者与受教育者所处的思想、政治和道德等客观条件的总和。思想政治教育的环境调节，就是通过对客观的政治影响、社会思潮、道德风尚等思想政治教育环境的导向和调节，使其对教育者和受教育者产生影响而实现行为的引导和调控。如加强正面宣传，改变舆论导向；批判错误思潮，指引正确方向；反对歪风邪气，弘扬正义风尚等，都是从环境调节入手来进行思想政治教育调节的。

由于思想政治教育的主体和环境是相辅相成的关系，因此，主体调节与环境调节必须有机结合进行，不能割裂。又因为主体和环境在思想政治教育中涉及面宽，且思想和心态具有隐蔽性、动态性强的特点，因此，思想政治教育的主体调节和环境调节都是高层次的调节，要特别讲究从宏观着眼，从心灵深处入手。

四、直接调节与间接调节

这是以调节方式的区别为依据而分类的两种调节方法。

直接调节是指教育者以变更了的教育目标、内容、方法等直接对教育对象施加影响。其特点是从正面直接对教育对象施加调节作用，调节效应来得快，因而被广泛采用。但有时却难以令人适应和接受，难以奏效或效果不显著，于是产生了间接调节的必要。

间接调节相对直接调节而言，是指教育者以间接的、迂回的方式来影响教育对象，最终达到教育的目的。例如：改善环境以影响教育对象，切断教育对象与外界不良影响之间的联系，动员与教育对象关系密切、教育对象乐于听取其意见的人去做思想工作等，均属于间接调节。间接调节一般作为直接调节的辅助手段使用，有时它的确很有必要，但不能用来代替直接调节。

第四节　建立思想政治教育反馈调节机制

思想政治教育的反馈调节，需要健全的反馈调节机制作保证。没有健全实用的反馈调节机制，要实现思想政治教育的反馈调节就缺乏保障。思想政治教育的反馈调节机制，是其反馈调节系统内部活动方式之总和。一方面，它受制于反馈调节的特征，即思想政治教育反馈调节有什么特点，就需要有什么样的机制以满足其特征需要。另一方面，它又规定和制约着思想政治教育反馈调节系统。

反馈调节机制主要表现为反馈调节机构与其制度的统一。机构是进行反馈调节活动的载体，制度是反馈调节活动的保证。建立思想政治教育反馈调节机制，就要真正把握思想政治教育反馈调节的特点，健全思想政治教育反馈调节机构和制度。

一、掌握思想政治教育反馈调节的特点

思想政治教育的反馈调节，主要有以下特点。

第一，原则性与灵活性的统一。思想政治教育具有鲜明的党性原则，且其

党性原则贯穿于整个教育过程的始终。在进行思想政治教育反馈调节时，不得背离党性原则要求。其反馈调节过程中的党性原则要求，就是指在反馈调节的过程中，必须始终坚持以马克思主义、特别是习近平新时代中国特色社会主义思想为指导，始终坚持中国特色社会主义理论体系。"坚持党性原则是共产党人的根本政治品格，是政治工作的根本要求。政治工作必须坚持党的原则第一、党的事业第一、人民利益第一，在党言党、在党忧党、在党为党，把爱党、忧党、兴党、护党落实到工作各个环节。"①反馈调节本身意味着从内容到形式的变化和调整，但不管怎样变化和调整，指导思想、党性原则不能变，坚持唯物辩证法，反对唯心论和形而上学不能变，坚持为党和国家的中心工作服务，努力贯彻党的路线、方针和政策不能变。"马克思主义是我们立党立国的根本指导思想。背离或放弃马克思主义，我们党就会失去灵魂、迷失方向。在坚持马克思主义指导地位这一根本问题上，我们必须坚定不移，任何时候任何情况下都不能有丝毫动摇。"②这一特点不仅表现在思想政治教育全过程中，也表现在反馈调节这一环节中。这是思想政治教育反馈调节不同于经济领域、自然科学领域反馈调节之处，具有思想性、政策性强的特色。同时，思想政治教育的反馈调节又具有较大的灵活性，即在不违背党性、政策的前提下，其反馈调节具有较大的弹性。例如，在反馈调节的操作方法、尺度和力度上要有弹性，是采用正反馈还是负反馈？是转急弯还是转大弯？是分步调节还是一步到位？……这就必须充分考虑环境因素、客观条件和心理承受能力等多种因素，在弹性允许的范围内，恰到好处地进行反馈调节工作，才能取得思想政治教育的最好效益。

第二，及时性与准确性的统一。思想政治教育反馈调节的及时与准确，既是教育活动对反馈调节环节的基本要求，也是它区别于其他系统反馈调节的一个重要特征。思想政治教育反馈调节的主体是人，人是有思想倾向和个性特点的特殊社会存在，人们一旦接收到思想政治教育的信息，立刻就会产生各种各样的反映，这些反映信息若得不到及时的反馈和调节，就会引发各种各样的情绪，乃至造成一定的社会影响。事实上，正常渠道若不能及时、准确地进行反

---

① 《习近平谈治国理政》第 2 卷，外文出版社 2017 年版，第 403 页。

② 习近平：《在庆祝中国共产党成立 95 周年大会上的讲话》，人民出版社 2016 年版，第 9 页。

馈调节，就会产生自发的反馈调节行为，如小道消息、思潮波动、自发地抵制或消极对待等行为。这种反馈调节对实现教育目标显然不利。因此，必须注重思想政治教育反馈调节的及时性与准确性，立足于及时、准确地发现问题，并及时、准确地通过调节解决问题。在思想政治教育反馈调节的实践中，从出现偏差到被决策者掌握，这段时间的长短标志着信息反馈是否及时；从发现偏差到纠正偏差，这段时间的长短标志着调节是否及时。及时地发现问题和及时进行调整只是正确地解决问题的前提，但不等于就一定能正确地解决问题。这其中有个必须认真对待的反馈调节的准确性问题。及时、准确的要求具体表现在几个环节上，一是发现偏差的准确程度，二是针对问题制定纠正偏差的措施是否正确，三是实施纠正偏差的措施是否得力。只有正确地把握了每一个环节，即同时把握了反馈调节的及时性与准确性，才能正确地解决问题。

第三，模糊性与辩证性的统一。一方面，思想政治教育的反馈调节具有模糊性的特点，它不能像经济活动那样具有精确的数量化的指标，更不能像机械电器系统那样，可以通过各种数据把偏差精确地计量出来，甚至借助电子计算机自动地计量和显示偏差，并指示纠正偏差的措施。尽管我们强调思想政治教育反馈调节要有明确、具体的指标，要准确地进行反馈和调节，但与上述活动和系统相比显然要模糊得多。另一方面，思想政治教育的反馈调节具有辩证性特点，其反馈调节的对象本身就是相辅相成、对立统一的社会关系，如政治与业务、精神力量与物质利益、以情感人与以理服人、重视思想教育与完善规章制度等。正是这种相对的模糊性和自身的辩证性，使得思想政治教育反馈调节成为一种层次高、艺术性较强的活动。因此，我们在进行思想政治教育反馈调节时，必须坚持唯物辩证法，讲究反馈调节的艺术，善于把每一种关系所包含的两个方面有机地统一起来。切忌像形而上学那样在绝对不相容的对立中思考，不恰当地夸大一个方面而贬低甚至否定另一方面，从一个极端跳到另一个极端。

二、健全思想政治教育反馈调节系统

第一，健全反馈调节机构。要想及时而准确地获得思想政治教育的反馈信息，需要从多方面进行努力。首先，必须建立和健全思想政治教育的反馈机构，形成反馈系统，这是信息反馈的组织保证。

在很多现代化的管理系统中，为了适应纷繁复杂、迅速变化的情况，反馈的功能已从决策机构和执行机构中分化出来，建立了专门从事信息反馈的机构，成为在决策机构领导之下与执行机构和监督机构并列的组织。所谓的智囊团、思想库、咨询公司、参谋部和企业的市场情报人员等，就是以信息反馈为专职或主要任务之一的机构和人员。有了这样的机构和人员，使管理工作可以在及时而准确的信息反馈的基础上得以有效地运转。

在思想政治教育反馈调节系统中，设置以思想动态的调查研究（其中就包括思想政治教育的信息反馈）为专职的调研机构和调研人员，对于加强信息的反馈，做好思想政治教育，具有十分重要的作用。专职从事调研的人员，可以保质保量地完成任务，为思想政治教育的正确决策、实施和调节提供依据。

思想政治教育的反馈调节系统可分为纵向系统和横向系统。纵向系统就是不同级别、不同层次思想政治教育机构之间的相互反馈调节。上级决策部门要听取下级实施部门的反馈意见，及时进行方案调节；下级部门要根据上级部门的调节及时调整行动方案，这样上下及时沟通、配合，才能保证思想政治教育始终朝着正确的目标进行。横向系统就是同一层次内承担不同职能的思想政治教育机构之间的相互反馈调节。多职能部门从不同角度和渠道反映思想政治教育的进展情况，互通信息，相互配合，取长补短，从而使各职能部门更充分地发挥各自的特点和优势，形成教育合力。

就基层单位而言，一般不设专门的反馈机构。但思想政治教育的决策机构和执行机构本身就应充分发挥反馈调节功能，也就是要在自身的岗位职责框架内建立起畅通、灵敏的思想政治教育的反馈系统。

这样一个反馈系统应是多渠道的。多渠道的好处在于这条不通那条通，不至于因一条渠道阻塞而信息全无。同时，"多管齐下"，就可能获得比较丰富、准确的信息。此外，各渠道之间又应当是彼此相通的，以形成纵横交织的网络结构。这既便于信息的传递，又便于信息的加工，有助于达到及时、准确地进行信息反馈的目的。

在基层，思想政治教育应当在党委的领导下，由各方面的力量齐抓共管，以形成合力。就高等院校来说，学生思想政治教育的反馈调节系统就是在学校党委的领导下，主要由下列子系统组成：党的系统、团的系统、学生会系统、马克思主义理论课和日常思想政治教育系统等。这些系统除了要使自身成为畅通、灵敏的信息反馈的通道之外，还要在各级党组织的领导下，通过召开联席会议等方式，建立和加强相互之间的联系，以交流和综合各自获得的反馈信息。

显然，以上所说的思想政治教育的反馈系统，同时也是工作系统。这里把它们作为反馈系统，其意义在于强调这些系统要切实做好思想政治教育的反馈工作。

第二，完善反馈调节制度。建立和健全思想政治教育的反馈调节系统的另一个重要方面，就是要建立和完善相应的反馈制度，用制度来保证思想政治教育反馈调节功能的实现。一般说来，在思想政治教育反馈调节制度的建设方面，主要应加强以下内容：

一是要用制度来强化反馈调节系统的整体效应。既要健全思想政治教育系统内反馈调节制度，以协调系统内上下左右的反馈调节行为，使其更及时、更准确地进行反馈调节，有效地避免失误；也要建立和健全思想政治教育系统与其他系统之间的反馈调节制度，以确保思想政治教育对其他系统更好地发挥服务作用和促进作用。

二是要用岗位责任制确保反馈调节渠道的畅通。思想政治教育的反馈调节，一般没有专门的机构和人员来负责，因而从事思想政治教育的人员和机构都应把反馈调节作为自己的应尽职责，建立岗位责任制。

三是要用制度来保障其反馈调节所需的畅所欲言、令行禁止的民主氛围。思想政治教育的反馈调节全靠人来操作，人的反馈调节行为必须靠制度来规范和保证。"坚持民主集中制，完善发展党内民主和实行正确集中的相关制度，提高党把方向、谋大局、定政策、促改革的能力。"[1]在进行思想政治教育信息反馈时，应坚持民主集中制原则，大力倡导畅所欲言的民主风气，创造"知无不言、言无不尽""言者无罪、闻者足戒"的环境，反对乱"扣帽子""抓辫子""打棍子"的做法，同时反对有令不行、有禁不止的自由主义行为，保证反馈调节按正确的原则和规范进行。

---

①《中共中央关于坚持和完善中国特色社会主义制度　推进国家治理体系和治理能力现代化若干重大问题的决定》，《人民日报》2019 年 11 月 6 日。

▶ 思考题

1. 如何理解思想政治教育信息反馈方法?

2. 思想政治教育信息反馈的主要方法有哪些?

3. 思想政治教育的具体调节方法有哪些?

4. 思想政治教育反馈调节的特点是什么?

▶思考题
答案要点

第十四章　思想政治教育的检测评估方法

思想政治教育的检测评估方法，是判断思想政治教育价值的重要方式。思想政治教育的风险如何，需要进行检测评估；反馈调节正确与否，也需要进行检测评估；实施思想政治教育的效果判断，更需要进行检测评估。通过检测评估，既可准确掌握情况，有效规避风险；又可充分肯定成绩，巩固和扩大教育成果；还可找出存在的问题，采取措施及时加以解决。因此，掌握思想政治教育的检测评估方法，对推进思想政治教育发展，发挥思想政治教育作用具有重要意义。

第一节　检测评估的意义和原则

一、检测评估的意义

思想政治教育的检测评估，是根据教育目的的要求，运用一定的评估指标和评估方法，检查和评定教育效果的教育环节。思想政治教育的检测评估，实质上是对思想政治教育的价值判断过程。思想政治教育作为一种实践活动，它要服从和服务于党的中心工作，满足社会主义的经济、政治、文化、社会建设发展的需要，为培养有理想、有道德、有知识、有纪律的一代新人做贡献。这就是思想政治教育的社会价值。思想政治教育检测评估，就是对这一社会价值作出评判，即评判思想政治教育活动实现社会价值的方向和程度。思想政治教育的价值，是通过思想政治教育的实际效果体现出来的。实际效果的好坏和大小，反映了教育价值的取向和程度。因此，思想政治教育的检测评估，要从教育的实际效果着眼进行。其检测评估通常包含检测和评价两个方式，即依据一定的教育目的，遵循正确的原则和标准，采用合理的评估方法，检测和评价客观的教育效果。

思想政治教育检测评估，可有效地预测教育风险，监测和推动教育的正向进行，促进教育质量不断提高，是进一步加强和改进思想政治教育的重要措施。其意义具体表现在以下方面：

第一，检测评估是正确判断思想政治教育价值，不断增强教育效果的重要手段。教育有什么样的效果，有多大效果，有什么风险，如何规避风险，有什么成绩和经验，有什么失误和教训，这些利弊得失的问题，只有通过检测评估才能加以判定。教育的成绩与失误分不清、经验与教训辨不明、风险的性质和大小把不准，就无法判定教育的效果和价值。同时，检测评估既对教育效果进行判断，也对教育效果进行评价。对教育成绩、经验的肯定性评价，能够有效巩固、拓展、深化教育成果，激励受评对象参加教育活动的积极性和创造性；而对教育失误、教训的否定性评价，则能够有效制止、克服教育的不良后果，激发受评对象长善救失，吸取教训，避免重犯错误，争取成功。因此，检测评估不仅具有判断教育效果的作用，而且具有不断增强教育效果的作用。

第二，检测评估是评估教育者的绩效，不断提高教育质量的重要途径。教育者的工作以及教育效果，在教育过程中是难以准确判断的，只有通过对教育的全过程和教育的客观效果进行检测评估，才能作出结论。一般来说，教育的效果反映了教育者的教育水平和教育态度。对教育过程和教育效果的检测评估，有助于教育者进行自我检查，进一步端正教育态度，改进教育内容和方法，进而促进教育者努力提高自身素质，不断提高教育质量。

第三，检测评估是思想政治教育领导者加强和改进教育工作的重要措施。教育的效果，也是对领导者的教育决策和组织领导工作的检验。检测评估有利于领导者认识教育的有利条件，发现薄弱环节，掌握新情况和新问题，并为新的教育决策提供实际材料，为进一步加强和改进思想政治教育创造条件。

总之，检测评估在加强和改进思想政治教育，提高教育者和领导者的工作水平，增强思想政治教育实效等方面，具有重要的意义。

二、检测评估的原则

原则是言论和行动必须遵守的准则，既是一种约定，也是客观规律的体现。思想政治教育检测评估的原则，在评估活动中既有指导功能，又对评估活动具有规范作用；既体现思想政治教育的目的要求，又遵循思想政治教育的发展规律。思想政治教育的复杂性、动态性、渗透性特点，决定了思想政治教育效果的特点：既表现为精神成果，又可转化为物质成果；既表现为现实效果，又蕴涵长远效果；既有显性效果，又有隐性效果。因此，思想政治教育检测评估的原则就要更加注重辩证统一。这些原则主要有以下几方面。

第一，方向性与客观性的统一。方向性是指思想政治教育检测评估活动必须坚持正确的价值取向。它要求思想政治教育的检测评估必须以马克思主义为指导，以党和国家有关方针政策为基准，正确处理检测评估中的各种关系和问题，确保思想政治教育评估活动的正确导向。譬如，在评估的思想方法中，要正确处理好总结与借鉴的关系，既要学习别国在评估方面的理论和方法，更要立足本国，努力探索、总结我国思想政治教育检测评估的实践经验，形成中国特色的评估体系。在评估的操作实践中，要正确处理好方向目标与达度目标的关系。方向目标是达度目标的基础，达度目标是方向目标的具体化，两者的关系不能颠倒。

客观性是指思想政治教育检测评估活动必须坚持马克思主义实事求是的思想路线。要求在开展思想政治教育检测评估活动时，必须坚持实事求是的态度，排斥主观臆断和其他情感因素，真实全面地反映出思想政治教育的效果。思想政治教育检测评估的实质，是对所实施的各种思想政治教育活动的效果、人们思想政治道德素质的发展水平等方面进行如实判定。这种判定如果是客观的、实事求是的，就能发扬理论联系实际的作风，推进其教育的发展。如果不符合实际，就会挫伤人们的积极性，阻碍其教育的进行。

在思想政治教育的检测评估中，必须坚持方向性与客观性统一的原则。应以方向性为前提，以客观性为基础；要寓方向性于客观性之上，用客观性保证方向性的实现。通过二者的辩证统一，既坚持检测评估活动的正确导向，又确保检测评估活动的实事求是、客观公正。

第二，全面性与开放性的统一。思想政治教育本身具有全面性与开放性的特点，因此，检测评估活动必须凸显全面性与开放性特色。既要坚持检测评估的全面性，防止片面失真；又要坚持检测评估的开放性，充分体现检测评估活动的群众性与民主性。要在全面性的基础上，实现更广泛的群众性、开放性，充分发挥教育民主。

坚持全面性，就是要按照辩证唯物主义的基本原理，规范其检测评估活动。在进行思想政治教育检测评估时，必须全面准确地判断思想政治教育的效果，力戒片面评议、以偏概全。习近平指出："要学习掌握唯物辩证法的根本方法，不断增强辩证思维能力，提高驾驭复杂局面、处理复杂问题的本领。我们的事业越是向纵深发展，就越要不断增强辩证思维能力。"[①] 在检测评估活动的具体实践中，要坚持评估标准的全面性和评估因素的全面性，既不能片面地强调某个评价指标，也不能遗漏与评估有关的重要因素。思想政治教育是一项系统工程，其效果是由多种因素综合而成的，如果过分地强调某一因素，或者忽视遗漏了某一因素，评估的结果就可能失真。例如，思想政治教育要培养"四有"新人，这种人才是全面发展型的，因此必须对"四有"的各个方面进行全面评估，不能忽视或丢掉任何"一有"。坚持检测评估的全面性，就是要在评估的过程中，正确把握思想政治教育效果的整体性和关联性，既要注重对是否有利于社会生产力发展的评估，也要注重对是否有利于社会主义精神文明建设的评估，要从物质成果和精神成果两个方面的统一中评估思想政治教育效果。如果片面地认为生产指标上去了，就是思想政治教育效果好；或者简单地认为生产指标暂时上不去，就是思想政治教育效果差，都是与评估的全面性要求不相符合的。同时，在思想政治教育的检测评估工作中，还必须全面考察人们原来的思想基础与现实表现，全面考察思想政治教育的历史发展过程。如果不注意过程的发展和人们原有的思想基础，不注意社会历史条件的影响，孤立地、静止地考察其教育过程，就难以得出正确的评价结果。

坚持开放性，就是要按照开放的时代要求，并根据党的群众路线的基本精神，进行思想政治教育检测评估。思想政治教育检测评估必须与开放环境、信息社会的实际相一致，必须相信群众、依靠群众进行。思想政治教育是立足于广大人民群众、为广大人民群众服务的，其评估的结果必须是广大人民群众公认的，而不是少数人的私下结论。因此，坚持检测评估的开放性，必须立足于评估的群体性、民主性，要广泛听取群众的意见，不能搞"一言堂"；要调动各方面人员参与评估的积极性，不能由少数人说了算；要重视自我评价，注意将自我评价与他人评价和检测者的评价有机结合。

第三，"知"与"行"的统一。"知""行"统一原则是依据言行一致法则，

①《坚持运用辩证唯物主义世界观方法论　提高解决我国改革发展基本问题本领》，《人民日报》2015 年 1 月 25 日。

规范思想政治教育检测评估的准则，要求检测评估活动既要检测人们思想、政治、道德方面的认知水平，更要注重评价实际行为表现。思想政治教育的直接目的，是要使人们掌握马克思主义理论和党的路线、方针、政策，就是要使人们"知"；其"知"的状况如何，是衡量思想政治教育效果的一个重要方面。但更重要的是要考核人们"行"的状况。"马克思主义的哲学认为十分重要的问题，不在于懂得了客观世界的规律性，因而能够解释世界，而在于拿了这种对于客观规律性的认识去能动地改造世界。"[①]"知"是"行"的前提，"行"是"知"的目的。人们思想、政治和道德素质的高低，归根结底必须通过人们的行为表现出来。因此，在其检测评估工作中，要着重对人们的行为进行考察，在对"行"的考察为主的基础上，把"知"与"行"的考察统一起来。

第四，"德"与"才"的统一。"'才者，德之资也；德者，才之帅也。'人才培养一定是育人和育才相统一的过程，而育人是本。人无德不立，育人的根本在于立德。这是人才培养的辩证法。"[②]"德"与"才"的统一原则是依据马克思主义关于人的全面发展的理论，规范思想政治教育检测评估的基本准则。思想政治教育所追求的理想效果，应该是使受教育者成为"德""才"兼备、全面发展的人才。因此，在评估理念上，必须强化"德"与"才"的统一；在检测评估的具体实践中，要把评估对象在思想政治方面和业务能力方面的表现综合起来考察。思想政治教育的有效性主要表现在两个方面，一是提高思想道德素质，二是促进业务能力与水平。对一个单位或部门来说，思想政治教育应当为经济工作和各项业务工作服务，促进其发展。因此，应当把业务工作的好坏作为衡量思想政治教育效果的一个重要的尺度。一个经营管理混乱、亏损严重、生产长期上不去的企业，当然不能说思想政治教育搞得好。对个体来说，思想政治教育的任务是促进人的素质的提高。人们的知识和能力素质，即"才"的方面的素质无疑是衡量思想政治教育效果的重要尺度；政治要落实到业务上，政治思想好，业务能力应当强，不能搞"空头政治"，不能搞形式主义。当然，"德"不等于"才"。一个单位业务上好，经济效益上去了，并不等于思想政治教育就一定搞得好。同理，一个人很有才能，并不等于他就一定是

---

①《毛泽东选集》第 1 卷，人民出版社 1991 年版，第 292 页。

② 习近平：《在北京大学师生座谈会上的讲话》，《人民日报》2018 年 5 月 3 日。

个德高望重的人。如果在评估中以"才"代替"德",就很可能会掩盖思想政治教育中存在的问题,得出不恰当的结论。

第二节 检测评估的指标与程序

检测评估的指标和程序,规范着检测评估的内容和过程,在检测评估活动中具有重要的规范作用。

一、检测评估的指标

思想政治教育评估指标,是衡量思想政治教育状况与效果的尺度。要对思想政治教育活动进行检测评估,就必须确立合理的指标体系。没有合理的评估指标体系,实际评估工作就容易产生主观随意,甚至出现"公说公有理,婆说婆有理"的现象。思想政治教育检测评估随意性大,成效就不会好。因此,掌握合理的评估指标体系,对提高思想政治教育检测评估水平具有重要意义。

思想政治教育的评估指标源于社会对思想政治教育的要求,源于思想政治教育的目标和任务。教育目标决定评估指标内容,评估指标内容反映教育目标的要求。评估指标既要反映思想政治教育的方向、目标,又能检测、衡量其具体言行。在我国,各个领域、各个部门、各个单位思想政治教育的共同目标,就是要树立中国特色社会主义的共同理想,树立坚持党的基本路线不动摇的坚定信念,培育有理想、有道德、有文化、有纪律的公民。各个领域、各个部门、各个单位都要根据这一目标,结合本领域、本部门、本单位的实际,制定思想政治教育的具体目标。总目标是原则的要求,难以直接作为评估的内容,需要将原则的目标具体化,即通过对目标的分解,使其成为可操作的、可测量的指标。

评估指标一般分为最高标准与具体标准两个方面。最高标准是评判思想政治教育的根本依据,决定思想政治教育检测评估的价值取向,规定具体标准的内容;而具体标准则是最高标准的具体体现。不管是最高标准还是具体标准,都是根据教育目标和评估对象的实际情况所制定的。思想政治教育检测评估所涉及的范围很广、内容很多,有对思想政治教育部门的检测评估,有对思想政治教育队伍的检测评估，有对思想政治教育条件的检测评估，等等。不管是哪个方面的评估，都要通过最高标准和具体标准来衡量。

（一）检测评估的最高标准

毛泽东曾经指出："应该使每个同志明了，共产党人的一切言论行动，必须以合乎最广大人民群众的最大利益，为最广大人民群众所拥护为最高标准。"[①] 思想政治教育也不例外，同样应当以此为最高标准。这个最高标准落实到思想政治教育中，并不是个抽象的标准，而是具有相当丰富的内在规定性的标准。在一定的历史时期，它有一定的客观表现。在社会主义初级阶段，邓小平曾多次阐述过衡量我们一切工作的根本标准，指出："要以是否有助于建设有中国特色的社会主义，是否有助于国家的兴旺发达，是否有助于人民的富裕幸福，作为衡量我们各项工作做得对或不对的标准。"[②] 在 1992 年南方谈话中他还进一步指出："判断的标准，应该主要看是否有利于发展社会主义社会的生产力，是否有利于增强社会主义国家的综合国力，是否有利于提高人民的生活水平。"[③] 这三个"是否有利于"，既是新时期衡量改革开放得失成败的标准，也是判断包括思想政治教育在内的各项工作是非得失的根本标准，为新时期思想政治教育的评估确立了最高标准。习近平在第十三届全国人大一次会议上强调："我们必须始终坚持人民立场，坚持人民主体地位，虚心向人民学习，倾听人民呼声，汲取人民智慧，把人民拥护不拥护、赞成不赞成、高兴不高兴、答应不答应作为衡量一切工作得失的根本标准。"[④] 这一"以人民为中心"的根本标准，同样可以作为检测思想政治教育的最高标准。

（二）检测评估的具体标准

具体标准是最高标准在思想政治教育评估活动中的具体体现，它是在最高标准指导下，直接反映思想政治教育客观效果的诸多具体指标之总和。它既是思想政治教育各项具体工作所要达到的基本要求，又是进行思想政治教育检测评估的基本尺度。因此，应以最高标准为导向，把思想政治教育的要求具体化，作为衡量评估对象在思想政治教育方面的业绩和水平的具体指标。由于思

---

① 《毛泽东选集》第 3 卷，人民出版社 1991 年版，第 1096 页。

② 邓小平：《建设有中国特色的社会主义》（增订本），人民出版社 1987 年版，第 12 页。

③ 《邓小平文选》第 3 卷，人民出版社 1993 年版，第 372 页。

④ 习近平：《在第十三届全国人民代表大会第一次会议上的讲话》，《求是》2020 年第 10 期。

想政治教育的效果总是要通过教育的外在效能和人的内在思想政治素质的变化反映出来，因此，我们把思想政治教育检测评估的具体指标分为效能指标和素质指标。

其一，效能指标。效能指标是从思想政治教育的效果和效率两个方面提出的指标，即包括效果指标和效率指标两个部分。效果指标是从教育效果的角度确定的评估标准；效率指标则是根据产出与投入的比例来衡量教育成果的标准。效果指标是绝对的评价尺度，效率指标是相对的评价尺度，它们是我们客观评价思想政治教育实际效能的两个不可或缺的重要指标。效果指标和效率指标分别从质和量两个方面对思想政治教育的效能进行分析评价，前者重其质，侧重思想政治教育作用的性质，即有效与否；后者重其量，侧重思想政治教育发挥作用的程度。

效果指标是对思想政治教育效果的质进行定性分析评估的尺度。一般将思想政治教育效果的质分为三种：一是有效性，即所起的作用是好的、积极的；二是有害性，即所起的作用是坏的、消极的；三是无效性，即没有起到任何作用，所谓"流于形式""走过场"，指的就是这种情形。毫无疑义，我们的任务，就在于努力增强思想政治教育的有效性，避免和克服有害性和无效性。

衡量思想政治教育有效性的具体指标主要体现在以下方面：第一方面，要看思想政治教育是否围绕党的中心工作，保证党的路线、方针、政策的顺利贯彻和落实。特别是随着改革开放的不断深入，随着社会主义市场经济的不断发展，思想政治教育的保证作用和服务作用必将越来越重要，对其要求也将越来越高。是否坚持以经济建设为中心，是否坚持四项基本原则，是否坚持改革开放，是否致力推进富强、民主、文明、和谐、美丽的社会主义现代化建设，这些都是思想政治教育的重要任务，因而也是衡量思想政治教育有效性的重要指标。第二方面，要看思想政治教育是否有利于社会主义精神文明建设，是否坚持"两个文明"一起抓。思想政治教育不仅是社会主义精神文明建设的重要内容，而且是社会主义精神文明建设的重要保证。因此，评估其教育的有效性，就必须考察思想政治教育是否坚持爱国主义、集体主义、社会主义教育；是否引导人们树立建设中国特色社会主义的共同理想和正确的世界观、人生观、价值观；是否大力倡导社会主义思想道德；是否大力坚持社会主义核心价值体系；是否大力培育社会主义核心价值观。同时，还必须考察思想政治教育是否充分调动了人们的积极性和创造性，激励人们刻苦学习科学文化和专业知识，努力做好本职工作，为把我国建设成为社会主义现代化强国而努力奋斗。第三方面，要看思想政治教育是否坚持以人为本、致力促进人的全面发展。人的全面发展，就是人们的政治素质、思想素质、道德素质、心理素质以及知识素质和能力素质的全面、协调发展。人的全面发展是人的解放的根本标志。因此，是否真正关心人、爱护人，致力促进人的全面发展，就自然成为评估思想政治教育效果的重要指标。

效率指标是衡量思想政治教育在单位时间内、在一定投入下所应收到成效的尺度，是衡量思想政治教育所起作用程度的指标。实践表明，有些思想政治教育的作用，虽然就其质的方面而言是好的，但是作用却不大；而有些思想政治教育，则能发挥巨大的、深远的积极效应。这就存在着量的差异。现代社会是快节奏、高效率的社会，要提高思想政治教育的效率，就应该注重其量的比较评价。

效率就是生命。在社会主义现代化建设中，各方面都非常重视效率，思想政治教育也不能例外，不能成为不讲效率的特殊活动。"面对社会思想观念和价值取向日趋活跃、主流和非主流同时并存、社会思潮纷纭激荡的新形势，如何巩固马克思主义在意识形态领域的指导地位，培育和践行社会主义核心价值观，巩固全党全国各族人民团结奋斗的共同思想基础，迫切需要哲学社会科学更好发挥作用。"[1] 我们强调思想政治教育，并不是说要把大量时间和大量的人力、物力都花在思想政治教育上。工人、农民、战士、科技人员都必须用大量的时间从事各自的业务工作；学生以学为主，必须花大量时间学习科学文化知识。在这种情况下，思想政治上的要求又不能降低，更不能取消。这就必须十分讲求思想政治教育的效率。那种把思想政治教育当作"例行公事"来敷衍的状况，那种只追求表面上的轰轰烈烈，其实并没有什么效果的状况，都应该在禁止、淘汰之列。应该对思想政治教育作出明确规定，在多长时间内，投入多少人力和物力，就应该有多大的收效，这就是思想政治教育效率指标的基本要求。

思想政治教育的效率指标，具体可以从其教育的直接效果效率和间接效果

---

① 习近平：《在哲学社会科学工作座谈会上的讲话》，《人民日报》2016 年 5 月 19 日。

效率两个方面来判定。思想政治教育的直接效果，的确有一定的模糊性，难以对其效率进行精确的计量。但可以将其思想态度、认识水平、观念的变化等进行宏观的模糊数学处理，得到相对明确的计量，可以相对准确地反映其变化的程度。在一定时间、一定投入下，对这种度的值作出一定的要求，这就是思想政治教育的直接效率指标。至于间接效率指标则相对好确定一些，因为思想政治教育的间接效果——由人们思想、政治、道德上的积极变化所引导的人们行动及结果的变化，例如遵纪守法的状况、团结互助的状况、经济效益的变化、学习成绩的提高等，都可以比较客观地计量。

诚然，关于思想政治教育的效率指标，仍是个尚待深化研究的问题，也是个有待突破的难题。马克思曾经指出："一种科学只有在能运用数学的形式时，才算达到了真正完善的地步。"[1] 因此，努力探索效率标准及其量化分析方法，仍是思想政治教育科学化进程中的艰巨任务。

其二，素质指标。思想政治教育的素质指标是从教育的评估对象承担各种职责或完成各项任务应具备条件的角度提出的标准，是衡量评估对象应具备的基本素质的尺度。素质是思想政治教育评估对象的基础，是长期起作用，并能决定日后思想政治教育发展方向的因素。因此，素质指标在思想政治教育检测评估中不能忽视。素质指标因评估对象的不同而各有差异，教育者和受教育者的素质要求显然不能等同。在不同的历史时期，因思想政治教育的任务、要求不同，其素质指标的内容也有所不同。但在一定的历史条件下，对思想政治教育评估对象的基本素质，其要求则是相对固定的。

思想政治教育检测评估的素质指标主要有：一是政治思想素质。包括具备建设中国特色社会主义的共同理想，拥护并坚持党的"一个中心、两个基本点"的基本路线，具备忠于祖国、热爱人民、服从真理的基本政治品质，具备与社会主义市场经济相适应的法纪观念等。二是道德品质素质。包括具备良好的道德情操，健康的思想意识，崇尚社会公德和职业道德，拥有为人正直、处事公正、敬业爱岗、诚实守信等基本品质。三是思想作风素质。具有集体主义思想，能正确认识和处理国家、集体、个人三者的关系，具有实事求是的作风、民主的作风、自我批评的作风、艰苦奋斗的作风等。四是理论素质。包括

---

[1] 保尔·拉法格、威廉·李卜克内西：《回忆马克思》，人民出版社 1954 年版，第 8 页。

对马克思主义特别是对中国特色社会主义理论体系的认识水平，对党和国家的方针、政策的理解水平以及内在的认知能力和思维水平等。若评估对象是思想政治教育者，则上述各项素质指标的定位应更高，如在政治思想素质方面，其政治立场站位和政策水平尤其要高，不仅要自觉坚持且要努力贯彻执行党的基本路线；在道德品质和思想作风素质方面，不仅要以身作则，而且要身先士卒、为人师表；在理论素质方面，不仅要具备坚实的马克思主义理论基础，能用辩证唯物主义和历史唯物主义正确地分析问题和解决问题，而且要掌握思想政治教育专业知识和心理学、伦理学等相关学科知识，掌握思想政治教育的基本原理与方法，具备较强的调查研究和综合概括的能力等。以上这些素质指标，只是大致的概括。有些基本素质是所有的人都应具备的，但职业不同、岗位不同、承担的任务不同，对某些素质的要求又是不同的。在确定素质指标时，既要依据教育的目标，又要从受评对象的实际出发。

这里所列举的效能评估指标和素质评估指标，只是思想政治教育检测评估的主要指标内容，并没有包括思想政治教育检测评估指标所涉及的全部内容。事实上，不同单位、不同时期、不同思想政治教育活动，所确定的教育的具体目标和要求，所运用的教育内容和方法，是各有侧重的。因此，我们在确定评估指标内容时，既要以思想政治教育的主要目标和主要内容为依据，又要从本单位的实际出发，使评估指标内容有所侧重，避免评估面面俱到而抓不住重点。

二、检测评估的程序

思想政治教育检测评估可按以下程序进行：

第一，确定指标及指标体系。根据思想政治教育的目标的要求和受评对象的实际，提出评估指标。评估指标要求概念清楚，表达规范，言简意赅，便于操作，评估者和受评者都能理解和统一认识。

各项评估指标集合组成评估指标体系。评估指标体系作为一个整体，由若干项目组成，每个项目可以分解为若干子项目。在操作评估时，评估指标体系要进行必要的分解，以便达到可以检测的要求；但分解也不可太多太细，以免繁琐庞杂，影响评估结果。

第二，确定权重系数。衡量评估指标重要程度的数据叫权重系数。权重系数能区分各指标在评估中的主次差别。权重系数的确定，既要有重点，又要兼顾一般；既要根据教育目标的要求，保证重点，又要从实际出发，进行协调。例如，在一定时期和一定条件下，对受评对象思想道德素质进行评估时，在一级指标中，分别确定其相应的权重系数为：思想素质 0.3，政治素质 0.3，道德素质 0.2，心理素质 0.1，智能素质 0.1。如果条件发生变化，受评对象普遍对某项素质不大重视而成为教育面临的突出问题，在确定权重系数时，可适当调整权重系数的分布，增加该项素质的权重系数，通过评估达到强化该项素质价值导向的目的。所以，确定权重系数，关系到思想政治教育的价值导向，一定要科学合理。

第三，设立指标等级。指标等级是对受评对象进行评估的衡量尺度，用以检测受评对象对指标要求达到的程度。评估指标等级的设立，可分为奇数制和偶数制两种。奇数制有三级制和五级制，五级制一般表示为：优、良、中、合格、不合格。偶数制有二级制和四级制，四级制通常表示为：优、良、合格、不合格。在选择和运用指标等级时，既要严格掌握标准，又要从实际出发，不可要求太高太严而挫伤受评者的积极性，也不可降低标准而使评估流于形式。

第四，进行试评，检验评估方案。指标体系、权重系数、指标等级确定以后，有必要进行试评，对确定的方案进行检验。试评既可在小范围内进行，也可抽样进行。试评的目的是检验指标体系是否准确、可靠；操作是否方便、易行；结果是否符合实际。如果出现偏差，就要对方案进行适当调整。

第五，开展评估，作出结论。在评估过程中，可由受评者和评估者按照评估方案，分别进行自我评估和组织评估，自我评估是受评者自我检查、自我教育的有效方式。组织评估应参考自我评估的情况，由组织者确定的专家组对受评者作出评估结论。

第三节　检测评估的类型和方法

一、检测评估的类型

思想政治教育检测评估，由于评估对象、状态、内容、作用等评估指向的差异，可以分为各种不同的评估类型。研究和掌握检测评估的类型，对于科学选择评估途径和方法，提升评估工作的效率和精确度，具有重要的指导价值。

第一，宏观评估和微观评估。这是依据评估对象的不同而进行的分类。宏观评估是以一个国家、一个地区或一个单位为对象，评估其思想政治教育的全部领域，也就是对思想政治教育的整体效应作出评价和估量。微观评估是以某一个体、某一特定范围或某一特定教育活动为对象，评估其接受思想政治教育的程度及其所产生的影响，也就是对思想政治教育的个体、具体效应作出评价和估量。宏观评估可以获得关于思想政治教育效果的整体性、概括性的认识；微观评估可以获得思想政治教育效果的生动、具体的认识。

第二，动态评估和静态评估。这是依据评估的状态来分类的。思想政治教育的动态评估，是对思想政治教育的发展过程和教育对象思想发展变化状况进行检查和评价，判断思想政治教育和教育对象思想发展的动向和趋势。思想政治教育的静态评估，是指对思想政治教育已经取得的成效和教育对象已经达到的认识水平进行检查和评价，判断思想政治教育活动所取得的结果。

思想政治教育本身是一个不断发展的实践过程，教育者和受教育者的认识也是不断发展、变化着的。其教育效果的产生，不是一日之功，不能一蹴而就。教育对象既受教育者和社会上各种因素的影响，又受其自身素质的制约。因此，其效果的体现有一个动态过程，要经过量的积累然后才能实现质的飞跃。有时甚至会出现多次反复，呈波浪式前进、螺旋式上升状态。特别是现代社会的年轻人，思想敏锐、活跃，喜欢独立思考，不愿轻信盲从。因此衡量其受教育的效果时，不能搞"立竿见影"，不要因为出现思想反复就否定思想政治教育的成效。动态评估就是把有关的人和事放到思想政治教育的整个过程中去进行检测评估。既看原有的基础，又看目前的状况，更要看发展的潜力和趋势，也就是从发展的趋势上，从长远的意义上，来评估其效果。如许多学校、机关和工厂，坚持对学生和职工进行马克思主义理论的系统教育，把这当作"治本"的大事来抓。在这种情况下，要正确衡量其教育效果，就必须用动态评估法。

强调动态评估，并不否定静态评估。事物都有其相对静止的一面，如果离开相对静止，运动就找不到规定性和衡量的尺度。我们之所以能够评估思想政治教育，就是因为其存在着暂时稳定的状态。思想政治教育的静态评估，就是以其相对静止状态为依据，测评评估对象在某一时刻的现实表现和已达到的水平，以此对不同的人、不同的单位、不同类型的思想政治教育活动作出客观评价。

动态评估和静态评估的运用应紧密结合。既要评估思想政治教育的发展过程和教育对象思想变化的状况，又要评估思想政治教育在某一时期的现实效果和教育对象的认识水平。若忽视动态评估，忽视思想变化是个发展的过程，就很容易把思想政治教育中出现的反复性凝固化，从而否定思想政治教育的成效。若忽视静态评估，忽视发展过程中的相对静止状态，就容易把人的思想变化说成是不可捉摸、无法区别、无法评估的东西。

第三，单项评估和综合评估。这是依据评估内容的不同而分类的。单项评估只对思想政治教育的某一个方面、某一个指标或某一个环节进行评价，往往用于重点了解或剖析某个人、某件事。综合评估是对思想政治教育系统的各个方面所作的全面评价与估量，包括对教育对象、环境和其他业务、管理系统的综合效应进行的评估，常常用于全面了解和评价一个单位思想政治教育的情况。单项评估是综合评估的基础，综合评估是单项评估的集中。单项评估的准确性，离不开综合评估的全面性；综合评估的全面性，也离不开单项评估的准确性，因而，两者要结合起来运用。

第四，分析性评估和总结性评估。这是依据评估作用的不同而分类的。评估的作用大致可以分为两个方面，一是剖析失误的根源，二是总结成功的经验。分析性评估重在发挥评估活动查找问题、分析原因、吸取教训的作用，一般是在思想政治教育的后进单位所采取的方法，其运作方式偏重微观剖析。总结性评估重在发挥评估肯定成绩、探索规律、总结经验方面的作用，评估的目的是为了推广思想政治教育先进单位的经验，其运作方式偏重宏观归纳。

第五，常规评估与风险评估。这是依据评估性质的不同而分类的。常规评估是一般情况下对日常思想政治教育活动的评估，是根据社会对思想政治教育的基本要求和思想政治教育自身要素的实际，对思想政治教育的过程和效果进行的常规性的分析与评价。它是思想政治教育评估活动的主要方面。前述的宏观评估与微观评估、动态评估与静态评估、单项评估与综合评估等，通常都是指常规评估。风险评估是思想政治教育活动的一种特殊评估，主要是对思想政治教育内部、外部潜在或业已存在的风险进行分析、确认和估量。风险评估分风险识别和风险衡量两个阶段，风险识别是判断思想政治教育现有的和潜在的风险有哪些，引起风险的原因是什么，这些风险将导致什么样的后果等；风险衡量是在风险识别的基础上，进一步估计和预测某种特定风险发生的概率及其损失程度。风险评估的主要方法有趋势分析法、比率分析法、因素分析法、价值分析法、专家打分法等。

在评估过程中，应将思想政治教育的常规评估和风险评估结合进行。常规评估是风险评估的前提和基础，能使风险评估明确重点、有的放矢，没有常规评估就很难判断风险评估的对象和着力点。而风险评估则是常规评估的重要补充，能为常规评估提供更全面的判断参照，没有风险评估，常规评估就很难作出全面、准确的判断。传统评估往往局限于常规评估，对风险评估比较忽视。在现代社会变化发展进程中，思想政治教育的价值形态往往存在着许多不确定成分，客观上往往存在思想政治教育的主体、环境和效果等诸多教育资源受损的可能性。思想政治教育要有效驾驭风险、规避风险，最大限度地提高教育实效，就必须重视风险评估，准确把握何处存在风险、风险大小如何、怎样及时规避与化解风险。因此，将常规评估和风险评估二者结合进行，是完善思想政治教育评估体系不可或缺的重要环节。

二、检测评估的方法

前面所述的思想政治教育检测评估的原则和类型，实际上也是检测评估的方法。但评估方法不能仅仅停留在原则和类型层面，必须要有具体的操作方法。

（一）比较评估法和达度评估法

比较评估是一种相对评估，包括纵向比较评估和横向比较评估两个方面。纵向比较评估是将思想政治教育的评估对象放在自身的发展过程中，进行历史和现实的比较，看其发展是进步了还是退步了，其效果是增强了还是削弱了，以此作为对一个单位思想政治教育纵向发展的判断。横向比较评估是将多个评估对象放在一起进行相互比较鉴别，看其相对水平的高低和效果的差异。横向比较评估的具体操作方式是：在评估对象的集合体中，选取一个或若干对象作为参照，然后把各个评估对象和所选参照体进行比较，分出高低、好次等级，并按照一定的程序将其排成先后顺序。

由于这种横向比较评估方法是在某一类测评对象集合的内部进行，是将其集合中的各个对象与特定的对象进行比较，其特点是根据测评对象的整体状态来确定优劣，因而其标准只适用于所选定的测评对象的集合，对另外的集合未必适用。其优点是无论被评对象集合的整体情况如何，都可以进行集合内比较，因而这种测评方法的适应性强，应用面广。其缺陷是容易降低标准，也即矮中选高，未必真高。测评的结果也并不一定表示测评对象的实际水平，只表示其在集体中所处的相对位置。这种方法，常用在系统或单位内部评选代表、先进或做出突出贡献者。在评选时，一般较少考虑系统或单位下属或个人之间的差异，而是按一定的比例分配下属指标，各系统只能按指标数在内部通过相互比较进行评选。

达度评估是在被评对象的集合之外，确定一个客观的标准，评价时，将测评对象与客观标准进行比较，衡量评估对象达到客观标准的程度，并依照其程度分出高低等级来决定取舍。可见，达度评估是一种绝对性评估，测评后可使每个测评对象明确自己与客观标准的差距，从而可以激励人们积极上进。达度评估可对不同地区、不同单位的同种评估对象用同一把"尺子"，具有评估范围比较广、评估结果比较客观的特点。

但是，达度评估在思想政治教育检测评估中的运用也有较大局限性。因为达度评估作为一种绝对性评估，其标准必须客观具体，而思想政治教育的标准很难具体化，特别对个体而言，各种环境、条件等不确定因素常常使其衡量标准很难准确一致，往往要通过典型事例、经济和业务成果等来综合体现。所以，达度评估法在经济、科技、业务等领域运用较广，而在思想政治教育方面，运用达度评估要注意同其他方面的评估结合使用。

（二）群体评估法和个体评估法

群体评估是通过发动群众集体参与思想政治教育活动，采取集体舆论评议、群体表决等方式，对测评对象作出评价和估量的方法。群体评估的结论一般比较客观、公正。这种测评方法本身实际上也是一种教育。当集体公认或褒奖某一行为时，这一行为就成为大家的楷模。但群体测评的舆论往往比较抽象，且测评者易受相互之间的影响和制约。

个体评估则偏重发挥个体对思想政治教育检测评估的作用，通常选择具有一定素质且有一定代表性的个体，组织他们分别对测评对象进行评价和估量。所选择的个体可以是教育者，也可以是教育对象；可以是某项思想政治教育活动的局内人，也可以是局外人；可以是本单位、本系统的，也可以是外单位、外系统的。由于每个人的看法不一，审视事物的侧重点不同，所以，个体评估法的结论虽然比较具体、形象，且不易受他人牵制，但难免会带有主观片面性。

个体评估和群体评估在任何类型的评估活动中都能使用，但两种方法要结合运用。群体评估应考虑个体评估的意见，确保评估结论的准确、实在；个体评估更要重视群体评估的意见，以免一叶障目、以偏概全。

（三）自我评估法和他人评估法

思想政治教育的自我评估，是指测评对象在思想政治教育过程中，特别是在教育活动告一段落后，就自身的行为及其效果，在思想上进行的反思或反省，哪些该肯定，哪些该否定，哪些该改进以及应如何改进，等等。自我评估往往表现为自我总结，既可以在总结会上作自我肯定或自我批评，也可以进行书面自我总结，诸如写自我鉴定、单位的思想政治教育总结等。思想政治教育的自我评估同教育者和受教育者的自我教育、自我修养是紧密联系在一起的。自我教育、自我修养越自觉，自我评估就越有效。

自我评估的核心是自我判断。自我判断的关键是要掌握判断的标准。判断的标准有两个方面，即绝对标准和相对标准。绝对标准是指通过努力可以达到的客观要求与奋斗目标，如共产党员的条件、社会主义道德要求等。相对标准是指同其他人相比较所采用的标准，或者是自身在发展过程中选择的衡量尺度。选取的标准、目标要高，要求要严。但在评判自己时，要实事求是，既不能对自己评价过高、言过其实，也不能对自己评价过低、妄自菲薄。

思想政治教育的他人评估，通常有四种方式：一是检查评估。诸如上级的检查和评议，同行业的对口检查，不同行业的交叉检查，同事之间的互查和选优评比等。二是民意测验。三是社会舆论评价。四是主动征请他人测评。诸如发测评表，或者请人上门来作口头或书面测评。他人评估的特点是结论比较客观，公道。但他人评估要求参与评价的面要广，测评者一般应了解并熟悉情况。同时，测评对象要诚心并善于听取他人的测评意见，反对弄虚作假和诱导他人测评的做法。

思想政治教育的自我评估和他人评估须结合施用。因为思想、政治、道德观念的改造和发展，既需要自我教育、自我鞭策，又需要常"照镜子"，互相教育、互相鞭策。要注重将自我评估和他人评估的结论进行比较分析，以便清醒地审时度势、知己知彼，使测评结果更趋准确。同时，通过比较可促进人们更好地自我教育、自我完善。

（四）定性评估法和定量评估法

定性评估法和定量评估法是以事物质与量的规定性为客观依据的，任何事物都有质的规定性，也有量的规定性，思想政治教育和人们的思想也不例外。

思想政治教育的定性评估是通过对思想政治教育和人们思想的性质进行分析与综合，最后作出结论性评价的方法。诸如判断思想政治教育是有效还是无效，是正效果还是负效果，方向是正确还是错误，教育对象的情况是积极还是消极，是进步还是落后等，都要用定性评估方法。定性评估只能对思想政治教育和人们的思想作出原则的、大致的、趋向性的判断。定性评估的主要形式有两种，即鉴定和评语，如对某教育活动的验收鉴定和个人的操行评语等。定性评估法在操作上应注意几点：一是用于测评的指标要切实可行，使定性测评的评语或鉴定恰当可靠。二是测评要客观，评价者不能带任何感情色彩，以免测评结论的性质带有人为的主观色彩。三是要掌握测评对象的全面情况，使结论中肯切实，且有针对性。四是测评应一分为二，既肯定成绩，又指出问题。五是鉴定或评语的用词要准确，写得恰如其分，富有特点或个性。

思想政治教育的定量评估是对评估对象思想的程度、范围等各种量的关系进行收集、整理和分析，最后作出结论性评价的方法。诸如判断思想政治教育的范围是大是小，影响的程度是深是浅，教育的作用是轻是重，教育对象思想认识和行为表现的程度等，都要用定量评估。由于思想政治教育的指标量化具有相对性和一定的模糊性，因此，定量评估对思想政治教育活动和人们的思想也只能作相对的判断。

在思想政治教育评估活动中，往往是将定性评估法和定量评估法结合运用。具体操作可分为三步：首先，评估者要对思想政治教育的概况作初步的定性评价，为定量评估确定方向和范围。其次，要对思想政治教育的各种量的关系进行比较和分析，把握评估对象的度。最后还要对定量评估进行归类综合，得出合理的结论，即作更高层次的定性评估。随着思想政治教育科学化程度的提高，电子计算机的运用越来越广泛，量化方法将越来越受到重视。数学图表法、概率统计、模糊数学和矩阵方法在思想政治教育评估中都已经开始运用，大大推进了思想政治教育定量评估的进程。

这里，重点介绍矩阵方法在思想政治教育定量评估中的具体运用程序。以一个单位政工干部状况评估为例，其评估方法可按下列程序进行：

一是确立评估目标体系和量标。即由思想政治教育决策部门的专家制定评估的目标体系和量标。其步骤是依据教育目标、任务与检测评估的标准、目的，对测评对象给定相应的、切实可行的目标体系和具体量标。这样做的实质是将测评的指标进行分解、细化，将其目标体系分系统归类、分层次定标，并分别赋予数值，为评估者评价打分和下一步进行测评运算奠定基础。

二是建立测评矩阵和权重数组。第一步，测评填表。如对一个单位政工干部的思想政治素质状况进行评估，可以把评估的内容和等级列成调查表；然后组织测评人员进行调查填表。表格如下：

XXX 单位政工干部思想政治素质状况调查表

评定因素	等级				
	优	良	中	可	差
政治表现		√			
道德状况	√				
理论水平				√	
工作能力			√		

第二步，建立测评矩阵。即通过整理测评表的各项指标数据来建立测评矩阵。如政工人员"政治表现"的测评表整理的情况为：有10%的人认为"优"；60%的人认为"良"；20%的人认为"中"；8%的人认为"可"；2%的人认为"差"。则该单位政工人员"政治表现"指标的评价数组为：

（0.10，0.60，0.20，0.08，0.02）

同理，可得政工人员"道德状况"指标的评价数组为：

（0.55，0.20，0.10，0.08，0.07）

政工人员"理论水平"指标的评价数组为：

（0.30，0.20，0.25，0.15，0.10）

政工人员"工作能力"（指思想政治教育的工作能力）指标的评价数组为：
（0.40，0.25，0.20，0.10，0.05）

在此基础上，便可建立"政工人员状况"的测评矩阵（R）：

$$R = \begin{pmatrix} 0.10 & 0.60 & 0.20 & 0.08 & 0.02 \\ 0.55 & 0.20 & 0.10 & 0.08 & 0.07 \\ 0.30 & 0.20 & 0.25 & 0.15 & 0.10 \\ 0.40 & 0.25 & 0.20 & 0.10 & 0.05 \end{pmatrix}$$

第三步，建立权重数组。即在确定各评价因素权重的基础上，建立权重数组。"权重"在这里就是指"政治表现""道德状况"等各项评估因素在"政工人员状况"中所占的比重。设上述四项评价因素的权重分别为 0.40，0.20，0.20，0.20，则该权重数组 A 为：

A=（0.40, 0.20, 0.20, 0.20）

三是计算评估结果。仍以"政工人员状况"为例，根据矩阵运算原理，则该测评结果 B 为：

$$B = AR = (0.40, 0.20, 0.20, 0.20) \begin{pmatrix} 0.10 & 0.60 \cdots\cdots 0.02 \\ 0.55 & 0.20 \cdots\cdots 0.07 \\ 0.30 & 0.20 \cdots\cdots 0.10 \\ 0.40 & 0.25 \cdots\cdots 0.05 \end{pmatrix}$$

B=（0.290, 0.370, 0.190, 0.098, 0.052）

该结果表明：对这个单位政工人员情况的综合评价为——优秀率 29%、良好率 37%、中等率 19%、尚可率 9.8%、差等率 5.2%。若给定各评价指标以等级分：优—95 分，良—85 分，中—75 分，可—65 分，差—55 分，根据矩阵原理，则该单位"政工人员状况"测评得分 X 为：

$$X = B \begin{pmatrix} 95 \\ 85 \\ 75 \\ 65 \\ 55 \end{pmatrix} = (0.290, 0.370, 0.190, 0.098, 0.052) \begin{pmatrix} 95 \\ 85 \\ 75 \\ 65 \\ 55 \end{pmatrix} = 82.48$$

　　根据测评得分的高低，可将该单位政工人员的情况与其他单位政工人员进行纵向、横向比较与评价，就可以比较客观地进行判断。

　　应用矩阵方法进行定量评估的技术关键有二：一是测评对象的目标体系、评估因素及其评估量标的确立，如测评因素设哪些项，其量标是否科学可行，等等。二是权重的设计，即各项评估因素的数量比例关系也是该评估方法的一个关键点。偏重某一方面欠妥、甚至有害。譬如在"政工人员状况"的测评中，若偏重"工作能力"权重，而轻视"道德状况"权重，则将不利于政工人员的形象。若在单位思想政治教育全面情况的评估中，过分加大业务效应的权重，则将导致重业务、轻政治的倾向；如果一味缩小业务效应的权重，则会导致该单位在思想政治教育方面只图形式、不讲实效的后果。

　　在思想政治教育实践中，我们可以借助计算机和大数据进行运算，特别是开发出相应的应用软件后，用矩阵方法进行思想政治教育的定量评估就会变得相当容易。换句话说，应用矩阵方法进行定量测评的发展趋势是进行计算机系统软件开发。对不同类型、不同层次的思想政治教育评估，都应有相应的应用软件配套。这样，通过计算机辅助处理，就方便易行。

　　矩阵方法不仅可以评估思想政治教育某一方面的情况，而且可用于对个人品行和某一系统的思想政治教育情况进行全面的定量评估，只是评估因素及其权重的设置要因评估对象的不同而不同。对个人品行的评估而言，评估因素应是思想、道德、作风、劳绩等因素的集合；对系统思想政治教育全面情况的评估而言，其评估因素就不仅是"政工人员状况"，还应包括"理论教育状况""日常教育状况""安定团结状况""业务效应状况"等因素的集合。只要科学、恰当地拟定好各自的评估因素、权重和所赋予的等级分数，就可以利用矩阵方法，比较精确地评估出各自相应的分值来。

（五）网络评估法

　　思想政治教育的网络评估法，是指利用现代网络手段对思想政治教育进行检测评估的方法。它是以计算机网络为平台，以思想政治教育信息的获取、交流、反馈、评价为手段，对思想政治教育的现状、效果及其发展趋势进行检测和判断的方法。新时代"要运用新媒体新技术使工作活起来，推动思想政治工作传统优势同信息技术高度融合，增强时代感和吸引力"①。网络评估既可用于进行思想政治教育风险的预测评估，也可用于进行教育运行状况及教育效果的绩效评估，还可用于进行思想政治素质优劣状况的检测评估。

思想政治教育网络评估的运用意义重大，它使思想政治教育检测评估朝着高科技、现代化的方向迈进了一大步。传统评估方法受到时空的限制，只能在固定的时间、固定的地点，由特定的人员开展评估，评估效率较低，且受人为的影响较大。而网络评估借助现代信息技术，在很大程度上弥补了传统评估的上述不足。网络的发展可使其评估手段、方式方法更加灵活多样，网络的信息快速传输功能、高效的信息检索功能和资源共享功能，使评估工作的每一环节都变得更省时、更省力、更民主、更准确。毫无疑义，网络评估的运用给思想政治教育评估开启了一个崭新的局面，可使评估通过智能化和数字信息化而不断得到优化。

思想政治教育的网络评估具有以下显著特点：一是评估主体多样。互联网的普及为评估主体的参与提供了一个便捷平台，特别是网络的交互性和网络资源的共享性，使得评估组织者、评估专家、评估对象和关注参与评估的其他人，都很容易成为评估主体，使评估主体呈现多样化。二是评估平台虚拟。传统的思想政治教育评估通常是评估组织者在一定的场合、向特定的对象收集评估信息，再由专门的评估机构进行评估信息的整理统计、分析总结并作出结论。而网络评估则可突破传统的区域界限，评估者不必在特定的物化了的区域中进行，可在互联网上虚拟的评估场所，用数字方式构成的具有现实特点的信息空间开展评估活动。三是评估方式自由。因网络无处不在，尤其是无线网络技术和手机上网技术的使用，使得网络评估可以在任何时间、任何地点进行，达到了前所未有的自由度。四是评估过程信息化。在评估过程中，评估者之间、评估者与评估对象之间的信息交流能够跨越时空进行，实现信息交流，对存在的分歧也可以通过网络传递协商信息予以解决。不仅如此，评估组织者还可以通过网络传输各种数据信息，很方便地发布评估指令，检索评估数据，加强评估管理。五是评估技术智能化。由于网络高科技在思想政治教育评估中的

---

① 《把思想政治工作贯穿教育教学全过程 开创我国高等教育事业发展新局面》，《人民日报》2016年12月9日。

运用，网络、计算机及其信息数据处理库等智能化评估手段就可充分发挥其功能，使传统的人工评估逐步向网络智能评估转变。六是评估活动社会化。从一定意义上说，思想政治教育网络评估是社会评估。全体社会公民都可成为评估资源的提供者，都可以通过社会网络为评估提供思想政治教育活动的过程与效果的材料，甚至可以在网络上表达自己对思想政治教育的看法，发表自己的意见或建议。

思想政治教育网络评估的具体操作，一般可按以下程序进行。

第一步，建构网络评估系统。网络评估系统是开展网络思想政治教育检测评估的工作平台，是由评估组织者主体网站、评估技术支撑网站、评估组织管理网页、评估专家操作网页、评估对象参与网页、网民自发参与网页等构成的一个有机整体。评估组织者可在该系统内随时对评估专家、评估对象和自发参与评估活动者的身份进行验证。

第二步，搜集与整理评估数据。该步骤由评估组织者、评估专家和评估对象共同进行，评估组织者通过组织管理网页提供评价指令数据，评估专家通过抽样、调研等手段采集评估数据，评估对象通过参与网页提交自评数据。对评估数据的统计、整理和入库等工作，则由网络评估系统按设计程序自动完成。

第三步，制定网络评估指标体系。即评估组织者与评估专家根据思想政治教育的目的要求与受评对象的实际情况，研究设定网络评估指标，并将所需评价的各种评估指标集合组成网络评估指标体系。例如：对某单位某项思想政治教育活动的效果进行网络评估，其一级评估指标体系可设定为领导重视、教育氛围、过程反响、客观效应四个方面的指标；在每个一级指标下，通常可设定由四个等级组成的二级指标体系，即优、良、中、差。

第四步，确定网络评估权重系数。一是评估指标的权重系数，即评估专家根据思想政治教育的目的与受评对象的实际情况，全面分析各相关评价因素，集体研究确定各评价因素的权重。如上例中，可设"领导重视""教育氛围""过程反响""客观效应"四个评价因素的权重系数分别为 0.2、0.1、0.2、0.5。二是由组织者设置的各类评估者所占的权重系数。如上例中，可设置评估专家的评估意见、评估对象的自评意见、网民参评意见的权重系数分别为0.6、0.2、0.2。

第五步，讨论与评价。网络评估不同于其他评估的一个重要特点，是系统中为评估者和评估对象提供讨论交流平台，评估者可利用该平台就评估问题进行相互之间的切磋与讨论。必要时，评估者还要与评估对象就评估问题进行沟通。在讨论交流的基础上，测评专家、评估对象和参评网民分别在各自的网页上进行测评，给出测评意见。

第六步，进行归一处理，作出评估结论。即按照评估方案，运用一定的方法（诸如模糊数学法、矩阵方法、分等加权法等），将各相关受评因素的测评意见进行归一化处理。一般处理程序是，首先将评估专家的评价意见、评估对象的自我评价意见、网民参评的评价意见分别转化为评价数组，然后将其与评估权重数组一起输入信息数据处理库，再由网络信息数据处理库中按照相应方法设计的软件进行数学运算处理，得出归一的评估数据，最终由评估专家依据这些数据作出评估结论。归一处理的基本原理，类同前述定量评估方法中的示例。

思考题

1．如何理解思想政治教育的检测评估方法？
2．思想政治教育检测评估的具体方法有哪些?
3．如何理解思想政治教育的自我评估方法？
4．如何理解思想政治教育的网络评估方法？

▶思考题
答案要点

第十五章　思想政治教育的研究方法

要提高思想政治教育水平，增强思想政治教育实效，推进思想政治教育学科建设，必须开展思想政治教育的科学研究。正如开展思想政治教育必须要有科学的认识方法、实施方法和调节评估方法一样，进行思想政治教育研究也必须掌握科学方法。

第一节　思想政治教育研究的必要性和重要性

进行思想政治教育研究是思想政治教育发挥作用的必然要求，是思想政治教育有效开展的现实需要，更是思想政治教育学科建设的迫切任务。

一、思想政治教育研究的必要性

思想政治教育作为中国共产党的优良传统和宝贵经验，始终在研究、探索和创新中发展。特别是改革开放以来，思想政治教育经历了以学科化、专业化为主题的研究后，目前已进入向纵深深入的研究阶段。尤其是 2004 年中央实施马克思主义理论研究和建设工程以来，中共中央、国务院颁发了《关于进一步加强和改进大学生思想政治教育的实施意见》，建立了马克思主义理论一级学科，思想政治教育作为马克思主义理论学科中的二级学科，加大了建设力度，学科研究呈现出前所未有的生机与活力。在中国特色社会主义进入新时代的历史方位下，《新时代公民道德建设实施纲要》《新时代爱国主义教育实施纲要》的颁布与实施，使思想政治教育面临更多的新挑战、新要求、新课题，迫切需要通过科学研究来发展理论和方法，为新时代思想政治教育提供理论指导，不断增强思想政治教育的有效性。

首先，思想政治教育研究是凝聚全民族力量，实现中华民族伟大复兴中国梦的需要。思想政治教育是一切工作的生命线。当前，中国特色社会主义进入新时代，中华民族伟大复兴正处于关键时期。如何通过思想政治教育研究，强化人们的国家认同、价值观认同、使命认同，对凝心聚力，夺取新时代中国特色社会主义伟大胜利，实现中华民族伟大复兴的中国梦，具有重大而深远的意义。

其次，思想政治教育研究是维护意识形态安全，增强社会主义意识形态凝聚力和引领力的需要。意识形态工作是党极端重要的一项工作。党的十八大以来，以习近平同志为核心的党中央高度重视意识形态建设，意识形态工作总体保持向上向好态势，习近平新时代中国特色社会主义思想深入人心。但我们也要清醒看到，意识形态领域斗争依然严峻，各种敌对势力对中国实施"西化""分化"的图谋不会改变，维护新时代社会主义意识形态安全的任务十分艰巨。如何强化社会主义意识形态建设，如何用社会主义核心价值观引导社会思潮、确保国家意识形态安全等问题亟待思想政治教育加强研究，予以回应。

再次，思想政治教育研究是立德树人，培养担当民族复兴大任的时代新人的需要。实现中华民族伟大复兴的中国梦，是党和国家工作大局，也是中国青年运动的时代主题。同人民一道拼搏、同祖国一道前进，服务人民、奉献祖国，是当代中国青年的正确方向。"青年兴则国家兴，青年强则国家强。青年一代有理想、有本领、有担当，国家就有前途，民族就有希望。"[1] 如何教育引导青年，帮助青年立鸿鹄志，做奋斗者，把个人的理想追求自觉融入国家和民族的伟大事业之中，书写无愧于时代的青春之歌和精彩人生，是思想政治教育研究面临的时代课题。

最后，思想政治教育研究是改革创新，不断推动思想政治教育学科建设的需要。当今时代，以信息技术为核心的新一轮科技革命兴起，互联网日益成为创新驱动发展的先导力量，云计算、大数据等现代信息技术深刻改变着人类的思维、生产、生活、学习方式，有力推动着社会发展。只有加强思想政治教育研究，才能不断推动思想政治教育改革创新，适应新兴技术的新要求，适应人们思想行为方式的新变化，才能不断推进思想政治教育学科的科学化、时代化，实现思想政治教育学科的新发展。

---

① 习近平：《决胜全面建成小康社会 夺取新时代中国特色社会主义伟大胜利——在中国共产党第十九次全国代表大会上的报告》，人民出版社 2017 年版，第 70 页。

二、思想政治教育研究的重要性

思想政治教育的科学研究，是指在认识和把握思想政治教育规律的基础上，探索有效进行思想政治教育和确立思想政治教育科学理论与方法体系的认识与实践活动。积极开展思想政治教育的科学研究，对于提高思想政治教育的认识水平，增强思想政治教育效果，推进思想政治教育学科建设，都具有十分重要的意义。

首先，思想政治教育研究有助于提高人们对思想政治教育的认识水平。思想政治教育是文明社会必不可少的精神文化活动。思想政治教育必须遵循人们思想认识形成、发展的规律，假如违背了规律，任何思想政治教育都难以见效。这就告诉我们，思想政治教育是客观存在着的社会历史现实，并具有自身运行的规律。只有遵循规律，切实发挥其促进社会稳定、发展、和谐功能的思想政治教育，才是必要的、科学的。所以，进行思想政治教育的科学研究，可以帮助人们认识和掌握思想政治教育的规律，更好地澄清和纠正一些思想偏见与错误认识，提高人们对思想政治教育的认识水平。

其次，思想政治教育研究有助于增强人们进行思想政治教育的创新能力。思想政治教育本质上是实践的，这不仅因为人们对思想政治教育的正确认识来源于实践，更为重要的是，发挥思想政治教育的基本功能，必须依赖思想政治教育的实践活动。任何一项思想政治教育的开展，都必须具有明确的教育目标、科学的教育内容、合理的教育程序、有效的教育方法、良好的教育设施、准确的教育效果评估，并依赖教育者和受教育者双方相互配合。同时，任何一项思想政治教育都需要对实践经验进行总结，仅凭人们的简单操作、盲目碰撞和狭隘经验是无法满足的，这就要求人们不断学习研究，获得科学理论的指导和帮助。同时，思想政治教育面临着时代发展、形势变化和环境变动的复杂局势，不断提出面向世界、面向现代化、面向未来的新要求，也需要大力加强思想政治教育研究，不断增强思想政治教育的时代性和实效性。

最后，思想政治教育研究有助于推进思想政治教育学科建设。思想政治教育是一门新兴学科，其学科的建设与发展主要包括该学科理论体系的完善与发展、教学体系的完善与发展和学术队伍的提高与发展。应该看到这三方面的建设和发展都依赖思想政治教育科学研究的开展，都寄希望于思想政治教育研究的丰硕成果。只要我们认真总结我们党在长期革命、建设、改革中积累的思想政治教育经验，积极吸取当代迅猛发展的最新科学技术成果，深入研究改革开放和现代化建设伟大实践提出的新课题，大力开展思想政治教育研究，就一定能科学有效地促进思想政治教育学科的建设与发展。

三、思想政治教育研究要有科学方法

科学研究方法是指在科学研究过程中为实现科研目的而必须采用的有效研究途径、程序、手段和技巧。思想政治教育的科学研究需要采用科学的方法。

第一，科学方法是开展思想政治教育研究的有效工具。思想政治教育研究要揭示思想政治教育的规律，形成科学理论，指导人们正确实施思想政治教育，需要选择正确的认识和实践途径，设计合理的行动程序和模式，运用高效灵活的操作技巧。毛泽东曾形象地比喻道："我们的任务是过河，但是没有桥或没有船就不能过。不解决桥或船的问题，过河就是一句空话。不解决方法问题，任务也只是瞎说一顿。"[1] 要实现思想政治教育的研究目的，必须采用科学的研究方法。没有科学的方法，思想政治教育研究便寸步难行。有了科学的方法，思想政治教育研究不仅能顺利开展，而且可以少走弯路，少受挫折，多出成果，快出成果，出好成果。

第二，科学方法可以帮助思想政治教育研究者提高科学素养和研究能力。在通常情况下，不少教育者比较注意投入大量时间和精力学习系统的知识，而对于如何充分利用头脑来自觉掌握正确的思想方法和工作方法，卓有成效地开展研究却有所忽视。殊不知运用科学方法，对于一个研究者提高自身的科学素养和研究能力多么重要。对于其中的奥妙，法国生理学家贝尔纳曾作过论述，良好的方法能使我们更好地发挥运用天赋的才能，而拙劣的方法则可能阻碍才能的发挥。因此，科学中难能可贵的创造性才华，由于方法拙劣可能被削弱，甚至被扼杀；而良好的方法则会增长、促进这种才华。同时，思想政治教育作为实践性很强的学科，要更多地关注实施过程和经验，关注实施方法和技巧。爱因斯坦曾告诫研究者，你要知道科学方法的实质，不要去听一个科学家对你

---

[1]《毛泽东选集》第 1 卷，人民出版社 1991 年，第 139 页。

说些什么，而要仔细看他在做些什么。

第三，科学方法是促进思想政治教育学科发展的方式。由于研究方法是研究工作须臾不能离开的重要手段，方法的正确与否必将影响思想政治教育的理论与实践活动。科学方法自身就成为思想政治教育研究的对象，其研究成果就构成了思想政治教育的科学方法论。在思想政治教育的学科理论体系中，科学方法论的任务是阐明思想政治教育的主要方法、思想政治教育理论体系的逻辑结构、思想政治教育研究过程的发展逻辑，因而这一科学方法论具有描述性功能、规范性功能和预测性功能。近年来，人们对思想政治教育方法论的研究，一方面开拓了一个广阔的研究领域，丰富了思想政治教育学科的理论体系；另一方面通过不断发现、发展新的科学方法，源源不断地为思想政治教育研究提供新思路新模式，不断提高思想政治教育者的研究水平和工作能力。

第二节　思想政治教育研究的基本程序

思想政治教育研究的程序，是指思想政治教育研究活动所经历的前后有序、相互衔接而又系统有效的基本阶段和步骤。每一阶段和步骤运用不同的研究方法，把各个阶段、各个步骤有机地结合在一起，就构成了一套完整的科学研究程序。思想政治教育研究活动一般有选择研究课题、提出研究设想、搜集整理资料、撰写研究报告、验证评价成果等环节。

一、选择研究课题

科学研究的起点是问题。马克思曾深刻指出："主要的困难不是答案，而是问题。""问题就是时代的口号，是它表现自己精神状态的最实际的呼声。"[①]习近平指出："坚持问题导向是马克思主义的鲜明特点。问题是创新的起点，也是创新的动力源。只有聆听时代的声音，回应时代的呼唤，认真研究解决重大而紧迫的问题，才能真正把握住历史脉络、找到发展规律，推动理论创新。坚持以马克思主义为指导，必须落到研究我国发展和我们党执政面临的重大理

---

① 《马克思恩格斯全集》第 40 卷，人民出版社 1982 年版，第 289—290 页。

论和实践问题上来，落到提出解决问题的正确思路和有效办法上来。"① 各种各样尚未被认识和解决的科学问题就成为研究的课题，只有发现并提出了科学问题，才能开始对这一问题开展科学研究。

（一）选择研究课题的意义

选择研究课题在整个研究活动中处于起始性环节，具有方向性、战略性作用。

首先，科研选题不仅决定着科研工作的主攻方向和目标，而且决定着研究的对象和范围。只有选定了课题，才知道该做什么，不该做什么，使研究工作沿着选定的方向前进；只有选定了课题，才知道应该采用何种方法和步骤去完成研究任务，达到预期目标。"坚持问题导向，要敢于正视问题、善于发现问题。问题无处不在、无时不有，关键在敢不敢于正视问题，善不善于发现问题。"② 科学家十分重视科研课题的选择和确定，并把它提到战略起点的高度来对待。"坚持问题导向，要科学分析问题、深入研究问题。发现问题是前提，能不能正确分析问题更见功力。"③ 发现问题和解决问题，是课题研究的两个方面；因此，坚持问题导向，确定研究的问题，进而分析问题和解决问题，便是课题研究的重要环节。

其次，科研选题恰当与否是决定科研成败的重要环节。科学史表明，一个科学家如果选错了课题，即使本事再大，也将注定失败。相反，有些科学家课题选择恰当，成果很多。在思想政治教育研究中，如果选题不当，如课题研究方向、领域的不合适，难易程度的不适，能力水平的不及，环境条件的不备，等等，往往导致科研工作半途而废，或科研成果难以形成。事实证明，只有选准了科研课题，也就是选择了有价值、有创造性并有把握解决的科研课题，才能顺利地展开研究工作，才有可能获得有价值的科研成果。

最后，确立科研选题也是培养和锻炼思想政治教育工作者的重要方式。如何选好科研课题，不仅反映出一名科学工作者的工作态度和方法的好坏，而

---

① 习近平：《在哲学社会科学工作座谈会上的讲话》，《人民日报》2016 年 5 月 19 日。

② 中共中央宣传部：《习近平新时代中国特色社会主义思想三十讲》，学习出版社 2018 年版，第331 页。

③ 中共中央宣传部：《习近平新时代中国特色社会主义思想三十讲》，学习出版社 2018 年版，第331 页。

且也反映出其科研水平和科研能力的高低。因为，一项好的科研课题的提出与确定，要求科研工作者要有科学素养和学术勇气，既要懂得确立课题的基本知识，又要把握学科发展前沿，还要有比较丰富的实践经验、知识储备和想象力、洞察力与鉴识力。因此，正确地选择既能适应现实需要、又能反映未来发展趋势且具有开拓性的科研课题，是促进思想政治教育人才锻炼成长的重要方式。

（二）研究课题的分类

思想政治教育研究课题按照不同的标准，可以有不同的分类。

其一，按照研究目的划分，研究课题可分为基础研究课题、应用研究（对策研究）课题。所谓基础研究课题，是指以揭示某种思想政治现象的本质及其发展规律为主要目的而进行研究的课题。例如，关于人们思想发展规律的课题，关于预测人们思想发展趋势的课题等。所谓应用研究课题，是指以提出解决思想政治教育具体方案或对策为主要目的而进行研究的课题。例如，为调动学生学习的积极性而进行的大学生学习目的、学习态度与学习方式研究。基础研究课题侧重于基础理论方面，理论性比较强。应用研究课题侧重于实践操作方面，应用性比较强。二者各有侧重，不能相互替代。基础研究为应用研究提供理论基础，应用研究为基础理论研究提供现实来源。需要说明的是，这两类课题的划分只是相对的，它们之间并没有绝对的界限。实际上，由于思想政治教育理论和实际结合非常紧密，有些课题往往具有双重目的。

其二，按照课题性质划分，研究课题可分为描述性课题、解释性课题、预测性课题。所谓描述性课题，是指对某一方面思想现象和行为作准确描述的课题，它主要回答"是什么""怎么样"的问题。所谓解释性课题，是指揭示思想政治现象或行为产生的原因、条件、特征以及相互关系的课题，主要回答"为什么""怎么办"的问题。所谓预测性课题，是指在描述思想政治现象和行为的现状、揭示各种思想政治现象和行为规律的基础上，进一步推测人们思想政治活动的未来发展趋势的课题，它主要回答"将怎样""应怎样"的问题。这三类研究课题，在对问题的认识程度上，一类比一类深，在问题的操作难易上，一类比一类困难。

其三，按照课题来源划分，有政府课题、学会课题和自主课题。其中，政府课题是指党政部门根据学术发展和社会需要定期发布的研究课题，包括国家哲学社会科学基金课题、教育部哲学社会科学科研课题以及党建与思想政治教育专项课题、省市哲学社会科学基金课题，还有各级政府部门的教育科学研究课题。学会课题是指各级各类学术组织根据学会性质和研究任务确定的各种研究课题。自主课题是指研究者根据学术前沿、研究兴趣和研究条件自行确定的研究课题。政府课题往往针对比较重大的理论和现实问题，也有一定的经费支持，但要求高、难获得；学会课题比较专，经费支持有限；自主课题由个人自己选择确定，但选题的价值性难以把握。三类课题体现了课题选择的层次性和来源的多样性，为不同层次、水平的研究者提供了研究和成长的阶梯。

此外，研究课题还可按内容、过程等进行分类。

（三）选择研究课题的原则

一般说来，选择研究课题要遵循以下几条原则。

一是需要性原则。需要性原则是指选题时首先要选择那些思想政治教育迫切需要解决的理论问题和现实问题。这一原则既体现了思想政治教育研究的目的性，又体现了研究课题的价值所在。衡量一项研究课题的价值，就是要看它是否符合思想政治教育理论发展的潮流和趋势，能否满足思想政治教育的现实需求，能否为促进社会发展和人的全面发展服务。无益于实际工作，搞繁琐的概念考证和脱离实际的书斋研究，或仅仅只是为了出成果而写论文与专著，都违背了思想政治教育研究的需要性原则。

二是科学性原则。科学性原则是指选题要有客观的事实根据和科学的理论根据，必须正确反映客观现实及其规律。选题的科学性原则从根本上讲，体现着实事求是的科学精神和研究准则。选题是否具有科学性，首先要看其是否来源于现实生活，是否反映现实需求，是否遵循和体现客观规律。其次，要看选题是否具有马克思主义的根据，是否坚持辩证唯物主义的基本立场、观点和方法。人们常说的科学无禁区，这主要针对科学的领域和方法而言。对于思想政治教育这样一种具有很强的意识形态性的学科来说，必须坚持马克思主义的指导地位。科学虽无禁区，但选题要有限制，要受科学性原则的限制。否则，研究课题就是不科学的，甚至是伪科学和反科学的。

三是创新性原则。创新性原则是指所选择的课题要具有开创性，应是前人没有解决或没有完全解决、没解决好的问题，预期能获得具有新发展、新突破的科研成果。"创新是一个民族进步的灵魂，是一个国家兴旺发达的不竭动力，也是中华民族最深沉的民族禀赋。"①科学的魅力在于创造。只有站在思想政治教育学科发展的前沿，瞄准重大的理论和现实问题，关注思想政治教育的生动实践，善于从中选择有突破、有创新、有独到之处的课题，才能够取得有价值的研究成果。如果仅仅是人所共知的问题，或者重复别人的劳动，这种课题就没有研究的价值。能运用正确理论解决现实生活中重大的思想问题和实际问题，形成新的认识是创造；能探索总结思想政治教育的新理论、新方法是创造；能洞察和预测社会思潮和人们思想发展的新趋势和新特点也是创造。

四是可行性原则。可行性原则是指在选择课题时，要根据实际具备和经过努力可以具备的研究条件来选题。可行性原则体现了选题的条件和现实可能性，要求研究人员根据现实的主客观条件，选择力所能及的研究课题。就主观条件而言，主要是指研究人员的理论修养、知识视野、实践经验、吃苦精神、时间精力等；就客观条件而言，是指领导支持、社会关心、团队合作、经费保障、图书资料、设备条件等。另外，选题的可行性还包括研究内容、研究方案的可行性，这里不作详叙。

选题的原则反映了思想政治教育研究的目的、性质、根据和条件，它们在选择研究课题时既相互区别，又相互联系。需要性原则指明了研究活动的根本目的，科学性原则强调了研究活动的内在根据，创新性原则提出了研究活动的本质特征，可行性原则阐述了研究活动的现实条件。如果我们能够根据实际情况综合运用上述四项选题原则，就能选择正确、恰当的研究课题。

二、提出研究设想

研究课题选择确定以后，研究者就可以对研究的方向、结论进行构思、推测，提出研究设想，并按照研究设想所确定的方向和目标深入进行研究。

（一）什么是研究设想

研究设想也可以叫作理论假设，是指对有关研究对象的种种因素及其联系的性质、形式、结构、机制等所作的某种有一定根据的推测性设想或解释。研究设想应满足三个条件：一是能够合理地解释原有理论所能解释的那些事实和现象；二是能解释新发现的，但原有理论不能解释的那些事实和现象；三是能

---

① 《习近平谈治国理政》第 1 卷，外文出版社 2018 年版，第 59 页。

明确预言尚未发现的新事实，为进一步检验假设提供可能性。

研究设想依照不同的情况，可以有不同的分类。按研究设想的形成划分，可分为归纳设想和演绎设想。归纳设想是基于观察基础上的概括，是人们通过对一些个别经验、事实材料的观察得到启示，进而概括、推论提出的经验定律。演绎设想是从某一科学理论或一般性命题出发，通过理论综合和逻辑推演而提出的理论定律和原理假设。按照研究设想的性质和内容划分，可分为描述性设想、解释性设想和预测性设想，这也是研究设想发展的三个阶段。描述性设想是关于事物的外部表象、外部联系和大致数量关系的推测，这是科学探索的最初阶段，主要描述认识对象的结构要素及其分布特征。解释性设想是从整体上揭示事物各部分相互作用的机制，揭示事物发展的最初状态和最终状态间的因果关系等内部联系的推测，这是比描述性设想更高一级的假设形式，主要说明事物的本质规定和存在发展的根源。预测性设想是对事物未来发展趋势的科学推测，是一种更复杂、更困难和更高级的假设形式。

（二）研究设想在研究中的作用

研究设想在研究活动中具有重要作用。首先，研究设想是深化课题的工具。我们对课题经过初步的思考研究之后，对它的认识虽然达到了一定程度，但总的说来还是比较抽象宽泛的。为了使研究更加具体、深刻，需要借助研究设想深化课题。其次，研究设想是搜集资料的向导。研究设想一般都指明了哪些因素与课题有关，应该加以考察；哪些因素与课题无关，应当予以排除，从而给搜集资料指明了方向。在设想的导向下，我们可以知道哪些资料需要搜集，哪些资料不需要搜集。最后，研究设想是探索真理的形式。恩格斯指出："只要自然科学在思维着，它的发展形式就是假说。"[1]恩格斯的这个论断，对于社会科学也是适用的，因为，人们通过调查搜集到的有关资料，是检验设想的重要依据。在检验过程中，提出的设想可能被证实，可能被证伪，也可能是部分证实、部分证伪。在设想被证实的情况下，设想就成为真理的一部分；在被证伪的情况下，设想被推翻；在部分证实、部分证伪的情况下，设想被修改、补充和完善。由此可见，设想确实是发展真理的形式。

---

① 《马克思恩格斯选集》第 3 卷，人民出版社 1972 年版，第 561 页。

（三）建立研究设想的方法

与课题有关的设想，是创造性思维的产物。它的产生和形成离不开宽广的知识视野，深厚的理论功底，丰富的实践经验，较强的创新能力。其建立通常有三种途径：

一是研究设想从实际经验中得到。经验是人们在社会实践中产生的感性认识，尽管经验在上升为理性认识之前，往往带有感性直观的性质，但它的内容是客观的，在一定程度上反映着事物的本质和发展规律。经验往往是研究设想的根据，在经验基础上可以概括出设想。只要正确地把握研究对象内部与外部条件的新情况和新变化，就有可能从过去的经验中引申出理论假设来。

二是研究设想从科学理论推导中得到。理论之所以具有这样的功能，是因为理论是客观事物的本质及其发展规律的正确反映，它对于人们正确认识客观事物，具有普遍的指导意义。因此，人们在寻求那些富有新意的调查课题的答案时，可以从现有的理论出发，推导出与课题有关的设想。

三是研究设想从现实需求中得到。生活是智慧的源泉。只要我们从改革开放和现代化建设的实际问题和现实需求出发，着眼于马克思主义理论的运用和发展，着眼于思想政治教育新的实践和新的发展，就可以得到研究设想。

上面介绍的三种方法，只是为了叙述的方便。实际上，形成理论假设是一个复杂的思维过程，在形成研究设想中，这三种方法往往是综合使用和交叉使用的，很难把它们截然分开。

三、搜集整理资料

研究者一旦确定了研究课题，形成了研究设想之后，就需要尽可能全面深入地搜集研究资料，并进行加工整理。

（一）搜集整理资料的意义

首先，搜集整理资料是科学研究取得成功的前提和基石。在研究过程中，只有充分地占有材料，分析它的各种发展形式，探寻这些形式的内在联系，才能将研究结果适当地叙述出来。因而，尽可能全面地搜集占有研究对象的有关资料，获得对研究对象的系统、真实的了解，并对所获得的研究资料进行分析综合、加工整理，才能避免主观性和片面性，才能达到对研究对象的本质及其规律性的把握。其次，搜集整理资料可以提高科学研究的效率和价值。全面掌握前人和他人在有关研究课题上已经取得的科研成果，并把他们的研究成果作为研究的基础，可以避免重复劳动。在一般情况下，研究人员耗费在搜集资料上的时间，要占全部科研时间的三分之一左右。通过搜集整理资料，我们还可以借鉴他人研究的经验教训，从而趋利避害，让自己在研究工作中少走弯路，早出成果、多出成果。

（二）搜集资料的途径和方法

一般而言，思想政治教育研究所需占有的资料主要包括经验事实资料与文献资料。研究者常常运用社会观察、社会调查、社会实验等方法搜集经验事实资料，运用文献查阅方法搜集文献资料。经验事实资料要力求真实、鲜活，文献资料要力求全面、权威和最新。

在社会观察中，研究者有目的、有计划地运用自己的感官或其延长物——仪器设备来直接搜集处于自然状态下的感性资料；在社会调查中，研究者通过咨询、座谈、问卷调查等方法搜集社会成员的主观态度、意志倾向、利益诉求和有关社会现象、社会事件等方面的信息资料；在社会实验中，研究者通过有意识地控制社会环境来获得有关实验对象变化发展的经验事实资料。

在文献查阅中，研究者则通过对各种纸质文献、电子文献进行搜集、分析和筛选，获取与研究课题有关的古今中外的文献信息资料。其中，国内外近十年左右的有关专著和高水平论文是需要重点关注的内容，而专门研究相关领域的专家学者的主要研究成果以及刊发相关领域研究成果的重要期刊也同样需要全面掌握。

（三）整理资料的程序和技巧

研究者在搜集到大量的研究资料后，要对占有的资料进行加工整理，为验证研究设想、解答研究课题提供全面、直接的资料佐证和理论借鉴。整理资料，首先要分析所获得的资料与研究课题的相关程度和利用价值。要把那些与研究课题关系不大、价值不高的资料加以排除，对保留下来的与研究课题有关的资料进行认真审核，看其是否真实可靠，是否有效和系统完整。然后进行分析统计、归纳分类，使研究资料条理化、系统化，为进一步的理论研究做好准备。

整理资料的最终目的是在梳理有关研究成果的基础上，"经过思考作用，将丰富的感觉材料加以去粗取精、去伪存真、由此及彼、由表及里的改造制作工夫，造成概念和理论的系统"①，努力使自己的认识达到对于客观事物规律性的把握。这一加工整理资料的方法，就是从分析到综合，从具体到抽象的理论思维方法，是从感性认识上升到理性认识的理论思维过程。正如毛泽东所说："认识的真正任务在于经过感觉而到达于思维，到达于逐步了解客观事物的内部矛盾，了解它的规律性，了解这一过程和那一过程间的内部联系，即到达于论理的认识。"②

四、撰写研究报告（或学术成果）

撰写研究报告或学术成果（包括学术论文与学术专著），是思想政治教育研究的关键阶段。无论是思想政治教育的实践研究、还是理论研究，不以文字的形式进行总结，不撰写出研究报告或学术成果，就等于研究工作没有最后完成。同时，研究报告或学术成果作为一种便于保存的永久性的学术记录，在总结科研成果，进行学术交流中有着重要作用。撰写研究报告或学术成果有助于锻炼研究者的逻辑思维能力，促使研究工作更加严谨规范。撰写研究报告或学术成果也是提高研究者的分析综合能力、创造能力、表达能力的重要方式。正是在这一意义上，撰写研究报告或学术成果是总结思想政治教育研究的最好形式。

（一）研究报告（或学术成果）的基本结构

研究报告或学术成果的结构是多种多样的，一般学术性较强的研究报告主要包括标题、摘要、引言、正文、结论、参考文献与附录六个部分。

标题。标题是对研究报告或学术论文的高度概括，集中表达研究的主题，因而要简洁、明了、准确、引人入胜。

摘要。摘要是对研究报告或学术成果主要内容的概括，要十分简要地阐明研究的目的、研究的问题、理论假设、研究方法、研究结论等，一般在200~300字，通常置于标题之后、正文之前。关键词通常要反映研究的内容、主题和角度，是体现研究报告或学术成果中心概念的词语，好的关键词往往使人耳目一新。

---

①《毛泽东选集》第 1 卷，人民出版社 1991 年版，第 291 页。

②《毛泽东选集》第 1 卷，人民出版社 1991 年版，第 286 页。

引言。引言又叫前言、绪言、导言等，是研究报告或学术成果的开场白。引言要说明研究的目的、理论意义和实践意义，介绍相关学术前沿的研究成果，提出本项研究的设想和要解决的问题以及研究的途径、步骤和方法。

正文。正文是研究报告或学术成果的主要内容。由于不同的研究报告涉及的领域、选题、研究方法、表达方式、语言风格等有很大的差异，对正文内容一般没有统一规定。要根据论证主题的性质，充分运用理论和事实材料，全面深入地论证研究者新的发现，做到实事求是、准确完备、合乎逻辑、层次分明、深入浅出、简练可读、令人信服。

结论。结论是经过严密的逻辑推理和充分的论证所作出的最后判断，是研究的最终结果。它是全篇研究报告或学术成果的精髓。结论要写得简明扼要、准确精练，不能含糊其词，也不能绝对化。对所获得的研究成果进行评价要公正、恰当，掌握好分寸，不能言过其实。如果要否定或推翻前人或他人的观点，则更需使论据充分有力、推理严密可信，使自己的观点无懈可击。

参考文献与附录。参考文献是指在研究过程中所参考引用的主要文献资料，包括专著、论文、研究报告等。文后列出参考文献，一方面表明尊重文献作者的劳动，并帮助读者查寻引用文献的原作；另一方面也表明研究者对本课题研究领域进展状况的掌握程度，有利于读者对研究报告或学术论文研究基础的认可。为了证实研究报告的信度与效度，可以把详细的原始数据和实验记录、统计表图、数学公式的计算推导，或者其他不便于放入正文中的资料，以附录的形式放入研究报告的最后，以资查证。

（二）撰写研究报告（或学术成果）的主要程序

研究报告或学术成果的撰写大体上可以分为四个步骤：一是写作准备。包括资料准备，即搜集资料和利用资料；思路整理，即厘清自己所要表达的思想，确立研究报告的主题，明确研究报告的论点、论据、论证。二是草拟提纲。拟写提纲是作者执笔成文的第一步。提纲是由序号和文字组成的一种逻辑顺序，分散的原始材料按照构思组合起来形成纲目。提纲是研究报告或学术论文的缩影和结构雏形，是执笔成文的重要依据。在执笔行文过程中，可以对提纲作适当调整。三是写作初稿。就是按照提纲进行正式写作。篇幅较短的研究报告或学术论文通常可以一气呵成，待初稿完成后再推敲、加工、修改；篇幅较长的可以分成若干部分写作，然后进行统稿。初稿主要是用来评价提出的观点是否明确，内容的层次是否清楚，所用的资料是否妥当，已做的研究工作是否存在漏洞。四是修改定稿。初稿要经过反复修改，以达到完善程度。修改的方式有自己修改和请专家指导修改。修改定稿大致从三方面着手：其一是修改内容。进一步查阅文献和检查报告初稿，看理论建构是否正确，分析讨论是否深刻，方法使用是否得当，研究结果是否新颖，数据处理是否客观，引文注释是否准确，然后予以修改完善。其二是修改结构。使总体布局、层次结构、详略比重更加合理、优化。其三是修改语言。仔细检查斟酌用词是否恰当，尽可能删繁就简、去粗取精，用科学、规范、优美的语言进行表达。

五、验证评价研究成果

验证评价研究成果是研究活动的最后环节。思想政治教育的研究成果最终要通过检查评估、同行认可和社会反映来进行验证和评价。只有那些能发表、受欢迎、很管用的研究成果，才是思想政治教育研究有价值的成果。

第一，组织鉴定。研究课题完成后，要按照有关要求及时将有关研究报告、专著或论文上报课题发布单位和有关管理部门，并申请和组织成果鉴定。通过鉴定，可以及时发现研究成果的学术价值、现实作用、社会影响以及有待改进之处，有利于社会了解和认可研究成果，不断扩大影响。

第二，投稿报奖。要把研究报告或学术成果积极向有关部门推荐或向刊物、出版社投稿，争取采用或公开发表、出版，让更多的社会成员了解科研成果。根据研究成果情况，可适时申报各级各类奖励。申报时要认真填写成果申报书，着重对创新点和社会反响进行介绍和汇报。要注意收集社会反响方面的佐证材料，包括是否转载引用，是否被政府采纳使用，是否在有关行业领域广泛应用，等等。

第三，实践检验。思想政治教育的研究成果，不管发表和获奖与否，还要拿到教育实践中去检验，也就是要把研究中揭示的规律、提出的思路、探索的方法，拿到现实的思想政治教育中去试验，看是否用得上，是否真管用，是否受到教育者和受教育者欢迎。只有那些能有效指导具体教育活动并取得明显实效的成果，才是真正的优秀研究成果。

第四，反馈开新。验证评价研究成果既是上一个研究工作或过程的结束，也应成为下一个研究工作或过程的开始。思想政治教育的实践永无止境，思想政治教育研究必须与时俱进，已有的思想政治教育研究成果就会成为新的思想政治教育研究活动的基础。每一项具体的思想政治教育的研究成果，一定会促进新一轮的研究继往开来、推陈出新。

第三节　思想政治教育研究的方法和技巧

思想政治教育研究的方法是指人们在认识和揭示思想政治教育规律，指导思想政治教育实践活动和理论研究时所采用的途径、程序和手段。不同的研究者在不同的环境中，对不同的研究课题，常常要采用不同的研究方法，并灵活地运用不同的艺术技巧。

一、研究的方法

思想政治教育的研究方法多种多样，其主要表现形式和发展趋势为：从经验研究走向理论研究，从单纯的定性研究走向定性与定量相结合研究，由宏观研究转向宏观与微观相结合研究，由静态研究转向静态与动态相结合研究。下面，着重介绍思想政治教育研究方法的宏观结构和一些具体方法。

（一）思想政治教育研究方法的层次性

第一层次是哲学方法，即马克思主义的哲学方法论。马克思主义哲学作为世界观和方法论的统一，为思想政治教育研究活动提供了方法论原则，如关于实事求是、辩证分析、联系发展、唯物史观的观点，关于从抽象上升到具体、历史与逻辑相统一的辩证思维方法，始终对思想政治教育研究活动具有指导作用。第二层次是一般方法。这是自然科学和社会科学共同适用的一些综合性、横断性、交叉性方法论，如系统论方法、信息论方法、控制论方法、统计方法、观察与实验方法，等等。这些方法对于思想政治教育研究具有普遍意义。第三层次是具体方法。也就是思想政治教育研究领域经常应用的一些具体研究方法，主要包括经验研究方法、文献研究方法、理论思维方法、价值分析方法、现代科技方法，等等。

（二）经验研究方法

经验研究方法是指通过直接的方式搜集、整理思想政治教育中的经验事实资料，揭示思想政治教育活动的规律和特点的方法，如调查研究方法、实验研究方法、自我省察研究方法。

调查研究方法是指研究者根据研究目的，有计划地运用观察、访谈、座谈、问卷、测试、个案研究等方法和手段搜集有关资料，探求思想政治教育现象和活动本质及其规律的研究方法。"开展调查研究的目的是把事情的真相和全貌调查清楚，把问题的本质和规律把握准确，把解决问题的思路和对策研究透彻。"[1]调查研究方法着重研究的是现实情况和直接获取的经验事实材料，并且不只是单纯地记录有关经验材料，而是坚持把调查与研究有机结合起来，进行整理和分析，使认识从经验层次深入理论层次，准确地把握调查研究中所涉及的思想政治教育活动的现实、问题及发展趋势。调查研究有多种分类，根据调研目的的不同，可分为描述性调查、因果性调查和预测性调查等；根据揭示调查对象不同的质、量特征，可分为定性调查和定量调查；根据调查地域的不同，可分为地区性调查、全国性调查、国际性调查等；根据调查内容的不同，可分为政治状况调查、道德状况调查、价值观调查等；根据调查时间要求的不同，可分为一次性调查、经常性调查、追踪性调查等；根据调查对象的选择范围不同，可分为普通调查、典型调查、抽样调查；根据调查手段的不同，可分为问卷法、访谈法、观察法、个案研究法和经验总结法等。

实验研究方法是指研究者针对某种教育现象和教育问题，通过有控制地改变某些环境因素，在有利的条件下获得关于实验对象发生变化的事实资料，从而探讨、验证思想政治教育现象和本质的研究方法。思想政治教育的实验研究方法主要是以人和人所从事的思想政治教育活动为研究对象，探求人们思想教育活动的规律，具有很强的社会性、综合性和价值取向性，而不是仅仅以物为研究对象，只探讨人与物的关系。思想政治教育的实践活动主要在实施教育的自然和社会环境状态中进行，更强调定量研究与定性研究的有机结合。实验研究方法按照实验目的的不同，可分为研究性实验和应用性实验；按照实验环境的不同，可分为实验室实验和实地实验；按照实验内容不同，还可分为心理实验、品德素质实验等。

---

① 中共中央宣传部：《习近平新时代中国特色社会主义思想三十讲》，学习出版社 2018 年版，第336 页。

自我省察研究方法是指研究者根据研究目的，在一定环境下通过对自身思想活动的自我体验和评价来获取直接经验材料，进而推己及人，说明、揭示思想政治教育活动的现象及其规律的研究方法。这种方法也称作体验感悟方法。这一方法在研究个体思想心理方面具有独到之处，如对于道德良心的研究，除了自省法，目前还没有别的更好办法；对于某些主体不愿自我披露的道德行为的研究，也需要使用自省法进行推断分析。它需要把内省和外验紧密结合起来，在将内省的结论推及实际研究的对象时，必须进行严密的验证。如果外验的情况与内省的结论不符，则必须在修正研究方案的基础上继续进行内省研究，直至内省和外验相符。需要指出的是，自我省察研究方法并非任何人都能使用，它不仅要求研究者具有较丰富的心理学知识，而且必须达到较高的思想道德境界。

（三）文献研究方法

文献研究方法是指通过多种途径查阅、搜集各种记载经验事实和理论成果的文献资料，摘取与研究课题相关的信息的研究方法。这是一种以间接的形式搜集资料的方法，与以直接的形式搜集经验事实材料的经验研究方法相比，它可以超越时空条件的限制，用较少的人力、经费、时间等，从古今中外极其广泛的文献中进行搜集整理，并可随时查阅。由于文献资料所记载的都是以往的知识，缺乏反映记录现实生活中最生动、最具体的教育现象和教育活动，总是存在一定程度的滞后性，这就要求我们密切关注最新的学术动态。

文献研究方法根据不同的标准可以区分为多种类型。按照文献内容可以划分为哲学、政治、经济、法律、教育等不同学科的文献。图书馆中的分类目录就是人们最为熟悉的文献分类。思想政治教育的相关文献大多属于马克思主义理论类、政治类，有的属于哲学类、教育类。按照文献的载体和记录技术可以划分为手工型文献、印刷型文献、电子类文献、视听型文献等。按对文献内容加工程度的不同可划分为：零次文献，即以物的形式或者过程的直观形式表现自己的文献，其特点在于未经加工和记录手段载录，并进行着瞬时的横向交流。一次文献，即以作者本人的研究或研制成果为依据而创作的原始文献。二次文献，即在一次文献的基础上经专业人员加工整理而形成的具有有序化和浓缩化特征的文献。三次文献，即在一、二次文献的基础上，经过分析、研究、综合而形成的文献，具有综合性、评述性和预测性，如综述、专题述评、年鉴、辞典、百科全书等。

查阅搜集文献资料的方法很多。一是检索工具书查找法。这是目前最常采用的一种方法。检索工具书是由若干具有完整、独立概念的条目组成并以特定方式编排的图书，专供人们查阅知识单元和文献线索之用，主要包括书目、目录、索引、文摘、题录等类书刊。二是参考文献查找法，也叫追溯查找法。即以文章或专著末尾所附文献为基础，逐一追踪查找的方法。这种方法不必利用大量的检索工具书，只利用已掌握文献中所提到的参考文献或引文来追踪查找，就能获得所需要的文献资料。三是分类查找法。这主要是在电子文献数据库和网上图书馆中，根据期刊及栏目、文献名称、文献类别、作者等进行分类的搜索查找。上述方法可以综合起来，交替使用。

（四）理论思维方法

理论思维方法是指在大量获取经验事实和文献资料的基础上，运用从分析到综合，从抽象到具体的逻辑方法来加工整理感性材料和文献资料，形成概念，进行判断和推理，逐步达到对思想政治教育本质和规律的理性认识的逻辑研究方法。恩格斯指出："一个民族要想站在科学的最高峰，就一刻也不能没有理论思维。"[①] 可见，理论思维对一个民族的科学研究和国家发展具有非常重要的意义。习近平指出："中华民族要实现伟大复兴，也同样一刻不能没有理论思维。"[②] 显然，思想政治教育研究离不开理论思维，更需要一定的理论思维方法来开展研究工作，理论思维方法是形成科学概念和科学理论，完成思想政治教育研究任务必不可少的重要方法。

一是从分析到综合的方法。分析是人们认识事物的基础环节，就是把研究对象分解为各个部分、方面或要素，并认识这些部分、方面、要素在整体中的性质和作用。综合就是把已获得的关于研究对象各个部分、方面、要素的认识联系起来，作为一个整体加以考察。这是人们认识事物本质联系的重要思维方法。分析和综合是相互依存、相互渗透、相互转化的。概括起来，从分析到综合的方法就是在所获大量感性材料的基础上，对研究对象的各个部分、方面、要素分别进行具体分析，揭示它们各自的规定性和内部联系的细节，进而通过

①《马克思恩格斯选集》第 3 卷，人民出版社 2012 年版，第 875 页。

② 习近平：《在纪念马克思诞辰 200 周年大会上的讲话》，《人民日报》2018 年 5 月 5 日。

综合各个部分、方面、要素的规定性和内部联系，从整体上把握对象的本质，达到理论的认识。

二是从抽象到具体的方法。抽象是指研究对象某一方面的本质规定在思维中的反映，故亦称思维抽象。认识开始是感性的和具体的，通过分析、概括，抽象出该事物某一方面的本质规定，这就使认识由感性具体上升到了思维抽象。具体是指思维对研究对象各个方面本质规定的完整反映。由于思维抽象把事物某方面的本质规定从统一整体中抽取出来，就暂时割断了各个方面内在的本质联系，所以抽象是思维对事物本质的某一方面的反映。为了完整、真实地反映事物整体，就要把事物各方面的抽象的本质规定综合起来，在思维中达到反映事物整体本质的理性具体。概括起来，从抽象上升到具体的认识进程是：通过对研究对象感性材料的分析概括，完成了由感性具体向思维抽象的运动，实现了对事物各个方面本质规定的分别把握。进而认识又由思维的抽象上升到思维的具体，从整体上综合把握事物各个方面的本质规定及其彼此间的内在必然联系，在思维中完整地再现事物多样性统一的真实面目，达到了思维具体的认识高度。

（五）价值分析方法

价值分析方法是人们在获得对客观事物规律性认识的基础上，认识、评价社会现象、客观事实对人和社会意义的研究方法。在人类社会中，人们不仅努力认识各种社会现象的本质与规律，弄清楚"是什么"和"为什么"，而且还努力认识各种社会现象的价值属性，即它能否满足人的需要，弄清楚对人有什么利与害，从而决定自己的好恶与取舍态度。

在思想政治教育研究活动中，研究者应该运用价值分析方法来认清各种思想道德观念和思想政治教育活动对培养时代新人、对推进建设中国特色社会主义事业具有何种价值。因为，任何一种思想道德不仅是一种知识体系，而且也是一种价值体系；任何一种思想政治教育活动不仅传授知识，而且传授世界观、人生观、价值观和荣辱观。因而价值分析方法是一种十分重要的思想政治教育研究方法。

价值分析方法与经验研究方法密切相关，因为价值分析必须了解客体及其对主体需要的价值属性，必须以经验事实材料的搜集与分析为基础。价值分析方法也必须以理论思维方法为前提和中介。因为，只有通过一系列的科学抽象过程，把在经验事实基础上获得的感性认识，上升到对客观规律的理性认识，才能正确评价客观事物的价值属性，所以合目的性的善必须以合规律性的真为前提。

（六）现代科技方法

现代科技方法是指在思想政治教育研究中所借鉴、应用的现代自然科学的一些研究方法，如统计学方法、数学方法、系统科学方法、信息技术方法等。

统计学方法是对研究对象的数据进行搜集、整理、分析和解释，以期从部分样本反映整体的一种研究方法。列宁指出，社会经济统计是"社会认识的最有力武器之一"[①]。这一方法的优势是利用研究对象的某些特征如频数，来刻画它们之间的因果关系和共变特性，从而投入较少的精力来产出更大的效果。历时多年的全国大学生思想滚动调查采用的就是统计学方法。该方法主要有两大类：一类是描述性统计方法，主要是对搜集到的大量零乱的数据进行处理、简化，用一些相对较少的关键的统计量如次数、比率及其图示来描述数据，所得到的集中趋势可用于趋势预测，而离散趋势可用于计算统计误差及预测误差。另一类是推论性统计方法，主要是在随机抽样的基础上，根据样本数据推断抽出样本的整体的方法。在众多随机出现的大量事件或重复性事件的"大数现象"中，可以发现必然的联系。统计学方法在思想政治教育中的运用有四个方面：第一，汇总分析，将某一研究课题中关于思想和行为方面的全部调查数据进行汇总并进行分析。第二，描述分析，通过计算调查数据的集中趋势和离散趋势并进行分析，进一步掌握全部研究对象的各种思想和行为的集中情况和离散程度，作出各种价值判断。第三，双变量相关分析，即计算、分析两种思想现象或两种行为之间量的相关关系，从而可以用一种现象解释、预测另一种现象。第四，多变量统计分析，它是计算、分析多种思想和行为现象之间量的变化关系，为我们把握思想政治教育活动的多种现象之间的联系提供了有效工具。

数学方法是通过数学方程或模型，用数学语言来表达研究对象的数量关系和发展演化状态，以形成对事物发展过程及其规律的解释、判断和预测的定量研究方法。任何事物的质的规定性必然要通过量的规定性表现出来，只有对量的规定性进行深入的研究，才能更精确地把握事物的质的规定性。数学方法在

[①]《列宁全集》第 19 卷，人民出版社 2017 年版，第 328 页。

形式上具有高度的抽象性，它用简单、明了、准确的形式化语言，如数字、图形、符号和逻辑来表示人们思想活动中诸要素之间的关联关系，为思想政治教育研究提供了一种简洁明了的语言表述和抽象思维的方式。同时，数学方法在应用上具有精确性和预测性，它用符号间严格的逻辑演算规则来精确地预测人们的思想活动的未来发展变化，从而为思想政治教育研究提供了逻辑推理工具，为定量分析与理论预测提供了有效方法。数学方法主要有：数学模型方法、公理化方法、数学分析和综合方法、数学实验方法。

系统科学方法是系统方法、信息方法和控制方法等的总称，是随着系统论、信息论和控制论的兴起而发展起来的一种具有横向性、综合性的新型科学方法。按照系统科学家贝塔朗菲的观点，系统科学方法要在一切知识领域中运用"整体"或"系统"的思想来处理复杂问题。它为思想政治教育研究提供了新思路、新方法。

系统方法是从系统的观点出发，着眼于系统与要素、要素与要素、系统与环境的相互联系和相互作用，综合、精确地考察对象，以揭示系统性质及其运动规律，从而最优处理问题的科学方法。系统方法强调从整体出发来研究事物，强调最优化和有序性原则，强调通过系统模型模拟认识真实系统的本质和规律。这对于重视和加强思想政治教育的系统与环境有着重要的启发意义。

信息方法就是运用信息的观点，把对象系统的运动过程抽象为信息的获取、传输、加工和处理的过程，通过对信息流程的分析和处理来揭示事物的本质和运动规律的方法。信息方法可以完全撇开研究对象的物质和能量的具体形态，根据研究需要把对象抽象为信息及其变换过程，来描述对象的特征及其运动规律。信息方法强调研究的整体性、动态性和综合性。

控制方法主要指功能模拟方法和反馈控制方法。功能模拟方法是以功能和行为的相似性为基础，用模型来模仿原型的功能和行为的科学方法，开创了在生命、思维和社会等领域广泛运用模拟方法的新局面。反馈控制方法是通过控制对象系统活动的结果来调整控制对象系统自身活动的科学方法。只要依据对象系统输出量偏离规定值的信息，就可以调节控制这个系统，保持它的确定性。其具体做法是：如果对象系统的输出量大于规定值，就运用负反馈来调节控制系统；若相反，就运用正反馈来调节控制系统。反馈控制方法的这一特点，使它成为人们对各种类型的对象系统实施控制的一种普遍有效的方法。

（七）大数据研究方法

大数据研究方法是伴随着互联网和大数据的产生而出现的。"大数据是信息化发展的新阶段"，"要运用大数据提升国家治理现代化水平。"[1] 信息技术和网络技术的快速发展，人类所产生和存储的数据越来越多，数据已经从量变走向了质变，成为大数据。大数据的特征可以用"4V"来概括，即 Volume、Variety、Velocity 和 Value。Volume（容量）是指大数据巨大的数据量与数据的完整性；Variety（种类）则意味着要在海量、种类繁多的数据间发现其内在关联；Velocity（速度）可以理解为更快地满足实时性需求；Value（价值）是指大数据的最终意义即通过数据获得洞察力和价值。大数据的出现对于思想政治教育及其研究而言，最深刻的变化在于"一切皆可量化"，包括人的思想。"就像互联网通过给计算机添加通信功能而改变了世界，大数据也将改变我们生活中最重要的方面，因为它为我们的生活创造了前所未有的可量化的维度。"[2] 这种一切事物都可量化的局面深刻地改变了我们的研究，"在小数据时代，我们会假想世界是怎么运作的，然后通过收集和分析数据来验证这种假想……在大数据的指导下探索世界，不再受限于各种假想。我们的研究始于数据，也因为数据我们发现了以前不曾发现的联系。"[3] 这种始于数据，通过大数据挖掘来揭示相关性的研究方法，就是大数据方法。

思想政治教育研究应用大数据研究方法，首先要确立数据意识，充分意识到数据是大数据时代最宝贵的资源，是一切价值产生的源泉，自觉对大量的、多维的、数据化的信息进行收集、存储、处理和相关分析，为教育活动的开展提供数据支撑。其次要掌握数据挖掘技术，通过分类、关联分析、聚类分析以及异常检测，发现数据中有价值的模型和规律，从而实现对分析对象的描述和预测，达到把握对象的目的。最后依托大数据研究创新定量研究的范式，实现思想政治教育定性研究与定量研究结合模式的新发展。

---

[1]《审时度势精心谋划超前布局力争主动 实施国家大数据战略加快建设数字中国》，《人民日报》2017年12月10日。

[2] [英]维克托·迈尔-舍恩伯格、肯尼斯·库克耶:《大数据时代》，盛杨燕、周涛译，浙江人民出版社2013年版，第17页。

[3] [英]维克托·迈尔-舍恩伯格、肯尼斯·库克耶:《大数据时代》，盛杨燕、周涛译，浙江人民出版社2013年版，第92页。

（八）质性研究方法

20 世纪 70 年代以来，欧美学者在批判质疑过分强调经验观察和实验的实证主义研究方法的基础上，提出了一种质性研究方法。这种研究方法被一些学者介绍到国内以来，逐渐引起思想政治教育界的重视。

质性研究是以研究者本人作为研究工具，在自然情景下，采用多种资料收集方法，对研究现象进行深入的整体性探究，使用归纳法，分析资料和形成理论，通过与研究对象互动，对其行为和意义建构获得解释性理解的一种活动。

质性研究方法的基本步骤：一是研究设计，包括研究的现象与问题、目的和意义、背景知识、方法选择、评估和检测手段等。二是问题的选择，包括研究的对象、时间、地点、事件的选择和围绕研究目的的多维度的样本选择。三是资料收集，主要采用访谈、观察、实物分析等手段。四是资料的整理分析，包括整理与初步分析资料；归类和深入分析，如类属分析和情境分析；采用多种分析资料手段；阐释循环等环节。五是成果表达，即以研究报告的形式详细叙述研究过程、各种现象、理论建构、研究者的研究方法、反省历程等。六是研究结果的评估，主要是效度、信度、推广度和伦理道德方面的检查评估。

质性研究方法的特点和优势在于：第一，可以在微观层面对社会现象进行比较深入和细致的描述与分析，对小样本进行个案调查，研究比较深入，便于了解事物的复杂性。第二，注意从当事人的角度找到某一社会现象的问题所在，用开放的方式收集资料，了解当事人看问题的方法与观点。第三，对研究者不熟悉的现象进行探索性研究。第四，注重事件发生的自然情境，在自然情境下研究生活事件，对当事人的生活故事和意义建构作出解释。第五，注重了解事件发展的动态过程。第六，通过归纳的手段自下而上建立理论，可以对理论有所创新。第七，分析资料时注意保存资料的文本性，叙事的方式更加接近一般人的生活，研究结果更容易被人接受。[1]

随着质性研究与量化研究的深入展开，人们对实证主义的量化研究的某些局限性有了清醒认识，同时也看到了质性研究在精确度上不及量化研究，两种研究互为长短、各有利弊。因此有些学者主张，将质性研究方法与量化研究方法结合起来使用，这样既可以相互取长补短，又比单独使用一种方法更有优

---

[1] 陈向明：《质的研究方法与社会科学研究》，教育科学出版社 2000 年版，第 473 页。

势。质性研究与定性研究有类似之处，例如都强调对意义的理解和解释，但又有很大不同。简单说来，质性研究更加强调研究的过程性、情境性和具体性，而定性研究比较倾向研究的结论性、抽象性、概括性。也有学者认为，质性研究方法注重经验片段的获取，而忽视了新认识的产生。

（九）其他方法

预测干预法是指研究者根据各种思想突发现象和突发事件发生的可能，而提前作出预测并尽可能建立预警机制的方法。由于社会的不确定因素增多，风险频发，突发事件受到各种复杂因素的影响，在短时间内可能迅速发生，涉及的时空范围大，造成的影响广。如群体性事件、危机性事件，所具有的突然性、复杂性、危害性特点，给思想政治教育带来了很大的挑战。如何有效地应对和预防这类事件的发生，是思想政治教育研究面临的难题。

动态研究法是指研究者跟踪教育活动和教育对象，不断进行历时研究和纵向分析的方法。由于思想政治教育处于动态的社会环境之中，教育者和教育对象、教育内容和教育目标都处在不断变化调整之中，很有必要进行动态研究。但跟踪要到位，纵向比较和变化分析要深入。

综合研究法是指研究者根据思想政治教育的综合性特点，综合运用各学科知识和各种方法进行研究的方法。思想政治教育涉及面广，其研究要重视与社会其他领域的关系，无论是理论研究还是以解决实际问题为目的的对策研究，都必须建立在对社会大环境进行全方位研究的基础之上，也就是说，要采取综合研究的方法。

二、研究的技巧

在变化着的研究对象面前和不同的研究环境中，思想政治教育研究活动必须讲究研究的艺术和技巧。这里介绍几种主要的技巧。

第一，善于总结群众思想政治教育的实践经验。思想政治教育作为党的优良传统，在我国百年的革命、建设和改革进程中发挥了重要的作用，积累了丰富的经验。人民群众既是受教育者，又是教育者。"我们党制定任何一项政策，推进任何一项改革，都要倾听人民呼声，汲取人民智慧。"[①] 人民群众在社会实践和群众性的思想政治教育活动中，不仅涌现出具有鲜明时代特征的先进思想、先进典型，而且还创造了群众性思想政治教育的新形式、新经验。这些来自现实生活的生动素材和鲜活经验是我们进行研究的基础和源泉。首先，要善于总结基层经验。开展群众性思想政治教育，关键在基层。要从企业、村镇、学校、社区、机关总结出基层群众思想政治教育最生动、最鲜活、最具体的经验。也要善于发动群众用自己的语言、方式进行总结。这样总结的经验，来自基层，也适用于基层。其次，要认真解剖典型。典型是共性与个性的统一，更具有代表性。典型在群众中形成并生活在群众之中，对群众更有影响力。不管是个体典型还是群体典型，不管是先进典型还是后进典型，只要我们认真分析他们的形成条件和发展过程，就能够从中总结出经验和教训，用以指导和改进思想政治教育。最后，要广泛开展研讨交流。研讨和学术交流是总结思想政治教育经验的有效形式。教育者要积极组织和参加有关研讨交流活动，从中开阔眼界，丰富思想，不断改进研究工作，努力提升研究水平。

　　第二，善于把握思想政治教育研究的机遇。思想政治教育研究的机遇，是指在研究活动中，出乎意料地遇到未曾见到过的有价值的社会现象、思想现象、教育现象，并由此引发人们思想认识上的巨大变化和飞跃。思想政治教育的研究机遇有着明显的特点。首先，思想政治教育研究中的机遇具有短暂性，即稍纵即逝。当机遇出现时，我们往往由于缺乏警觉，没有看准和抓住，而错失良机。其次，思想政治教育研究中的机遇具有突发性。由于社会上出现的重大事件，或本单位、本部门出现的突发事件，常常是人们未曾遇到过的一种新情况。面对这些新情况，人们往往缺乏思想准备而感到茫然、被动，这样也容易失去机遇。最后，思想政治教育研究中的机遇具有不可重复性。社会政治经济生活中出现的各种事件一般是不会重复的，它发生以后就不会再现。同样，人们思想变化的过程也不会完全相同，这就要求我们要珍惜出现的每一次机遇，一旦发现就要不失时机地抓住。

　　思想政治教育研究的机遇，还有着特定的表现形式。第一，机遇出现在典

---

　　① 中共中央宣传部：《习近平新时代中国特色社会主义思想三十讲》，学习出版社 2018 年版，第88 页。

型身上。一个典型的发现与推广，对于人们思想的影响，对于人们认识某些重大的理论和实践问题，具有重要意义。习近平指出："抓典型，更具意义的是要树立精神上的榜样，让人们学习典型所体现的精神，让典型身上的精神发扬光大。"① 发现典型、研究典型、宣传典型，把典型身上体现的时代精神、高尚情操及时推广，无疑就捕捉到一个极好的研究机遇。第二，机遇出现在人们普遍关心的热点上。在人们关注的热点问题形成的时候，与热点有关的现象、性质、特点等暴露得比较充分，如能及时进行研究就可以比较容易地发现和解决问题，并取得意想不到的效果和成功。第三，机遇出现在触及群众切身利益的事件上。当某些改革措施触及部分人的切身利益时，就会引起人们思想上的激烈斗争。这时候对不同认识态度、不同个性特点和不同利益诉求的人们的思想和行为展开研究，对于掌握思想动态和行为倾向，进一步完善改革措施无疑是很好的机遇。第四，机遇出现在国际国内发生的重大事件上。在这种情况下，往往各种人物纷纷登场，各种思想纷纷表达，各种矛盾充分展现，这时抓住时机进行研究对于识别平时不太显露的问题，认清平时模糊的问题，澄清似是而非的问题，都是有利的。

在思想政治教育研究中，机遇只起到提供机会的作用。通常思维敏捷、善于把握机遇的人会充分利用各方条件，认准时机，以获得更大的研究成果。那么，如何很好地抓住机遇呢？首先，充分了解研究对象是把握和捕捉机遇的前提。了解受教育对象越全面、深入和及时，抓住机遇的可能性越大。反之，有可能会失去良机。其次，敏锐洞察形势变化是捕捉机遇的关键。各种各样的形势变化都会产生新的研究机遇。尤其是国际国内政治、经济、文化和社会生活中出现的各种重大事件都会对人们产生不同程度的影响，引起人们思想认识和行为方式的变化。只有敏锐地看到其社会影响，密切注视其发展动向和变化趋势，并把握住与事件有关的各个方面和教育对象思想变化之间的联系，才能比较准确地捕捉到机遇，获得令人满意的研究成果。最后，基础理论扎实，知识领域宽广，研究经验丰富是捕捉机遇的基础。研究纷繁复杂的思想现象和行为方式，需要从多侧面、全方位作深层次的思考，这就要求研究者不仅要有深厚的马克思主义理论功底，而且要有各方面的相关知识和广阔视野，还要有比较

① 习近平：《之江新语》，浙江人民出版社2007年版，第212页。

丰富的研究经验。只有这样，捕捉研究机遇的可能性才大。

第三，善于关注思想政治教育的研究前沿和实际需求。人们常说，科学研究要"顶天、立地"，这对思想政治教育研究来说，就是既要体现研究活动的科学精神和创新品格，走在学术前沿，关注新问题，聚焦大问题，切准真问题，并努力破解各种学术难题，有效解决各种现实问题；又必须彰显思想政治教育学科的实践品格，植根于生动的社会实践和广大的人民群众中，真切地感知各类社会思潮的起落涨伏，体味各种思想观念、社会需求和心理状况的发展变化，从而形成真正的问题意识，找到研究的突破口，为教育提供有价值的研究成果。因此，学术研究既要善于从文本中发现问题，更要善于从社会实践中发现和提炼问题。

要善于根据学术前沿和现实需求进行问题式研究、对话式研究。问题式研究从根本上讲，来源于现实，来源于我们的教育对象和教育活动。对话式研究既需要与过去的研究成果进行纵向对话，古为今用，有所发展；又需要与其他的学科和学者的研究成果进行横向对话，学习借鉴其他学科和学者的理论与方法，为我所用，共同进步；此外，还要与现实的教育活动和教育对象进行直接对话，贴近实际，贴近生活，贴近群众。总之，思想政治教育研究具有很强的实践性，不仅需要加强思想政治教育的基础理论研究，更要增强问题意识和务实观念，坚持问题导向，积极开展实践研究。因而，在一定意义上，思想政治教育研究者，不应当仅仅是思想政治教育活动或现象的观察者和思考者，还应当是思想政治教育的实践者。

▶ 思考题

1. 如何理解思想政治教育的科学研究方法？
2. 如何理解思想政治教育的经验研究方法？
3. 如何理解思想政治教育的文献研究方法？
4. 如何理解思想政治教育的价值分析方法？

▶思考题
答案要点

第十六章　思想政治教育工作者修养提高方法

思想政治教育的过程是教育者与受教育者双向互动的过程。教育者要发挥好主导作用，自己首先必须接受教育，全面提高自身素质。"广大哲学社会科学工作者要立志做大学问、做真学问，自觉践行社会主义核心价值观，严肃对待学术研究的社会效果，以深厚的学识修养赢得尊重，以高尚的人格魅力引领风气，做真善美的追求者和传播者。"[①] 当前，我国社会正处在思想大活跃、观念大碰撞、文化大交融的时代，国内外形势正在发生深刻复杂变化。因此，面对百年未有之大变局，思想政治教育要适应新时代提出的新要求，完成好培养担当民族复兴大任的时代新人的重任，就更加迫切要求教育者加强自身修养、提高自身素质。

第一节　教育者修养提高的重要性

思想政治教育是一种以教育者为主导的显性教育与隐性教育相统一、言教与身教相统一、他教与自我教育相统一、理论教育与实践教育相统一的综合性教育。由此可见，思想政治教育的成效如何，在很大程度上取决于教育者本身的素质。因此，教育者要真正成为一个合格的教育专家和塑造人类灵魂的工程师，就必须加强自身修养。习近平指出："教师队伍素质直接决定着大学办学能力和水平。""建设政治素质过硬、业务能力精湛、育人水平高超的高素质教师队伍是大学建设的基础性工作。"[②] 习近平在学校思想政治理论课教师座谈会上对思想政治理论课教师提出了"六个要"的要求，即政治要强、情怀要深、思维要新、视野要广、自律要严、人格要正，这六个方面的要求也是对思想政治教育工作者提出的修养要求，是新时代思想政治教育工作者提升素质和水平

---

① 中共中央宣传部：《习近平新时代中国特色社会主义思想三十讲》，学习出版社 2018 年版，第200 页。

② 习近平：《在北京大学师生座谈会上的讲话》，《人民日报》2018 年 5 月 3 日。

的努力方向。

一、教育者在教育中的地位和作用

思想政治教育系统是由教育者、受教育者、教育内容与教育方式等基本要素构成的，教育者在思想政治教育过程中居于主导地位，起着主导作用。教育组织是否有序，是否具有良好效果，教育者肩负着主要责任。首先，从人的思想品德形成来看，人的崇高理想信念和高尚思想品德不是先天就有的，也不是自发形成的，而是由教育、社会环境影响和个人努力共同作用的结果。在这三种作用要素中，教育比其他影响因素更有目的性、计划性和组织性。教育者可以对各种客观环境作出选择和调节，创造较为良好的教育条件，因而其效果具有导向性、正面性与激励性，对人们的思想品德影响大。其次，从教育过程中诸要素之间的辩证关系来看，受教育者要由教育者组织，教育内容要由教育者确定，教育形式要由教育者选择。受教育者固然可以进行自我教育，也需要加强自我教育；但是，这绝不意味着可以离开教育者，包括家庭、社会、学校中的教育者。即使在互联网时代，因为主体间性的存在而发生教育者和受教育者的身份转换，受教育者也可以平等参与教育活动，但是没有教育者给予一定的引导和启示，没有教育者帮助培养自我教育和参与教育的能力，受教育者是难以进行自我教育和参与教育的。最后，教育者还要根据党和国家确定的教育目标，制订切实可行的教育计划，提出明确的教育要求，协调各方面教育力量，合理地组织教育活动，形成教育合力。"教师要时刻铭记教书育人的使命，甘当人梯，甘当铺路石，以人格魅力引导学生心灵，以学术造诣开启学生的智慧之门。"[1] 所以，教育者对党的教育目标，对党的路线方针政策理解和掌握的程度，自身能否言行一致、表里如一，是否有健全的人格和良好的自我形象，都直接决定着教育的成功与否和质量的高低。

二、教育者的素质决定教育的质量

"师者，所以传道授业解惑也。"教育是开启人的心智，改造人类灵魂的工

---

[1] 中共中央文献研究室编：《十八大以来重要文献选编》(中)，中央文献出版社 2016 年版，第 9 页。

作。"教师是传播知识、传播思想、传播真理的工作，是塑造灵魂、塑造生命、塑造人的工作。"① 一个教育者决不能"以其昏昏，使人昭昭"。习近平说："这就要求老师始终处于学习状态，站在知识发展前沿，刻苦钻研、严谨笃学，不断充实、拓展、提高自己。过去讲，要给学生一碗水，教师要有一桶水，现在看，这个要求已经不够了，应该是要有一潭水。"② 如果没有较高的素质，就很难把思想政治教育这种具有复杂性、创造性的工作做好；因而，教育者的素质决定教育的质量。

教育工作是塑造灵魂、塑造生命、塑造人的工作，中国特色社会主义进入新时代，对教育提出了更高的期待，对教育者也提出了新的更高的要求。"建设社会主义现代化强国，需要一大批各方面各领域的优秀人才。这对我们教师队伍能力和水平提出了新的更高的要求。同样，随着信息化不断发展，知识获取方式和传授方式、教和学关系都发生了革命性变化。这也对教师队伍能力和水平提出了新的更高的要求。"③ 面对新时代新的更高的要求，造就一批政治素质过硬、业务能力精湛、育人水平高超、道德情操高尚的教育者对思想政治教育发展和培养中国特色社会主义建设者和接班人具有重要意义。

（一）政治素质过硬

众所周知，思想政治素质是最重要的素质，要培育人们良好的思想政治素质，教育者首先必须政治素质过硬。教育者要打造过硬的政治素质，需要有正确的政治立场、观点和方法，需要不断学习宣传马克思主义，不断在实践中学习和提升政治素质。

其一，坚定正确的政治立场、观点和方法。政治立场是指个人在观察和处理政治问题时所处的地位和所抱的态度。作为一个教育者，政治立场就是指其言论和行为符合或代表无产阶级和广大人民群众的根本利益。教育者要坚持先受教育，"努力成为先进思想文化的传播者、党执政的坚定支持者，更好担起

① 《全面贯彻落实党的教育方针 努力把我国基础教育越办越好》，《人民日报》2016年9月10日。

② 习近平：《做党和人民满意的好老师——同北京师范大学师生代表座谈时的讲话》，《人民日报》2014年9月10日。

③ 习近平：《在北京大学师生座谈会上的讲话》，《人民日报》2018年5月3日。

学生健康成长指导者和引路人的责任"①。立场问题是根本问题，是任何人都无法回避的。"好老师心中要有国家和民族，要明确意识到肩负的国家使命和社会责任。""好老师应该做中国特色社会主义共同理想和中华民族伟大复兴中国梦的积极传播者，帮助学生筑梦、追梦、圆梦，让一代又一代年轻人都成为实现我们民族梦想的正能量。"②教育者必须确立坚定正确的政治立场，这就是要明确教育是为人民服务、为中国特色社会主义服务、为改革开放和社会主义现代化建设服务的，党和人民需要培养的是社会主义事业的建设者和接班人。教育者要始终同党和人民站在一起，自觉做中国特色社会主义的坚定信仰者和忠实实践者，忠诚于党和人民的教育事业。只有这样，才能保证坚持坚定正确的政治方向。立场和观点是统一的。一定的立场决定着一定的观点，这里主要指世界观。教育者只有确立坚定正确的政治立场，才能真正树立马克思主义的科学世界观。方法，这里主要指与世界观密切联系的方法论，即认识世界和改造世界的根本方法，是世界观不可缺少的重要组成部分。教育者不仅要有正确的政治立场，而且要有正确的世界观和方法论，要提高认识能力，使自己的主观认识符合客观实际。特别是在重大的历史转折关头，要尽快使自己跟上时代的发展。

　　具体而言，坚定正确的政治立场、观念和方法，就是要坚定马克思主义的立场、观点和方法。首先，因为马克思主义是科学的理论，创造性地揭示了人类社会发展规律；马克思主义是人民的理论，第一次创立了人民实现自身解放的思想体系；马克思主义是不断发展的开放的理论，始终站在时代前沿。马克思主义为中国革命、建设、改革提供了强大思想武器，也是我们认识世界、把握规律、追求真理、改造世界的强大思想武器。其次，只有坚定马克思主义的立场、观点和方法，教育者才能从根本上不断提高自己的思想理论水平和辨别是非能力，增强认识世界和改造世界的能力，坚定中国特色社会主义信念和共产主义理想；才能全面、正确地理解和贯彻党的基本理论、基本路线、基本纲领、基本经验和各项方针政策；才能不断改进工作作风和工作方法，增强工作

---

①《习近平谈治国理政》第 2 卷，外文出版社 2017 年版，第 379 页。

② 习近平：《做党和人民满意的好老师——同北京师范大学师生代表座谈时的讲话》，《人民日报》2014 年 9 月 10 日。

的原则性、系统性、预见性、创造性，进而完成好新时代思想政治教育的新使命。

其二，不断学习宣传马克思主义。过硬的政治素质不能停留在脑海里，也不能停留在口头上，而是要在实践中不断历练、检验和提高。习近平指出："掌握马克思主义理论的深度，决定着政治敏感的程度、思维视野的广度、思想境界的高度。"[①] 因此，学习宣传马克思主义是教育者的重要使命和核心工作，是教育者政治素质提高的手段，也是检验思想政治素质是否过硬的重要方式。学习宣传马克思主义首先强调的是对马克思主义的学习。习近平指出："要深入学、持久学、刻苦学，带着问题学、联系实际学，更好把科学思想理论转化为认识世界、改造世界的强大物质力量。共产党人要把读马克思主义经典、悟马克思主义原理当作一种生活习惯、当作一种精神追求，用经典涵养正气、淬炼思想、升华境界、指导实践。"[②] 只有通过扎实的学习，教育者才能真正掌握马克思主义，才能提高自身的马克思主义理论素养。当然，学习马克思主义的重要任务是宣传好、传播好马克思主义，积极引导受教育者加强对马克思主义的学习，加深对中国特色社会主义的思想认同、理论认同、情感认同，不断增强道路自信、理论自信、制度自信、文化自信，进而自觉承担起为中华民族伟大复兴而奋斗的历史使命。

需要指出的是，中国特色社会主义进入新时代，学习宣传马克思主义的重要任务是学习宣传习近平新时代中国特色社会主义思想。"理论的生命力在于不断创新，推动马克思主义不断发展是中国共产党人的神圣职责。我们要坚持用马克思主义观察时代、解读时代、引领时代，用鲜活丰富的当代中国实践来推动马克思主义发展，用宽广视野吸收人类创造的一切优秀文明成果，坚持在改革中守正出新、不断超越自己，在开放中博采众长、不断完善自己，不断深化对共产党执政规律、社会主义建设规律、人类社会发展规律的认识，不断开辟当代中国马克思主义、21 世纪马克思主义新境界！"[③] 而习近平新时代中国特色社会主义思想正是马克思主义中国化最新成果，开辟了马克思主义新境

①《习近平关于全面从严治党论述摘编》，中央文献出版社 2016 年版，第 67—68 页。

② 习近平：《在纪念马克思诞辰 200 周年大会上的讲话》，人民出版社 2018 年版，第 26 页。

③ 习近平：《在纪念马克思诞辰 200 周年大会上的讲话》，人民出版社 2018 年版，第 27 页。

界，为发展 21 世纪马克思主义、当代中国马克思主义作出了历史性贡献。学习宣传习近平新时代中国特色社会主义思想，坚持用这一思想武装全党和全国各族人民，对于统一思想认识、明确前进方向、凝聚奋进力量，更好地进行伟大斗争、建设伟大工程、推进伟大事业、实现伟大梦想，具有重大而深远的意义，是思想政治教育者在新时代义不容辞的责任。

（二）业务能力精湛

教育者承担着教书育人的重任，要完成这一重任，就必然要求教育者具备较强的业务能力。在教育者的业务能力体系中，要适应新时代思想政治教育的新要求，需要教育者有扎实的知识功底，同时具备复合的工作能力素养。

其一，扎实的知识功底。习近平指出："扎实的知识功底、过硬的教学能力、勤勉的教学态度、科学的教学方法是老师的基本素质，其中知识是根本基础。"[①] 当代社会条件下的受教育者，在开放和信息社会环境中成长，其学习方式、生活方式、思维方式发生了很大的变化，传统的教育者和受教育者之间文化知识素质的"垂直落差"（教育者明显高于受教育者）日渐改变，受教育者尤其是青年人在某些方面"反哺"教育者的现象则日益明显。这无疑是对教育者的一种挑战。面对挑战，教育者必须积极主动地适应信息社会条件下文化知识修养方式的新变化，把握受教育者文化知识素质的新特征，有针对性地加强文化知识修养，提高和完善自身文化知识素质。

我们知道，知识浅薄、孤陋寡闻，就缺乏做好思想政治教育的基础。知识掌握越多，揭示的道理就越深刻，给人的教育作用也越大。对于教育者来说，需要掌握的知识很多，最主要的有：首先是马克思主义理论，特别是马克思主义中国化的最新成果。懂得马克思主义哲学、政治经济学和科学社会主义的基本原理，掌握中国特色社会主义理论体系的基本观点，了解中国社会主义革命和建设遇到的新情况、新问题，不断提高自己理论联系实际的能力和水平，能够正确地运用理论回答受教育者提出的各种社会问题、人生问题，帮助他们分辨是非，明确方向。其次，教育者要"安于其职，专于其业"，要了解党的思想政治工作的优良传统，系统掌握思想政治教育学科知识，懂得哲学、教育

[①] 习近平：《做党和人民满意的好老师——同北京师范大学师生代表座谈时的讲话》，《人民日报》2014 年 9 月 10 日。

392 / 第十六章　思想政治教育工作者修养提高方法

学、心理学、伦理学等相关学科的基本知识，并能运用这些知识科学地解决思想政治教育的实际问题，努力成为这方面的专家。最后，教育者应尽可能地了解受教育者所从事专业的基础知识和前沿动态，增加与受教育者的共同话语，有效地把思想政治教育同业务工作结合起来。

其二，复合的工作能力。教育者的复合工作能力素质是指以马克思主义为指导，运用各种知识，独立从事各项工作，解决现实问题的本领，主要包括组织能力、表达能力、调研能力、创造能力和信息素养。

组织能力包括预测决策能力、计划能力、应变能力、实施能力、指导能力、协调能力和排除风险能力。预测决策能力是指根据思想政治教育的发展历史、现状和客观规律，判断思想政治教育的发展趋势的能力。计划能力是指把握时机，确定正确目标并制订实现目标的具体方案的能力。应变能力是指随时随地对工作中的问题、得失作出综合判断与调整，以及应对突然出现的问题的能力。实施能力就是能够驾驭思想政治教育发展过程，善于发现、选拔、培养教育骨干，合理动员和利用多方面教育力量，组织和协调各种教育活动的能力。指导能力是根据教育指导理论与教育目标的要求，对从事思想政治教育的相关人员、受教育者，进行正确导向、目标追踪、认知启发、方法示范的引导能力。协调能力是正确处理和及时解决集体内部各种矛盾，协调各方面关系的调节能力。排除风险能力是预测风险、规避风险、转化风险的综合能力。教育者通过决策、实施、指导、协调和排除风险，使思想政治教育走上良性发展的轨道。

表达能力包括口头表达能力和文字表达能力。每一个教育者都要培养自己的口才，要善于用思想深刻、观点新颖、内容丰富、逻辑严谨、妙语连珠、生动形象的演讲赢得群众，成为一个能言善辩的说理者、宣传者。同时，还要有较强的写作能力，能撰写论文、调查报告，用文字来宣传自己的思想主张。

调研能力就是运用马克思主义的观点和方法，深入实际，深入群众，掌握第一手材料，经过分析研究，把握人们思想形成发展的规律，预测思想发展的趋势，以便把工作做在前面的能力。习近平指出："调查研究是谋事之基，成事之道。"[①]教育者要增强工作的针对性、有效性，就必须进行调查研究。比

①《习近平关于全面深化改革论述摘编》，中央文献出版社 2014 年版，第 37 页。

如，要做学生的思想政治教育，就要了解当代学生的思想特点，了解这些特点形成的主客观原因，最后在掌握大量信息的基础上，进行具体的分析和研究，判断趋势，把握动态，才能使思想政治教育有的放矢，增强教育的预见性、有效性和创造性。

创造能力是一种高层次的思维能力。简单地说，创造能力就是创造新思想、新事物、新成果的能力，具有思维的广阔性、深刻性、灵活性、独立性等特点。思维的广阔性，即思路较宽，能发现事物的广泛的内在联系，把握问题的全局，善于在不同的知识领域和实践领域内创造性地思考问题。思维的深刻性，即有一定的思维深度，能深入认识问题的本质，抓住事物的核心，揭示问题产生的原因，找到事物发生的各种依据，并能正确地预见事物发展的未来。思维的灵活性，即思维敏捷，思路流畅，善于举一反三，触类旁通；善于在出现新情况时，适应新形势的需要，迅速找出解决问题的途径；在紧急时刻，能迅速调动自己的各种能力，对问题作出快速而正确的判断。思维的独立性，即不随意依靠别人采用过的现成方法，不轻附众议，而是依靠自己的独立思考，或与别人探讨，努力运用新方法，采取新途径解决问题。

信息素养本质上是社会信息化需要教育者应具备的一种素质，包括能够判断什么时候需要什么信息，并且懂得如何去获取信息，如何去评价和有效利用所需的信息。我们可以从两个层面理解信息素养：首先，作为一种基本能力，信息素养是一种对信息社会的适应能力，它涉及信息的意识、信息的能力和信息的应用。其次，作为一种综合能力，信息素养涉及各方面的知识，是一个特殊的、涵盖面很宽的能力，包含人文的、技术的、经济的、法律的诸多因素，和许多学科有着紧密的联系。信息素养与信息技术紧密关联，信息素养是一种信息能力，而信息技术是其工具。在当今社会，科学技术日新月异，以数字化、网络化为代表的现代信息技术迅猛发展。覆盖广泛、快捷高效的信息网络已经成为思想文化信息的集散地和社会舆论的放大器，成为多元文化交汇、交锋的空间。新媒体、新技术的广泛应用给思想政治教育带来了发展机遇，也带来了新的挑战。新媒体新技术影响的广泛性和深刻性、效应的双重性、技术的复合性、管理引导的复杂性，要求教育者必须具备较高的信息素养，全面满足新媒体新技术环境下思想政治教育的新要求。

（三）育人水平高超

思想政治教育是以育人为核心的一项实践活动。知识教育以知识传播为目的，以受教育者是否掌握知识为评价标准；而育人则以人的成长发展为目的，以受教育者是否人格健全、能否担当民族复兴大任为评价标准。前者靠知识征服人，后者靠爱心感动人、责任心感染人、信念感化人，二者有着根本的区别。而且后者的难度远远大于前者，这无疑对教育者育人提出了极大的挑战，继而要求教育者必须具备高超的育人水平。

其一，以爱心感动人。习近平指出，"教育是一门'仁而爱人'的事业，爱是教育的灵魂，没有爱就没有教育。""教育风格可以各显身手，但爱是永恒的主题。爱心是学生打开知识之门、启迪心智的开始，爱心能够滋润浇开学生美丽的心灵之花。"[①] 怀有对受教育者的爱，并善于表达这种爱是对教育者提出的素质要求。首先，教育者要尊重受教育者。尊重受教育者是教育者有效开启教育活动的基本前提。教育者只有尊重受教育者，受教育者才能学得有尊严、学得有信心，才会亲近教育者，达到"亲其师，信其道"的效果。教育者尊重受教育者，也才能让受教育者懂得什么叫尊重，继而学会尊重他人。其次，教育者要理解受教育者。思想政治教育的主要对象往往都具有鲜明的群体特性，每个群体都具有这样或那样的特点，也有这样或那样的问题，同一群体中的不同个体也有很大的差异性。这就要求教育者要主动去了解并理解受教育者，欣赏他们的优点，接纳他们的缺点，积极找寻化解问题的手段和方法。最后，教育者的爱心还表现为宽容和愿意帮助受教育者。一个人的成长成熟离不开教育的力量，需要教育者的帮助。教育者的爱心最集中的体现就表现为他们不仅能够欣赏受教育者的优点，肯定受教育者的长处，而且能够宽容受教育者的缺点，补强受教育者的短板，通过实实在在的举措切实帮助受教育者成长，有效促进受教育者全面发展。

其二，以责任心感染人。教育者能否承担好育人使命，责任心非常关键。教育者的责任心既表现为对受教育者负责，对党和国家负责，也表现为对自己负责。从对受教育者负责来看，教育者能否真诚地对待受教育者、全心全意地

[①] 习近平：《做党和人民满意的好老师——同北京师范大学师生代表座谈时的讲话》，《人民日报》2014年9月10日。

帮助受教育者，直接决定着教育的效果，也直接影响着受教育者对教育者的态度。这样的尽责，这样的全心全意，这样的真诚，能够深刻地感染受教育者，进而达到好的教育效果。从对党和国家负责来看，教育者的使命是培养人才，而人才是国家的第一资源，上升到国家层面看自身肩负的责任，能够激发教育者更强大的精神力量，以更大的创造性做好育人工作。从对教育者自身负责来看，"老师责任心有多大，人生舞台就有多大"[1]，负责任的老师能够将其教书育人、立德树人的责任融入平凡、普通、细微的教育工作中，用一辈子教好书、育好人，展现平凡中的伟大，朴实中的光辉，也成就自己人生的伟大价值。以上三种责任是紧密联系、不可分离的，三种责任心汇聚到教育者身上，形成教育者光辉笃实的生命力量和人格魅力，也形成感染受教育者求学向善的吸引力。

其三，以理想信念感化人。思想政治教育者要做受教育者理想信念的引路人，首先自己要坚定正确的理想信念。习近平指出，"做好老师，要有理想信念。""老师肩负着培养下一代的重要责任。正确理想信念是教书育人、播种未来的指路明灯。不能想象一个没有正确理想信念的人能够成为好老师。""好老师心中要有国家和民族，要明确意识到肩负的国家使命和社会责任。"[2] 这就要求教育者要始终同党和人民站在一起，做中国特色社会主义的坚定信仰者和忠实实践者。将这样的理想信念融入教育活动中，必然让受教育者感受到理想信念的力量，并被强大的理想信念所感化。

（四）道德情操高尚

育有德之才是思想政治教育的出发点和落脚点。要坚持育人为本、德育为先的教育理念，把立德树人作为教育的根本任务，努力培养德智体美劳全面发展的社会主义建设者和接班人。在由德智体美劳等构成的人才培育体系中，德育处在为首、为先的地位，这就要求教育者必须具备高尚的道德情操。恩格斯曾经指出："实际上，每一个阶级，甚至每一个行业，都各有各的道德。"[3] 教

---

① 习近平：《做党和人民满意的好老师——同北京师范大学师生代表座谈时的讲话》，《人民日报》2014年9月10日。

② 习近平：《做党和人民满意的好老师——同北京师范大学师生代表座谈时的讲话》，《人民日报》2014年9月10日。

③《马克思恩格斯选集》第4卷，人民出版社2012年版，第247页。

育者的道德是以马克思主义理论为指导的人类高尚的道德，这种道德以及由此体现出来的优良作风是教育者完成各项任务，形成最佳群体形象的关键，是教育者吸引人、感召人、引导人的力量源泉。教育者的高尚道德情操，主要有如下几个方面：

其一，强烈的事业心和坚强的意志。事业心，是人们为实现远大理想而献身于具体事业的决心和责任感。思想政治教育者的事业心，就是忠诚于党的思想政治教育，为实现党的奋斗目标而尽力在思想政治教育事业上有所作为，有所贡献。只有对工作有事业心，才能对工作产生强烈的爱好、浓厚的兴趣和深厚的感情。教育者只有将"教师是人类灵魂的工程师，是人类文明的传承者，承载着传播知识、传播思想、传播真理，塑造灵魂、塑造生命、塑造新人的时代重任"[1]作为自己的事业追求，才能在教育实践中不遗余力地投入到教学事业中去。意志，是执着追求事业成功的表现，是事业成功的重要保证。教育者在实际教育过程中，一定会遇到很多复杂的局面与困难。面对困难，教育者需要锲而不舍、坚持不懈、百折不回、勇往直前的顽强意志。所以，《后汉书》说道："有志者事竟成。"在事业上有成就的人都是有志者。

其二，无私和无畏的胸怀。敢于坚持原则，维护党的利益，勇于同错误倾向作斗争；坚持真理，修正错误，胸怀坦荡，光明磊落，不说假话、大话、空话，不言过其实，这对于一个教育者来说，既是基本要求，又是严峻考验。自觉地坚持党和人民的利益高于一切的原则，对工作极端热忱，认真负责，不辞辛苦，不怕非议，无私无畏，这是一个教育者应有的品质。

其三，良好的师德师风。教育者的师德师风状况具有很强的示范性，教育者一言一行都给受教育者以极大影响。正是在这个意义上，习近平指出："评价教师队伍素质的第一标准应该是师德师风。"[2]而要达成良好的师德师风，就要教育者加强自我修养，将教书育人和自我修养结合起来，自觉坚守精神家园、坚守人格底线，带头弘扬社会主义道德和中华传统美德，做到以德立身、以德立学、以德施教，以自己的模范行为影响和带动学生。

---

①《坚持中国特色社会主义教育发展道路　培养德智体美劳全面发展的社会主义建设者和接班人》，《人民日报》2018 年 9 月 11 日。

② 习近平：《在北京大学师生座谈会上的讲话》，《人民日报》2018 年 5 月 3 日。

第二节 教育者修养提高的途径和方法

教育者提高自身修养的最基本的方法是认真学习，积极参加社会实践，自觉改造世界观，从而不断完善自己的知识结构，塑造良好的自我形象。习近平指出："我们党历来重视抓全党特别是领导干部的学习，这是推动党和人民事业发展的一条成功经验。在每一个重大转折时期，面对新形势新任务，我们党总是号召全党同志加强学习；而每次这样的学习热潮，都能推动党和人民事业实现大发展大进步。"[①] "中国共产党人依靠学习走到今天，也必然要依靠学习走向未来。我们的干部要上进，我们的党要上进，我们的国家要上进，我们的民族要上进，就必须大兴学习之风，坚持学习、学习、再学习，坚持实践、实践、再实践。"[②] 思想政治教育离不开群众的社会实践，也离不开自己在实践中的主观努力。教育者只有勤于学习、不断学习、善于学习，才能跟上时代发展的步伐。

一、先当学生再当先生

邓小平在讲到教育者与群众的关系时指出："要教育人民，必须自己先受教育。要给人民以营养，必须自己先吸收营养。"[③] 在新的历史时期，面对着新的形势和任务，在教育环境、教育对象和教育内容等方面发生很大变化的情况下，教育者更有必要首先接受教育，提高修养，成为名副其实的教育者。

教育者面对的教育对象，不仅有个体，而且有群体。在实施教育的过程中，教育者既要发挥主导作用，履行自己的职责，又要摆正个人与群众的关系，把自己置身于群众之中，不断地向教育对象学习，先当学生，再当先生。因为只有先当学生，才能从群众中不断获取新的信息、新的营养。教育对象是一个个丰富多彩的个体，既有各自的聪明才智，又有广泛的社会联系，他们通

---

①《习近平谈治国理政》第 1 卷，外文出版社 2018 年版，第 401 页。
②《习近平谈治国理政》第 1 卷，外文出版社 2018 年版，第 407 页。
③《邓小平文选》第 2 卷，人民出版社 1994 年版，第 211 页。

过各种渠道掌握着大量的信息。教育者只有生活在他们之中，接近他们、了解他们，才能使自己的信息渠道畅通，及时地获取新的信息，使教育具有现实基础和针对性。

当群众的学生，不仅可以从群众中不断获得新的教育资源，而且能够从群众中不断吸收新鲜语言；还需要向群众学习实践体验的方式，即通过深入群众的生产与生活，以深入调研、亲身实践等活动体验群众的生产方式、生活方式，把握群众的生活、发展状况，了解民生需求，进而找准思想政治教育的切入点和教育者自身修养提高的目标与途径，切实把向群众学习落到实处。

二、建立合理的知识结构

教育者要实现思想政治教育专业化，必须建立合理的知识结构。

第一，具有扎实的马克思主义理论基础。习近平指出："学习马克思主义基本理论是共产党人的必修课。"① 马克思主义基础理论包括马克思主义哲学、马克思主义政治经济学和科学社会主义的基本原理。这一理论与中国革命的实践相结合，产生了毛泽东思想和中国特色社会主义理论体系。中国特色社会主义理论体系，是包括邓小平理论、"三个代表"重要思想、科学发展观、习近平新时代中国特色社会主义思想等在内的理论体系。中国特色社会主义理论体系，坚持了马克思主义的立场、观点和方法，反映了我国现代化建设所处的世情、国情，深化了我们党对人类社会发展规律、社会主义建设规律和共产党执政规律的认识，正确回答了"什么是社会主义、怎样建设社会主义""建设什么样的党、怎样建设党""实现什么样的发展、怎样发展""坚持和发展什么样的中国特色社会主义、怎样坚持和发展中国特色社会主义"的执政兴国的基本问题，是马克思主义中国化的最新成果，是我们党最宝贵的理论财富，是全国各族人民团结奋斗的共同思想基础。教育者必须系统掌握这些基本理论，并善于运用这些理论，进行思想引导与育人活动，分析、解决各种思想问题，这是教育者最重要的基本功。

教育者之所以必须具有扎实的马克思主义基础理论，这是因为马克思主义理论既是思想政治教育的指导理论，又是思想政治教育的主要内容和根本方

---

① 习近平：《学习马克思主义基本理论是共产党人的必修课》，《求是》2019 年第 22 期。

法。恩格斯曾经指出："只有清晰的理论分析才能在错综复杂的事实中指明正确的道路。"①掌握了马克思主义理论，就能抓住事物的本质，从根本上认识和解决问题；就能正确理解党在社会主义初级阶段的一系列路线、方针、政策，就能在建设中国特色社会主义的伟大实践中，发挥思想政治教育强有力的导向作用和保证作用。

第二，掌握系统的思想政治教育学科知识。思想政治教育学科是一门综合性、应用性、实践性很强的学科。教育者除了需要有较扎实的马克思主义理论功底外，还必须掌握系统的专业知识，深入学习思想政治教育学原理、思想政治教育方法论、思想政治教育心理学、比较思想政治教育、思想政治教育发展史等方面的知识，并能运用这些专业知识指导开展实际工作，努力成为思想政治教育的专家。

第三，善于学习、运用相关学科的知识。习近平指出："全党同志一定要善于学习，善于重新学习。"②思想政治教育者不仅要学习本专业知识，同时还要认真学习相关学科知识。相关学科知识是指与思想政治教育有直接或间接关系的知识，包括马克思主义哲学、政治学、伦理学、心理学、教育学、社会学等。这些相关学科，有的与思想政治教育学科有部分内容交叉，有的可以为思想政治教育提供方法借鉴。在思想政治教育过程中，学习、运用这些相关学科的知识，既体现了思想政治教育学科的综合性特点，又可增强思想政治教育的有效性。

第四，掌握建立和调节合理知识结构的方法。其一，掌握建立合理知识结构的方法，有以下几种代表性方法：结构积累法，即按思想政治教育的知识需要掌握知识的方法。从思想政治教育的实际需要来看，其知识结构应是"塔式"类型，即在宽中求专。既要在多学科方面有较宽的知识面，注重知识广博性，又要在思想政治教育学科知识方面有一定深度，追求知识专业性。因此，教育者应该在"博"与"专"两个方面积累知识，使自己成为既具有专业知识，又具有广博知识的教育者。

目标积累法，即按一定的思想政治教育目标积累知识的方法。采用这种方

①《马克思恩格斯全集》第 37 卷，人民出版社 1971 年版，第 283 页。
②《习近平谈治国理政》第 1 卷，外文出版社 2018 年版，第 401 页。

法，就是根据任务、教育对象的要求及自己的优势确立专业化目标，如根据马克思主义理论教育任务，以大学生为对象的思想政治教育、职业道德教育等，可以围绕不同目标积累知识。

分类系统积累法，即依据知识的分类及其内在联系，近中求远积累知识的方法。这种方法既要考虑眼前工作需要，又要考虑长远发展趋势，根据知识的内在联系积累知识。

零星积累法，即随时随地积累零散的有用知识的方法。鲁迅曾经说过，无论什么事，如果继续收集材料，积之十年总可成一学者。知识的积累也是这样，关键是要持之以恒。

其二，学会调节合理知识结构的方法。调节知识结构就是用新知识补充旧知识，用系统的知识整合分散的知识，用正确的知识取代不正确的知识。其主要方法有：

优选法，即优先选择最需要学习和掌握的新知识。知识浩如烟海，更新知识只能根据教育者的知识结构，缺什么补什么，经常不断地学习新知识、吸收新信息。同时，要对所吸取的知识分类掌握，分清哪些需要精通，哪些只需要一般了解。

快速攻坚法，即确定一个内容或抓住某个难点，集中力量把它迅速攻下来，并加以运用，以便牢固地掌握这些知识。

跳跃进展法，即调整知识结构不必全都循序渐进，而应量力而行，讲求实效。对某些不影响理解和掌握新知识的难点，可以暂时放在一边，等到把最需要掌握的内容学好后，回过头来再去攻克那些难点。

三、把学习、工作、研究结合起来

把学习、工作、研究结合起来是教育者提高自身水平的一条重要途径。首先，必须坚持实践的观点，因为这是辩证唯物主义认识论的首要的、基本的观点。思想政治教育的理论工作者和实际工作者都不能脱离实际，既要认真学习基础理论，更要重视实际问题的研究，因为学习理论的目的就是为了解决实际问题。其次，必须善于总结经验。总结经验、探索理论，是教育者进行研究的一个基本方法。实践经验是发展理论和方法的基础，但经验并不是理论，不一定有普遍的指导意义；而理论则是经验的概括，从丰富的经验中概括出正确的理论才有普遍的指导意义。除了总结工作中成功的经验以外，对于失败教训的总结也是必要的，它可以从反面帮助我们深刻地认识客观规律。最后，必须注重调查研究。调查研究是教育者必须具备的基本功。要使思想政治教育有针对性，就必须深入实际进行调查研究，充分占有材料，深入地分析客观事物的内在联系，从中引出正确的结论。要把调查情况和研究问题结合起来，只有这样，才能从现象中认识本质，从经验中找出规律性的东西。

四、树立良好的教育形象

教育者具备什么样的形象，不仅对本人，而且对教育对象都有重要影响。习近平指出："教师的职业特性决定了教师必须是道德高尚的人群。合格的老师首先应该是道德上的合格者，好老师首先应该是以德施教、以德立身的楷模。"[①] 因此，教育者必须严格要求自己，树立良好的教育形象，充分认识到良好的自我形象和人格力量本身就是一种最有说服力的教育。

所谓自我形象和人格力量，就是指教育者不仅要善于言教，而且要重视身教，能言行一致地带头实践自己提倡的高尚道德标准和正确的价值观念。教育者的权威性就是建立在这种人格力量的基础上的。言教固然重要，没有言教就不能使马克思主义的基本理论和党的路线、方针、政策为人民群众所掌握。但是，身教重于言教，没有身教，言教就容易成为"说教"，就不能取信于人。因此，教育者必须言传身教，处处以身作则，凡是要求受教育者做到的，自己首先要做到；凡是要求受教育者不做的，自己首先不做，要用自己的模范行动和高尚的理想、情操影响受教育者。孔子说过："其身正，不令而行。其身不正，虽令不从。"(《论语·子路》)岳飞有句名言："正己而后可以正物，自治而后可以治人。"我们党的思想政治教育之所以能发挥巨大的作用，其原因之一就是强调教育者要身体力行，以身作则，率先垂范，用自己坚定正确的政治立场、高尚的道德品质、过硬的思想修养、优良的工作作风去吸引群众、感召群众、教育群众，带领广大群众在党的领导下投身于伟大的革命和建设事业。人们所熟悉的"县委书记的榜样"焦裕禄、"书写了共产

---

① 习近平：《做党和人民满意的好老师——同北京师范大学师生代表座谈时的讲话》，《人民日报》2014年9月10日。

党人立党为公、执政为民新篇章"的孔繁森，表现了共产党人对人民的全部忠诚，正是他们对人民无限忠诚的人格力量，带动了千百万人民群众和干部，感动了中国。

教育者应做到沉着冷静、稳重老练：一是在考虑问题时，要深思熟虑，力求全面、周到，不要简单片面；二是在制订计划、安排工作、布置任务时，要从实际出发，量力而行，做到留有余地，不要搞"冒进"；三是在谈话时，要注意掌握分寸，做到准确可靠、言而有信，不要信口开河，更不要说过头话，无限上纲；四是在处理各种问题时，要三思而行，做到积极稳妥、合情合理，不要操之过急；五是在开展各种活动时，要严密组织、具体指导，做到有理有利有节，适可而止，不要大轰大嗡，避免无效劳动。一般而言，教育者做到了以上这些方面，就能逐渐形成稳重老练、沉着冷静的良好气质修养。

第三节　教育者的工作艺术

做什么事情都有艺术和技巧。工作艺术是富有创造性的工作方法。思想政治教育的对象是人，而人的思想的形成是由多方面因素综合作用的结果，这就决定了教育者的劳动是富有创造性的。教育者不断掌握工作艺术的过程，就是不断地进行创造性劳动的过程。工作艺术作为教育者的一种技能，不仅要以其知识、才能和品德为基础，而且还要努力掌握科学的工作方法，不断提高运用这些方法的能力和技巧。工作艺术有很强的实践性，主要体现在教育者运用工作方法的过程之中。工作艺术的运用还有很大的灵活性，它不同于一般常规性的工作方法，没有严格和固定的程序和模式。一般来说，工作艺术的运用在很大程度上是因人因事因地而宜，即时即兴而发的。工作艺术是提高工作效率的重要条件。教育者只有在工作中熟练地运用各种工作艺术，灵活地利用工作条件，才能正确发挥工作职能，提高工作效率。

一、努力提高语言文字艺术

思想政治教育通常采用讲课、报告、座谈、表扬、批评、动员、访问等多种方式进行，而采用这些方式都离不开语言、文字的表达，思想政治教育者就是要会"写"和会"讲"。所谓会"写"，就是指文字表达能做到准确性、逻辑性和生动性的有机统一。如果一篇文章逻辑混乱，语句不通，思想内容表达不准确，可读性不强，就很难收到预期的效果。只有会写文章的教育者，才能突破口头语言在空间上的障碍和时间上的局限，在更广的范围内和更长久的时间内积累教育工作经验，进而做好本职工作。

所谓会"讲"，就是指口头表达能做到说理清楚，语言流畅生动、富有感染力。教育者无论是讲课、做报告、谈话，开座谈会等，都离不开讲。如果不具备一定的口才，说话语无伦次、颠三倒四，或语言单调、枯燥乏味，或重复啰嗦、缺乏中心，都不可能收到好的教育效果。讲话是一门艺术，侃侃而谈，娓娓动听，能使人受到强烈的感染。大量的思想政治教育任务，是要靠"讲话"去完成的，话说好了，耳朵听着顺，心里想得通；话说僵了，热心能变冷，好事能变坏。从这点上说，思想政治教育的"本事"之一，就是要把话说好，把理讲清，这就必须懂得"讲话"艺术。教育者要提高自己的语言表达能力，一般应有意识地加强锻炼，努力做到声音洪亮、富有节奏，情理交融、声情并茂、体态表情、巧妙配合，吐字清楚，通俗易懂。

二、综合发挥多种工作艺术

第一，果断及时决策和善于掌握有利时机的艺术。这里所指的决策，是教育者经常碰到的大量的随机性决策。进行随机性决策的关键，在于果断、及时。人们常称赞某人"有魄力"，能"当机立断"，指的就是这种果断及时的决策艺术。

这里所说的果断、有魄力，是指能够把经过深思熟虑后的选择迅速准确地表达出来。果断，意味着思想的高度集中，是反应敏锐的表现。思维敏捷者对信息的吸收和消化，对经验的综合与运用，对未来的估计与推测，都能迅速地完成，并形成一个明确意图。这里所说的及时、当机立断，是指在捕捉到决策的良机时能够雷厉风行，说干就干。当然，果断及时，绝不是武断草率。武断草率是建立在对事物了解不充分、不完全的基础上的，它必然给工作带来损失。而果断及时则是一个以事实为基础的深思熟虑的过程，只不过是对信息的加工处理十分迅速、准确，捕捉决策时机非常敏锐、适时。

在思想政治教育过程中，教育者既需要果断及时的决策，还需要把握、利用恰当的时机。在现实生活中，往往有许多良机稍纵即逝。善于敏锐地捕捉到决策的良机，这也是一种决策艺术。当一个人要求入党，受到表扬，或被重用时，给他指出某些缺点和不足，即使严厉一些，他也容易接受。当一个人在有关个人荣辱上受到刺激，在学习、工作中受到挫折，或者在生活上发生不幸，心情沮丧，缺乏前进信心时，给予及时的帮助和鼓励，就会使他感到温暖，鼓起前进的勇气。随机性决策一般是难以预料的，而且往往缺乏准确的数据和情报资料，不易看清问题的全貌。这类决策，既需要教育者的丰富经验并借助科学手段，也取决于教育者的决策艺术水平。总之，要实现思想政治教育的最佳效益，一定要善于运用果断及时决策和掌握恰当时机的艺术。

第二，适当运用幽默艺术。所谓幽默，按照《现代汉语词典》中的解释，就是"有趣或可笑而意味深长"。幽默是以笑来达到某种目的，给人以快乐。幽默的形式是多种多样的，有双关语、俏皮话、格言、警句、诗、漫画、讽刺画、轶事、故事等。既可用语言，也可用文字。概括起来说，幽默是一种特性，一种引发喜悦、以愉快的方式娱乐人的特性。幽默是一种艺术，一种给人以振奋精神、教育、批评的艺术，它避免争吵，缓和矛盾，可以为教育创造良好的氛围。

幽默艺术在思想政治教育中有着意想不到的作用。首先，幽默能调控和缓解情绪。生活中常有这种情况，当双方对峙，有一触即发之势时，如善于运用幽默的力量，用一个警句、妙语、机智之言或一个笑话，就避开了火头，使情绪得到转移、缓冲。其次，幽默能促进情理相融。运用幽默艺术，通过风趣的格言、警句、笑话、故事等，寓教育于幽默之中，使人在不知不觉中受到教育，收到事半功倍的效果，而且能使双方在感情上互相接近。在日常生活中，人们往往希望与幽默的人相处，乐于与这样的人一起工作。

运用幽默艺术时，需要注意以下几点：一要表达清晰，语言力求简洁。否则，效果可能适得其反。二要以人们熟悉的内容和形式表达，如果运用的是人们完全陌生的内容，则失去引发幽默力量的效果。三要避免刺激人，讽刺的效果在于生动活泼，抓住听众的注意力，绝不能刺伤人，令人不悦。

第三，有效利用制度、规范实施教育的艺术。在思想政治教育中，教育者要善于利用制度、规范引导和调控人们的思想和行为。其基本要求是抓好制度、规范的制定、检查、引导三个主要环节。

建立健全一套符合思想政治教育自身特点的工作制度和规范，逐步实现思想政治教育的系统化、规范化，使工作能够有计划、有步骤、有秩序地进行，形成惯例。在思想政治教育中，有许多具体问题需要处理，特别是在调节人与人的关系方面，需要处理的问题更多一些。在这些问题中，尽管有不少偶发事件，但相当一部分问题还是情况相近、性质相似、反复出现的。如在大学生中进行的入学阶段和毕业阶段的思想政治教育，尽管每年有所不同，但仍有规律可循。对这类问题，要通过总结经验，制订出一套比较详细、明确的教育程序和工作规范，将"例行问题"按规范行事。对规范中没有规定的"例外问题""偶发事件"，也可根据有关制度、规范的原则，遵循一定的工作程序作出及时的答复和处理。

仅有健全的制度，而没有严格的检查考核，这种制度就会流于形式。这就要求制定相应的检查、考核、奖惩办法，使制度得到贯彻。当然，制度只是起码的标准，若采取消极的态度，仅满足于不违反制度，这是不够的。因而，在执行制度过程中，要积极引导人们自觉遵守制度，带头维护制度，养成遵章守纪的良好习惯。

第四，合理运筹时间的艺术。时间是人人都拥有的财富，但并不是人人都理解它的价值。认识时间的可贵，了解时间的特点，是合理运筹时间的前提。时间最大的特点是"一维性"，也就是不可逆性，它只能依照过去、现在、将来的发展顺序，一去不复返，既不能创造，也不能还原，没有任何东西可以替代它。从事思想政治教育，要接触群众，沟通思想，获得思想信息，这一切都需要时间。作为一个教育者，能否充分利用时间，合理运筹时间，提高时间的有效性，是提高工作效率极为重要和必不可少的一环。

珍惜时间、运筹时间，概括起来，有如下几种方法。一是时间计划法，就是将自己的时间统一运筹，把要完成的工作按轻重缓急分类，按小时、天、周的先后时序安排好，然后按计划逐个完成。把工作分成 A、B、C 三类的方法是一种节约时间的有效方法，A 类事最重要、最急，应该立即办理，应把主要力量花在这类事情上；B 类次之；C 类更次。如果 A 类事情太复杂，工作量太大，就可以考虑采取逐步解决的办法，把工作分成若干阶段，每一阶段花一定时间去做。

二是时间集中法。就是尽量把自己能够支配的"自由时间"合并、集中起来，以获得较长的整段时间。教育者要建立自己合理的知识结构，要从事思想政治教育的研究，要总结自己的工作经验，都需要"整段时间"。比如，每天零散地使用很有限的时间写文章，恐怕写不出多少字，若是能够连续工作一两天，一份质量较好的初稿可能就写出来了。有了这份初稿，就能再作增删补改，逐句逐段打磨提高。可见，把时间集中起来，化零为整，是取得工作成效必不可少的。

三是时间管理法。即有效地管理时间。首先，要在精力最好时干最重要的事，以取得时间利用的最佳效果。人们的精力有好差之分，工作有轻重缓急之分，对于最重要的事情，要安排在精力最好的时间去干，这样能事半功倍。相反，可在精力较差时，去干一些相对轻松的事情。因此，教育者应该掌握自己的生活规律，当自己精力最充沛时，专心处理最费精力、最重要的工作。要充分利用零碎时间，去做一些花时间较少的工作。

四是时间统计法。就是逐日记录自己的工作时间，每周、每月、每季进行总结分析。这样就可以看出自己的工作哪些有效率，哪些无效率，从而找到提高时间利用的线索，排除浪费时间的因素。苏联昆虫学家柳比歇夫一生共发表 70 部学术著作，写了 12500 张打字稿纸的论文，内容涉及昆虫学、科学史、农业遗传学等许多领域，但他每天仍有十小时睡眠，还经常参加社会活动和文体活动。表面上看，他并不爱惜时间，实际上他是一个对时间极其"吝啬"的人。他从 26 岁起到 82 岁逝世，在长达 56 年的时间里，每天都坚持时间统计。日有小结，月有大结，年有总结，每做一件工作，都计算时间的"成本"。正是这种严格的时间统计法，使他在科学研究中达到了高效率。教育者要想使自己的时间和科学家柳比歇夫的时间一样有效，就应当学会检查自己的时间利用率。

五是时间弹性法。就是要保持时间上的弹性，以保证时效的持久性。古语云："文武之道，一张一弛。"使用时间，也要有张有弛，劳逸结合，注意精力的调节，才能保证高效率和持久性。

第五，熟练运用现代信息技术开展教育的艺术。当今迅猛发展的信息技术为思想政治教育提供了诸多新的技术手段，如随着通信技术、计算机网络技术和多媒体技术的发展，多媒体计算机网络教育方式应运而生，多媒体技术集图、文、声、像于一身，实现了传播的一体化，开拓了教与学的新方式；又如移动通信技术的升级开启了移动互联网的新时代，手机、平板电脑等便携终端成为数字生活的枢纽，也日益成为教育的新平台；互联网上慕课、博客、微客、微信公众号、教育网站等平台的教育功能得到不断挖掘；随着人工智能的广泛应用，智慧教育正成为引领教育发展的新风尚。这些信息技术手段都是思想政治教育的现代方式，要求教育者积极整合、灵活运用、发掘效能，掌握综合运用现代信息技术开展工作的艺术。

要掌握运用现代信息技术开展教育的艺术，首先，教育者要具备良好的信息技术意识，积极关注信息技术的发展。良好的信息技术意识能够推动教育者理性地分析信息技术的宏观变化，自觉地跟进信息技术的动态发展，不断更新对信息技术的认识，建构自身合理的信息技术观念，进而为合理地审视信息时代、引导信息技术行为提供前提。其次，要求教育者克服学习现代信息技术的种种障碍，自觉提升信息技术运用水平。运用现代信息技术开展教育的艺术，必须具备运用一定信息技术的较高水平。现代信息技术是现代先进手段，而且处在不断发展过程中，因而每个教育者都要不断学习、运用，把信息技术水平的提升作为自身发展的需要。最后，将现代信息技术的学习与运用相结合，在教育实践中强化意识、提升水平、凝练艺术。思想政治教育的实践，是教育者运用现代信息技术形成和发展教育艺术的根本途径，离开实践谈教育艺术是不可取的。

运用现代信息技术的教育艺术，其具体方式是丰富多样的。随着现代信息技术对社会影响的日益深入和对人们发展作用的日益明显，熟练运用现代信息技术的重要性日益凸显，并逐渐成为人们的基本发展条件。现代教育者更应自觉加强自身信息素养，提高信息技术水平。

三、强化教育效果艺术

思想政治教育是复杂的，它既表现在受教育者复杂多变的思想状态，需要反复地开展教育，以巩固教育效果，又表现在特定时间有些受教育者对思想政治教育存在某种程度的"逆反心理"，需要不断地强化教育效应，为此，教育者应该掌握这种艺术。

教育者面对的教育对象是众多的个体，其思想状况是不一致的。由于社会环境不同，由于受大量的、随机的、难以预测的各种因素的影响，在各个时期人们的思想是不断发展变化的，这就要求教育者要适应这种复杂的变化，不断地引导、说服，不可能期望一经教育，受教育者就发生思想上的突变、飞跃，而需要经过多次的反复教育，才能使教育效果从量的不断积累达到思想品德质的飞跃。只有不断巩固教育效果，思想品德质的飞跃才可能实现，否则，思想品德就可能处在反复与曲折之中。

在新的历史时期，随着我国对外开放、社会主义市场经济的发展和经济全球化、全球网络化的深入发展，世界范围内的各种思想文化不断交流、交融、交锋，意识形态领域的多元化和复杂化程度日益加深，渗透与反渗透斗争尖锐复杂，对人们特别是青年影响颇深，给思想政治教育带来严峻挑战。在这种新的情况下，我们必须掌握强化教育效果的艺术。既要强化思想政治教育的原则，又要针对教育对象思想上的"症结""热点"，及时解疑释惑，讲究方法，讲究艺术，注重效果。同时，要使教育社会化，用当代改革开放和现代化建设的巨大成就作为对人民群众进行思想政治教育的现实教材，动员全社会的力量，加强和改进思想政治教育工作，不断强化教育效果。

▶ **思考题**

1. 教育者修养提高的具体方法有哪些？
2. 思想政治教育者建立和调节合理知识结构的方法有哪些？
3. 教育者树立良好的教育形象的方法有哪些？
4. 教育者合理运筹时间的方法有哪些？

▶思考题
答案要点

[1] 马克思:《关于费尔巴哈的提纲》,《马克思恩格斯文集》第1卷,人民出版社 2009 年版。

[2] 马克思、恩格斯:《共产党宣言》,《马克思恩格斯文集》第2卷,人民出版社 2009 年版。

[3] 马克思、恩格斯:《德意志意识形态》(节选)第一卷第一章《费尔巴哈唯物主义观点和唯心主义观点的对立》[Ⅲ],《马克思恩格斯文集》第1卷,人民出版社 2009 年版。

[4] 恩格斯:《路德维希·费尔巴哈和德国古典哲学的终结》,《马克思恩格斯文集》第4卷,人民出版社 2009 年版。

[5] 列宁:《怎么办?》,《列宁选集》第1卷,人民出版社 2012 年版。

[6] 毛泽东:《关于纠正党内的错误思想》,《毛泽东选集》第1卷,人民出版社 1991 年版。

[7] 毛泽东:《反对本本主义》,《毛泽东选集》第1卷,人民出版社 1991 年版。

[8] 毛泽东:《实践论》,《毛泽东选集》第1卷,人民出版社 1991 年版。

[9] 毛泽东:《矛盾论》,《毛泽东选集》第1卷,人民出版社 1991 年版。

[10] 毛泽东:《关于正确处理人民内部矛盾的问题》,《毛泽东文集》第7卷,人民出版社 1999 年版。

[11] 毛泽东:《人的正确思想是从哪里来的?》,《毛泽东文集》第8卷,人民出版社 1999 年版。

[12] 邓小平:《在全国教育工作会议上的讲话》,《邓小平文选》第2卷,人民出版社 1994 年版。

[13] 邓小平:《解放思想,实事求是,团结一致向前看》,《邓小平文选》第2卷,人民出版社 1994 年版。

[14] 邓小平:《坚持四项基本原则》,《邓小平文选》第2卷,人民出版社 1994 年版。

［15］邓小平：《建设有中国特色的社会主义》，《邓小平文选》第3卷，人民出版社1993年版。

［16］邓小平：《一靠理想二靠纪律才能团结起来》，《邓小平文选》第3卷，人民出版社1993年版。

［17］邓小平：《用坚定的信念把人民团结起来》，《邓小平文选》第3卷，人民出版社1993年版。

［18］江泽民：《论科学技术》，中央文献出版社2001年版。

［19］江泽民：《在中央思想政治工作会议上的讲话》，《江泽民文选》第3卷，人民出版社2006年版。

［20］胡锦涛：《坚定不移沿着中国特色社会主义道路前进 为全面建成小康社会而奋斗——在中国共产党第十八次全国代表大会上的报告》，人民出版社2012年版。

［21］习近平：《之江新语》，浙江人民出版社2007年版。

［22］习近平：《在纪念孔子诞辰2565周年国际学术研讨会暨国际儒学联合会第五届会员大会开幕会上的讲话》，人民出版社2014年版。

［23］习近平：《在哲学社会科学工作座谈会上的讲话》，人民出版社2016年版。

［24］《习近平谈治国理政》第1卷，外文出版社2018年版。

［25］《习近平谈治国理政》第2卷，外文出版社2017年版。

［26］《习近平谈治国理政》第3卷，外文出版社2020年版。

［27］中共中央文献研究室编：《习近平关于实现中华民族伟大复兴的中国梦论述摘编》，中央文献出版社2013年版。

［28］中共中央宣传部：《中国特色社会主义学习读本》，学习出版社2013年版。

［29］中共中央宣传部：《习近平总书记系列重要讲话读本（2016年版）》，学习出版社、人民出版社2016年版。

修订说明

  《思想政治教育方法论》是受教育部委托，为思想政治教育专业师生和广大思想政治教育工作者编写的通用教材。该教材 1985 年出版发行，1992 年、1999 年、2010 年分别修订再版，其中 1999 年版和 2010 年版由高等教育出版社出版。1995 年获得教育部优秀教材一等奖，1997 年确定为普通高等教育"九五"国家教委重点教材、面向 21 世纪课程教材。

  该教材第四版出版发行已经 11 年，这 11 年国际国内局势发生了深刻变化，我国改革开放与中国特色社会主义建设取得了巨大进展和巨大成就，社会发展和人的全面发展迅速，思想政治教育在取得丰富经验与丰硕成果的同时，也面临着诸多新课题和新挑战。《思想政治教育方法论》教材为了适应新形势，完成新任务，面对新挑战，更有效地促进社会发展、人的全面发展和培养专业人才，急需修改原有内容，充实新的成果，探索新的方法，提高教材质量。

  本次修订的《思想政治教育方法论》教材，高举中国特色社会主义伟大旗帜，以马克思列宁主义、毛泽东思想、邓小平理论、"三个代表"重要思想、科学发展观、习近平新时代中国特色社会主义思想为指导，根据新时代发展与人的全面发展的实际与需要，结合新时代特征、理论和环境的新变化，吸收现代自然科学和社会科学研究的新成果，参考、借鉴国外思想教育、政治教育与道德教育的有益方法，研究思想政治教育方法的新发展，进一步充实和完善了思想政治教育方法体系，使教材更富有教学适用性、民族性与实效性。新教材吸收了同行专家的研究成果，对思想政治教育方法的基本概念、理论基础、功能特点、运用条件和方式等内容，进行了新的阐述与充实，并根据新时代开放性、信息化、多样化、综合化发展的实际与需要，增加了思想政治教育方法相关内容，使之更具有时代性；对原教材中不符合新时代思想政治教育发展要求的文字、概念、内容、论述，进行了改写、删除，统一规范了概念使用，充实了新时代的内容，使之贯穿全书。

  《思想政治教育方法论》教材，是一本具有新时代中国特色的开放性、发展性教材，既有不少现实的问题尚待探索，又要随着新时代、社会的发展与人的全面发展，不断研究新情况、新问题，创新思想政治教育方法，这是需要继续努力研究的客观要求与艰巨任务。由于我们水平有限，书中难免有不当之处，敬请各位专家、同行和读者批评指正。

　　本次《思想政治教育方法论》教材修订，由郑永廷教授主持，骆郁廷教授和王仕民教授协助。参与各章修订人员如下（按章节顺序排列）：李辉（第一章），万美容（第二、三章），王仕民（第四、九、十一、十二章），骆郁廷（第五、六章），代玉启（第七、八章），曾令辉（第十章），刘新庚（第十三、十四章），胡树祥、谢玉进（第十五、十六章）。郑永廷制定教材修订提纲，并进行全书修改统稿。

2021 年 10 月